Assessor-Basics

- Die zivilrechtliche Anwaltsklausur -

Arbeitstechnik und Formalia

Hemmer/Wüst/Gold/Krick

Klageschrift

Klageerwiderung

Einspruch

Replik

Duplik

Antrag auf einstweiligen Rechtsschutz

Widerspruch

Berufungsbegründung

Vertragsgestaltung

Anwaltsgutachten (Aufbau und Stil)

Gold-Skripten-Gesellschaft
Hemmer/Wüst/Gold/Krick, Die zivilrechtliche Anwaltsklausur, Arbeitstechnik und Formalia

ISBN 978-3-86193-401-1

11. Auflage 2015

gedruckt auf chlorfrei gebleichtem Papier
von Schleunungdruck GmbH, Marktheidenfeld

Vorwort

Anwaltliche Aufgabenstellungen sind inzwischen in *allen* Bundesländern zum regelmäßigen Prüfungsstoff geworden. In manchen Ländern stehen sie gleichgewichtig neben den Zivilurteilsklausuren, in anderen Bundesländern überwiegen sie die Anzahl der richterlichen Aufgabenstellungen sogar.

Nicht nur die Häufigkeit, sondern v.a. auch die Auswahl der Themen und der formalen Aufgabenstellungen weist zwischen den verschiedenen Bundesländern aber immer noch Unterschiede auf. Auf diese Unterschiede gehen wir in diesem Skript immer wieder ein.

Dieses Skript bezweckt, Ihnen eine „Gebrauchsanweisung" für die verschiedenen Varianten der Anwaltsklausur an die Hand zu geben. Eingeflossen sind die Erfahrungen aus der Analyse einer Vielzahl von Original-Examensklausuren mit Anwaltsaufgaben sowie aus der Erstellung, Korrektur und Besprechung der zahlreichen Hemmer-Anwaltsklausuren. Es werden die Fehlerquellen dargestellt, die sich bei den Verfassern solcher Klausuren in schöner Regelmäßigkeit zeigen, v.a. wird aber dann auch aufgezeigt, mit welchen klausurtaktischen Mitteln und Methoden man derartige, oft völlig überflüssige Fehler vermeiden kann. Verfasst wurde das Skript insoweit nach dem Motto: „Hier spricht der Aufgabensteller".

Im Vordergrund des Skripts steht die Darstellung der *Klausur*perspektive der anwaltlichen Tätigkeit. Es geht also um die Herausarbeitung der unterschiedlichen Situation gegenüber der Richterklausur. Aber auch gegenüber der Arbeit des Anwalts in der täglichen Praxis sind zwangsläufig nicht unbeträchtliche Unterschiede aufzuzeigen: Diese ergeben sich zum einen aus der besonderen Prüfungssituation bzw. den beschränkten Möglichkeiten der Darstellung in Sachverhalten von „nur" fünfstündigen Klausuren. Auch wird bei der Bewältigung anwaltlicher Aufgaben in der Examensklausur oft eine Akribie verlangt, die dem Praktiker, will er nicht „rund um die Uhr" am Schreibtisch sitzen, auch bei maximalem Talent und Arbeitseifer nicht möglich sein wird.

Auch wenn ich mit dieser Aussage gewiss bei zahlreichen Justiz-Ausbildern auf Widerspruch stoßen werde: Die Fertigung eines wirklich guten Anwaltsschriftsatzes dürfte - soweit jeweils vergleichbare Rechtsprobleme zu lösen sind - deutlich schwieriger sein als die etwa eines entsprechenden richterlichen Urteils.

- Auslöser dafür ist zum einen die Dispositionsmaxime der ZPO, die dem Anwalt für sein Vorgehen im Prozess einen entsprechenden Gestaltungsspielraum, aber auch eine Gestaltungs*obliegenheit* gibt: Der Bearbeiter der Richterklausur muss „nur" klären, ob der schon im Sachverhalt erklärte Antrag zulässig und begründet ist, der Anwalt dagegen muss vorher überhaupt erst einmal die prozesstaktische Notwendigkeit erkennen, einen solchen Antrag zu stellen! Das ist nicht selten die schwierigere Aufgabe, die zusätzlich zur Prüfung von Zulässigkeit und Begründetheit zu bewältigen ist.

- Zum anderen muss die Parteilichkeit des Anwalts berücksichtigt werden, die selbst wiederum ihre Grenzen hat (z.B. Wahrheitspflicht): Sie zwingt in der Klausur u.U. zu einer schwierigen Gratwanderung zwischen dem Erfordernis der Demonstration des rechtlichen Wissens und der Argumentationskraft einerseits und dem Ziel der weitest möglichen Wahrung der Mandanteninteressen andererseits. Ansätze zur Lösung dieses Zielkonfliktes in konkreten Situationen finden sich in diesem Skript sehr viele.

Aufgabe dieses Skripts ist es nicht alleine, dem Leser kurze Checklisten bezüglich der Formalia von Anwaltsschriftsätzen abzuliefern. Vielmehr geht es zusätzlich auch darum, eine ganze Reihe besonders klausurrelevanter zivilprozessualer Rechtsprobleme (etwa Teilklage, Stufenklage, Drittwiderklage oder die Sonderprobleme des einstweiligen Rechtsschutzes) aus dem - gegenüber der Richterperspektive u.U. ganz anderen - Blickwinkel der anwaltlichen Tätigkeit zu besprechen. Der Verständlichkeit wegen wurden hierzu regelmäßig Beispiele gebildet, wobei oft Konstellationen aus Original-Examensklausuren verwendet wurden. Selbstverständlich werden Meinungsstreitigkeiten nicht breit ausdiskutiert, sondern es wird – wie das im praxisbezogenen Assessorexamen notwendig ist – stringent auf die Lösung und Argumentation alleine des BGH gesetzt.

Das Skript gliedert sich in sechs Teile, wobei die ersten vier Paragraphen sich mit anwaltlichen *Schriftsätzen* inklusive ihrer Vorbereitung befassen. Die Tatsache, dass dabei die Klageschrift den meisten Raum einnimmt, liegt hauptsächlich daran, dass hier auch die Regeln dargestellt wurden, die für alle Schriftsätze gelten, so dass v.a. bei der Klageerwiderung und beim einstweiligen Rechtsschutz mit Verweisungen gearbeitet werden konnte.

Kostenrechtliche Fragen werden nicht in einem eigenständigen Kapitel behandelt. Stattdessen sind die Ausführungen jeweils im Anschluss an die dazugehörigen ZPO-Ausführungen eingestreut. Sie finden bei praktisch allen bedeutsameren Problemkreisen, bei denen sich kostenrechtliche Sonderfragen stellen bzw. im Voraus kalkulierbare Zusatzkosten entstehen, Ausführungen zu Streitwert, Anwaltsgebühren und Justizgebühren.

Die Darstellung der Technik der Vertragsgestaltung übernahm größtenteils ein Kollege, der in ganz besonderer Weise dafür prädestiniert ist: Rainer Krick verfügt nach mehreren Jahren als Hemmer-Repetitor, Skriptenautor und nebenamtlicher Arbeitsgemeinschaftsleiter über umfassende Erfahrungen im didaktischen Bereich, gehört zu den wenigen Auserwählten mit der Note „sehr gut“ im Assessorexamen und leitet ein Notariat in München; die Praxis der Vertragsgestaltung ist also sein „tägliches Brot“.

Das Skript ist wie immer auf dem aktuellen Stand von Gesetzgebung und Rechtsprechung.

Würzburg im April 2015

Ingo Gold

Autoren	Titel/Auflage	zitiert als
■ Anders, Monika und Gehle, Burkhard	Assessorexamen im Zivilrecht, 11. Aufl., 2013	„Anders/Gehle".
■ Baumbach/Hopt	HGB, 36. Aufl., 2014	„Baumbach/Hopt"
■ Baumbach/Lauterbach/ Albers/Hartmann	ZPO, 72. Aufl., 2014	„Baumbach/Autor“
■ Beck’sches Prozessformularbuch, 12. Aufl., 2013		„Beck’sches Prozess-formularbuch“
■ Doukoff, Norman	„Zivilrechtliche Berufung“, 2. Aufl., 2002	„Doukoff“
■ Ebert Johannes, Gregor Klaus, Günter Peter	„Die Anwaltsklausur in der Zweiten Juristischen Staatsprüfung“, 2003	„Ebert/Gregor/Günter“
■ Enders, Horst-Reiner	„RVG für Anfänger“, 15. Aufl., 2011	„Enders“
■ Erfurter Kommentar zum Arbeitsrecht, 15. Aufl., 2015		„ErfK“/Autor
■ Hartmann, Peter	Kostengesetze, 45. Aufl., 2015	„Hartmann“
■ Knöringer, Dieter	„Die Assessorklausur im Zivilrecht“, 15. Aufl., 2014	„Knöringer".
■ Kroiß/Neurauter (früher: Böhme/Fleck)	Formularsammlung für Rechtsprechung und Verwaltung, 24. Aufl., 2014	„Kroiß/Neurauter“
■ Musielak	ZPO, 12. Aufl., 2015	„Musielak/Autor"
■ Palandt	BGB, 74. Aufl., 2015	„Pal./Autor"
■ Thomas/Putzo	ZPO, 35. Aufl., 2014	„Thomas/Putzo"
■ Zöller	ZPO, 30. Aufl., 2014	„Zöller"/Autor

Einleitung: Typen der Anwaltsklausur

Anwaltsklausuren gibt es in den verschiedensten Arten. Deren Examensbedeutung unterscheidet sich je nach Bundesland sowohl in der Häufigkeit der jeweiligen Typen als auch in den Details des Bearbeitervermerks und damit der anzuwendenden formalen Regeln. *1*

Es können zunächst einmal zwei Gruppen gebildet werden, die eine völlig unterschiedliche Denk- und Arbeitsweise erfordern.

Typ 1: Prozessanwaltsklausuren

Typ 1: Die Prozessanwaltsklausuren. In diesen hat der Anwalt bzw. die Anwältin[1] zwar in prozessualer Hinsicht oft noch viel Gestaltungsspielraum, den er ausschöpfen muss (der Unterschied zur Richterklausur, in der nur *reagiert* wird!). Allerdings doch findet er in materiell-rechtlicher Hinsicht einen ganz oder weitgehend *abgeschlossenen* Sachverhalt vor. Dieser ist bereits bei Gericht anhängig oder auf dem Weg dahin.

Von den Prozessanwaltsklausuren gibt es mehrere Untertypen. Einerseits hängen die Details der Vorgehensweise von dem Stadium des Rechtsstreits ab, in der die Aufgabe gestellt wird, sowie von der Parteirolle des Anwalts (Kläger- oder Beklagtenseite). Andererseits gibt es regionale Unterschiede im Bearbeitervermerk und damit u.a. in der Reihenfolge und im Detailinhalt bzw. Aufbau der zu fertigenden „Reinschrift“ (dazu noch genauer).

Typ 2: Kautelarklausuren

Typ 2: Die Kautelarklausuren. Bei diesen geht es nicht um die Klärung eines infolge vergangener Sachverhalte bereits entstandenen Streits, sondern um die Planung für die Zukunft, um die Vermeidung von künftigen Streitrisiken, um die Vertragsgestaltung. Die Denkweise ist also zukunftsorientiert und muss sich mit hypothetischen Entwicklungen befassen. *2*

Keine Angst vor Kautelararbeit

Lassen Sie sich nicht verunsichern! Allein das Wort „Kautelarklausur“ löst bei manchen Referendaren fast schon Panikattacken aus. Das ist völlig unnötig! Es ist natürlich eine völlig andere Art des Denkens und Arbeitens, auf die man sich zweifellos ausreichend vorbereitet haben muss. Mit einem gewissen *Training* ist das aber genauso gut machbar wie die Fertigung von Urteilen oder Schriftsätzen. Ab einem gewissen Punkt macht dieses Arbeiten auch viel mehr Spaß als andere Tätigkeiten. Beim Fußball wären Sie doch auch lieber der traumpassgenerierende Spielgestalter als der sog. „Wasserträger“, der ständig nur reagierend hin und her rennt!? Und: Die Themen sind weitgehend viel berechenbarer als bei anderen Klausurtypen, weil die Aufgabensteller – wollen Sie nicht in völlig klausurungeeignete Exotenbereiche abgleiten – im Kern immer wieder auf ähnliche Themen zurückgreifen (müssen).[2] Vieles läuft nach dem Motto: „Da wäre ich alleine nicht drauf gekommen, aber hatte ich einmal mit dieser Frage zu tun, bekomme ich sie auch hin!“ Dann kann man – anders als z.B. oft in der Verkehrsunfallklausur, in der es oft schwerfällt, sich von der Masse der Bearbeiter mit „gewissen Kenntnissen“ abzuheben – *richtig* fett punkten!

1 Wir bitten um Verständnis, dass wir von nun ab die rein maskuline Variante „der Bearbeiter“ bzw. „der Anwalt“ verwenden statt einem „die/der Bearbeiter(in)“ bzw. „der/die Anwalt/Anwältin“. Wir sind immer bemüht, die bedeutende Rolle von Frauen in juristischen Berufen und die Geschlechtsunabhängigkeit von Kompetenz in der Gestaltung unserer Klausursachverhalte zum Ausdruck zu bringen. Wir legen aber auch immer viel Wert darauf, die notwendigen Lerninhalte effizient anhand einer klaren und verständlichen Sprache zu vermitteln. Dem aber wären geschlechtsneutral mit Doppelbezeichnungen formulierte Sätze völlig abträglich.

2 Auf der Website des Hemmer Assessorkurses Bayern können Sie sich z.B. ein Bild machen über die in Bayern in den letzten zwei Jahrzehnten gelaufenen Aufgabenstellungen von Kautelarklausuren: Sie werden viele Wiederholungen feststellen, bei denen nur die Mischung und Randfragen modifiziert wurden.

Kautelarklausuren sind unterschiedlich verbreitet. In Bayern etwa wird dieser Klausurtyp seit mehr als zwei Jahrzehnten in nahezu *jedem* Examenstermin gestellt, in anderen Bundesländern (etwa Sachsen und Niedersachsen) tauchen sie immer häufiger auf. 3

In manchen Bundesländern wurde dieser Klausurtyp trotz der enormen Bedeutung dieser Arbeitstechnik für ein sinnvolles anwaltliches Arbeiten lange Zeit nicht geprüft. Letzteres ist aber inzwischen Geschichte, da Absprachen der Länderjustizminister über die *bundesweite* Einführung dieses Klausurtyps getroffen und – wenn auch in unterschiedlichem Tempo und unterschiedlicher Intensität – umgesetzt wurden.

Die bei diesem Klausurtyp nötige Arbeitsweise stellen wir im letzten Paragrafen dieses Skripts ausführlich dar.[3]

Überblick über verschiedene Varianten des Bearbeitervermerks

Der Großteil dieses Skripts befasst sich mit den verschiedenen Typen der Prozessanwaltsklausur.

Bevor hier die nötigen Arbeitsschritte bei der Erarbeitung der Lösung der unterschiedlichen Prozessphasen (Klageschrift, Klageerwiderung, Berufung u.a.) dargestellt werden, sei zunächst ein Überblick über verschiedene Varianten des Bearbeitervermerks gegeben. Das, was man dem Korrektor als „Reinschrift" zu präsentieren hat, kann danach nämlich Unterschiede aufweisen, teilweise sogar starke Unterschiede. 4

Hüte dich vor „Einheitskost"

Lassen Sie sich keine „Einheitskost" auftischen! Manche Autoren und Repetitoren erwecken den Eindruck, als würden für die Anwaltsklausur bundesweit völlig oder weitgehend gleiche Regeln gelten. Dabei gibt es – wie u.a. in diesem Skript deutlich werden wird – *gravierende* Unterschiede bereits in der formalen Handhabung.
Es gibt aber auch beträchtliche Unterschiede im zulässigen bzw. typischen Prüfungsstoff, die andere Anbieter ebenfalls oft ignorieren oder sogar negieren, um es für das eigene Kursangebot zurechtzubiegen: Da wird z.B. Berufungsrecht kurzerhand als nicht examensrelevant bezeichnet, obwohl es längst keine „bayerische Besonderheit" mehr ist, sondern etwa in NRW in manchen Jahren gleich viermal (!) geprüft wurde und inzwischen auch im GPA-Bereich auftauchte. Da werden in Hessen bestimmte zwangsvollstreckungsrechtliche Themen für nicht wichtig erklärt, obwohl sie dort immer wieder auftauchen, da wird „Anwaltsklausur" als quasi selbstverständlich mit „Anwalts*gutachten*" gleichgesetzt, obwohl in den Prozessanwaltsklausuren mehrerer Bundesländer die Rechtsausführungen gerade nicht gutachtlich, sondern innerhalb eines Schriftsatzes (und damit in einem anderen Stil und Aufbau) zu fertigen sind usw.
Merke: Die Prüfungsämter orientieren Ihre Klausuren nicht daran, ob deren Themen sich in kurzen Wochenend-Intensivkursen unterbringen lassen!
Da *Sie* sich im Examen an die in *Ihrem* Bundesland geltenden Regeln und Korrekturgepflogenheiten halten müssen, ist es für Hemmer selbstverständlich, dies umzusetzen:
Zum einen gehen wir unter Mitarbeit unserer Dozenten aus den unterschiedlichen Standorten in unseren Skripten auf diese Unterschiede ein. Zum anderen entspricht sowohl der Unterrichtsstoff der Kurse als auch die formale Handhabung der unterschiedlichen Klausurtypen in den Hemmer Assessorkursen jeweils exakt den lokalen Regeln. Die Kursunterlagen weisen daher von Bundesland zu Bundesland – teilweise deutliche – Unterschiede auf.

3 Beispielsklausuren finden Sie im Parallelskript Assessor-Basics, Anwaltsklausuren (Klausurentraining = Fallsammlung).

Variante 1: erst Gutachten, dann Schriftsatz

In vielen Bundesländern ist es üblich, dass zuerst ein anwaltliches Gutachten zur materiell-rechtlichen und prozessualen Lage zu erstellen ist und sich dann erst der Schriftsatz an das Gericht anschließt. In diesem ist dann – zur Vermeidung unnötiger Wiederholungen – die Darlegung der Rechtslage meist entweder erlassen oder kann mit Hilfe von Verweisungen eingefügt werden.

häufigster Typ von Bearbeitervermerk: etwa GPA, NRW, Hessen

Ein Bearbeitervermerk des GPA (gemeinsames Prüfungsamt für Hamburg, Schleswig-Holstein und Bremen) aus jüngster Vergangenheit hatte beispielsweise den im Folgenden wiedergegebenen Wortlaut. Bei immer denkbaren Modifikationen im Detail wird er dort überwiegend so verwendet, entspricht aber auch dem vorherrschenden Bearbeitervermerk in Nordrhein-Westphalen und in Hessen. 5

Wortlautbeispiel

> *1. Die Angelegenheit ist aus anwaltlicher Sicht nach Maßgabe des Mandantenauftrages zu begutachten. Hierbei sind alle in der Aufgabenstellung aufgeworfenen Rechtsfragen, ggf. hilfsgutachterlich, zu erörtern. Zeitpunkt der Bearbeitung ist der [...]. Das Gutachten soll auch Überlegungen zur Zweckmäßigkeit des weiteren Vorgehens enthalten. Es soll keine Sachverhaltsdarstellung enthalten.*
>
> *2. Soweit Sie ein weiteres gerichtliches Vorgehen des Mandanten gegen die Beklagte – auch teilweise – für erfolgversprechend halten, ist ein verfahrensbestimmender Schriftsatz an das Gericht zu entwerfen, welcher der prozessualen Situation und den im Gutachten gefundenen Ergebnissen entspricht und alle danach erforderlichen Anträge und Erklärungen enthält. In diesem Fall ist ein gesondertes Schreiben an den Mandanten entbehrlich. Der Schriftsatz muss keine Rechtsausführungen enthalten. Bei den rechtlichen Ausführungen sind Bezugnahmen auf konkrete Passagen des Gutachtens zulässig.*
>
> *Sofern Sie ein weiteres gerichtliches Vorgehen des Mandanten insgesamt für nicht erfolgversprechend halten, ist in einem Schreiben an den Mandanten darzulegen, weshalb dies der Fall ist und wie weiter vorzugehen ist.*
>
> *3. Sollten Sie eine Frage für beweiserheblich halten, so ist eine Prognose zur Beweislage (z.B. Beweislast, Qualität der Beweismittel etc.)zu erstellen.*
>
> *4. Sollten sie eine weitere Sachverhaltsaufklärung für erforderlich halten, so ist zu unterstellen, dass keine weiteren Informationen enthalten sind.*
>
> *5. Kommen Sie ganz oder teilweise zur Unzulässigkeit der Klage, so ist insoweit zur materiellen Rechtslage in einem Hilfsgutachten Stellung zu nehmen.*
>
> *6. Die Formalien (z.B. Ladung, Zustellungen, Unterschriften, Vollmachten) sind in Ordnung, soweit nicht ein Beteiligter ausdrücklich auf einen möglichen Fehler hinweist. Alle etwa erforderlichen gerichtlichen Belehrungen und Hinweise sind ordnungsgemäß erteilt worden.*

Berlin/Brandenburg

Ähnlich, aber nicht ganz identisch ist der einheitliche Bearbeitervermerk im Bezirk des Kammergerichts Berlin. Dieser lautet: 6

> *1. Beurteilen Sie in einem Vermerk die Rechtslage und erläutern Sie das zur Wahrnehmung der Interessen des Mandanten erforderliche Vorgehen.*
>
> *Entwerfen Sie den nach dem Ergebnis Ihres Vermerkes erforderlichen Schriftsatz an das Gericht, oder, falls ein solcher nicht angezeigt ist, ein entsprechendes Mandantenschreiben. Dabei sind unter konkreter Angabe der Bezugsstellen Verweisungen auf geeignete Teile des Vermerkes möglich (z.B. Einrücken durch Spitzklammern).*
>
> *2. Ordnungsgemäße Vollmachten sind erteilt.*
>
> *3. Es ist davon auszugehen, dass a.) der Mandant keine weiteren Angaben zum Sachverhalt machen und b.) von der Möglichkeit des § 44 BRAO kein Gebrauch gemacht werden kann.*

Neben der sprachlichen Abweichung („Vermerk" statt „Gutachten") besteht der Unterschied v.a. darin, dass die Rechtsausführungen im Schriftsatz in Berlin/Brandenburg im absoluten Regelfall *nicht erlassen* werden, allerdings mit Verweisungen in Form der sog. Spitzklammertechnik zu arbeiten ist. Letzteres bewirkt mittelbar einen weiteren Unterschied: Statt dem in der Mehrzahl der Länder gewünschten „gemäßigten Gutachtenstil" ist auch im Vermerk im Urteilsstil zu schreiben.

Variante 2: „Schriftsatzbearbeitervermerk" (Bayern, teilweise auch in Sachsen, B.W.)

Einen völlig anderen Bearbeitervermerk verwendet das bayerische Prüfungsamt in der absoluten Mehrzahl der Prozessanwaltsklausuren. Dieser Bearbeitervermerk taucht – ggf. leicht modifiziert – auch in anderen Bundesländern (v.a. Sachsen, Baden-Württemberg) immer wieder auf. 7

Beispiel für diesen bayerntypischen „Schriftsatzbearbeitervermerk", der oft aus drei Teilen besteht:

> *1. Der geeignete Schriftsatz an das Gericht ist zu entwerfen; dieser hat auch diejenigen Rechtsausführungen zu enthalten, die die zu stellenden Anträge stützen*
>
> *2. Es ist ein Mandantenschreiben zu fertigen, in dem das Vorgehen zu erläutern und die vom Mandanten aufgeworfenen Fragen zu beantworten sind, soweit das Vorgehen und die aufgeworfenen Fragen nicht bereits im Schriftsatz an das Gericht erläutert werden. Hinsichtlich des Mandantenschreibens ist die Sachverhaltsdarstellung erlassen.*
>
> *3. Soweit nach Ansicht des Bearbeiters in dem Schriftsatz und dem Mandantenschreiben ein Eingehen auf alle aufgeworfenen Rechtsfragen nicht erforderlich erscheint, sind diese in einem Hilfsgutachten zu behandeln.*

Häufig erfolgt in Bayern die Aufgabenstellung aber auch ohne Forderung eines Mandantenschreibens und damit mit einer Zweiteilung (Schriftsatz und Hilfsgutachten).

Der entscheidende Unterschied zu den oben dargestellten anderen Varianten des Bearbeitervermerks ist Folgendes: 8

Aufteilung der Rechtsüberlegungen auf verschiedene Teile der Klausur!

Durch das *Voranstellen* des Schriftsatzes mit gleichzeitiger Beschränkung auf die „stützenden" Rechtsausführungen werden die rechtlichen Überlegungen auseinander gerissen: Prüfungspunkte, die nicht völlig abwegig waren, die aber für das Mandantenziel im Ergebnis nicht weiterhelfen, sind in absolut praxiskonformer Art und Weise aus dem Schriftsatz zu verbannen und stattdessen im Mandantenschreiben oder Hilfsgutachten darzustellen.

Das Endergebnis der Klausur, die „Reinschrift" sieht in Aufbau und Schreibstil von Bundesland zu Bundesland also teilweise völlig anders aus.

Aber: Dies bedeutet nicht, dass dieses Skript nun für das eine Bundesland geeigneter oder weniger geeignet wäre als für ein anderes. Für ein vernünftiges Arbeiten mit diesem Skript sollte Ihnen Folgendes klar sein:

Auf die notwendigen Schritte zur *Vorbereitung* der „Reinschrift" der Klausur wirken sich die regionalen Unterschiede im Bearbeitervermerk praktisch nicht aus. Ein Großteil dieses Skripts betrifft genau diese notwendigen Arbeitsschritte, weil die entscheidenden Weichen der Klausur eben vor Fertigung der Reinschrift zu stellen sind.

Hemmer-Klausur-Tipp

Gehen Sie also auch beim (bayerischen) „Schriftsatzbearbeitervermerk“ *zunächst* genauso vor, wie es im obigen Gutachten-Bearbeitervermerk von NRW, GPA oder Berlin auch für das Endergebnis verlangt wird.
Genauso werden wir die Arbeitsweise in diesem Skript nun auf den folgenden Seiten darstellen: Klärung der materiellen Rechtslage samt Beweislage und – auf diesen Ergebnissen *aufbauend* – der nun als sinnvoll oder notwendig erachteten prozessualen Schritte. Sie formulieren diese Überlegungen aber noch nicht aus, sondern beschränken sich dabei auf kurze (aber übersichtliche) Notizen.
Diese Überlegungen teilen Sie dann erst kurz vor Beginn der Reinschrift auf in die „stützenden“ Rechtsausführungen (Einbau in den Schriftsatz) und die Rechtsüberlegungen, die nicht weiterhelfen und daher in das Mandantenschreiben oder Hilfsgutachten gehören.

Die unterschiedlichen Aufbauregeln, die sich für die „Reinschrift“ der Klausur selbst aus dieser unterschiedlichen Aufgabenreihenfolge des Bearbeitervermerks ergeben, werden unten dann in einem zweiten Schritt noch ausführlich behandelt.[4]

Anders als in der Klausur selbst, wo gerade dort sich das Herzstück (die materiell-rechtliche Prüfung) befindet, beeinflusst dies in diesem nicht auf die Vermittlung von materiell-rechtlichem Wissen zugeschnittenen Skript zwangsläufig nur kleine Teile.

4 Siehe etwa § 4 für die Aufbauregeln des *vorangestellten* Gutachtens (norddeutscher Bearbeitervermerk) sowie § 1, Rn. 128 ff, v.a. Rn. 134 f. und § 2, Rn. 65 für die Verteilung der Rechtsfragen zwischen Schriftsatz und Hilfsgutachten (bayerischer Bearbeitervermerk).

§ 1 Klageschriftklausur

A. Allgemeines / Einarbeitung in die Klausur bzw. Vorbereitung des Schriftsatzes

I. Mandantenzielermittlung / Bearbeitung des Sachverhalts

Analyse der konkreten Prüfungsaufgabe

Wie bei jeder Examensklausur hat die/der Bearbeiter(in) einer Anwaltsklausur zuerst die ihm/ihr gestellte Prüfungsaufgabe durch Lektüre des Bearbeitervermerks und ein „Querlesen" des Sachverhaltes herauszufinden.[5] Dabei sind hier als erster Grobfilter folgende Fragen zu klären: *1*

- ⇨ Handelt es sich bei dem nach Bearbeitervermerk zu fertigenden Schriftsatz tatsächlich um eine Klageschrift oder doch bereits einen Reaktionsschriftsatz (etwa Klageerwiderung, Replik) oder einen Antrag auf einstweiligen Rechtsschutz?
- ⇨ Welche klausurtechnische Variante ist gefordert: Gutachten mit anschließendem Schriftsatz oder Schriftsatz mit Hilfsgutachten?
- ⇨ Welche konkreten sachlichen Ziele hat der Mandant?

1. Herausarbeitung der Grundlinie der Aufgabenstellung: Klageschrift als Aufgabe / Rollenverteilung mit dem zusätzlichen Gutachten

Varianten des Bearbeitervermerks

Manchmal gibt der Bearbeitervermerk ausdrücklich die Aufgabe der „Fertigung einer Klageschrift" vor. Häufiger ist es, dass die „Fertigung eines geeigneten Schriftsatzes bzw. geeigneter Schriftsätze an das zuständige Gericht" gefordert wird. Dass mit diesem Schriftsatz dann eine Klageschrift gemeint ist, erkennt der Bearbeiter regelmäßig schnell daran, dass bislang noch keine Partei gerichtliche Schritte eingeleitet hat. Allerdings kann es bei diesem „neutralen" Bearbeitervermerk in einem solchen Fall stattdessen *auch oder nur* um einen Antrag auf einstweiligen Rechtsschutz gehen.[6]

In familienrechtlichen Streitigkeiten, wie sie in den Südbundesländern häufig gerade in Anwaltsklausuren vorkommen (Unterhalt, Güterrecht), ist der „geeignete Schriftsatz" seit Inkrafttreten des FamFG keine Klageschrift mehr, sondern eine „Antragsschrift".[7] Sachliche Unterschiede ergeben sich daraus grds. nicht.

„Antragsschrift" statt „Klageschrift"

Hinweis: Für „Familienstreitsachen" (vgl. § 112 FamFG, also v.a. Unterhalt, Güterrecht) ergibt sich die Anwendbarkeit der §§ 1 bis 494a ZPO über die Verweisung des § 113 I 2 FamFG. Die Ausführungen in § 1 und § 2 dieses Skripts gelten also grds. auch für diese Familienstreitsachen. Allerdings gibt § 113 V FamFG andere Bezeichnungen vor („Antrag" statt „Klage", „Antragsteller" statt „Kläger" usw.).

5 Zu den Arbeitsschritten in der zivilrechtlichen Assessorexamensklausur, insbesondere zu den einzelnen Schritten der Sachverhaltsanalyse, siehe bereits ausführlich in Assessor-Basics Zivilurteil § 1.

6 Zu den dann nötigen Abgrenzungskriterien siehe unten § 3, Rn. 1 ff.

7 Der Richter wiederum fertigt dann kein Urteil, sondern einen Beschluss (§ 116 FamFG).

2. Detailermittlung der sachlichen Mandantenziele

Mandantenzielermittlung

Steht fest, dass eine Klageschrift angestrebt wird, stellt sich die Frage nach dem konkreten Klageziel bzw. Klagezielen. 3

Dies ergibt sich weitgehend aus den ersten zwei bis drei Seiten des Sachverhalts. Dort schildert der Mandant üblicherweise entweder in einem wiedergegebenen Gespräch oder mit einem Brief an den Anwalt, was geschehen ist und was er will.

Dabei muss der Klausurbearbeiter ein meist unjuristisch formuliertes Ziel herausfiltern und dabei die gestellte Aufgabe einerseits eingrenzen und andererseits voll ausschöpfen.

Vorsicht: „Nebenziele“ manchmal recht versteckt im Sachverhalt

Das *Haupt*ziel des Mandanten herauszubekommen, gelingt nahezu jedem Klausurbearbeiter. Oft verbergen sich aber gerade „zwischen den Zeilen“ Hinweise auf weitere Begehren, die manchmal erst erkennbar werden, wenn man intensiver in den Fall eingearbeitet ist.

Grund: Laie kann manche Probleme gar nicht kennen

Bedenken Sie, dass der Mandant als Nichtjurist gar nicht alle Probleme kennen *kann*, die sich in seinem Fall ergeben. Es wäre lebensfern, ihn in einem Klausursachverhalt gezielt danach fragen zu lassen. Wenn sich dennoch teilweise zumindest *Andeutungen* in eine solche Richtung eines zusätzlichen Prüfungszieles finden, so zeigt dies nur, wie wichtig der konkrete Aspekt für den Aufgabensteller war und welche wohl große Rolle er für die Bewertung der Klausur spielen wird!

> ***Bsp.:*** *Der Mandant erteilt den Auftrag zur Erhebung einer Herausgabeklage, die auf sein Eigentum zu stützen ist (§ 985 BGB).*

Da der Mandant die Begrenzung der Rechtskraft auf den Tenor üblicherweise nicht kennt, wird er in diesem Zusammenhang auch nicht auf die Idee kommen, dass u.U. eine zusätzliche Zwischenfeststellungsklage (§ 256 II ZPO) mit dem Inhalt der Eigentumsfeststellung angebracht ist. Der Anwalt muss bedenken: Es könnte sein, dass die eingeklagte Sache später in beschädigtem Zustand herausgegeben wird, sodass ein Folgeprozess über §§ 989 ff oder § 823 I BGB im Raume steht. Bei einem bloßen Herausgabeurteil steht nur der Bestand *des Herausgabeanspruchs* rechtskräftig fest, nicht aber das *Eigentum* des Klägers.[8]

in der Praxis häufig: Einklagen der Geschäftsgebühr als Nebenziel

Ein *selbstverständliches* Mandantenziel besteht darin, möglichst auf keinerlei Kosten des Rechtsstreits „sitzen zu bleiben“. Oft fällt in der Praxis aber eine Geschäftsgebühr für *vorprozessuale* Tätigkeiten nach Nr. 2300 VV-RVG an, die der Kläger selbst seinem Anwalt schuldet, die aber später nicht als Teil der Kosten des Rechtsstreits i.S.d. § 91 ZPO eingetrieben werden kann. Also muss der Anwalt – auch „ungefragt“ – prüfen, ob die Voraussetzungen für die Geltendmachung der Geschäftsgebühr gegen den Gegner gegeben sind.[9] 3a

Hemmer-Klausur-Tipp

Überprüfen Sie Ihren Sachverhalt mehrfach darauf, welche Mandantenziele bestehen! Da sich die etwas versteckteren Nebenziele manchmal erst zeigen, wenn man intensiv in den Fall eingearbeitet ist, ist folgendes Vorgehen meist hilfreich: Streichen Sie sich die Sachverhaltspassage, in dem die Ziele hervortreten, beim ersten Lesen deutlich an. Lesen Sie sie dann später *nach* Einarbeitung in die materielle und prozessuale Situation nochmals zur Kontrolle durch.

8 Siehe hierzu etwa Thomas/Putzo, § 322, Rn. 10 und 29.

9 Dazu ausführlich unten § 1, Rn. 79c ff.

Oft wird dann erst der eine oder andere Satz, der am Anfang völlig nebulös klang, in seinem Gesamtkontext deutlich werden. Dabei sollten Sie zusätzlich dann nochmals den Bearbeitervermerk bezüglich etwaiger Eingrenzungen der Aufgabenstellung kontrollieren. Nicht selten werden dort bestimmte Aufgaben aus Zeitgründen erlassen.

II. Tatsachenermittlung

1. Herausarbeitung und Selektion der juristisch relevanten Fakten

Tatsachenermittlung / Selektion

In einem zweiten Schritt sind diejenigen Fakten aus dem Sachverhalt zu ermitteln, die für die Ansprüche des Mandanten wirklich relevant sind. 4

In der Praxis schildert der Mandant, der die Rechtslage nicht kennt oder nur *glaubt*, sie zu kennen, oft viele juristisch irrelevante Dinge und lässt u.U. bedeutsame Details weg, weil *er* sie nicht für wichtig hält.

Examenssituation: Sachverhalt enthält schon gewisse Vorselektion

Aufgrund der Anforderungen an eine nur fünfstündige Klausur und wegen fehlender Nachfragemöglichkeiten hat der Klausurbearbeiter insoweit zwangsläufig weniger zu filtern. Er findet letztlich einen schon teilweise aufbereiteten Sachverhalt vor, in dem oft auch bereits Nachfragen an den Mandanten gestellt wurden.

Hemmer-Klausur-Tipp

Gehen Sie bei der ersten Sachverhaltsanalyse so vor, als bestünde die *widerlegliche Vermutung*, dass *alles* aus dem Sachvortrag des Mandanten im Einleitungsteil des Klausursachverhalts von Bedeutung sein wird. Legen Sie sich bei der Klärung der Frage, was für den Fall irrelevant ist, nicht zu schnell fest.
Wenn der Mandant auf eine Nachfrage des Anwalts bzw. der Anwältin geantwortet hat, so gehen Sie davon aus, dass diese Information fast zwingend eine Rolle spielen wird! Wenn Sie zunächst nichts mit der Information anfangen können, so wenden Sie sich später, wenn Sie sich intensiver in die Rechtsprobleme des Falles eingearbeitet haben, erneut diesem Aspekt zu. Die Chance zu verstehen, worauf diese immerhin von einem Juristen gestellte Frage hinauslaufen soll, ist dann gewiss angestiegen. Wenn Sie die gesamte Frage und Antwort ignorieren, besteht die Gefahr, dass Sie etwas nicht behandeln, was für den Korrektor *besonders* wichtig ist.

2. Überprüfung der Anlagen

Anlagen meist nur als Bestätigung (Beweismittel)

Neben dem Mandantenvortrag oder –schreiben besteht ein beträchtlicher Teil des Sachverhaltes üblicherweise aus Anlagen, die Ihnen der Mandant übergeben bzw. mitgeschickt hat. 5

aber Vorsicht: immer auf Übereinstimmung überprüfen

Kontrollieren Sie diese zunächst auf ihre inhaltliche Übereinstimmung mit dem Mandantenvortrag hin. Im Regelfall wird sich dieser in den Anlagen bestätigen, wobei er aber manchmal juristisch zu „bereinigen“ ist.

> ***Bsp.:*** *Wenn der Mandant vorträgt, er habe ein neues Haus in der Bauphase gekauft, kann die nähere Prüfung der in der Vertragsurkunde niedergelegten Rechte und Pflichten ergeben, dass es sich beim konkreten Vertragsinhalt um einen Werkvertrag handelt.*

Im Übrigen werden Sie diese Anlagen aber üblicherweise nur zur Klärung der Frage nach der Beweisbarkeit bestimmter Behauptungen des Mandanten brauchen (dazu unten).

III. Materiellrechtliche Prüfung

Reihenfolge: materiellrechtliche Möglichkeiten i.d.R. besser zuerst prüfen

Der Referendar ist es i.d.R. gewohnt, ZPO-Fragen, insbesondere die Zulässigkeitsprüfung einer Klausur vor deren Begründetheit zu prüfen. Dies ist in der Urteilsklausur wegen des Vorrangs der Prozessvoraussetzungen zwingend. Es macht dort auch insoweit Sinn, als schon eine Festlegung des Streitgegenstands durch *andere* Prozessbeteiligte, Kläger und evtl. Widerkläger, erfolgte. 6

In der Anwaltsklausur, jedenfalls bei der Klageschrift, hat der Verfasser selbst den Streitgegenstand erst noch festzulegen. Deswegen ist es im absoluten Regelfall sinnvoll, zunächst die materiellrechtliche Prüfung vorzunehmen. Es ist die Frage zu stellen, welches Ziel des Mandanten *überhaupt realistisch* ist.

Erst danach ist die Frage nach der prozessualen Umsetzung dieser realistischen Ziele zu stellen.[10] Ein anderer Aufbau widerspricht anwaltlichem Denken und bereitet oft unnötige Probleme.

Beispiele

> ***Bsp.:*** *Der Mandant will 8.000 € einklagen, von denen er meint, sie könnten ihm zustehen.*

Prüft man erst die prozessualen Fragen, kann Folgendes passieren: Der Bearbeiter stellt zunächst fest, dass für diesen Streitwert von 8.000 € die Zuständigkeit des Landgerichts gegeben ist. Anschließend prüft er das materielle Recht und die Beweislage und kommt dabei zu der Erkenntnis, dass die Klage maximal in Höhe von 4.000 € Erfolg versprechend ist. Dann ist – will man nicht sehenden Auges in eine Teilabweisung rennen – das Landgericht letztlich also doch nicht zuständig.

> ***Weiteres Bsp.:*** *Der Mandant meint, sein Mieter habe ihm eine Sache übereignet, und nun sei diese von einem Dritten gepfändet worden. Er will Maßnahmen gegen diese Pfändung einleiten.*

Beispiel aus der Zwangsvollstreckung

Hier muss zunächst einmal geprüft werden, ob der Mandant überhaupt wirksam Eigentümer geworden ist bzw. ob die Übereignung nachweisbar sein wird. Dann wäre die Drittwiderspruchsklage gemäß § 771 ZPO sinnvoll. Ist er aber nicht Eigentümer geworden, könnte er als Vermieter an der Sache auch ein Vermieterpfandrecht gemäß § 562 BGB haben. Dieses wird in der Zwangsvollstreckung aber gerade nicht über § 771 ZPO, sondern mit der Vorzugsklage gemäß § 805 ZPO geltend gemacht.

Folglich muss erst geprüft werden, welche Position des Mandanten – Eigentum oder Pfandrecht – vor Gericht realistischer Weise durchsetzbar ist. *Dann erst* kann die einschlägige Klageart herausgearbeitet werden. Und danach wiederum können erst die Details der tatsächlich einschlägigen Klageart geklärt werden: Zuständigkeit nach § 805 II ZPO oder nach § 771 I ZPO, einstweiliger Rechtsschutz gemäß § 805 IV ZPO (usw.). 7

Die Reihenfolge der rechtlichen Prüfung sollte man folgendermaßen gestalten:

---

10 So auch Ebert/Gregor/Günter, § 1, Rn. 15.

1. Schlüssigkeitsanalyse

Mandantenvortrag subsumieren

Zunächst ist eine Schlüssigkeitsprüfung des Mandantenvortrags durchzuführen. Wenn schon die Mandantenbehauptungen nicht geeignet sind, einen Anspruch zu stützen, und weitere Sachverhaltsergänzungen ausscheiden, kommt es auf die Beweislage nicht mehr an. In der Klausur wird diese Konsequenz natürlich allenfalls für einen Teil der Mandantenziele in Betracht kommen, weil die Aufgabenstellung sonst unsinnig wäre. *8*

Im Rahmen der Schlüssigkeitsprüfung sind vor allem alle anspruchsbegründenden Tatsachen zu prüfen.

Zum anderen können der Schlüssigkeit der Klage aber auch rechts*hindernde* Einwendungen entgegenstehen, so etwa, wenn sich schon nach dem Mandantenvortrag ergibt, dass Probleme der Geschäftsunfähigkeit, eines gesetzlichen Verbotes oder der Sittenwidrigkeit im Raum stehen.

Ähnliches gilt für mögliche rechts*vernichtende* Einwendungen (z.B. Anfechtung, Rücktritt), wenn der Gegner nach dem Vortrag des eigenen Mandanten etwa eine entsprechende Gestaltungserklärung vorgenommen hat.

Hemmer-Klausur-Tipp

Orientieren Sie sich in der Anwaltsklausur streng an der Rechtsprechung des BGH oder BAG. Da ein Anwalt zumindest dann „einen Haftungsfall baut", wenn er sich *ohne* eine entsprechende Erläuterung der Risiken gegenüber dem Mandanten gegen eine *gefestigte* Rechtsprechung wendet[11], wird ein solches Verhalten in der Klausur i.d.R. als „falsch" gewertet.
Ließe sich die Position des eigenen Mandanten nur bei einer Abweichung von der BGH-Rechtsprechung durchsetzen, wird der Korrektor von Ihnen erwarten, dass Sie diese Position gerade nicht verfolgen, also etwa auf eine Klage verzichten und – je nach Bearbeitervermerk – ggf. die Gründe dafür in einem Mandantenschreiben erläutern. Da die Klausur üblicherweise mit der Zielsetzung der Fertigung eines Schriftsatzes an das Gericht gestellt sein wird, kann sich eine solche Kapitulation aber grds. nur auf einen Teil der vom Mandanten begehrten Forderung beziehen.

Zinsansprüche nicht vergessen

Schließlich hat der Klägeranwalt auch „ungefragt" die Prüfung etwaiger Nebenforderungen vorzunehmen. Dies gilt v.a. für Zinsansprüche und die Kosten der Rechtsverfolgung aus materiellrechtlichen Kostenerstattungsansprüchen.

2. Prüfung etwaiger Verteidigungsmöglichkeiten des Gegners

auch mögliche Reaktionen des Gegners überprüfen

Zusätzlich muss der Anwalt bzw. Klausurbearbeiter aber auch das Prozessrisiko bezüglich solcher Tatsachen abschätzen, die die Klage nach einer im konkreten Fall zu erwartenden Reaktion des Gegners möglicherweise unbegründet machen können. *9*

v.a. Einreden, Gestaltungsrechte

Dies gilt v.a. für derzeit noch nicht ausgeübte Gestaltungsrechte (etwa Anfechtung, Rücktritt), v.a. aber auch für mögliche Einreden des Gegners (Verjährung, Stundung oder ein Zurückbehaltungsrecht), durch die die Durchsetzung des Anspruchs dauernd oder vorübergehend gehemmt würde.

---

11 Vgl. dazu etwa Palandt/Grüneberg § 280, Rn. 68 (m.w.N.).

Hemmer-Klausur-Tipp:

Versetzen Sie sich bei dieser Prüfung in die Perspektive des Gegners! Wenn Sie als sorgfältiger Anwalt des Beklagten eine derartige Verteidigung ernsthaft *prüfen* würden, so besteht auch umgekehrt in der jetzigen Rolle als Klägeranwalt ausreichender Anlass, damit zu rechnen, dass der Gegner sich hiermit wehren könnte. Besteht diese ernsthafte Möglichkeit oder gar Wahrscheinlichkeit, so hat dieser Aspekt in Ihrer Klausur aufzutauchen, um dem Korrektor zu demonstrieren, dass Sie auch wirklich *alles* bedacht haben, was im Prozess gefährlich werden könnte. - Eine andere Frage ist, ob dies dann auch tatsächlich in der Klageschrift selbst auftaucht (dazu ausführlich unten).

IV. Beweisführung

vor Klageerhebung natürlich Beweislage prüfen

Als nächstes ist die Beweislage zu prüfen: Welche Tatsachen sind beweisbedürftig? Wer ist beweispflichtig? Welche Beweise stehen dem Mandanten zur Verfügung? 10

Zusätzlich ist es immer auch erforderlich - in einer Klausur aber natürlich oft nur in sehr begrenztem Maße möglich -, sich über die Beweismöglichkeiten des Gegners so weit wie möglich zu informieren.

Die Kosten der Beweisführung spielen in der Klausur grds. nur dann eine Rolle, wenn im Sachverhalt eigens nach den Prozesskosten gefragt wird.

Auswirkungen auf die Kosten

Exkurs: Durch die Auslagen etwa für Zeugen oder Sachverständige (vgl. dazu das Justizvergütungs- und -entschädigungsgesetz [JVEG] sowie § 17 GKG) können zusätzliche Kosten entstehen. Zusätzliche Anwaltskosten werden durch die spätere Beweisaufnahme nicht (mehr) verursacht: Die Anwaltsgebühren addieren sich bei Durchführung streitiger Verfahren grds. nach Nr. 3100 und Nr. 3104 VV-RVG auf den 2,5fachen Satz[12], ohne dass es darauf ankommt, ob eine Beweisaufnahme erfolgt.[13] Auch der zu zahlende dreifache Satz der Gerichtsgebühren (vgl. §§ 12 I, 34 GKG, Nr. 1210 KV) ist von der etwaigen Notwendigkeit einer Beweisaufnahme nicht beeinflusst.

1. Beweisbedürftigkeit

Beweisbedürftigkeit wird in Klageschriftklausur selten entfallen

Dieser Prüfungspunkt spielt in einer aus Richtersicht zu fertigenden Klausur eine tragende Rolle, weil die Beweisbedürftigkeit in vielen Fällen nach § 138 III ZPO, manchmal auch über ein Geständnis nach § 288 ZPO entfällt. Dagegen hat er in der Klageschriftklausur nur eine recht geringe Bedeutung.

Grund: Der sorgfältige Anwalt kann und darf *im Voraus* nicht einfach unterstellen, dass der Gegner nicht bestreiten wird; er muss vielmehr auf alles gefasst sein. Also muss er davon ausgehen, dass die meisten seiner Tatsachenbehauptungen beweisbar sein müssen.

Fraglich ist allenfalls, ob die Beweisbedürftigkeit entfällt, weil es sich bei bestimmten Punkten um offenkundige Tatsachen gemäß § 291 ZPO handelt. Unter offenkundigen Tatsachen versteht man sowohl allgemeinkundige als auch gerichtskundige Tatsachen.

---

12 Der Streitwert richtet sich gemäß § 23 I 1 RVG grds. nach den GKG-Vorschriften, also den §§ 39 ff. GKG.

13 Ergeht ein Versäumnisurteil, reduziert sich die Terminsgebühr der Nr. 3104 VV-RVG sogar auf den 0,5fachen Satz (vgl. Nr. 3105 VV-RVG). Wird nach Einspruch dann doch wieder streitig verhandelt, fällt wiederum der reguläre 1,2fache Satz von Nr. 3104 VV-RVG an, wegen § 15 II RVG allerdings *nicht zusätzlich* zu Nr. 3105 VV-RVG, sondern *an deren Stelle* (Enders, Rn. 915).

a. Allgemeinkundige Tatsachen

allgemeinkundige Tatsachen

Allgemeinkundig ist eine Tatsache, die einer beliebig großen Anzahl von Menschen bekannt ist oder von dieser zumindest jederzeit zuverlässig wahrgenommen werden kann. Darunter fallen etwa historische Ereignisse, örtliche Gegebenheiten oder geographische Verhältnisse. 11

b. Gerichtskundige Tatsachen

gerichtskundige Tatsachen

Gerichtskundig sind solche Tatsachen, die der Richter aus seiner jetzigen oder früheren *amtlichen* Tätigkeit sicher kennt. 12

Die Annahme einer gerichtskundigen Tatsache dürfte in der Klageschriftklausur so gut wie unmöglich sein, da der Anwalt dies schwerlich im Voraus beurteilen kann.

2. Beweislastverteilung

Beweislast vor den Beweismitteln prüfen

Ist eine Behauptung des Mandanten beweisbedürftig, so ist nun im nächsten Schritt zu klären, *wer* von den Parteien des Prozesses den Beweis zu führen, also die Beweislast zu tragen hat. 13

Die wichtigsten Regeln hierzu lassen sich auf knappem Raum zusammenfassen und damit eigentlich recht gut einprägen.

a. Hauptregel: Jeder die für ihn günstigen Tatsachen

jeder die für ihn günstigen Tatsachen

Es gilt zunächst der Grundsatz: Jede Partei trägt die Beweislast für die tatsächlichen Voraussetzungen der ihr günstigen Rechtsnorm[14].

⇨ Wer ein Recht geltend macht, muss also die tatsächlichen Voraussetzungen der rechtsbegründenden und rechtserhaltenden Tatbestandsmerkmale beweisen.

⇨ Wer demgegenüber das Bestehen eines Rechts leugnet, trägt die Beweislast für die tatsächlichen Voraussetzungen der rechtshindernden, rechtshemmenden und rechtsvernichtenden Tatbestandsmerkmale.

Stellung als Kläger oder Beklagter grds. unerheblich

Auf die Rolle der Parteien im konkreten Prozess kommt es dabei nicht an. Wer das Bestehen eines Anspruchs behauptet, trägt die Beweislast für dessen tatsächliche Voraussetzungen, egal ob er *als Kläger* diesen Anspruch einklagt oder ob er sich *als Beklagter* einer negativen Feststellungsklage seines vermeintlichen Schuldners ausgesetzt sieht[15].

Eine Ausnahme hiervon stellt die Abänderungsklage gemäß § 323 ZPO (im Unterhaltsrecht: Abänderungsverfahren gemäß § 238 ff FamFG) dar.[16]

---

14 Vgl. etwa BGH, NJW 1986, 2426 (2427) m.w.N. = **juris**byhemmer (Wenn dieses Logo hinter einer Fundstelle abgedruckt wird, finden Sie die Entscheidung online unter „juris by hemmer“: www.hemmer.de).

15 Vgl. etwa Thomas/Putzo, Vorbem. zu § 284, Rn. 23.

16 Vgl. Thomas/Putzo, § 323, Rn. 27.

b. Ausdrückliche Beweisregelungen

gesetzliche Regeln

Das materielle Recht enthält zum Teil ausdrückliche Beweislastregeln, so etwa den § 2336 III BGB oder den v.a. im Gewährleistungsrecht bedeutsamen § 363 BGB. 14

§ 476 BGB bei Verbrauchsgüterkäufen

Von letzterem wiederum macht § 476 BGB für Verbrauchsgüterkaufverträge (vgl. dazu §§ 474, 13, 14 BGB) wiederum eine gewisse Ausnahme.

Unstreitig handelt es sich nur um eine teilweise Ausnahme von der Grundregel des § 363 BGB, wonach der Käufer nicht nur den Mangel als solchen zu beweisen hat, sondern auch, dass dieser schon bei Gefahrübergang vorlag.[17]

Arzthaftung

Für die Arzthaftung gilt im Rahmen von Behandlungsverträgen (hierzu vgl. § 630a BGB) inzwischen die mit zahlreichen Differenzierungen versehene Sonderregel des § 630h BGB.

gesetzliche Vermutungen

Gesetzliche Vermutungen entfalten eine ähnliche Wirkung wie ausdrückliche Beweislastregelungen. Diese Vermutungen können sich auf Tatsachen richten, so genannte *Tatsachen*vermutungen (z.B. §§ 938, 1117 III, 1253 II, 2009, 2255 S. 2 BGB) oder sich auf Rechte beziehen, so genannte *Rechts*vermutungen (z.B. §§ 891, 921, 1006, 1138, 1155, 1362, 1964 II, 2365 BGB).

Solche Vermutungen sind grundsätzlich *widerlegbar*, soweit das Gesetz nicht ein anderes vorschreibt (§ 292 ZPO). Unwiderlegbare Vermutungen enthält das Gesetz z.B. in § 1566 BGB sowie in §§ 267, 739 ZPO.[18]

Unterschied: Darlegungs- und Beweislast bezüglich der zugrunde liegenden Tatsachen!

Anders als bei gesetzlichen Regelungen der Beweislast wird die durch eine gesetzliche Vermutung begünstigte Partei aber *nicht gänzlich* von der Beweislast befreit. Vielmehr muss sie die der Vermutung *zugrunde liegenden* Tatsachen darlegen und beweisen.[19]

> ***Bsp. 1:*** *Wer sich auf die Vermutung des § 2255 S. 2 BGB beruft, muss beweisen, dass das Testament tatsächlich vom Erblasser selbst verändert oder vernichtet wurde.*
>
> ***Bsp. 2:*** *Wer sich auf die Vermutung des § 1006 I BGB berufen will, muss seinen (Eigen)Besitz beweisen*[20].

unterschiedliche Auswirkungen auf Umfang des Tatsachenvortrags

Ein weiterer Unterschied zwischen gesetzlichen Vermutungen und Beweislastregelungen liegt in der Darlegungs- bzw. Behauptungslast.

---

17 Nach BGH gilt die in § 476 BGB vorgesehene Beweislastumkehr nicht für die Frage, ob *überhaupt ein Sachmangel* vorliegt. Liegt ein alterstypischer normaler Verschleiß vor, so stellt der Defekt, sofern keine besonderen Umstände gegeben sind, gar keinen Mangel dar. Bleibt offen, ob der Defekt auf Verschleiß beruht oder auf Produktionsfehlern, so ist bereits zweifelhaft, ob *überhaupt* ein Sachmangel vorliegt; dafür aber hilft dem Käufer die Beweislastumkehr nicht (BGH, NJW 2006, 434 [435 m.w.N.]). § 476 BGB begründet hiernach eine (lediglich) in *zeitlicher* Hinsicht wirkende Vermutung, dass ein Mangel bereits im Zeitpunkt des Gefahrübergangs vorlag; dem Käufer kommt die Beweislastumkehr grundsätzlich zugute, wenn das Vorliegen eines Sachmangels *allein* davon abhängt, ob eine Abweichung von der Sollbeschaffenheit, die sich innerhalb von sechs Monaten nach der Übergabe der Sache an den Käufer zeigt, *bereits bei Gefahrübergang* vorhanden war. Im Detail kann die Abgrenzung hochkompliziert werden. Dabei wird dem BGH auch vorgeworfen, dass seine verschiedenen Urteile nicht ganz konsequent zueinander passen würden (vgl. etwa Maultzsch, NJW 2006, 3091 [3094 f]). Ein Teil der Literatur (vgl. v.a. Lorenz, NJW 2004, 3020 [3021]) wollte dem § 476 BGB einen ganz anderen Inhalt geben, ihm insbesondere auch eine Vermutung für einen sog. „Grundmangel" entnehmen.

18 Vgl. Thomas/Putzo, § 267, Rn. 1 bzw. § 739, Rn. 9.

19 Vgl. Thomas/Putzo, § 292, Rn. 3.

20 Vgl. Palandt/Bassenge, § 1006, Rn. 1.

Bei gesetzlichen Vermutungen muss nur die Vermutungstatsache (z.B. bei § 1006 I BGB der Eigenbesitz) und nicht die Vermutungsfolge (bei § 1006 I BGB das Eigentum) behauptet werden[21]. Bei Beweislastregelungen hingegen muss die Partei den gesetzlichen Tatbestand vollumfänglich behaupten.

Hemmer-Klausur-Tipp

Beachten Sie in der Klausur, dass sich diese feinen Unterschiede stark auf den Umfang des von Ihnen als Kläger vorzunehmenden Tatsachenvortrags auswirken können!

Fehlen solche ausdrückliche Regelungen, stellt sich die Frage, ob es sich um eine anspruchs*begründende negative* Tatsache oder um *rechtsvernichtende* Tatsache handelt.

Bspe.:

"Ohne rechtlichen Grund" i.R.d. § 812 BGB ist anspruchsbegründende negative Tatsache mit der Folge, dass der Anspruchssteller die Beweislast trägt.

Bei der Geschäftsunfähigkeit hingegen handelt es sich um eine rechtshindernde Tatsache, sodass den Anspruchsgegner die Beweislast trifft.[22]

c. Rückschluss aus Gesetzesformulierung

Formulierung des Gesetzgebers genau beachten

In einigen Fällen ergibt sich aus der Formulierung des Gesetzeswortlauts ein Regel-Ausnahmeverhältnis. Beweisbelastet ist dann diejenige Partei, die sich auf den Ausnahmefall beruft. 15

Bsp.: *Der Gesetzgeber geht grundsätzlich von der Gutgläubigkeit des Erwerbers i.R.d. § 932 I 1 BGB aus. Dies ergibt sich aus der Formulierung „es sei denn". Die Beweislast hinsichtlich der Gutgläubigkeit trägt damit nicht der potentielle Erwerber, sondern der (Alt)Eigentümer, der einen gutgläubigen Erwerb bestreitet.*

Zu beachten ist, dass solche Gutglaubensvorschriften auch immer mit gesetzlichen Vermutungen korrespondieren: § 932 BGB mit § 1006 BGB, § 892 BGB mit § 891 BGB, § 2366 BGB mit § 2365 BGB.

Beweislast für Vertretenmüssen oft umgekehrt

Große Auswirkung haben v.a. die Regelungen, die die Beweislast hinsichtlich des Vertretenmüssens umkehren.

wichtig: § 280 I 2 BGB!

Aufgrund seiner Schlüsselstellung im Leistungsstörungsrecht besonders bedeutsam ist § 280 I 2 BGB, der schon *kraft Gesetzes* (also ohne Analogien) weitreichende Auswirkung hat (vgl. etwa die Verweisung in §§ 281 I 1, 282, 283 BGB). Dort ist eine *gesetzliche Vermutung* des Vertretenmüssen geregelt („..., wenn der Schuldner die Pflichtverletzung *nicht* zu vertreten hat").

Eine ähnliche – wenn auch nicht ganz so häufig anzuwendende – Vermutung ist in § 311a II 2 BGB für den Fall *anfänglicher* (objektiver und subjektiver) Unmöglichkeit i.S.d. § 275 BGB geregelt.

Verzug

Geht es um die Prüfung des Verzugs des Schuldners (etwa wegen §§ 287, 498, 543 II BGB) ist ebenfalls Vertretenmüssen erforderlich, doch wird dieses in § 286 IV BGB wiederum vermutet; auch dies ergibt sich daraus, dass diese Regelung negativ formuliert ist („kommt nicht in Verzug ...").

---

21 Thomas/Putzo, § 292, Rn. 3.

22 Das gleiche Ergebnis würde sich auch aus dem Regel-Ausnahme-Prinzip ergeben (dazu gleich).

weitere Beispiele

Weitere Beispiele: 15a

- *„es sei denn, dass“ (§§ 153, 178, 406, 407, 651f BGB)*
- *„sofern nicht“ (§§ 179 I, 370 BGB)*
- *„jedoch nicht“ (§ 179 II BGB)*
- *„ausgeschlossen“ (§§ 815, 861 II, 1004 II BGB)*

d. Regel-Ausnahmeprinzip

weiterer wichtiger ungeschriebener Grundsatz: Regel-Ausnahmeprinzip

Dieses Regel-Ausnahmeprinzip lässt sich verallgemeinern und auch auf Konstellationen anwenden, in denen das Gesetz zur Frage der Beweislast schweigt. Wer entgegen der erfahrungsgemäßen Regel eine Ausnahme für sich in Anspruch nimmt, hat ihre tatbestandlichen Voraussetzungen zu beweisen.[23] 16

Bspe.:

Ein Volljähriger, der seine Geschäftsunfähigkeit behauptet, muss diese nachweisen, da ein Erwachsener grundsätzlich als geschäftsfähig anzusehen ist.

Ist umstritten, ob ein Rechtsgeschäft in eigenem oder fremdem Namen vorgenommen wurde, so ist derjenige beweispflichtig, der behauptet, erkennbar nicht für sich selbst, sondern für einen anderen gehandelt zu haben.[24]

e. Richterrechtliche Beweislastregeln / wichtige Fallgruppen

Richterrecht

wichtige Fallgruppen

Der Grundsatz, dass jede Partei die für sie günstigen Voraussetzungen behaupten und beweisen muss, führt in einigen Bereichen zu unbilligen Ergebnissen. Um diese zu vermeiden, hat die Rechtsprechung richterrechtliche Regeln zur Beweislastumkehr entwickelt. 17

aa. Vertragsrecht: „Sphärentheorie“

Vertragsrecht

Dem Wortlaut nach bezieht sich § 280 I 2 BGB alleine auf das *Vertretenmüssen*. 18

Der Gläubiger muss also grundsätzlich noch selbst beweisen, dass den Schuldner eine objektive Pflichtverletzung trifft und dass diese kausal für den eingetretenen Schaden ist. Kann er dies nicht, so nützt ihm auch die Beweislastumkehr bezüglich des Vertretenmüssens nichts.

Problem: Beweislast für Pflichtverletzung

In einigen wichtigen Fällen, in denen die Schädigung in der Sphäre des Inanspruchgenommenen erfolgte, wurde dies aber durch Richterrecht zu Gunsten des Gläubigers des Schadensersatzanspruchs modifiziert. Über den Gesetzeswortlaut des § 280 I 2 BGB hinaus wird die Beweislastumkehr auch auf die objektive Pflichtverletzung, vereinzelt sogar auf die Kausalität bezogen.[25]

---

23 Thomas/Putzo, Vorbem. zu § 284, Rn. 24.

24 Vgl. Palandt/Ellenberger, § 164, Rn. 18 (m.w.N.). § 164 II BGB bestätigt dies, hat aber mehr die Funktion, die Anfechtung nach § 119 I BGB auszuschließen. Bei sog. unternehmensbezogenen Geschäften besteht jedoch eine tatsächliche Vermutung, dass der Handelnde für das Unternehmen aufgetreten ist (vgl. BGH, NJW 1984, 1347) = **juris**byhemmer.

25 BGH, NJW-RR 1991, 576, NJW 1993, 1706 für den Fall der beschädigt zurückgegebenen Mietsache sowie BGH NJW 2009, 145 für den Fall der Schädigung des Mieters durch Vorgänge in der Sphäre des Vermieters (Prüfung einer Schutzpflichtverletzung

bb. Produzentenhaftung

im Deliktsrecht Besonderheiten v.a. bei Produzentenhaftung

Im Bereich des Deliktsrechts gilt der Grundsatz, dass der Geschädigte alle anspruchsbegründenden Tatsachen beweisen muss. 19

Als Beweiserleichterung können dabei in vielen Fällen die Grundsätze des Anscheinsbeweises[26] dienen.

Für den Bereich der Produzentenhaftung wird darüber hinausgehend eine teilweise Beweislastumkehr angenommen.[27]

cc. Beweisvereitelung

Grundsätze der Beweisvereitelung

Von einer Beweisvereitelung spricht man, wenn einer Partei die Führung eines ihr obliegenden Beweises vom Gegner schuldhaft unmöglich gemacht oder erschwert wird, indem dieser Beweismittel vernichtet, vorenthält oder ihre Benutzung erschwert.[28] 20

> **Bsp.:** *Bei einem Auffahrunfall behauptet der Auffahrende, das Bremslicht seines Vordermannes habe nicht funktioniert, sodass diesen zumindest ein Mitverschulden an dem Unfall treffe. Der Unfallgegner lässt sein Auto verschrotten, bevor es von einem Sachverständigen untersucht werden konnte.*

Explizit geregelt ist das Problem der Beweisvereitelung im Bereich des Urkundenbeweises, §§ 427, 441 III und 444 ZPO, sowie der Parteivernehmung, §§ 446, 453 II, 454 I ZPO. Aus diesen Einzelregelungen werden die allgemeinen Grundsätze der Beweisvereitelung abgeleitet.

Auswirkungen im Detail umstritten

Die Rechtsfolgen der Beweisvereitelung sind umstritten. Der BGH tendiert in den meisten Fällen zu einer Beweislastumkehr.[29] Andere wollen die Beweisvereitelung lediglich i.R.d. Beweiswürdigung berücksichtigen oder differenzieren nach Art des Verschuldens.[30]

Hemmer-Klausur-Tipp

Da Sie in der Anwaltsklausur natürlich den sichersten Weg gehen müssen, haben Sie die Ihnen nach dem Sachverhalt zur Verfügung stehenden Beweismittel optimal auszuschöpfen. Wenn bzw. soweit Beweismittel vorhanden sind, sollten Sie diese bei Vorliegen eines Aktes der gegnerischen Beweisvereitelung also trotzdem im Schriftsatz anbieten. Erläutern Sie aber zusätzlich unter genauer Begründung, dass Sie nicht oder allenfalls teilweise beweispflichtig seien.

---

i.S.d. § 241 II BGB). Vgl. etwa Palandt/Grüneberg, § 280, Rn. 34 ff. Zum Ganzen siehe ausführlicher und mit Beispielen in Assessor-Basics Zivilurteil § 10, Rn. 91 ff.: **alle Entscheidungen = juris**byhemmer.

26 Zum Anscheinsbeweis siehe etwa Assessor-Basics Zivilurteil § 10, Rn. 107 ff. sowie Thomas/Putzo, § 286, Rn. 12 ff. Vgl. etwa auch BGH NJW 2010, 1072 = **juris**byhemmer: Anscheinsbeweis bei Hantieren mit Feuerzeug in einer mit Stroh gefüllten Scheune.

27 Dazu siehe Assessor-Basics Zivilurteil § 10, Rn. 95 ff. sowie Palandt/Sprau, § 823, Rn. 134 ff. und Rn. 183 f.

28 BGH, NJW 1998, 79, 81 = **juris**byhemmer; Thomas/Putzo, § 286, Rn. 17; ausführlich Oberheim, JuS 1997, 61 ff.

29 Vgl. BGH, NJW 1998, 79 (81); vgl. auch Thomas/Putzo, § 286, Rn. 18. BGH, NJW 2006, 434 [436] hat dies offen gelassen, weil *dem Gegner* der Partei, die fahrlässig die Beweisführung vereitelt hatte, bereits eine geringere Wirkung zum Prozesserfolg verhalf. Die Beweisvereitelung ergab sich daraus, dass der Kläger es *unterlassen* hatte, die Entsorgung des bei Reparatur ausgebauten defekten Turboladers vor Begutachtung durch entsprechende Anweisungen an die Werkstatt zu verhindern: **alle Entscheidungen = juris**byhemmer

30 Zöller/Greger, Vorbem. zu § 284, Rn. 21 m.w.N.

3. Beweismittel

a. Augenschein

Beweismittel

Definition Augenschein

Augenschein ist jede unmittelbare sinnliche Wahrnehmung des Richters zu Beweiszwecken. Der praktisch häufigste Fall ist wohl der „Ortstermin“, also die Inaugenscheinnahme von Örtlichkeiten zur Aufklärung von Unfallvorgängen, Nachbarstreitigkeiten oder Baumängeln. 21

missverständlicher Begriff

Die gegenständliche, sinnliche Wahrnehmung ist aber nicht auf den Gesichtssinn beschränkt.

Der Begriff „Augenschein“ ist insoweit ungenau. Die sinnliche Wahrnehmung kann vielmehr auch durch Betasten, Beriechen, Anhören oder Kosten erfolgen[31].

Objekte des Augenscheins und nicht des Urkundenbeweises sind deshalb auch:

⇨ Tonträger

⇨ Bildbänder

⇨ EDV-Datenträger.

Von anderen Beweismitteln unterscheidet sich der Augenschein durch das Prinzip der sinnlichen, gegenständlichen Wahrnehmung im Gegensatz zur Wiedergabe eines Gedankeninhalts.

> ***Bsp.:*** *Eine Person wäre Gegenstand des Augenscheins hinsichtlich der Frage, „ob“ sie sprechen kann, hingegen Zeuge oder Sachverständiger hinsichtlich dessen, „was“ sie sagt[32].*

b. Zeuge

Hemmer-Klausur-Tipp

Wenn der Mandant bereits eine eidesstattliche Versicherung von sich oder einer anderen Person mitbringt, dürfen Sie keinesfalls in die hiermit gestellte Klausur-Falle laufen. Die eidesstattliche Versicherung ist nur dann ein zulässiges Beweismittel, wenn für die betreffende Tatsache die Glaubhaftmachung möglich bzw. vorgeschrieben ist (vgl. § 294 ZPO; dazu unten ausführlich beim einstweiligen Rechtsschutz). Ein entsprechendes Beweisangebot bei einer Klageschrift oder Klageerwiderung wäre ein *grober* Fehler! Bieten Sie den Zeuge *als solchen* an („Zeugnis des ...“). 22

aa. Abgrenzung zum Sachverständigen

Abgrenzung zum Sachverständigen: Zeuge nicht beliebig ersetzbar

Gegenstand des Zeugenbeweises sind in der Vergangenheit liegende Tatsachen, die der Zeuge selbst wahrgenommen hat. Der Sachverständige dagegen vermittelt dem Richter fehlendes Fachwissen zur Beurteilung von Tatsachen. Der Sachverständige kann deshalb durch jeden anderen Fachmann ersetzt werden, der Zeuge hingegen wegen der Einmaligkeit seiner Beobachtung nicht.

31 Zöller/Greger, § 371, Rn. 1.

32 Zöller/Greger, § 371, Rn. 2.

Benötigt der Zeuge für die Wahrnehmung der Tatsachen eine besondere Sachkunde, spricht man von einem sachverständigen Zeugen.

> ***Bsp.:*** *Der Notarzt sagt über die unfallbedingten Verletzungen eines Unfallopfers aus.*

Auf den sachverständigen Zeugen finden die Vorschriften über den Zeugenbeweis Anwendung, § 414 ZPO.

bb. Abgrenzung zur Parteivernehmung

v.a. § 455 ZPO beachten!

Zeuge kann nur sein, wer nicht Partei des Rechtsstreits ist. Dies kann v.a. über § 455 ZPO bedeutsam werden.

Als Partei hingegen werden vernommen:

⇨ der streitgenössische Nebenintervenient nach § 69 ZPO

⇨ notwendige Streitgenossen, § 62 ZPO

⇨ die gesetzlichen Vertreter prozessunfähiger Personen[33] (vertretungsberechtigte Organe juristischer Personen; vertretungsberechtigte Komplementäre einer OHG oder KG).

Als Zeugen und nicht als Partei sind dagegen zu vernehmen:

⇨ der Kommanditist und der nichtvertretungsberechtigte Komplementär

⇨ nicht vertretungsberechtigte Organe sowie die Mitglieder und Gesellschafter juristischer Personen

⇨ der einfache Streithelfer

⇨ der Zedent im Rechtsstreit des Zessionars (dazu s.u.).

Schwierig ist die Abgrenzung beim einfachen Streitgenossen nach §§ 59, 60 ZPO. Da im Fall der Streitgenossenschaft eine einheitliche Beweisaufnahme erfolgt, sind seine Aussagen grundsätzlich auch in seinen eigenen Angelegenheiten von Belang. Er ist deshalb grundsätzlich als Partei zu vernehmen[34]. Etwas anderes gilt nur dann, wenn er über Tatsachen aussagen soll, die ausschließlich die anderen Streitgenossen betreffen[35].

c. Sachverständiger

Sachverständiger vermittelt (grds. nur) fehlendes Wissen zur Beurteilung von Tatsachen

Der Sachverständige vermittelt dem Richter fehlendes Spezialwissen *zur Beurteilung* von Tatsachen. Dagegen ist es nicht seine Aufgabe, Tatsachen selbst *zu ermitteln*. Dies ist allein dem Richter überlassen. Der Sachverständige soll sein Gutachten nur auf Grundlage des ihm vom Richter dargelegten Sachverhaltes – sog. Anschlusstatsachen – erstellen, vgl. § 404a III ZPO. 23

33 Vgl. Thomas/Putzo, § 373, Rn. 6 i.V.m. § 51, Rn. 3 ff.

34 Zöller/Greger, § 373 Rn. 5.

35 BGH, NJW 1983, 2508 = **juris**byhemmer.

Nur ausnahmsweise, wenn bereits die Tatsachenfeststellung besondere Sachkenntnis erfordert, kann diese dem Sachverständigen überlassen werden. Man spricht in einem solchen Fall von Befundtatsachen.

> **Bspe.:** *Ermittlung von Baumängeln, Erstellung einer ärztlichen Diagnose*

Gutachten aus Parallelverfahren i.d.R. kein Sachverständigenbeweis

Eine häufig in Klausuren auftauchende Problematik ist die bestehende Möglichkeit der Beiziehung von Gutachten aus früheren Verfahren. Hier ist zu beachten, dass diese aber zumindest bislang nur als Urkundenbeweis verwertet werden können[36].

> **Bsp.:** *Ermittlungsakten der Staatsanwaltschaft bei einem Autounfall mit Körperverletzungen bzw. Tötungen.*

Ausnahme: § 411a ZPO

§ 411a ZPO erlaubt inzwischen allerdings in vielen Fällen die Verwertung eines in einem anderen Verfahren in Auftrag gegebenen Gutachtens als „echter" Sachverständigenbeweis.

Privatgutachten i.d.R. kein Sachverständigenbeweis

Auch die Vorlage von Privatgutachten stellt regelmäßig keinen Sachverständigenbeweis dar. Es handelt sich dabei um Gutachten, die eine Partei in „eigener Regie" in Auftrag gibt. Ein solches Gutachten ist ebenfalls nur als urkundlich belegter Parteivortrag verwertbar, *als Sachverständigenbeweis* kann es nur mit Zustimmung beider Parteien verwertet werden[37].

> **Bsp.:** *Unfallgutachten eines selbst oder seitens der Werkstatt beauftragten Kfz-Sachverständigen bezüglich des (voraussichtlichen) Schadens am Fahrzeug.*

Den Gegenbeweis zu diesem urkundlich belegten Parteivorbringen kann die andere Partei durch einen Antrag auf Sachverständigengutachten antreten.

Hemmer-Klausur-Tipp

Machen Sie trotz dieser „Abqualifizierung" dieses Beweismittels in jedem Fall von einem vorhandenen Privatgutachten Gebrauch. Geben Sie also ein entsprechendes Beweisangebot ab. Manchmal kann es sich zusätzlich empfehlen, im Gutachten kurz auf die skizzierte Problematik einzugehen; dies etwa dann, wenn die Gegenseite das Beweismittel bereits angezweifelt hat.

d. Urkundenbeweis

Urkundenbeweis

Urkunden i.S.d. ZPO sind schriftliche Gedankenäußerungen. *24*

- ⇨ Keine Urkunden dagegen sind, auch wenn sie verkörperte Gedankenerklärungen darstellen, Tonbänder und Schallplatten. Diese können nur mittels des Augenscheinbeweises verwertet werden. Gleiches gilt für EDV-Datenträger und die bloße Fotografie einer Urkunde.
- ⇨ Auch bei den so genannten Beweiszeichen wie Siegelabdrucke und Fahrzeug- und Motornummern handelt es sich nicht um Urkunden. Bei diesen tritt der Aussagezweck hinter den Kennzeichnungszweck zurück[38].

36 Zöller/Greger, § 402, Rn. 6c; zur Beweiskraft vgl. Thomas/Putzo, § 286, Rn. 11.

37 BGH, NJW 1993, 2382; ausführlich hierzu Baumbach/Lauterbach-Hartmann, Übers. § 402, Rn. 21 ff. = **juris**byhemmer.

38 Zöller/Geimer, Vor § 415, Rn. 2.

zur Beweiskraft §§ 415 ff. ZPO lesen!

Das Gesetz unterscheidet hinsichtlich der Beweiskraft öffentliche Urkunden (§§ 415, 417, 418 ZPO) und Privaturkunden (§ 416 ZPO). Die §§ 415 ff. ZPO stellen dabei besondere Beweisregeln i.S.d. § 286 II ZPO dar, die den Grundsatz der freien Beweiswürdigung nach § 286 I ZPO einschränken. Voraussetzung für die Beweiskraft einer Urkunde nach §§ 415 ff. ZPO ist ihre Echtheit, die nach den §§ 437 ff. ZPO zu ermitteln ist.

e. Parteivernehmung

Parteivernehmung nur sehr begrenzt möglich und sinnvoll

Die Parteivernehmung ist nur zur Führung *des Hauptbeweises* zulässig, § 445 II ZPO. Aber auch in diesem Rahmen ist sie nur subsidiär möglich, wenn andere Beweismittel nicht vorgebracht wurden bzw. nicht zur Überzeugung des Gerichts führten. 25

Die Parteivernehmung erfolgt entweder auf Antrag des Gegners (§ 445 ZPO) oder auf eigenen Antrag (§ 447 ZPO), wofür allerdings die Zustimmung des Gegners erforderlich ist.

Daneben besteht noch die Möglichkeit einer Parteivernehmung von Amts wegen nach § 448 ZPO.

Letztere erfordert als ungeschriebenes Tatbestandsmerkmal, dass auch ohne die Beweisaufnahme auf Grund der Lebenserfahrung *eine gewisse Wahrscheinlichkeit* für das Vorliegen der Tatsache gegeben ist, sog. Anfangswahrscheinlichkeit.[39]

Hemmer-Klausur-Tipp

Halten Sie sich in der Klausur mit diesem Beweismittel zurück. Suchen Sie den Sachverhalt genau danach ab, ob es nicht doch ein anderes Beweismittel gibt bzw. ob Sie überhaupt die Beweislast haben! Der Parteivernehmung kommt in der Praxis relativ wenig Bedeutung zu. Die Vernehmung des Gegners wird selten beantragt werden, da man diesem nicht Gelegenheit geben möchte, seiner Aussage Beweiswert zu verschaffen und man zudem regelmäßig die Wahrheitsliebe des Gegners bezweifeln wird. Aus den gleichen Gründen wird freilich auch der Gegner der Parteivernehmung des Antragstellers nicht zustimmen.

V. Prozessuale Umsetzung der Mandantenziele / Prozesstaktik

Umsetzung der Mandantenziele

Wer soll gegen wen genau klagen und auf was?

Bei der Frage nach der optimalen prozessualen Umsetzung der Ziele des Mandanten können sich Fragen stellen nach der richtigen Festlegung der Parteien auf Kläger- und/oder Beklagtenseite, aber auch nach der Festlegung des Umfangs der Klage in objektiver Hinsicht (Klagehäufung, Teilklage usw.) und schließlich nach der Auswahl des zuständigen Gerichts. 26

1. Festlegung der Partei(en) auf Klägerseite

a. Rechtsinhaberschaft mehrerer

Personengruppen auf Klägerseite

Wenn sich aus dem Mandantenvortrag ergibt, dass er nicht *alleine* Inhaber der geltend gemachten Forderung ist bzw. sein kann, sondern etwa eine Personenmehrheit gegeben ist, so ist genauer zu untersuchen, wer wirklich als Kläger in Betracht kommt.

39 Thomas/Putzo, § 448, Rn. 2.

Als erstes sollte man die Rechtsform dieser Personenmehrheit klären. Geht es um eine juristische Person oder eine sonstige Person, die *parteifähig* ist (vgl. v.a. § 50 ZPO bzw. § 124 HGB sowie die Anerkennung der Partei- und Rechtsfähigkeit der GbR durch den BGH[40]), so ist die Sache einfach.

Hier ist grds. dieser Rechtsträger *selbst* als Kläger auszuwählen, und es stellt sich nur die Frage, ob der Mandant ihn allein *vertreten* kann (§§ 125 HGB, 49 HGB usw.). Eine subjektive Klagehäufung ist dann insoweit nicht notwendig bzw. möglich.[41]

Zunächst Parteifähigkeit der „Gruppe“ prüfen

Schwieriger wird die Situation, wenn sich herausstellt, dass der Anspruch, den der Mandant vor Gericht bringen will, einer selbst nicht rechtsfähigen bzw. parteifähigen Gruppe von Personen zusteht, der Mandant also z.B. im Auftrag einer Erbengemeinschaft handelt.

Dann ist zu klären, ob *sämtliche* Mitglieder dieser Personenvereinigung als Kläger auftreten müssen (subjektive Klagehäufung) oder ob *einer alleine* den Prozess führen kann. Hier müssen dann verschiedene Varianten durchgeprüft werden.

aa. Gesamt- oder Mitgläubigerschaft

Einzelklage möglich bei §§ 428, 432 BGB

Nur *einer* der mehreren Rechtsinhaber / Gläubiger braucht zu klagen, wenn Gesamt- oder Mitgläubigerschaft gemäß §§ 428, 432 BGB besteht. In letzterem Fall muss die Klage jedoch darauf gerichtet sein, dass die Leistung *an alle* erfolgen soll. 27

> **Bsp.:** *Das Ziel ist es, einen renitenten Untermieter aus der Wohnung zu klagen (Räumungsklage). Hier haben sowohl der Hauptmieter als Vertragspartner des Untermieters einen Räumungsanspruch (§ 546 I BGB) als auch der Vermieter (§ 546 II BGB). In diesem Falle sind die beiden Gesamtgläubiger nach § 428 BGB.[42] Sie können also praktisch auswählen, wer als Kläger auftritt.*

Prozessualer Vorteil dabei: Sind die Kläger in Beweisnot, ist es möglich, dass nur ein Gläubiger (hier etwa der Vermieter) klagt und der nicht klagende Rechtsinhaber (hier dann der Hauptmieter) so als Zeuge im Prozess auftreten kann. Zwar wird meist der Beweiswert eines materiell am Anspruch beteiligten Zeugen aufgrund seines Eigeninteresses zumindest etwas eingeschränkt sein, jedoch kann er trotzdem je nach Beweislage und Glaubwürdigkeit auf das Ergebnis des Rechtsstreits Einfluss nehmen.[43]

bb. Gesetzliche Prozessstandschaft

Prozessstandschaft eines Einzelnen

Von größerer Bedeutung dürften die Fälle der gesetzlichen Prozessstandschaft sein, in denen der Mandant ebenfalls eine Klage allein als Partei erheben kann. Wichtig ist hierbei v.a. § 2039 S. 1 BGB für die Erbengemeinschaft. Wenn eine solche Personenmehrheit, die *als Gruppe* selbst nicht rechtsfähig ist, eine Forderung gegen einen Schuldner des Erblassers durchsetzen will, so besteht die Möglichkeit, dass alle Einzelpersonen die Klage gemeinsam erheben (Streitgenossenschaft). 28

---

40 Vgl. dazu BGH, NJW 2001, 1056 ff. = Life&Law 2001, 216 ff. = **juris**byhemmer.

41 Steht eine solche Personengruppe auf der *Beklagtenseite* (dazu unten Rn. 33 ff., v.a. Rn. 34), so kann dies anders sein, da dann eine Haftung der natürlichen Personen *zusätzlich* zu dieser Personengruppe in Betracht kommt.

42 Vgl. etwa Palandt/Weidenkaff, § 546, Rn. 21; BaRo/Ehlert, § 546, Rn. 25.

43 Zum Problem des „parteiischen Zeugen“ siehe ausführlich in Assessor-Basics Zivilurteil, § 10, Rn. 18, Rn. 35 und v.a. 128 f.

Es kann aber auch ein einzelner Erbe, dem seine übrige Verwandtschaft in dieser Sache zu unentschlossen ist, nach § 2039 S. 1 BGB *alleine* die Klage erheben. Aber auch in diesem Fall muss er Leistung *an alle Miterben* oder Hinterlegung beantragen.

cc. Notwendige Streitgenossenschaft

Behandlung von Streitgenossen

Eine *einfache* Streitgenossenschaft liegt vor, wenn eine gemeinsame Verhandlung und Entscheidung zweckmäßig ist. Die §§ 59, 60 ZPO werden insoweit von der Praxis extensiv ausgelegt und sind in ihren Tatbestandsmerkmalen außerdem schwer zu trennen.[44] In Fällen der einfachen Streitgenossenschaft *kann* man die Klage für alle Streitgenossen erheben, muss dies aber jedenfalls nicht. 29

Ob man dies oder jenes tun wird, hängt in der Praxis u.U. von einer Vielzahl taktischer Überlegungen ab, die - von der Problematik der Zeugenfähigkeit der übrigen Beteiligten abgesehen - in einer Klausur größtenteils wohl schwer darstellbar sein dürften.

Der Aufgabensteller wird Ihnen insoweit wohl relativ klare Ziele des Mandanten vorgeben.

Wichtiger könnte daher die Frage sein, ob für den Klägeranwalt ein *Zwang* besteht, die Klage für alle Beteiligten in Streitgenossenschaft zu erheben.

i.d.R. kein Zwang, die Klage für alle Rechtsinhaber zu erheben

Die Frage, ob eine Streitgenossenschaft gemäß § 62 ZPO notwendig ist, kann nur in einem der beiden gesetzlichen Fälle eine *zwingende* Auswirkung auf die Auswahl der richtigen Partei haben: Liegt ein Fall der sog. notwendigen gemeinschaftlichen Klage (§ 62 I 2. Alt. ZPO) vor, so kann die Klage *nur für alle gemeinsam* erhoben werden; eine Einzelklage scheidet dann von vornherein aus, weil in diesen Fällen die Prozessführungs- bzw. Sachbefugnis nur von mehreren gemeinsam ausgeübt werden kann.[45]

Der früher wichtigste Fall war der Aktivprozess einer GbR. Seit Anerkennung ihrer Rechtsfähigkeit und Parteifähigkeit[46] ist die GbR aber selbst Kläger, so dass gar keine Personenmehrheit vorliegt. Bei den anderen Gesamthandsgemeinschaften (Erben- und Gütergemeinschaft) bestehen gesetzliche *Einzel*klagemöglichkeiten (§§ 1422, 2038 I 2, 2039 BGB).

Der andere Fall des § 62 I *1. Alt.* ZPO (notwendige einheitliche Sachentscheidung) wird überhaupt nur dann relevant, wenn *tatsächlich* bereits mehrere als Kläger auftreten; er setzt also gerade voraus, dass theoretisch auch die Möglichkeit zur Einzelklage gegeben war. Daher besteht in diesen Fällen gerade kein Zwang, die Klage in Streitgenossenschaft *zu erheben.*

Hemmer-Klausur-Tipp

Problematisieren Sie bei einer Klageschriftklausur die Frage der Notwendigkeit einer Streitgenossenschaft i.S.d. § 62 ZPO nur ausnahmsweise, etwa bei Vorliegen einer Diskussion im Sachverhalt oder wenn einer der seltenen Fälle von § 62 I *2. Alt.* ZPO vorliegen könnte. Wie eben gesehen, wirkt sich die Problematik bei Klageerhebung äußerst selten aus, weil es derzeit „nur" um die Auswahl der richtigen Partei geht.

44 Thomas/Putzo, § 60, Rn. 1.

45 Thomas/Putzo, § 62, Rn. 13.

46 Vgl. dazu BGH, NJW 2001, 1056 ff. = Life&Law 2001, 216 ff. = **juris**byhemmer.

Prägen Sie sich ein, dass die notwendige Streitgenossenschaft eher in späteren Phasen des Rechtsstreits von Bedeutung ist, in der die Vertretungsfiktion des § 62 ZPO sich unmittelbar auswirkt: etwa bei der Frage der Wahrung der Frist des § 339 ZPO oder bei der Prüfung der Säumnis i.S.d. §§ 330 ff. ZPO.[47]

b. Nichtidentität von Gläubigerschaft und Klägerrolle

Gläubiger und Kläger nicht immer identisch

In bestimmten Konstellationen hat sich der Klägeranwalt auch die Frage zu stellen, ob nicht eine Person als Kläger auftreten sollte, die selbst gar nicht der wirkliche Forderungsinhaber ist. Insoweit ist zu trennen zwischen Fällen, in denen dies praktisch zwingend ist, und solchen, in denen nur taktische Überlegungen ein solches Vorgehen ratsam erscheinen lassen. Wichtiger für Klausuren ist natürlich die erste Variante. 30

aa. Erhebung der Klage in gesetzlicher Prozessstandschaft

In manchen Fällen zwingt das Gesetz dazu, dass eine Partei die Klage erhebt, die selbst nicht der Rechtsinhaber ist, teilweise ist dies zumindest zulässig.

Es geht hier also wieder um eine Prozessstandschaft, diesmal allerdings in anderer Form: Der Kläger ist hier - anders als etwa bei § 2039 S. 1 BGB - nicht nur einer der wirklichen Rechtsinhaber, er hat vielmehr eigentlich *gar keinen eigenen* Anspruch, kann bzw. muss aber trotzdem klagen.

> ***Bspe.:*** *§ 1629 III BGB (Unterhaltsforderung für das Kind bei Getrenntleben der verheirateten Eltern); Revokationsrecht gemäß § 1368 BGB für Ansprüche aus §§ 985, 894 BGB in den Fällen der §§ 1365, 1369 BGB.*

faktischer Zwang zur Prozessstandschaft etwa bei § 1368 BGB

Im letztgenannten Fall besteht zwar *juristisch* kein Zwang, so vorzugehen: Der Veräußernde könnte die Klage als Eigentümer natürlich auch selbst einreichen. Allerdings wird meist *faktisch* ein solcher Zwang bestehen, weil das angestrebte Ziel mit keiner anderen Vorgehensweise erreichbar ist; dies etwa dann, wenn der andere Ehegatte, mit dem sich der Mandant zerstritten hat, an der Rückgängigmachung des von ihm selbst betriebenen Rechtsgeschäftes nicht mitwirken will.

bb. Erlangung der Zeugenstellung durch Forderungsabtretung

Abtretung als taktische Maßnahme

Befindet sich der Rechtsinhaber in Beweisnot, so kann er seine Forderung an einen Dritten abtreten, sodass dieser die Klage erhebt und der Rechtsinhaber selbst als Zeuge auftritt. 31

Durch die Abtretung wird eine Verschiebung der Klägerstellung erreicht. Diese bevorzugt zwar den Gläubiger gegenüber dem Schuldner einseitig, ist aber nach h.M. materiell wirksam und prozessual zulässig. Insbesondere liegt kein Fall eines Scheingeschäftes nach § 117 BGB vor, weil die Rechtsfolgen einer solchen Abtretung ja wirklich gewollt sind.

47 Hierzu siehe ausführlich in Assessor-Basics Zivilurteil, § 11, Rn. 9, Rn. 34 ff. und v.a. Rn. 55 ff.

Bei Beweiserheblichkeit muss nun der Richter den ehemaligen Forderungsinhaber als Zeugen hören. Natürlich aber ist die Beweiskraft dieses Beweismittels im Rahmen der Beweiswürdigung zu relativieren; dort ist es möglich und notwendig, die vormalige Gläubigerstellung (Einschränkung der Glaubwürdigkeit wegen starken Eigeninteresses) zu berücksichtigen. Der Gedanke der „Waffengleichheit" wird dann auch oft zur Anwendung von § 448 ZPO führen.[48]

cc. Erhebung der Klage in gewillkürter Prozessstandschaft

gewillkürte Prozessstandschaft

Ein ähnlicher Effekt wie mit der Abtretung kann u.U. über eine Klage eines Dritten in gewillkürter Prozessstandschaft erreicht werden. Dazu müssen folgende Voraussetzungen vorliegen: 32

⇨ Ermächtigung des Prozessstandschafters zur Geltendmachung des Anspruchs im eigenen Namen durch den Rechtsinhaber;

⇨ Vorliegen eines grundsätzlich abtretbaren Rechts bzw. Möglichkeit der Überlassung zur Ausübung an einen Dritten;

⇨ Klarstellung im Prozess, dass und für wen der Prozessstandschafter auftritt;[49]

⇨ Vorliegen eines *eigenen* schutzwürdigen Interesses des Prozessstandschafters, das fremde Recht im eigenen Namen geltend zu machen.

> ***Bsp.:*** *Ein Gewerbetreibender G hat eine Forderung zur Sicherheit an eine Bank abgetreten (Sicherungszession). Nun soll diese Forderung eingeklagt werden. Die Bank will einerseits ihre Sicherheit nicht durch Rückabtretung nach § 398 BGB aufgeben, hat andererseits aber auch kein Interesse, selbst den Prozess zu führen.*

Der G selbst wiederum hat aber ein Interesse an diesem Prozess, da diese Forderung letztlich ja doch ihm zusteht, wenn er nur seine eigenen Verbindlichkeiten gegenüber der Bank erfüllt, also der Sicherungsfall gar nicht eintritt.

Wird in diesem Fall die Klage von G mit Ermächtigung der Bank in gewillkürter Prozessstandschaft erhoben, so ist der G nun Partei, nicht die Bank.[50]

2. Festlegung des bzw. der richtigen Beklagten

a. Klageerhebung gegen notwendige Streitgenossen

Parteien auf Beklagtenseite

notwendige Streitgenossen auf Beklagtenseite (selten)

Ein sich aus § 62 ZPO ergebender *Zwang*, mehrere Beklagte zu verklagen, wird sich nur in seltenen Fällen ergeben, da auf Beklagtenseite meist entweder eine einfache Streitgenossenschaft oder der Fall der sog. notwendigen einheitlichen Sachentscheidung (§ 62 I 1. Alt. ZPO) gegeben ist. 33

48 Vgl. Thomas/Putzo, § 448, Rn. 4 (m.w.N.). Ausführlich hierzu in Assessor-Basics Zivilurteil, § 10, Rn. 35 und Rn. 128 ff.

49 Dies ist für den Fall wichtig, dass der Rechtsinhaber selbst klagt, das vom Prozessstandschafter eingeleitete Verfahren aber noch anhängig ist. Dem Beklagten steht dann insoweit die Einrede der anderweitigen Rechtshängigkeit zu. Zudem wirkt die Rechtskraft des Urteils im Verfahren des Prozessstandschafters auch für und gegen den Rechtsinhaber selbst.

50 Thomas/Putzo, § 51; Rn. 40.

Bei dieser Variante der notwendigen Streitgenossenschaft ist es aber - wie oben schon ausgeführt - gerade möglich, eine *einzelne* Person aus der Gruppe zu verklagen; nur *die Folgen* des Prozesses (Rechtskrafterstreckung) treffen alle.

Fälle, in denen die Klage gegen nur eine einzelne Person aus einer Personengruppe *unzulässig* wäre, sind allerdings durchaus möglich.

Bspe.:

- *Geltendmachung einer sog. Gesamthandsschuld nach § 2059 II BGB gegen eine noch nicht aufgelöste Erbengemeinschaft (anders beim Regelfall der Gesamtschuld nach § 2058 I BGB).*[51]

- *Klage auf Einräumung eines Notwegerechtes (§ 917 BGB) gegen die Miteigentümer des Nachbargrundstücks.*[52]

Viel häufiger liegt ohnehin nur eine Streitgenossenschaft infolge einer Gesamtschuld oder einer akzessorischen Haftung mehrerer möglicher Gegner in Betracht (dazu s.u.).

b. Klageerhebung gegen Gesamtschuldner

Gesamtschuldner

34 Bei der gesamtschuldnerischen Haftung muss der Anwalt grds. genau abwägen, ob er einen, mehrere oder alle Gesamtschuldner verklagt.

Dasselbe gilt für ähnliche Fälle der Haftung mehrerer, wie etwa der akzessorischen Haftung des Gesellschafters nach § 128 HGB oder des Bürgen nach § 765 BGB.

aa. Nachteil: Höhere Kostenrisiken

Abwägung: Kosten gegen zwangsvollstreckungsrechtliche Gesichtspunkte

Das Kostenrisiko kann sich stark erhöhen, wenn jeder verklagte Gesamtschuldner einen Anwalt konsultiert. Dagegen fällt wegen § 7 RVG nur eine Erhöhung der Verfahrensgebühr (= Nr. 3100 VV-RVG) um den 0,3fachen Satz pro zusätzlich vertretener Person an, wenn alle Beklagten durch einen Anwalt vertreten werden. Bei vier Streitgenossen würde der diese vertretende Anwalt also nach Nr. 3100, 3104, 1008 VV-RVG insgesamt den (1,2 + 1,3 + 0,9 =) 3,4fachen Satz erhalten.

Wird der Kläger nun mit seiner Klage gegen einzelne Gesamtschuldner abgewiesen, so trägt er - auch wenn er im Übrigen voll obsiegt hat - einen Teil der Prozesskosten und außergerichtlichen Kosten (sog. Baumbach'sche Formel der h.M.).[53]

bb. Vorteile in der späteren Vollstreckung

im Zweifelsfall alle verklagen

Unter vollstreckungsrechtlichen Gesichtspunkten ist zu beachten, dass es ausreichen kann, nur einen der Gesamtschuldner zu verklagen, wenn dieser genügend solvent ist.

---

51 Zu Details siehe etwa Palandt/Weidlich, § 2058, Rn. 2; § 2059, Rn. 4. Einer der wichtigsten Fälle ist hier gerade wieder der Grundbuchberichtigungsanspruch.

52 Vgl. BGH, NJW 1962, 633; NJW 1985, 2210 = **juris**byhemmer.

53 Hierzu siehe in Assessor-Basics Zivilurteil, § 6, Rn. 63 ff. sowie das Fallbeispiel in Assessor-Basics, Klausurentraining Zivilurteile (Fallsammlung), Fall 4, Rn. 38.

Andererseits lässt sich die Solvenz der Gegner nie sicher beurteilen. Daher muss ein vorsichtiger Anwalt von Anfang an möglichst viele Vollstreckungsmöglichkeiten schaffen, um in der Zwangsvollstreckung selbst später flexibel auf Durchsetzungsprobleme reagieren zu können, ohne erst neue Titel herbeiklagen zu müssen.

Hat die Zwangsvollstreckung gegen den Hauptschuldner, etwa eine Gesellschaft, keinen Erfolg und verklagt der Anwalt erst danach auch die Gesellschafter (vgl. §§ 124, 129 HGB), so besteht überdies die Gefahr, dass andere Gläubiger inzwischen auch dort schneller waren und bereits das pfändbare Vermögen der oder des Gesellschafters gepfändet haben.[54]

Hemmer-Klausur-Tipp

Lassen Sie sich in der Klausur zumindest im Regelfall nicht durch Kostenfragen von der Klageerhebung gegen alle oder mehrere der Haftenden abhalten, *wenn* der Prozesserfolg im Erkenntnisverfahren realistisch ist. Sie müssen bei Fehlen anderweitiger Angaben letztlich unterstellen, dass das Risiko der vollstreckungsrechtlichen Undurchsetzbarkeit der Forderung bei einzelnen Personen zumindest nicht völlig ausgeschlossen werden kann.

Nicht möglich ist jedenfalls die scheinbare Kompromisslösung, zunächst nur einen zu verklagen und die Klageerhebung gegen die übrigen vom Erfolg der Klage gegen diesen abhängig zu machen. 35

subjektive Eventualklagehäufung nicht möglich

Bei dieser *subjektiven* Eventualklagehäufung liegt eine Abhängigkeit vom Ergebnis des Prozesses *gegen eine andere Person* vor. Die Prozesse der Streitgenossen sind aber nur äußerlich zusammengefasst, grundsätzlich aber eigenständig. Daher handelt es sich um ein unzulässiges *außer*prozessuales Ereignis, das nicht zur Bedingung für eine Klageerhebung gemacht werden darf.[55]

c. Notwendigkeit der Klageerhebung gegen mehrere Personen zur Herbeiführung der Durchsetzbarkeit des Titels

Manchmal kann es prozesstaktisch *unvermeidbar* sein, mehrere Personen als Streitgenossen zu verklagen, weil ein Titel gegen eine *einzelne* Person schwer durchsetzbar wäre. Dies kann sich aus zwangsvollstreckungsrechtlichen Aspekten ergeben, aber gegebenenfalls auch aus einem materiellrechtlichen Zusammenwirken von Anspruchsgrundlagen gegen mehrere Personen. 35a

> ***Bsp.:** Räumungsklage eines Vermieters, wenn die Wohnung zwar nur von einer Person angemietet wurde, der Mieter aber (evtl. nachträglich) seinen Ehegatten oder nichtehelichen Lebenspartner in die Wohnung aufgenommen hat.*

mietrechtliche Räumung: unbedingt alle Besitzer verklagen!

Aus einem Räumungstitel gegen den Mieter einer Wohnung kann der Gläubiger nicht gegen einen im Titel nicht aufgeführten Dritten vollstrecken, wenn dieser Mitbesitzer ist.[56] Dies ist beim Ehegatten grds. der Fall (vgl. v.a. § 1353 I BGB).

---

54 Eine Verjährungsgefahr ist dagegen grds. nicht mehr gegeben, da aufgrund der Akzessorietät die Hemmung der Verjährung gegenüber der Gesellschaft auch gegenüber den Gesellschaftern wirkt (vgl. BGHZ 73, 223; 78, 120: Baumbach-Hopt, § 129, Rn. 2).

55 Vgl. etwa Thomas/Putzo, § 60, Rn. 5 m.w.N.

56 Vgl. BGH, NJW 2004, 3041 = **juris**byhemmer = FamRZ 2004, 1555; Palandt/Weidenkaff § 546, Rn. 24; Thomas/Putzo § 885, Rn. 4a.

Die Zwangsvollstreckung, die gemäß § 885 I ZPO durch eine Ausweisung aus dem Besitz erfolgt, kann daher nach § 750 I ZPO nur begonnen werden, wenn diese Person selbst im Titel und in der Vollstreckungsklausel als Vollstreckungsschuldner genannt ist.

Dies muss ein sorgfältiger Anwalt *bereits bei Klageerhebung* bedenken. Erhebt er die Räumungsklage nur gegen den Mieter selbst, müsste er erneut prozessieren, wenn dessen Ehefrau sich später weigert auszuziehen!

Weiteres Bsp.: *Durchsetzung eines Anspruchs auf Übereignung eines Grundstücks (z.B. § 433 I BGB oder § 2174 BGB), wenn dieser Anspruch durch eine Vormerkung gesichert ist, inzwischen aber ein Dritter (D) vom Verkäufer das Eigentum an der Immobilie erlangt hat, also u.a. im Grundbuch eingetragen wurde (vgl. §§ 873, 925 BGB).* 35b

Klage gegen mehrere wg. „Zusammenspiels" mehrerer Anspruchsgrundlagen

Eine vormerkungswidrige Verfügung, wie hier die – objektiv wirksame – Übereignung an den Dritten D, ist relativ unwirksam gemäß § 883 II BGB. Der sich daraus ergebende Anspruch gemäß §§ 888 I, 883 II BGB richtet sich aber nicht unmittelbar auf Verschaffung des Eigentums, sondern „nur" auf *Zustimmung*, die gemäß § 19 GBO nötig ist.

Wenn keiner der beiden Gegner (Alt- und Neueigentümer) freiwillig bereit ist, Erklärungen abzugeben, müssen daher *beide* Gegner verklagt werden: Gestützt auf die *mit ihm* getroffene schuldrechtliche Abrede als Anspruchsgrundlage (also etwa § 433 I BGB) ist primär eine Klage gegen den Verkäufer und Alteigentümer auf Abgabe der dinglichen Einigungserklärung i.S.d. § 873 I BGB zu erheben.

Zusätzlich ist eine Klage gegen den Neueigentümer auf Abgabe der Bewilligung gemäß § 19 GBO nötig, und nur hierfür ist § 888 I BGB die Anspruchsgrundlage.[57]

Erhebt der vormerkungsgesicherte Gläubiger *alleine* eine Klage gegen den Neueigentümer aus § 888 I BGB, geht er das Risiko ein, dass der Verkäufer trotzdem die für die dingliche Einigung nötige Willenserklärung nicht freiwillig abgibt und er deswegen einen zweiten Rechtstreit mit anderer Partei und anderem Klageantrag führen muss.

d. Einbeziehung von Zeugen

potentielle Zeugen ausschalten

Prozesstaktisch sinnvoll kann es sein, einen Zeugen mitzuverklagen, um ihn als solchen „auszuschalten". Soweit eine geeignete Anspruchsgrundlage gegen den mitverklagten Zeugen in Betracht kommt, ist eine derartige Vorgehensweise prozessual zulässig und nicht zu beanstanden. 36

Bsp.: *In der Verkehrsunfallklausur sollte der Fahrer des gegnerischen Fahrzeugs auch dann mitverklagt werden, wenn mit dem Halter und dessen Versicherung eine ausreichende Anzahl liquider Haftender zur Verfügung steht.*

Hemmer-Klausur-Tipp

Erläutern Sie in der Klausur den Hintergrund eines solchen Vorgehens. Dem Korrektor ist zu zeigen, dass es sich nicht um einen Zufallstreffer handelt. Da taktische Erwägungen nicht dem Gericht offenbart werden, ist das (Hilfs)-Gutachten dafür der richtige Platz, manchmal – wenn vom Bearbeitervermerk gefordert – auch ein Mandantenbegleitschreiben.

57 Vgl. zum Ganzen etwa auch Palandt/Bassenge § 888, Rn. 3, 4.

Natürlich funktioniert diese Taktik keineswegs immer: Insbesondere kann es passieren, dass der Richter den Rechtsstreit abtrennt oder - wohl realistischer - durch Teilurteil gemäß § 301 ZPO die Klage gegen den mitverklagten Zeugen abweist, sodass bei dessen Rechtskraft seine Zeugenstellung wieder „auflebt“ und er im weiteren Verfahren gehört werden kann.

3. Festlegung des objektiven Klageumfangs / Problem der Teilklage

Teilklage?

Unter Umständen kann es auch sinnvoll sein, nur einen Teil der im Raum stehenden Forderung einzuklagen. Möglich ist dies in jedem Fall: Eine Partei ist wegen des Dispositionsgrundsatzes grundsätzlich nicht daran gehindert, nur über einen Teil des Anspruchs eine Entscheidung zu begehren. *37*

Def.: offene Teilklage

Hat der Kläger deutlich gemacht, dass es sich lediglich um einen Teilbetrag handelt, so spricht man von einer *offenen* Teilklage. Diese Klarstellung kann sich entweder aus der ausdrücklichen Erklärung eines Vorbehalts hinsichtlich der Restforderung ergeben oder kann auch den Ausführungen im Wege der Auslegung zu entnehmen sein.

a. Mögliche Vorteile einer Teilklage

Vorteile

Ein solches Vorgehen ist bei besonders hohen Streitwerten und zweifelhafter Beweis- bzw. Rechtslage u.U. geeignet, das Verfahrenskostenrisiko reduzieren. *38*

Bei günstigem Prozessverlauf kann der Kläger dann die Klage gemäß § 264 Nr. 2 ZPO um den noch nicht rechtshängigen Rest erweitern.

Verliert er den ersten Prozess, so ist die Sache zumindest aus ZPO-Sicht u.U. noch nicht insgesamt verloren: Aufgrund der Begrenzungen der Rechtskraft (dazu s.u.) ist es ihm nämlich möglich, den Rest in einem zweiten Verfahren mit neuer Beweisaufnahme und evtl. einem anderen Richter geltend zu machen, wenn nicht der Beklagte mit einer negativen Feststellungswiderklage reagiert hatte.

b. Nachteile / Gefahren einer Teilklage

Nachteile

Für den Fall, dass der Beklagte voraussichtlich Gegenrechte geltend machen wird, z.B. Einwand des Mitverschuldens, Aufrechnung mit einer Gegenforderung, Minderung, empfiehlt sich eine derartige Klage von vornherein nur, wenn der eingeklagte Teilbetrag höher ist als die zu erwartenden Gegenrechte. *39*

aa. Keine (positive) Rechtskrafterstreckung für Folgeprozess

Ist sich der Kläger einer Teilklage bis zum Urteilserlass nicht sicher, ob er obsiegen wird oder nicht und hat er deswegen nicht die Klage noch rechtzeitig auf den Gesamtbetrag erweitert, so fehlt ihm ein Titel zur Vollstreckung des noch nicht eingeklagten Restbetrages.

Zahlt der Schuldner nun nicht freiwillig, so muss erneut ein Prozess auf Zahlung dieses Restbetrages geführt werden.

In diesem ist der nun zuständige Richter, der ein anderer sein kann (v.a. dann, wenn zuvor am Amtsgericht geklagt wurde, die Restforderung aber über 5.000 € liegt; vgl. §§ 23 Nr. 1, 71 I GVG), nicht an die Ergebnisses des Vorprozesses gebunden.

Folgeprozess als neuer Streitgegenstand!

Es liegen hinsichtlich der Forderung der Teilklage und der Restforderung in einem etwaigen Folgeprozess nämlich *unterschiedliche Streitgegenstände* vor. Die materielle Rechtskraft eines Urteils gemäß § 322 I ZPO reicht nur soweit, wie über den durch die Klage erhobenen Anspruch entschieden worden ist (vgl. § 308 I ZPO), und das Gericht entscheidet im ersten Prozess nur über den eingeklagten Teilbetrag, nicht dagegen über die übrige Forderung.

Insbesondere wird die *Begründung* der Entscheidung nicht Gegenstand der materiellen Rechtskraft. Dies gilt v.a. - wie sich im Umkehrschluss aus § 322 II ZPO als einzigem Ausnahmefall ergibt - für die Entscheidung über etwaige Einwendungen und Einreden. Ein etwaiges Folgegericht kann und muss über die übrige Forderung wieder völlig frei entscheiden.[58]

> **Bsp.:** *Wurde der Kaufpreisklage (§ 433 II BGB) die Geltendmachung von Gewährleistungsrechten entgegengesetzt, so entscheidet das Gericht nicht rechtskräftig über das Bestehen oder Nichtbestehen des Gewährleistungsrechts. Hat der Beklagte also Erfolg und die Klage wird wegen bestehender Mängel der verkauften Sache abgewiesen, besteht trotzdem für einen Folgeprozess, in dem er Rückzahlung einer Anzahlung oder Schadensersatz wegen Folgeschäden verlangt, keine Bindungswirkung. Ebenso besteht keine Bindungswirkung für oder gegen den Kläger, wenn dieser in einem Folgeprozess die Restforderung aus § 433 II BGB einklagen will.*[59]

bb. Verjährung der Restforderung

Vorsicht: Verjährungsgefahr

Infolge des zweigliedrigen Streitgegenstandsbegriffs kann der Streitgegenstand nicht weiter reichen als der Antrag (vgl. auch § 308 I ZPO). Dies bedeutet, dass die Verjährung auch nur bezüglich des *eingeklagten* Teilbetrags nach § 204 I Nr. 1 BGB gehemmt wird; der Rest droht zu verjähren.[60] 40

Der Klägeranwalt hat also genau darauf zu achten, ob nicht in absehbarer Zeit der Ablauf einer Verjährungsfrist droht. Besteht auch nur die geringste Gefahr, so darf der sorgfältige Anwalt ein solches Risiko nicht eingehen.

cc. Provokation einer Feststellungswiderklage

möglicher Konter des Gegners

Die aufgezeigten Beschränkungen der Rechtskraft können auch den Gegner zu einer Gegenreaktion veranlassen. Wenn dieser sich nämlich seiner Sache sicher ist, so besteht für ihn ein erkennbares Interesse daran, den Rechtsstreit endgültig vom Tisch zu bekommen. 41

---

58 Thomas/Putzo, § 322, Rn. 17 ff., v.a. 26.

59 Aber: Wurde der Kaufpreisklage *stattgegeben*, dann kann der Käufer nicht in einem neuen Verfahren Rückzahlung wegen Rücktritts (vgl. §§ 437 Nr. 2, 323, 326 V BGB) oder Minderung (vgl. §§ 437 Nr. 2, 441 BGB) verlangen: *diesem* Begehren steht die Rechtskraft des ersten Urteils entgegen (sog. Verbot des kontradiktorischen Gegenteils).

60 Palandt/Ellenberger, § 204, Rn. 16; BGH, NJW 2002, (2167 m.w.N.). Anders ist dies nach BGH (vgl. NJW 2002, 3769), wenn bei einer unbeziffert erhobenen Schmerzensgeldklage die Angabe der gewünschten Größenordnung während des Verfahrens nach oben korrigiert wird: Dies ist kein neuer Streitgegenstand, sodass es für die Prüfung der Verjährung *insgesamt* auf die ursprüngliche Klage ankommt.

Daher ist es u.U. zulässig, wenn dieser gemäß § 256 I ZPO Klage auf Feststellung erhebt, dass er auch über die Klageforderung hinaus nichts schulde.[61]

Taktisches „Eigentor" droht!

Erhebt der Beklagtenanwalt die Feststellungswiderklage unter der zulässigen, weil innerprozessualen Bedingung, dass die Teilklage *abgewiesen* wird, so verkehren sich die Vorteile der Teilklage für den Kläger in ihr Gegenteil:

Gewinnt nämlich er den Prozess über den Teil des Streitgegenstandes, so tritt die Bedingung nicht ein, und er steht vor dem beschriebenen Problem, nun u.U. doch noch den Rest einklagen zu müssen. Gewinnt aber der Beklagte, so tritt die Bedingung ein, und der Kläger hat den Streitgegenstand endgültig und *vollständig* verloren.

Hemmer-Klausur-Tipp

Beschränken Sie sich in der Klausur nur dann auf eine Teilklage, wenn sie im Sachverhalt klare Anhaltspunkte entdecken, dass dieser Weg trotz seiner Risiken gewünscht ist! Zumindest dann, wenn der Gegner die ZPO gut beherrscht, überwiegen – wie eben gezeigt – die Nachteile gegenüber den Vorteilen. Überdies wird eine vernünftige Vorteilsabwägung für Besonderheiten eines ganz konkreten Einzelfalls aufgrund der begrenzten Möglichkeiten einer nur fünfstündigen Klausur selten möglich sein.
Die Erfahrung zeigt daher auch, dass die Probleme der Teilklage üblicherweise eher ein Thema für eine Klage*erwiderungs*klausur oder für eine Klausur bezüglich des *Folge*prozesses über den Restbetrag (Reichweite der Rechtskraft des ersten Urteils) sind.

dd. Gefahr der verdeckten Teilklage: Verlust des Restes der Forderung?

verdeckte Teilklage

Bei der verdeckten Teilklage hat der Kläger nicht erkennbar gemacht, dass der eingeklagte Betrag lediglich Teil eines Anspruchs ist. *42*

Die Gefahr, später mit der Restforderung ausgeschlossen zu werden, ist zumindest nach BGH im Regelfall auch nicht gegeben: Die materielle Rechtskraft eines Urteils gemäß § 322 I ZPO geht auch bei der verdeckten Teilklage grds. nicht über den Prüfungsstoffs des Gerichts, wegen § 308 I ZPO also nicht über den Umfang des gestellten Antrags hinaus.[62]

Ausnahmen von diesem Grundsatz werden allerdings gemacht, wenn der Kläger - wie etwa bei der Schmerzensgeldklage - den Betrag in das Ermessen des Gerichts gestellt hat. Dann spricht das Urteil aus, dass der Anspruch nur in der konkret ausgesprochenen Höhe besteht, also eben nicht mit einem höheren Betrag. In diesen Fällen ist dann eine Erstreckung der Rechtskraft gemäß § 322 I ZPO gegeben.[63]

Die oben beschrieben Gefahr der Provokation einer negativen Feststellungswiderklage des Gegners ist in solchen Fällen zumindest deutlich geringer.

---

61 Ausführlich hierzu (aus der Sicht des Beklagten) unten in § 2, Rn. 32 ff.

62 Vgl. BGH, NJW 1997, 1990 m.w.N. = **juris**byhemmer; Thomas/Putzo, § 322, Rn. 23.

63 Zu derartigen Sonderfällen vgl. Thomas/Putzo, § 322, Rn. 25.

Ein *Überwiegen* der Vorteile gegenüber den Nachteilen ist dennoch auch hier nicht erkennbar. Insbesondere bleibt auch bei der verdeckten Teilklage das Risiko, im Erfolgsfalle einen Vollstreckungstitel für nur einen Teil der Gesamtforderung zu besitzen und in einem etwaigen Folgeprozess keine Bindung an dieses Ergebnis im Rücken zu haben.

Hemmer-Klausur-Tipp

Lassen Sie in der Klausur grundsätzlich also die Finger von der verdeckten Teilklage! Da Klausursachverhalte meist Anlass zu gehörigem Optimismus liefern, gehen die Wünsche des Examenskorrektors typischerweise eher in die Gegenrichtung: Offener Angriff so weitreichend wie möglich!

Manchmal bleibt tatsächlich nichts anderes übrig als eine Teilklage, weil z.B. die Schadensentwicklung noch nicht abgeschlossen ist (v.a. bei Körperverletzungen), der Mandant aber bereits jetzt dringend auf einen gewissen Geldzufluss angewiesen ist. Dann ist die offene Teilklage der richtige Weg, und die mögliche künftige Nachforderung ist nicht „totzuschweigen", sondern umgekehrt gerade *vom Kläger selbst* zum Gegenstand einer Feststellungsklage zu machen. Dadurch ist für die Zukunft die Bindung an den Feststellungsausspruch gesichert (§ 322 I ZPO), die Verjährung ist gehemmt, und die Gefahr einer Widerklage des Gegners stellt sich grds. nicht, weil man dem selbst durch die Erweiterung des Streitgegenstands zuvor gekommen ist.

c. Anforderungen an den Inhalt einer (offenen) Teilklage

inhaltliche Anforderungen: evtl. Aufschlüsselung nötig

Der Bestimmtheitsgrundsatzes gemäß § 253 II Nr. 2 ZPO verlangt bei der Teilklage, dass in der Begründung genaue Angaben darüber gemacht werden, *wie sich der Teilbetrag zusammensetzt*. Wichtig ist dies insbesondere bei einer Häufung der Streitgegenstände; dann muss angegeben werden, auf welchen Streitgegenstand welcher Teilbetrag entfällt. 43

> ***Bsp.:*** *Dem Kläger meint, ihm stehen acht Monatsraten Miete zu je 1.000 € zu. Er will zunächst nur Teilklage in Höhe von 4.000 € erheben.*

Hier muss – zumindest in den Ausführungen zur Begründung der Klage – angegeben werden, wie sich dieser Betrag zusammensetzt: Wurden alle acht Monatsraten je zur Hälfte eingeklagt oder wurden nur die ersten vier Monate ganz eingeklagt oder nur die letzten vier Monate ganz (etc.)? Fehlt eine solche Angabe, so liegt keine ordnungsgemäße Klageerhebung vor.[64]

4. Auswahl des richtigen Gerichts / Zuständigkeitsprüfung

a. Allgemeines

Zuständigkeitsermittlung

Die Zulässigkeitsprüfung ist rechtlich nicht anders durchzuführen als aus der Richterperspektive. Der Unterschied ist nur, dass dann, wenn mehrere Zuständigkeiten wahlweise gegeben sind, alle genannt und geprüft werden müssen, weil die Wahl – anders als in der Richterklausur – noch nicht getroffen wurde. 44

64 Vgl. etwa BGH, NJW 2014, 3298 [Rn. 13]. Ergeht trotzdem – unter Verletzung dieser Regel – ein Urteil und wird *formell* rechtskräftig, so ist dieses Urteil nicht *materiell* rechtskraftfähig und nicht vollstreckbar. Es kann dann, da dieses Problem in der ZPO nirgends geregelt ist, mit einer Gestaltungsklage *analog* § 767 ZPO angegriffen werden, ohne dass dem § 767 II ZPO entgegen gehalten werden kann (BGHZ 124, 164 = NJW 1994, 460; vgl. Thomas/Putzo, § 767 Rn. 8a). – Ein m.E. hochkompliziertes Problem, das dennoch schon häufiger in Klausuren des Assessorexamens geprüft wurde.

Zunächst sollte man nach speziellen Zuständigkeitsvorschriften suchen, die sich etwa aus der Wahl einer bestimmten Klageart ergeben, so etwa §§ 767 I, 796 III, 797 V, 805 II ZPO. Erst danach ist gegebenenfalls auf die allgemeinen Regeln (§§ 12 ff. ZPO; §§ 23, 71 GVG) zurückzugreifen.

b. Mehrere zuständige Gerichtsstände

Wahlrecht nach § 35 ZPO

Gemäß § 35 ZPO hat der Kläger die Wahl, wenn mehrere allgemeine bzw. besondere Gerichtsstände in Betracht kommen, sofern nicht ein ausschließlicher besteht. 45

Besonders häufig in Klausuren des Assessorexamens: § 29 ZPO i.V.m. § 269 BGB (Erfüllungsort), §§ 20 StVG, 32 ZPO (Deliktsort) oder – zumindest in den Südbundesländern wichtig – § 27 ZPO (letzter Wohnsitz des Erblassers).

immer Heimgerichtsstand wählen, wenn möglich!

Die Wahl des Gerichtsstandes sollte in erster Linie unter dem Aspekt der örtlichen Nähe zum Wohnsitz des Klägers erfolgen: „Heimspiel" wählen, wenn möglich, andernfalls ggf. den etwas näheren auswärtigen Ort.[65]

Andere Überlegungen des Praktikers, wie etwa eine besondere Sachnähe des Gerichts, dessen bekannte zügige Verfahrensweise oder dessen besondere Rechtsprechungsgewohnheiten, sind gewiss kein Thema für eine Klausur.

c. Die objektive Klagehäufung

Besonderheiten bei Klagehäufung

Will der Anwalt mehrere Streitgegenstände in objektiver Klagehäufung nach § 260 ZPO einklagen, so muss er die *örtliche* Zuständigkeit für jeden Anspruch *einzeln* prüfen. 46

Anders ist dies bezüglich der *sachlichen* Zuständigkeit zumindest dann, wenn diese vom Streitwert abhängig ist (§§ 23 Nr. 1, 71 I GVG): Hier ist § 5 1. Hs. ZPO zu beachten, wonach mehrere in einer Klage geltend gemachte Ansprüche zusammengerechnet werden.

d. Streitgenossen / Gemeinsamer Gerichtsstand

Streitgenossen mit unterschiedlichen Wohnsitzen

Will der Kläger in einem Verfahren mehrere *Beklagte* als Streitgenossen verklagen, die ihren Wohnsitz in *verschiedenen* Gerichtsbezirken haben, so ist Voraussetzung, dass entweder ein gemeinsamer besonderer Gerichtsstand gegeben ist oder nach § 36 Nr. 3 ZPO das zuständige Gericht durch das im Rechtszug zunächst höhere Gericht bestimmt wird. 47

Ein ganz wichtiger gemeinsamer besonderer Gerichtsstand ist der deliktische Gerichtsstand gemäß § 32 ZPO bzw. § 20 StVG, der auch gegenüber der mitverklagten Versicherung wirkt.[66]

65 In der Praxis geht es natürlich noch um andere Aspekte wie nicht zuletzt die Qualität der ICE-Verbindung!

66 Vgl. Thomas/Putzo, § 32, Rn. 2; BGH, NJW 1983, 1799.

Streitgenossenschaft auf Klägerseite

Bei einer Streitgenossenschaft auf *Kläger*seite ergeben sich meist keine Besonderheiten: Die sachliche Zuständigkeit wird bei identischem Streitgegenstand durch die Vergrößerung der Zahl der Parteien nicht beeinflusst[67], und der allgemeine Gerichtsstand gemäß §§ 12, 13, 17 ZPO hängt ohnehin von der *Beklagten*seite ab. Auch die besonderen Gerichtsstände stellen regelmäßig auf Umstände ab, die nichts mit der Person des bzw. der Kläger zu tun haben.

wichtiger Sonderfall: Vollstreckungsgegenklage zweier Gesamtschuldner

Ein klausurrelevanter Sonderfall ist allerdings die Vollstreckungsgegenklage zweier Gesamtschuldner (etwa Erben) gegen den Inhaber einer vollstreckbaren notariellen Urkunde (§§ 794 I Nr. 5, 795, 767 ZPO), für die dann über § 797 V ZPO der § 35 ZPO analog gilt, sodass zwischen den Wohnorten *der Kläger* gewählt werden kann.[68]

e. Die Gerichtsstandsvereinbarung

Prüfung einer Prorogation

Im Bereich der örtlichen und sachlichen Zuständigkeit besteht unter bestimmten Voraussetzungen die Möglichkeit, das zuständige Gericht durch Parteivereinbarung zu bestimmen, sog. Prorogation. Sie ist insoweit nach h.M. ein Prozessvertrag, da sie im Hinblick auf einen Rechtsstreit abgeschlossen wird und ihre Hauptwirkung auf prozessualem Gebiet entfaltet.[69] 48

Examensrelevanz dürfte die Problematik nur besitzen, wenn die vom Mandanten vorgelegten Urkunden ergeben, dass bereits eine derartige Abrede getroffen wurde. Die Möglichkeit, mit dem Gegner erst noch in Verhandlungen über den Gerichtstand einzutreten, mag man in der Praxis u.U. haben, nicht aber in der Klausur.

Liegt eine derartige Vereinbarung vor, durch den die Zuständigkeit eines Gerichts begründet werden soll, so ist folgender Prüfungsaufbau zu beachten:

aa. Liegt eine der folgenden Voraussetzungen *alternativ* vor?

⇨ Gehören die Vertragsparteien zu dem in § 38 I ZPO genannten Personenkreis (v.a. Kaufleute i.S.d. §§ 1 ff. HGB)?[70]

⇨ Hat eine der Vertragsparteien im Inland keinen allgemeinen Gerichtsstand, § 38 II 1 ZPO (selten), oder wurde bei Vorliegen eines allgemeinen Gerichtsstands einer der bereits begründeten allgemeinen oder besonderen Gerichtsstände ausgewählt, § 38 II 3 ZPO?

⇨ Wurde die Vereinbarung *nach dem Entstehen der Streitigkeit* geschlossen, § 38 III Nr. 1 ZPO?[71]

Diese Zeitschranke bewirkt, dass die Gerichtsstandsvereinbarung nicht gleichzeitig mit dem Hauptvertrag, vielmehr nur gesondert abgeschlossen werden kann. Der frühestmögliche Zeitpunkt liegt somit nach Abschluss des Hauptvertrags, aber vor Rechtshängigkeit. Hier ist streng auf einen ausdrücklichen und schriftlichen Abschluss zu achten.

67 Vgl. etwa Thomas/Putzo, § 5, Rn. 8.

68 Siehe hierzu Thomas/Putzo, § 797, Rn. 4; BGH, NJW 1991, 2910 (m.w.N.).

69 Thomas/Putzo, vor § 38, Rn. 2.

70 Auf das Vorliegen eines Handelsgeschäfts kommt es hierbei nicht an (Thomas/Putzo, § 38, Rn. 9). Beachten Sie auch die Parallelregelung in § 29 II ZPO.

71 Nr. 2 betrifft nur einen seltenen Ausnahmefall.

bb. Wurde einer der drei Prüfungspunkte bejaht, müssen außerdem *kumulativ* vorliegen:

⇨ Bezieht sich die Vereinbarung auf ein bestimmtes Rechtsverhältnis, § 40 I ZPO? Dies bedeutet Abgrenzbarkeit.

⇨ Handelt es sich um eine vermögensrechtliche Streitigkeit, § 40 II 1 1. Alt. ZPO?

⇨ Ist für die Klage kein ausschließlicher Gerichtsstand begründet, § 40 II 1 2. Alt. ZPO?

Ist die Wirksamkeit einer Gerichtsstandsvereinbarung kritisch, so muss der Anwalt die Vor- und Nachteile einer Klage vor dem „vereinbarten" Gericht abwägen. Als Nachteil sind v.a. das Kostenrisiko und die Verzögerung zu bedenken, die infolge einer Klageabweisung durch Prozessurteil bzw. durch den „kleineren Unfall" einer Verweisung gemäß § 281 ZPO an das zuständige Gericht eintreten.

Hemmer-Klausur-Tipp

Stützen sie sich in der Klausur bei der Wahl des Gerichts nur dann auf den vereinbarten Gerichtsstand, wenn mit größter Wahrscheinlichkeit von der Wirksamkeit der Vereinbarung auszugehen ist. Achten Sie bei der Prüfung v.a. auf die Kaufmannseigenschaft und wegen § 40 II 1 2. Alt. ZPO auf ausschließliche Zuständigkeiten (etwa § 29a ZPO). V.a. an diesen beiden Punkten scheitert die Wirksamkeit einer Gerichtsstandsvereinbarung sehr oft in der Klausur.
Wenn Sie die Gerichtsstandsvereinbarung für wirksam halten, dabei aber eine kleine „Wackelposition" sehen, über die es typischerweise Streit gibt (Beispiel: die Kaufmannseigenschaft in Fällen *ohne* Handelsregistereintragung, § 1 II 2. Hs. HGB), so demonstrieren Sie dem Korrektor Weitblick, indem Sie hilfsweise einen Verweisungsantrag gemäß § 281 ZPO stellen und am besten auch den Hintergrund dieser Taktik erläutern.

5. Erhebung einer Stufenklage

a. Prozessuale Ausgangssituation

Stufenklage

Problemaufhänger: § 253 II ZPO

Eine Stufenklage kommt dann in Betracht bzw. ist u.U. zwingend erforderlich, wenn der Kläger eine Leistungsklage auf Zahlung, Herausgabe o.Ä. zu erheben hat, dem Bestimmtheitserfordernis des § 253 II ZPO derzeit aber (noch) nicht entsprechen kann, weil er selbst nicht in der Lage ist, die Gegenstände, um die es geht, genau zu bezeichnen oder den Geldbetrag, der ihm zusteht, betragsmäßig genau zu beziffern. 49

Beispiele

__Bsp.:__ Es soll auf Herausgabe einer Erbschaft geklagt werden, die ein anderer in Besitz genommen hat (§§ 2018 ff. BGB bzw. § 985 BGB). Es ist aber, weil der andere, der sich selbst als Erbe ansieht, die Wohnungsschlüssel des Erblassers und Zugang zu den Bankkonten hatte, nicht bekannt, welche Gegenstände sich überhaupt in der Erbschaft befanden. Auch § 2018 BGB ermöglicht nicht, abstrakt auf Herausgabe „der Erbschaft" zu klagen.[72] Der Kläger kann daher seine Leistungsklage erst den Anforderungen des § 253 II ZPO entsprechend formulieren, wenn er Auskunft über den Inhalt der Erbschaft bekommen hat.

72 Vgl. Palandt/Weidlich, Einf. vor § 2018, Rn. 2.

b. Vor- und Nachteile der Stufenklage / Unterschiede zur reinen Auskunftsklage

dreistufiger Antrag!

Der Auskunftsantrag kann als Stufenklage gemäß § 254 ZPO mit dem Antrag auf Abgabe einer eidesstattlichen Versicherung gemäß § 261 BGB und dem vorübergehend noch unbestimmten Antrag auf Herausgabe bzw. Leistung verbunden werden. 50

Dabei ist zu beachten, dass es sich bei § 254 ZPO i.V.m. §§ 259 II, 260 II BGB regelmäßig um eine *dreistufige* Klage handelt.[73] Da der Antrag auf eidesstattliche Versicherung, die zweite Stufe, nur unter bestimmten Voraussetzungen überhaupt gegeben ist, kann er nicht von Anfang an bedingungslos eingeklagt werden, sondern ist gewissermaßen „hängend"; liegen die Voraussetzungen nicht vor, wird später direkt von der ersten zur dritten Stufe gesprungen.

aa. Vorteile

alle Wirkungen der Rechtshängigkeit

Eine derartige Verbindung ist v.a. in Fällen angebracht, in denen über die Dauer des Auskunftsprozesses der Herausgabe- und Leistungsanspruch zu verjähren droht, da eine reine Auskunftsklage im Gegensatz zu einer Stufenklage nicht die Verjährung des Herausgabe- bzw. Leistungsanspruchs hemmt: im Verhältnis Auskunft / Zahlung liegen zwei unterschiedliche Streitgegenstände vor.[74] 51

Im Übrigen werden aber auch alle anderen Vorteile der frühzeitig begründeten Rechtshängigkeit ausgenutzt. Insbesondere wird unabhängig von der Gutgläubigkeit des Gegners dessen verschärfte Haftung nach § 818 IV BGB, §§ 987, 989, 994 ff BGB oder § 2023 BGB herbeigeführt und die Grundlage für Zinsen gelegt (§ 291 BGB).

bb. (Scheinbare) Nachteile

höherer Streitwert

Ein möglicher Nachteil dieser Vorgehensweise liegt darin, dass sich durch die Stufenklage auch der Gebührenstreitwert um den (mutmaßlichen) Wert des Herausgabe- und Leistungsanspruchs erhöht. Dagegen wäre beim reinen Auskunftsanspruch nur ein Teil dieses Betrages anzusetzen.[75] 52

scheinbares Risiko: Leerlaufen des Zahlungsantrages

Ein gewisses Risiko könnte auch in der Situation liegen, dass der Auskunftspflichtige zwar zu Unrecht die geschuldete Auskunft verweigert hatte, letztendlich sich nach Erteilung der Auskunft dann aber doch ergibt, dass jedenfalls keine Zahlung geschuldet war.

> ***Bsp.:*** *K hat B, die von ihr mit Vermögensverwaltung betraut war, im Wege der Stufenklage verklagt, weil B widersprüchliche Abrechnungen erteilt hatte. Das LG hat B durch rechtskräftig gewordenes Teilurteil zur Auskunftserteilung und Rechnungslegung verurteilt. Nachdem B in der Folgezeit Rechnung gelegt hatte, zeigte sich, dass diese einen Zahlungsanspruch über das schon bei Abgabe der früheren Abrechnungen Geleistete hinaus nicht ergab.*

---

73 Vgl. Thomas/Putzo, § 254, Rn. 2 ff.

74 BAG, NJW 1996, 1693 = **juris**byhemmer; Palandt/Ellenberger, § 204, Rn. 13.

75 Zum Streitwert des Auskunftsanspruches siehe etwa Thomas/Putzo, § 3, Rn. 21, zur Stufenklage Thomas/Putzo, § 3, Rn. 141.

Lösung über Klageänderung auf Feststellungsklage

Der BGH[76] kam aber auch für diese Situation zu einer für den Gläubiger angemessenen Lösung. Dem Gläubiger kann gegen den Schuldner der Auskunftsverpflichtung ein Schadensersatzanspruch aus § 280 I, II i.V.m. § 286 BGB wegen der Kosten einer unbegründeten *Klage* zustehen, *die er infolge der Nichterteilung der Auskunft erhoben hat*. Dazu zählen die Kosten der Stufenklage als kausaler Schaden. 53

Ein solcher Schadensersatzanspruch kann im Wege des Feststellungsantrags *in demselben Prozess* geltend gemacht werden: Eine hierin liegende Klageänderung ist nach § 263 ZPO als sachdienlich anzusehen; daher ließ der BGH dahingestellt, ob eine Klageänderung schon nach § 264 Nr. 3 ZPO zulässig wäre.

Hemmer-Klausur-Tipp

Zögern Sie nicht, die Stufenklage zu erheben, wenn Sie in der Klausur einerseits Probleme mit der Präzisierung eines Leistungsantrages haben und andererseits tatsächlich ein Auskunftsanspruch gegeben ist. Plausible Gründe, von einer Stufenklage abzusehen, mögen in der Praxis manchmal trotzdem denkbar sein (Beispiel: der Mandant kann den hohen Kostenvorschuss für eine Stufenklage nicht aufbringen und hofft auf „halbfreiwilliges" Einlenken des Gegners nach Erteilung richterlicher Hinweise[77]). In einer Klausursituation ist ein derartiger Ausnahmefall des Überwiegens der Nachteile völlig atypisch.
Das von staatlichen Ausbildern zur Rechtfertigung einer unvollständigen bzw. falschen Lösungsskizze (reine Auskunftsklage statt Stufenklage) schon gebrachte Argument, die Verjährung sei noch weit genug entfernt, greift praktisch nie durch: Es übersieht bei Herausgabeklagen v.a. die Vorteile der verschärften Haftung und die Tatsache, dass der sorgfältige Anwalt *immer* damit rechnen muss, dass an herauszugebenden Gegenständen Beschädigungen oder Verwendungen vorgenommen wurden oder diese einfach nur genutzt wurden!
Ein Anwalt, der etwa in Fällen der §§ 985 ff, 2018 ff BGB auf eine Stufenklage verzichtet und zunächst nur auf Auskunft klagt, begeht eine glasklare (m.E. grobe) anwaltliche Fehlleistung und haftet bei Kausalität für dadurch eintretende Schäden!

c. Voraussetzungen der Stufenklage

zunächst Auskunftsanspruch prüfen

Erforderlich für reine Auskunftsklage und Stufenklage ist natürlich, dass im konkreten Fall überhaupt ein Anspruch auf Auskunft bzw. auf Rechnungslegung besteht. Hierfür kommen mehrere Anspruchsgrundlagen in Betracht, die der Klausurbearbeiter in folgender Reihenfolge prüfen sollte. 54

aa. Spezialgesetzliche Auskunftsansprüche

spezialgesetzliche Anspruchsgrundlagen

Zuerst sind unbedingt spezialgesetzliche Ansprüche zu suchen. Dies ist v.a. deswegen besonders wichtig, weil die jeweiligen Anspruchsgrundlagen im Vergleich miteinander, v.a. aber auch zum „Auffanganspruch" aus § 242 BGB (dazu s.u.), teilweise einen völlig unterschiedlichen Inhalt aufweisen, der sich dann im Wortlaut des zu stellenden Antrages niederschlagen muss.

76 BGH, FamRZ 1995, 348 (349) = jurisbyhemmer; vgl. auch Thomas/Putzo, § 254, Rn. 6.

77 Dann muss aber im weiteren Verlauf des Rechtsstreits immer extrem genau auf die Gefahr der späteren Verjährung aufgepasst werden!

Als solche speziellen Anspruchsgrundlagen kommen v.a. in Betracht: Die Rechenschaftslegung gemäß § 666 BGB (evtl. i.V.m. § 675 oder §§ 687 II, 681) BGB bei Geschäftsbesorgungsverträgen, GoA oder Auftrag; §§ 1580, 1605 BGB im Unterhaltsrecht; § 1379 BGB bei Zugewinnausgleich; § 2314 BGB oder § 2027 BGB im Erbrecht. Zu nennen sind weiterhin § 74c II HGB bzw. § 87c (evtl. i.V.m. §§ 59, 65) HGB.

bb. Auskunftsanspruch aus § 242 BGB

subsidiärer Anspruch aus § 242 BGB

Aus § 242 BGB ergibt sich ein allgemeiner (subsidiärer) Auskunftsanspruch[78]. Dieser hat folgende Voraussetzungen: 55

- Es muss zwischen den Parteien eine sog. Sonderverbindung vorliegen.
- Weiterhin muss der Auskunftsberechtigte in entschuldbarer Weise über das Bestehen und /oder den Umfang seines Rechts im Ungewissen und
- der Auskunftsverpflichtete in der Lage sein, unschwer Auskunft zu erteilen.

Beispiel für Auskunft gemäß § 242 BGB: *Auskunft über die zwischenzeitliche Nutzung einer rechtsgrundlos erhaltenen Sache bzw. Geld zwecks Bezifferung eines Nutzungsersatzanspruchs gemäß § 818 I, II BGB, bei Geld dann in Form der Verzinsung.*[79]

Ebenso im Falle des angestrebten Nutzungsersatzes nach §§ 987 ff. BGB[80] *und daher gewiss auch bei § 346 I, II BGB.*[81]

cc. Umfang der Auskunft / Bedeutung der §§ 259 ff. BGB

Umfang völlig unterschiedlich

Zu beachten ist, dass sich aus den §§ 259 bis 261 BGB *nur der Umfang* der Auskunfts- und Rechnungslegungspflicht ergibt, diese also - vom Fall des „Inbegriffs von Gegenständen“ gemäß § 260 I 1. Alt. BGB abgesehen - grds. keine Anspruchsgrundlagen darstellen. 56

Zur Vorbereitung der Anträge, die Sie im Schriftsatz zu fertigen haben werden, muss der Anspruchsteller klären, welche *genauen* Auskünfte eingeklagt werden können bzw. ob ein Begleitanspruch auf Vorlage von Belegen oder gar auf eine Rechnungslegung bestehen. Dies wirkt sich ganz stark auf Ihre Anträge, das „Gesicht“ Ihrer Klausur, aus![82]

dd. Entfallen der Auskunftspflicht

Entfallen der Anspruchsgrundlage

Die Auskunftspflicht kann unter Umständen auch dann nicht gegeben sein, wenn der Wortlaut einer spezialgesetzlichen Anspruchsgrundlage auf Auskunft scheinbar eingreift. Der Kläger hat z.B. grds. keinen Anspruch auf Mitteilung von Umständen, die er schon kennt. 57

78 Palandt/Grüneberg, § 260, Rn. 4 ff.

79 BGH, NJW 2003, 582, 584 = **juris**byhemmer.

80 BGH, JR 1954, 460; Palandt/Grüneberg, § 260, Rn. 10.

81 Letzteres ist v.a. deswegen sehr bedeutsam, weil z.B. der Käufer, der aufgrund von Mängeln der Sache zurücktritt (vgl. §§ 323, 326 V, 440, 437 BGB), seit der Schuldrechtsreform eine Verzinsung des gezahlten Kaufpreises in Form des Nutzungsersatzes gemäß § 346 I, II BGB oder § 347 BGB verlangen kann (vgl. etwa Huber/Faust, 10. Kap., Rn. 66; Lorenz/Riehm, Rn. 435).

82 Dazu nochmals genauer unten § 1, Rn. 100.

Die Rechtsprechung arbeitet insoweit üblicherweise mit folgender Formel: Der Auskunftsanspruch kann entfallen, wenn schon *vor* erteilter Auskunft in jedem Fall *definitiv* feststeht, dass das Bestehen eines Zahlungsanspruches *von vornherein* ausgeschlossen werden kann oder ein solcher zwar besteht, aber die begehrte Auskunft den Anspruch unter keinem Gesichtspunkt beeinflussen kann.[83]

Bspe.: wirksamer Ausschluss des Unterhalts oder Zugewinnausgleichs; wirksamer Verzicht auf Pflichtteil (o.Ä.).

Dagegen entfällt der Auskunftsanspruch nicht, wenn es nur möglich oder wahrscheinlich ist, dass letztlich kein Zahlungsanspruch besteht. Dann ist eine endgültige Entscheidung erst *nach* der Auskunftserteilung möglich. Hierin besteht ein (weiterer) großer Unterschied zum Auskunftsanspruch aus § 242 BGB! 58

6. Erhebung einer Feststellungsklage

a. Positive Feststellungsklage

aa. Allgemeines

Feststellungsklage
Streit um ein „Rechtsverhältnis“

Die (positive) Feststellungsklage gemäß § 256 I ZPO ist darauf gerichtet, das Bestehen eines *Rechtsverhältnisses* positiv festzustellen. 59

Gegenstand der Feststellung können - neben dem seltenen Fall der Urkundenfeststellung - auf Vertrag oder Gesetz beruhende Rechtsbeziehungen oder einzelne Ansprüche aus einer solchen Rechtsbeziehung sein. Dagegen ist es nicht möglich bzw. zulässig, die Feststellung von *abstrakten* Rechtsfragen, einzelnen Tatsachen oder einzelnen Tatbestandsvoraussetzungen einer Anspruchsnorm zu beantragen.[84]

Feststellungsinteresse

Als besondere Prozessvoraussetzung muss der Kläger darlegen, dass er ein Interesse an alsbaldiger Feststellung durch richterliche Entscheidung hat (§ 256 I ZPO). Dieses liegt vor, wenn das behauptete Recht des Klägers durch eine gegenwärtige Unsicherheit gefährdet ist und das erstrebte Urteil geeignet ist, diese Gefahr zu beseitigen.[85] Eine ausreichende Gefährdung liegt grundsätzlich schon dann vor, wenn der Beklagte das Recht des Klägers ernsthaft bestreitet oder auch darin, dass Verjährung droht.

Subsidiarität

Allerdings ist das Feststellungsinteresse in der Regel wegen der Subsidiarität der Feststellungsklage zu verneinen, wenn der Kläger eine Leistungsklage erheben kann.[86] Dies ist aber natürlich nur dann der Fall, wenn der Kläger mit der Leistungsklage *dasselbe Ziel* erreichen kann wie mit der Feststellungsklage. Geht die Feststellungsklage in irgendeinem Punkt, der nicht völlig unbedeutend ist, weiter als die Leistungsklage, so ist erstere alleine oder zumindest zusätzlich (Zwischenfeststellungsklage; siehe unten) zulässig.

---

83 Vgl. etwa Palandt/Grüneberg, § 260, Rn. 9.

84 Zu Beispielen lesen Sie Thomas/Putzo, § 256, Rn. 10 und Rn. 11.

85 Thomas/Putzo, § 256, Rn. 15 und 16; BGH, NJW 1986, 2507 = **juris**byhemmer.

86 Thomas/Putzo, § 256, Rn. 19; BGH, NJW 1984, 1118 (1119) = **juris**byhemmer.

Seine Entscheidung, ob er eine Feststellungsklage erhebt, hat der Anwalt also selbstverständlich in erster Linie an dieser Frage nach der Zulässigkeit bzw. dem konkret angestrebten Ziel des Klägers zu orientieren.

Bsp.: Der Umfang des Anspruchs des Mandanten steht noch nicht fest. Er macht einen Schadensersatzanspruch geltend, wobei sich der Schaden noch in der Entwicklung befindet, also ständig größer wird: Der Erwerbsausfall kann noch gar nicht beziffert werden, die ärztlichen Behandlungskosten sind teilweise schon bezifferbar, nehmen aber durch weitere ärztliche Maßnahmen weiterhin zu.

Wahlrecht, wenn Leistungsklage derzeit teilweise möglich

In diesem - sehr klausurrelevanten - Fall kann der Kläger seinen Anspruch bislang nur teilweise, also mit einem Mindestbetrag, beziffern. Nach der Rechtsprechung kann er dann *insgesamt* Feststellungsklage erheben, um das grundsätzliche Bestehen eines entsprechenden Schadensersatzanspruches geltend zu machen.[87]

Er ist also nicht gezwungen, den schon bezifferbaren Teil im Wege der Leistungsklage einzuklagen und nur bezüglich des Restes Feststellungsklage zu erheben. Selbstverständlich besteht aber auch diese Möglichkeit; er hat insoweit also ein Wahlrecht.

Hemmer-Klausur-Tipp

Finden Sie im Klausursachverhalt eine solche Situation vor, so sollten Sie die Sachverhaltspassage, in denen die Ziele des Mandanten geschildert werden, *nach* der rechtlichen Erarbeitung des Problems erneut genau studieren. Der Sachverhalt wird mit großer Wahrscheinlichkeit Hinweise liefern, ob Leistungs- *und* Feststellungsklage in Klagehäufung gewünscht ist. Dieser Hinweis wird z.B. darin bestehen, dass der Mandant so schnell wie möglich „Geld sehen“ will, wozu eben ein vollstreckbarer Leistungstitel nötig ist. Dann erheben Sie Teilklage mit zusätzlicher Feststellungsklage.

bb. Spannungsverhältnis zur Klage auf künftige Leistung (§§ 257 ff. ZPO)

Verhältnis zu §§ 257 ff. ZPO

Ein häufiges Problem, zu dessen Lösung u.U. die Feststellungsklage in Betracht kommt, ist der Streit um eine *erst in der Zukunft* fällig werdende Forderung. 60

Bsp.: Ein Anspruch soll vereinbarungsgemäß erst am Jahresende fällig werden, der Schuldner erklärt aber bereits in den Anfangsmonaten des Jahres, dass er nicht leisten werde, da er wegen angeblicher Unwirksamkeit der Abrede nichts schulde.

In diesem Fall besteht grds. bereits zu Beginn des Jahres ein berechtigtes Interesse an gerichtlicher Klärung der Frage nach der Wirksamkeit der Forderung. Es kann dem Gläubiger nicht zugemutet werden, tatenlos abzuwarten, bis die Fälligkeit eintritt, um dann erst den jetzt schon zu erwartenden Prozess zu beginnen.

In einem solchen Fall müsste allerdings beachtet werden, dass u.U. eine Klage auf künftige Leistung gemäß §§ 257 ff. ZPO im Raume stehen könnte. Diese könnte dann u.U. vorrangig sein, also dem Feststellungsinteresse entgegenstehen. Zumindest in manchen Fällen wird allerdings ein Wahlrecht des Gläubigers angenommen.[88]

Prozesstaktik (Zwangsvollstreckung!) spricht meist für Leistungsklage

Dies ändert allerdings nichts daran, dass es in solchen Fällen meist *prozesstaktisch* sehr ungeschickt wäre, nur auf Feststellung zu klagen.

87 Thomas/Putzo, § 256, Rn. 14; BGH, NJW 1984, 1552 = **juris**byhemmer.

88 Vgl. Thomas/Putzo, § 259, Rn. 6; RGZ 113, 410.

> *Bsp.: Der Mandant hat eine Wohnung vermietet und am 15. Mai wegen Eigenbedarfs die Kündigung zum Jahresende erklärt. Der Mieter bestreitet die Wirksamkeit der Kündigung, erhebt Sozialwiderspruch gemäß § 574 BGB und erklärt, keinesfalls auszuziehen.*

In diesem Fall erscheint es schon als zweifelhaft, ob überhaupt rechtlich ein Wahlrecht des Vermieters angenommen werden kann.

Wenn eine Feststellungsklage erhoben würde, so dürfte diese jedenfalls nicht auf Feststellung *der Wirksamkeit der Kündigung* gehen, weil davon andere wichtige Fragen ausgeklammert wären, die auf den Fortbestand des Mietvertrages im konkreten Fall Einfluss haben könnten (vgl. §§ 574 BGB, 308a ZPO); wenn überhaupt eine Feststellungsklage erhoben würde, dann müsste die Feststellung *der Beendigung des Mietvertrages* (= Rechtsverhältnis i.d.S.) begehrt werden. Aber auch dies kann letztlich nicht angeraten werden.

In der geschilderten Konstellation kann der Vermieter gemäß § 259 ZPO nämlich schon vor Ablauf des Mietvertrages auf Räumung, also Leistung, klagen; dem steht die Einschränkung in § 257 ZPO („*anderen* als Wohnzwecken") nicht entgegen, da die in § 259 ZPO geforderte Besorgnis der nicht rechtzeitigen Leistung (Räumung) nun die entscheidende Voraussetzung ist.[89]

Viel spricht dafür, diese Möglichkeit des Vorgehens über § 259 ZPO als die *einzig* zulässige anzusehen, weil nur sie eine Zwangsvollstreckung ermöglicht: Räumt der Mieter nach einem Feststellungsurteil nicht „von selbst" die Wohnung, so müsste in einem erneuten Prozess ein Leistungstitel beschafft werden; dies ist absolut prozessunökonomisch. Jedenfalls ist aus genau diesem Grund den Mandanteninteressen mit einer Klage auf künftige Leistung wesentlich besser gedient ist als mit einer Feststellungsklage.

kein Wahlrecht (mehr), wenn Fälligkeit während des Verfahrens

Zu beachten ist auch noch die Grundregel, dass es für die Zulässigkeit und Begründetheit einer Klage - vom Sonderfall des § 261 III Nr. 2 ZPO abgesehen - auf den *Zeitpunkt der letzten mündlichen Verhandlung* ankommt. 61

Liegt die Fälligkeit eines Anspruchs zeitlich nicht allzu weit entfernt, kann man daher davon ausgehen, dass eine Leistungsklage sogar *unabhängig* von den Voraussetzungen der § 257 ff. ZPO zulässig sein wird, weil die Fälligkeit noch während des Verfahrens *eintreten wird*. Dies wiederum würde das Wahlrecht, sollte es überhaupt bestanden haben, während des Prozesses entfallen lassen und zu einer Klageänderung zwingen.

Hemmer-Klausur-Tipp

Erheben Sie also immer eine Klage auf künftige Leistung anstelle der Feststellungsklage, wenn eine solche Leistungsklage zulässig ist! Legen Sie dem Korrektor - im (Hilfs)-Gutachten oder evtl. gar im Schriftsatz selbst - kurz dar, *warum* die Leistungsklage zulässig ist (bzw. dies demnächst werden wird). Weisen Sie zusätzlich im (Hilfs)-Gutachten kurz darauf hin, dass Sie die Feststellungsklage geprüft, aber aus prozessualen und/oder taktischen Erwägungen verworfen haben. Hat die Feststellungsklage im Einzelfall zusätzliche Vorteile (z.B. wegen weitreichenderer Rechtskraft gemäß § 322 I ZPO), so stellen Sie beide Anträge.

89 Vgl. etwa Thomas/Putzo, § 257, Rn. 3; § 259, Rn. 2; Kossmann, Wohnraummiete, § 187, Rn. 2 f.

cc. Wichtiger Sonderfall: Feststellungsklage bezüglich Annahmeverzuges bei Zug-um-Zug-Titeln

Verbesserung der Durchsetzbarkeit eines Zug-um-Zug-Titels

Steht dem Beklagten ein Zurückbehaltungsrecht, die Einrede des nichterfüllten Vertrages bzw. ein sonstiger Anspruch auf eine *Gegenleistung* (vgl. etwa §§ 346, 348 BGB oder § 322 BGB) zu, so hat der Kläger, wenn er für den Fall der tatsächlichen Erhebung dieser Einrede im Prozess nicht eine Teilabweisung riskieren will, einen Antrag auf Verurteilung zur Leistung Zug um Zug stellen. 62

Dies ist gegenüber der *unbeschränkten* Zahlungsklage ein „weniger".[90]

In solchen Fällen wird es regelmäßig empfehlenswert sein, *zusätzlich* zu diesem eingeschränkten Leistungsantrag einen weiteren Antrag auf Feststellung zu stellen, dass sich der Beklagte mit der Gegenleistung im Verzug der Annahme befindet.[91]

Grund: Das Vollstreckungsorgan darf gemäß §§ 756, 765 ZPO die Zwangsvollstreckung grds. nicht beginnen, bevor der Titelinhaber dem Schuldner die diesem gebührende Leistung in einer den Verzug der Annahme begründenden Weise angeboten hat. Dabei genügt gemäß § 756 II ZPO (nur) manchmal ein wörtliches Angebot.

Die Vollstreckung ist nach diesen Regelungen aber dann möglich, wenn der Gläubiger *beweist*, dass der Schuldner befriedigt ist oder sich selbst im Verzug der Annahme (§§ 293 ff. BGB) befindet. Letzteres muss dem Gerichtsvollzieher über öffentliche oder öffentlich beglaubigte Urkunden dokumentiert werden.

Das Urteil, das den Annahmeverzug feststellt, ist eine öffentliche Urkunde i.S.d. § 415 I ZPO. Auch wenn eine Erklärung hierzu im Tatbestand reichen kann, so ist die Feststellung des Annahmeverzugs im Tenor aus Sicht des Klägers letztlich in jedem Fall der *beste* Weg.[92] Aus genau dieser Überlegung ergibt sich dann auch das Feststellungsinteresse des Klägers.

Hemmer-Klausur-Tipp

Beschränken sie in Fällen der §§ 348, 322, 274 BGB (wichtig v.a.: Gewährleistungsrecht, Verbraucherwiderruf) den Leistungsantrag auch dann mit der Zug-um-Zug-Einschränkung, wenn der Gegner die Zug-um-Zug-Einrede noch nicht erhoben hat. Riskieren Sie also nicht, dass Ihnen der Korrektor unterstellt, Sie hätten die Gefahr einer Teilabweisung übersehen oder müssten zumindest eine spätere Antragseinschränkung im Falle der Einredeerhebung einkalkulieren. Packen Sie dafür aber immer den Feststellungsantrag bezüglich des Annahmeverzugs dazu, dann haben Sie in der Gesamtwirkung letztlich einen ähnlich „liquiden" Titel *ohne* die Gefahr der Teilabweisung.
Mit dieser Antragshäufung und der Begründung des Feststellungsinteresses über §§ 756, 765 ZPO demonstrieren Sie dem Korrektor, dass Sie „über den Tellerrand hinaussehen", indem Sie wie der perfekte Praktiker bereits im Erkenntnisverfahren die Folgen für die Zwangsvollstreckung bedenken.
Vergessen Sie nie: In der Praxis ist Ihr Ziel nicht bereits mit der Erlangung eines obsiegenden Urteils erreicht, sondern erst dann, wenn Ihr Mandant wirklich erfolgreich seine Forderung durchgesetzt hat!

---

90 Vgl. Thomas/Putzo, § 308, Rn. 3.

91 Als *isolierte* Feststellungsklage wäre ein solches Begehren aber unzulässig (vgl. BGH, NJW 2000, 2280 = Life&Law 2000, 705 ff.) = **juris**byhemmer.

92 Vgl. Thomas/Putzo, § 756, Rn. 10.

dd. Wichtiger Anwendungsbereich: Arbeitsrecht

Arbeitsrecht

Geht es beim Ziel des Mandanten um arbeitsrechtlichen Bestandsschutz, also etwa die Geltendmachung der Unwirksamkeit einer Kündigung, eines Aufhebungsvertrages oder einer Befristung, so kann es aus prozessualen und/oder taktischen Gründen *zwingend* sein, eine Feststellungsklage zu erheben. 63

(1) Prozessual zwingend notwendige Feststellungsklage

Kündigungen: Feststellungsinteresse grds. schon wg. Gefahr der Präklusion

Will sich der Mandant gegen eine ordentliche Kündigung seines Arbeitgebers wehren, so muss er dann, wenn der in § 4 KSchG vorausgesetzte formwirksame Zugang der Kündigung (§§ 623, 125 I, 130 BGB) erfolgt ist, innerhalb von drei Wochen Klage erheben, andernfalls droht ihm eine materielle Präklusion (vgl. §§ 4, 7 KSchG).

Es handelt sich hier um eine ganz spezielle Klage, die sich nicht auf den Fortbestand des Arbeitsverhältnisses im Allgemeinen bezieht, sondern sich gezielt gegen eine genau bezeichnete einzelne Kündigung richtet (sog. punktuelle Streitgegenstandstheorie).

In solchen Fällen ergibt sich das Feststellungsinteresse schon alleine aus der Tatsache, dass dem Arbeitnehmer bzw. Kläger diese Gefahr der Präklusion droht.

Nichts anderes gilt, wenn es sich um eine *außerordentliche* Kündigung gemäß § 626 BGB handelt: Auch bei dieser gelten gemäß § 13 I 2 KSchG die §§ 4, 7 KSchG. Also lässt sich auch hier das Feststellungsinteresse bereits alleine damit begründen, dass die Gefahr der Präklusion droht.

bei Befristungen: § 17 TzBfG

Ähnliches gilt für Klagen auf Feststellung der Unwirksamkeit einer Befristung, also auf Feststellung, dass ein unbefristetes Arbeitsverhältnis besteht. Hier ergibt sich das Feststellungsinteresse ebenfalls bereits aus der Gefahr der materiellen Präklusion (§ 17 TzBfG i.V.m. § 7 KSchG).

(2) Feststellungsklage aus taktischen Gründen

andere Fälle: kein Zwang, aber taktisch ist FK sinnvoll

Ist gesetzlich dagegen keine Klagefrist gegeben, was inzwischen nur noch in wenigen Fällen der Fall ist, so muss das Feststellungsinteresse anders begründet werden. 64

Diese Begründung liegt regelmäßig darin, dass mit einer Leistungsklage auf Zahlung oder Weiterbeschäftigung wegen der Beschränkung der Rechtskraft auf den Tenor nur der *konkret eingeklagte* Anspruch *rechtskräftig* geklärt wird, nicht auch das Bestehen des Arbeitsverhältnisses als „Bündel von Rechten und Pflichten“; dies wäre vom Richter bei Fehlen eines solchen Feststellungsurteils erneut zu prüfen, wenn später Nachforderungen geltend gemacht werden würden.

> **Bsp.:** *Will ein Arbeitnehmer die Unwirksamkeit eines Aufhebungsvertrages geltend machen (etwa gestützt auf eine Anfechtung nach § 123 I BGB), so kann er direkt auf Weiterbeschäftigung (und evtl. Zahlung) klagen. Dadurch wird die Frage des Fortbestandes des Arbeitsverhältnisses dann inzidenter geprüft. Da ihm keine Präklusion droht, ist der Arbeitnehmer nicht gezwungen, eine Feststellungsklage zu erheben. Letztere wäre aber in jedem Fall auch zulässig.*[93]

93 Vgl. etwa BAG, NZA 1992, 1023 = **juris**byhemmer; NZA 1998, 374; ausführlich Hemmer/Wüst/Gold, Klausurentraining Arbeitsrecht, Fall 6.

Hemmer-Klausur-Tipp

Stellen Sie bei Bestandsschutzstreitigkeiten für einen Arbeitnehmer in jedem Fall *immer* einen solchen Feststellungsantrag und ergänzen Sie diesen um einzelne Leistungspositionen, die dem Mandanten derzeit (Fälligkeit!) schon zustehen. Als perfekter Anwalt haben Sie die Ziele des Mandanten optimal auszuschöpfen, ohne ein unnötiges Kostenrisiko einzugehen. Die rechtskräftige Klärung des Bestands des Arbeitsverhältnisses ist daher zumindest taktisch unverzichtbar. Die vom Fortbestand des Arbeitsverhältnisses abhängigen Leistungsanträge sollten Sie aber aus Kostengründen im Wege der uneigentlichen Eventualklagehäufung erheben, also unter der Bedingung, dass der Feststellungsantrag Erfolg hat!

b. Negative Feststellungsklage

negative Feststellungsklage

Neben der positiven gibt es auch die negative Feststellungsklage. Der Kläger begehrt hier die Feststellung, dass er dem Beklagten nichts schulde. 65

Feststellungsinteresse

Das Feststellungsinteresse für eine solche Klage ist dann gegeben, wenn sich der Gegner eines solchen Anspruches „berühmt".[94] Dann besteht nämlich jederzeit die Möglichkeit, dass der Gegner eine entsprechende Leistungsklage erhebt.

Es ist aber u.U. nicht zumutbar, dies abzuwarten, evtl. eine sehr lange Phase der Unsicherheit hinzunehmen, weil es z.B. sein kann, dass man seine Geschäftspolitik für die Zukunft auf diese Frage einzurichten hat.

Erhebt der Gegner später doch Leistungsklage, was er üblicherweise in Form der Widerklage gegen die Feststellungsklage vornehmen wird, so entfällt regelmäßig das Feststellungsinteresse nachträglich wieder. Diese ist aber natürlich kein Grund, von Anfang an auf eine Feststellungsklage zu verzichten. Vielmehr zwingt dies dann zu Antragsänderungen (v.a. Erledigungserklärung), die man in späteren Schriftsätzen, etwa der Replik vornimmt.[95] 66

c. Zwischenfeststellungsklage gemäß § 256 II ZPO

Zwischenfeststellungsklage

Eine solche Feststellungsklage ist unter erleichterten Voraussetzungen möglich. 67

Begriff Vorgreiflichkeit

An die Stelle des im Einzelfall zu begründenden Feststellungsinteresses tritt die sog. Vorgreiflichkeit. Die Vorgreiflichkeit ist dann gegeben, wenn die Entscheidung eines Rechtsstreits von einem bestimmten (dann vorgreiflichen) Rechtsverhältnis abhängt, dieses also jedenfalls in den Entscheidungsgründen zu klären wäre. Andererseits darf es natürlich *nicht die einzige* Frage sein, um die es in dem „Hauptrechtsstreit" geht, da sonst dasselbe zweimal geklärt werden würde.

> **Bsp.:** *Es soll eine Klage erhoben werden auf Herausgabe eines Gegenstandes. Dabei wird zur Begründung Eigentum des Klägers bzw. Mandanten geltend gemacht.*

94 Thomas/Putzo, § 256, Rn. 15; Zöller/Greger, § 256, Rn. 14a mit Beispielen.

95 Dazu dann unten genauer in § 2, Rn. 86.

Die Frage des Eigentums ist hier vorgreiflich, weil ohne dieses der Anspruch aus § 985 BGB nicht gegeben sein kann. Andererseits decken sich der gestellte Leistungsantrag und die zusätzlich zu erhebende Zwischenfeststellungsklage auf Feststellung des Eigentums nicht vollständig: Beim Leistungsantrag wird weiterhin der Besitz des Beklagten und das Besitzrecht (§ 986 BGB) geprüft.

weitergehende Rechtskraftwirkung

Der Vorteil der Zwischenfeststellungsklage besteht hier v.a. darin, dass (nur) mit ihr auch tatsächlich rechtskräftig festgestellt wird, dass der Kläger Eigentümer des Gegenstandes ist. **68**

Die Rechtskraft der Leistungsklage würde dagegen nur klären, dass der Gegenstand herauszugeben ist. Es wäre wegen der Beschränkung der Rechtskraft auf den Tenor der Entscheidung nicht rechtskräftig festgestellt, *warum* dies der Fall ist; theoretisch könnten dies auch ganz andere Ansprüche sein (§§ 812 I, 433 I, 546 I BGB usw.).

Folge: Erlangt der Kläger nach erfolgreicher reiner Leistungsklage den Gegenstand zurück und stellt dann fest, dass dieser in der Zwischenzeit beschädigt worden ist, so muss er in einem Schadensersatzprozess (§§ 989, 990 bzw. § 823 I BGB) nicht nur die Beschädigung durch den Beklagten beweisen[96], sondern auch erneut unter Beweis stellen, dass er tatsächlich der Eigentümer ist![97]

Kostengründe stehen der Erhebung einer Zwischenfeststellungsklage nicht entgegen: Wegen Teilidentität mit dem Leistungsantrag werden diese nämlich gemäß § 45 I 2, 3 GKG nicht addiert.[98]

Hemmer-Klausur-Tipp

Ergänzen Sie zumindest im absoluten Regelfall Herausgabeklagen aus § 985 BGB um den Begleitantrag der Feststellung des Eigentums und Herausgabeklagen aus § 2018 BGB um den Begleitantrag der Feststellung der Erbenstellung! Die Vorteile der Rechtskraft müssen sich nicht auswirken, können es aber, und nennenswerte Nachteile sind nicht erkennbar. Auch hier besteht für Sie in der Klausur also die Chance, *ohne großen Zeitaufwand* Zusatzpunkte zu sammeln, indem Sie durch einen entsprechenden Antrag und eine ganz kurze Erläuterung (hier zum Feststellungsinteresse) demonstrieren, dass Sie wie ein weitsichtiger, routinierter Praktiker auch mögliche künftige Folgeprobleme mitberücksichtigen. Nicht selten wird eine uneigentliche Eventualklagehäufung (Leistungsantrag für den Fall des Erfolges des Feststellungsantrags) ein optimaler Weg sein.

7. Einsatz von Haupt- und Hilfsanträgen

a. Anwendungsbereich des „echten“ Hilfsantrages

„echter“ Hilfsantrag

Das Arbeiten mit Haupt- und „echtem“ Hilfsantrag kommt dann in Betracht, wenn bei einer Klage einerseits die Erfolgsmöglichkeit gegeben ist, andererseits aber die Gefahr besteht, dass der Hauptantrag als unzulässig oder unbegründet abgewiesen wird, in diesem Fall dann aber wiederum *ein anderer* Anspruch des Klägers in Betracht kommt. Dann sollte ein Hilfsantrag mit diesem anderen Streitgegenstand erhoben werden. Diese eventuelle Klagehäufung ist zulässig, weil es sich um eine *inner*prozessuale Bedingung handelt. **69**

96 Zu den Beweisregeln für solche Fälle siehe oben.

97 Siehe etwa Thomas/Putzo, § 322, Rn. 28 f.; vgl. aber auch dort Rn. 10.

98 Vgl. etwa Thomas/Putzo, § 5, Rn. 7.

Kostengründe stehen einem solchen Verhalten - sollte nicht der Hilfsantrag selbst unbegründet sein - grds. nicht entgegen: Für den Streitwert ist der Hilfsantrag erst entscheidend, wenn der Hauptantrag abgewiesen wird. Im Übrigen ist auch immer § 45 I 2 GKG zu beachten.[99]

Der Kläger kann den Hilfsantrag bereits mit der Klageschrift stellen. Weiterhin besteht natürlich auch die Möglichkeit, ihn im Wege der objektiven Klageerweiterung durch bestimmenden Schriftsatz oder durch Erklärung zu Protokoll (§ 261 II ZPO) einzubringen. Die Rechtsprechung[100] behandelt die nachträgliche objektive Klagehäufung wie eine Klageänderung gemäß § 263 ZPO, die aber meistens sachdienlich ist.

In der Klausur ist klar, dass Sie, wenn der Sachverhalt dazu Anlass gibt, die Eventualklagehäufung gleich in der Klageschrift erklären: Sie haben nur *eine* Chance, dem Korrektor Ihr Können zu demonstrieren.

Vorsicht: Hilfsanträge u.U. überflüssig bzw. falsch

Nicht erforderlich ist ein Hilfsantrag bei Zahlungsklagen, wenn man sich nur nicht sicher ist, ob der Anspruch auch wirklich in der vollen begehrten Höhe besteht. Hier ist die eingeklagte Leistung teilbar. Dem Kläger kann daher ohne Verletzung von § 308 I ZPO bei einer Teilabweisung weniger als mit der Klage verfolgt zugesprochen werden. *70*

Weiterhin ist ein Hilfsantrag nicht zu stellen, wenn *derselbe* prozessuale Anspruch hilfsweise auf verschiedene Tatbestände bzw. Anspruchsgrundlagen gestützt wird.[101] In einem solchen Fall sollte der Kläger nur eine hilfsweise Anspruchsbegründung fertigen; es sind aber nicht zwei verschiedene Anträge zu stellen, da es um ein und denselben Streitgegenstand geht. Die rechtliche Begründung des Anspruches hat der Richter ohnehin von Amts wegen selbst zu prüfen. *71*

> **Bsp.:** *Der Mandant möchte Rückzahlung von Kaufpreisraten, die er aufgrund eines Abzahlungskaufes an den Verkäufer bezahlt hat. Das verkaufte Kfz hat Mängel. Der Anwalt stützt die Klage zunächst auf einen Anspruch auf Rückgewähr wegen Verbraucherwiderrufs (§ 346 BGB i.V.m. §§ 355, 495, 506 I, III BGB), doch ist der Erfolg eines solchen Widerrufs des Vertrages aus verschiedenen Gründen etwas zweifelhaft. Deshalb stützt der Anwalt seinen Rückzahlungsforderung „hilfsweise“ auf Gewährleistungsrecht (§ 346 BGB i.V.m. §§ 437 Nr. 2, 440, 323 BGB).*

bloße Hilfsbegründung

In diesem Fall handelt es sich nur um eine Hilfs*begründung*, nicht um einen Hilfs*antrag*. Die Alternativität der Anspruchsgrundlagen wird daher in der Klageschrift nur beim Tatsachenvortrag (*zusätzlicher* Vortrag der Mangelhaftigkeit usw.) zum Ausdruck kommen und beim Rechtsvorbringen. In den zu stellenden Anträgen taucht sie nicht auf: Dort wird nur (einmal) Zahlung von x € verlangt.

99 Zu Details der Kostenfragen (teilweise str.) vgl. etwa Knöringer, § 8 III 3b.

100 Vgl. BGH, NJW 1985, 1841 (1842) = **juris**byhemmer.

101 Thomas/Putzo, § 260, Rn. 5, Rn. 10.

b. Anwendungsbereich des „uneigentlichen“ Hilfsantrages

„uneigentliche“ Eventualklagehäufung

Manchmal kommt auch die Erhebung der Klage mit einer „uneigentlichen“ Eventualklagehäufung in Betracht. Von einer solchen spricht man, wenn der Hilfsantrag nur im Falle *des Erfolgs* des Hauptantrages Sinn macht.[102] Liegt diese Situation vor, dann sollte dieser Weg prozesstaktisch auch tatsächlich eingeschlagen werden. 72

> **Bsp.:** *Während eines laufenden Kündigungsschutzprozesses werden dem Kläger (Arbeitnehmer) wüste Andeutungen gemacht, was er zu erwarten habe, wenn er jemals wieder an seinen Arbeitsplatz zurückkehren sollte. Deswegen kommt für ihn nun die Auflösung des Arbeitsverhältnisses gegen Abfindung (§§ 9, 10 KSchG) in Betracht.*

Da dieser Antrag aber *unter anderem* voraussetzt, dass das Arbeitsverhältnis noch besteht (sonst gibt es nichts mehr aufzulösen), macht dieser Antrag von vornherein nur Sinn bei einem Erfolg der Kündigungsschutzklage. Folglich sollte das Abfindungsverlangen, wenn es gewünscht ist und ernsthaft in Betracht kommt, vom Anwalt *immer* als ein solcher uneigentlicher Eventualantrag gestellt werden.

Nichts anderes gilt, sofern nicht andere materielle Voraussetzungen fehlen (vgl. etwa § 297 BGB bei Krankheit des Arbeitnehmers), für Anträge auf Verzugslohn (§§ 611, 615 BGB) für die Zeit bis zur Entscheidung über die Kündigung.

c. „Unechter“ Hilfsantrag

„unechter“ Hilfsantrag (§ 255 ZPO)

Hierbei handelt es sich um eine *kumulative* Klagehäufung, die in den Fällen der §§ 255, 510b ZPO, 61 II ArbGG möglich ist. 73

Neben der Klage auf Leistung unter Fristsetzung kann hier zugleich ein eventueller Schadensersatz gefordert werden „für den Fall, dass“ nicht innerhalb der Frist geleistet werde. Das „hilfsweise“ bezieht sich hier nur auf die materiellen Voraussetzungen des Schadensersatzanspruches: Leistet der Beklagte fristgemäß, liegen diese nicht vor. Es liegt also - anders als beim „uneigentlichen“ Eventualantrag - gerade keine Bedingung bezüglich der Frage vor, *ob entschieden werden soll.*

Beispielsfall

> **Bsp.:** *Der Mandant hat zu einem günstigen Preis ein seltenes Motorrad gekauft, an dessen Erwerb ihm viel gelegen ist. Andererseits weiß er inzwischen, dass der Verkäufer, der ihm jetzt die Übereignung verweigert, auch mit anderen Leuten verhandelte und evtl. das Motorrad inzwischen schon einem Dritten übereignet hat. Der Mandant möchte die Durchsetzung des Anspruches auf Übereignung zumindest versucht haben; er hat die Hoffnung, der Gegner würde bei Einleitung gerichtlicher Schritte u.U. nachgeben.[103] Andererseits aber möchte der Mandant möglichst schnell einen Titel auf Schadensersatz wegen entgangenen Gewinns, wenn der Übereignungsanspruch nicht oder schwer durchsetzbar sein sollte.*

Prozessual besteht über § 255 ZPO die Möglichkeit, den Klageantrag auf Erfüllung (§ 433 I BGB) mit einem „unechten“ Hilfsantrag auf Schadensersatz statt der Leistung (§§ 280 I, III, 281 I 1 BGB) zu verbinden. Bei letzterem handelt es sich um einen (möglichen) künftigen Anspruch, der nach h.M. allerdings meist gemäß § 259 ZPO zulässig ist:

---

102 Zur Kritik an diesem Begriff vgl. etwa Knöringer, § 8 III 4.

103 Andernfalls wäre es auch möglich, einfach *vorprozessual* eine Frist zu setzen (vgl. § 281 I 1 BGB) und erst *nach* Fristablauf die Klage (nur) auf Schadensersatz zu erheben.

Die Besorgnis i.d.S. für die Nichterfüllung des *Schadensersatzes* kann man aus der bisherigen Nichterfüllung des *Erfüllungsanspruchs* ableiten.[104]

Die Erklärung des § 281 IV BGB kann zwar nicht vor Ablauf der gesetzten Frist *wirksam werden*, sie kann nach inzwischen ganz h.M. aber vor Ablauf der Frist *bedingt abgegeben* werden.[105] Die zulässige Bedingung besteht darin, dass der Beklagte nicht fristgerecht erfüllt; mit Fristablauf tritt dann also der Titel auf Schadensersatz an die Stelle des Titels auf Erfüllung.

Scheitert später die auf die Erlangung der Sache selbst gerichtete Vollstreckung, so ist kein weiterer Rechtstreit mehr nötig, um Schadensersatz vollstrecken zu können. Es wird also keine weitere Zeit mehr vergeudet, um einen Zahlungstitel zu erlangen.

Will der Beklagte später geltend machen, die Bedingung sei unwirksam oder gar nicht eingetreten, so ist dies im Rahmen einer Vollstreckungsabwehrklage gemäß § 767 I ZPO zu klären.[106]

Hemmer-Klausur-Tipp

Machen Sie bei Klage auf Herausgabe oder Verschaffung einer Sache zumindest dann von der Klagehäufung gemäß § 255 ZPO Gebrauch, wenn der Sachverhalt Anhaltspunkte dafür bietet, dass die Sache nicht mehr beim Schuldner sein könnte. Angesichts der aufgezeigten Vorteile, insbesondere der schnellen Vollstreckbarkeit des Sekundärziels Zahlung, demonstrieren Sie dem Korrektor damit prozesstaktisches Gespür.

Formulierungsbeispiel

Formulierungsbeispiel für einen Klageantrag: 74

1. Der Beklagte wird verurteilt, das Motorrad Typ ....., Fahrgestellnummer ..., an den Kläger herauszugeben.

2. Dem Beklagten wird für die Herausgabe eine Frist von zwei Wochen (oder: eine angemessene Frist) ab Rechtskraft des Urteils gesetzt.[107]

3. Der Beklagte wird für den Fall, dass die Herausgabe nicht fristgerecht erfolgt, zur Zahlung von ..... € verurteilt.

Am Amtsgericht wäre insoweit noch die Sondervorschrift des § 510b ZPO zu beachten.

d. Eintritt der Wirkung des Hilfsantrages / Frage der Verjährungsgefahr

(zunächst keine) Verjährungsgefahr

Droht in absehbarer Zeit die Verjährung des Anspruches, der als Hilfsantrag in Betracht kommt, so muss der sorgfältige Anwalt wiederum prüfen, ob durch den Hilfsantrag eine Hemmung der Verjährung nach § 204 I Nr. 1 BGB eintritt. Wäre dies nicht der Fall, dürfte er dieses Risiko nicht eingehen, sondern hätte unter Inkaufnahme der Kostenrisiken *unbedingt* zu klagen. Eine derartige Gefahr besteht aber zumindest zunächst nicht. 75

104 Vgl. etwa BGH NJW 1999, 954 = **juris**byhemmer; Anders/Gehle, 2. Abschnitt L, Rn. 5.

105 Vgl. Wieser, NJW 2003, 2432, 2433 und NJW 2003, 3458; Gruber/Lösche, NJW 2007, 2815 [2817]; Zöller/Greger, § 255, Rn. 3; Palandt/Grüneberg, § 281, Rn. 50; Anders/Gehle, 2. Abschnitt L, Rn. 5a; differenzierend Derleder/Zänker, NJW 2003, 2777 ff. Richtiger Weise kommt ein solches Vorgehen auch bei Ansprüchen aus § 985 BGB in Betracht. Zwar sind die §§ 280, 281 BGB auf diesen nur über § 990 II BGB anwendbar, doch sind die §§ 280, 281 BGB im weiteren Sinne zu den „Vorschriften über den Verzug" zu rechnen (ausführlich hierzu Gruber/Lösche, NJW 2007, 2815 [2817]).

106 Genauer dazu Wieser, NJW 2003, 3458, 3459.

107 Die Länge der Frist kann in das Ermessen des Gerichts gestellt werden (Thomas/Putzo, § 255, Rn. 5; Zöller/Greger, § 255, Rn. 5).

Bsp.: Die Mandantin streitet sich (immer noch) mit anderen Verwandten um die Erbschaft nach ihrem vor knapp drei Jahren verstorbenen Ehemann. Umstritten ist die Wirksamkeit eines Testamentes, in dem sie enterbt wurde.

Hier ist zunächst davon auszugehen, dass die Mandantin im Falle tatsächlich wirksamer Enterbung gemäß § 2303 II BGB zumindest einen Pflichtteilsanspruch hätte. Problematisch könnte diesbezüglich aber die Verjährungsfrist (jetzt §§ 195, 199 I BGB) werden. Da die Frage nach dem Beginn der Dreijahresfrist (Kenntnis?) wiederum zu größeren Folgestreitigkeiten führen kann, ist es der *sicherste* (und damit beste) Weg für den Klägeranwalt, die erbrechtlichen Ansprüche (Feststellung der Erbenstellung, Herausgabe nach §§ 2018, 985 ff. BGB) als Hauptantrag und die Pflichtteilsansprüche als Hilfsantrag geltend zu machen.

Damit nämlich verhindert er *in jedem Fall* die Verjährung der Pflicht- 76
teilsansprüche; dies also selbst dann, wenn erst die dritte Instanz vier Jahre später klarstellt, dass die Bedingung für den Hilfsantrag eingetreten ist.[108]

Grund: Der Hilfsantrag wird zunächst rechtshängig i.S.d. §§ 204 I Nr. 1 BGB, 253 I, 261 I ZPO. Diese Rechtshängigkeit steht nicht unter einer aufschiebenden Bedingung, sondern unter der *auflösenden* Bedingung, dass über den Hauptanspruch gemäß Klägerantrag entschieden wird.

Tritt diese Bedingung ein, ist also die Klägerin tatsächlich *nicht* Erbin, so ist davon auszugehen, dass der Pflichtteilsanspruch *von Anfang an* rechtshängig geworden ist.[109]

8. Wahl einer besonderen Verfahrensart

Wahl von besonderen Verfahrensarten

Weiterhin ist zu prüfen, ob es Gründe gibt, die Klage in einer beson- 77
deren Verfahrensart zu erheben. In Betracht kommen Urkunden-, Wechsel- oder Scheckklage bzw. die Einleitung eines Mahnverfahrens.

a. Das Mahnverfahren

Mahnverfahren

Das Mahnverfahren gemäß §§ 688 ff. ZPO bietet die Möglichkeit, schneller als in einem gewöhnlichen Rechtsstreit einen Titel zu erlangen, nämlich den Vollstreckungsbescheid (vgl. §§ 794 I Nr. 4, 796, 699, 700 ZPO). Diese Beschleunigung tritt aber nur ein, wenn der Schuldner keinen Widerspruch einlegt.

Andernfalls bedeutet das Mahnverfahren nur eine zusätzliche Verzögerung auf dem Weg zum vollstreckbaren Titel, da in ihm selbst Fristen einzuhalten sind und anschließend bei Widerspruch des Schuldners die Sache von Amts wegen gemäß § 696 I ZPO an das zuständige Hauptsachegericht abgeben wird. Folglich empfiehlt es sich nur dann, einen Mahnbescheid gemäß §§ 688 ff. ZPO zu beantragen, wenn zu erwarten ist, dass der Schuldner keinen Widerspruch einlegen wird.

108 Vgl. etwa Palandt/Ellenberger, § 204, Rn. 2 a.E. m.w.N.

109 Vgl. Knöringer, § 8 III 1a (m.w.N.).

Hemmer-Klausur-Tipp

Lassen Sie also in der Examensklausur – insbesondere wenn deren Bearbeitervermerk auf die Fertigung eines Schriftsatzes abzielt – regelmäßig die Finger von der Beantragung eines Mahnbescheides. Angesichts der typischen Konfliktsituationen von Examensklausuren, dürfte der Weg selten erfolgversprechend sein. Überdies ist zu berücksichtigen, dass keinerlei Begründung vorzunehmen ist, sondern nur eine *Individualisierung* des Anspruchs (vgl. § 690 I Nr. 3 ZPO), und mit Vordrucken bzw. elektronischen Mitteln zu arbeiten ist. Damit würden Sie in vielen Fällen letztlich eine Art „Arbeitsverweigerung" hinsichtlich der Ihnen in der konkreten Klausur gestellten formellen Aufgaben begehen! Gehen Sie davon aus, dass das Mahnverfahren in Anwaltsklausuren grds. nur dann relevant wird, wenn dieses im Sachverhalt schon begonnen hat!

Anspruchsbegründung gemäß § 697 I (evtl. i.V.m. § 700 III 2) ZPO als „modifizierte Klageschriftklausur"

Die aus Sicht des Anspruchstellers gewiss klausurrelevanteste Aufgabenstellung im Rahmen des Mahnverfahrens ist die Anspruchsbegründung gemäß § 697 I ZPO nach Stellung des Antrags auf Übergang ins streitige Verfahren (§ 696 I ZPO). Ausgangspunkt einer solchen Klausur ist ein nach Sachverhalt schon (vom Mandanten selbst oder vom Anwalt) gestellter Mahnantrag, gegen den der Gegner inzwischen Widerspruch (§ 694 ZPO) eingelegt hat. 78

Das gleiche kommt in Betracht, wenn sich der Gegner in einem solchen bereits begonnen Mahnverfahren noch nicht gegen den Mahnbescheid, wohl aber gegen den anschließend gestellten Vollstreckungsbescheid gewehrt, also Einspruch (§§ 338 ff. i.V.m. § 700 I ZPO) gegen diesen eingelegt hat. In einem solchen Fall kommt § 697 I ZPO gemäß § 700 III 2 ZPO ebenfalls zur Anwendung.

Auswirkungen des Mahnverfahrens auf Anträge und materielles Recht genau prüfen!

In beiden Varianten handelt es sich letztlich um eine Art modifizierte Klageschriftklausur, also die Fertigung eines Schriftsatzes, der der Klageschrift sehr ähnlich ist. Allerdings sind neben einigen formellen Besonderheiten wie u.a. den wegen §§ 343, 700 I ZPO anders zu formulierenden Anträgen[110] nun auch die Auswirkungen des Mahnverfahrens auf das materielle Recht zu beachten: Siehe z.B. § 696 III ZPO bzw. § 700 II ZPO, die im Rahmen von § 818 IV BGB bedeutsam werden können, oder die verjährungshemmende Wirkung gemäß §§ 204 I Nr. 3 BGB, 167 ZPO.

Kosten des Mahnverfahrens

Kommt es nach dem Mahnverfahren zur Durchführung eines streitigen Verfahrens (nach Zahlung gemäß § 12 III 3 GKG), so gehören die Kosten des Mahnverfahrens zu den „Kosten des Rechtsstreits" i.S.d. § 91 ZPO.[111] 78a

Es erfolgt dann grds. eine *Anrechnung* der im Mahnverfahren entstandenen Gebühren (vgl. amtliche Anmerkung zu Nr. 1210 KV sowie amtliche Anmerkung zu Nr. 3305 VV-RVG).[112] War gegen den Mahnbescheid Widerspruch (§ 694 ZPO) eingelegt worden, so sind die Gesamtkosten regelmäßig also die gleichen, wie wenn sofort ohne diesen „Umweg" eine Klage eingereicht worden wäre.

110 Dazu siehe unten, § 1, Rn. 140 f.

111 Vgl. etwa Thomas/Putzo, § 91, Rn. 5.

112 Im Mahnverfahren selbst fallen grds. folgende Kosten an: Gerichtskosten nur in Höhe einer 0,5 Gebühr (Nr. 1110 KV) sowie Anwaltskosten in Form einer 1,0-Verfahrensgebühr gemäß Nr. 3305 VV-RVG. Die Gerichtskosten werden vom Antragsteller verauslagt (§ 12 III 1, 2 GKG) und dem Schuldner mit dem Mahnbescheid auferlegt (§ 692 I Nr. 3 ZPO). Bei Erlass eines Vollstreckungsbescheids werden in diesem die bisher entstandenen Kosten festgesetzt (§ 699 III 1 ZPO). Es kommt nun noch eine 0,5-Verfahrensgebühr für den Rechtsanwalt hinzu (Nr. 3308 VV-RVG), zusätzliche Gerichtskosten entstehen nicht (vgl. Thomas/Putzo, § 699, Rn. 18).

RA-Gebühren für Vollstreckungsbescheid (Nr. 3308 VV-RVG) werden nicht verrechnet!

Anders, wenn das Verfahren erst nach Einspruch gegen einen Vollstreckungsbescheid an das Streitgereicht abgegeben wird: Die 0,5-Verfahrensgebühr, die der RA für den Antrag auf Erlass eines Vollstreckungsbescheids erhalten hatte (Nr. 3308 VV-RVG), wird allerdings nicht angerechnet; sie bleibt auch bei Durchführung des streitigen Verfahrens (nach Einspruch) bestehen.[113]

b. Der Urkunden- und Wechselprozess

Urkundenprozess

Der Urkundenprozess ist eine besondere Verfahrensart, für deren Zulässigkeit gemäß § 592 ZPO besondere Prozessvoraussetzungen erfüllt sein müssen. 79

Vorteile

Sie ist für den Kläger besonders vorteilhaft, da Verhandlung und Entscheidung auf den Anspruchsgrund und sofort zu beweisende Einwendungen des Beklagten beschränkt sind. Als Beweismittel sind gemäß § 595 II ZPO insofern nur Urkunden und Parteivernehmungen zulässig, andere (v.a. Zeugen!) sind gemäß § 598 ZPO als unstatthaft zurückzuweisen. Außerdem sind Widerklagen gemäß § 595 I ZPO nicht statthaft. Durch den Urkundenprozess kann der Kläger rasch einen vorläufig vollstreckbaren Titel (§ 708 Nr.4 ZPO) erlangen.

Eine derartige Klage empfiehlt sich z.B., wenn ein Mandant eine Bürgschaftsurkunde vorlegt, die ja gemäß § 595 II ZPO als Beweismittel zugelassen ist, und hieraus möglichst schnell vollstrecken will. Aber auch zur Erlangung eines schnellen Titels gegen einen renitenten Mieter kann ein auf den Mietvertrag als Urkunde gestützter Urkundenprozess Sinn machen.[114]

Eine größere zeitliche Verzögerung kann bei dieser Verfahrensart erst durch das sog. Nachverfahren (vgl. §§ 599, 600 ZPO) eintreten. Dieses wird nach Erlass des Vorbehaltsurteils auf Antrag des Beklagten anberaumt. Es ist eine Art zweite Stufe des *erstinstanzlichen* Verfahrens, bei dem der Prozess dann unter Berücksichtigung *aller* im normalen ZPO-Prozess zulässigen Beweismittel entschieden wird.

Während dieses ganzen Nachverfahrens hat der Kläger aber bereits den Titel aus dem Vorbehaltsurteil zur Verfügung, sodass er - wenn nötig - etwaigen Verschlechterungen der Liquidität des Beklagten mit einer schnellen Zwangsvollstreckung zuvorkommen kann.

Der Wechsel- und Scheckprozess ist eine Unterart des Urkundenprozesses. Für ihn gelten die Vorschriften über den Urkundenprozess und gemäß § 602 ZPO bzw. § 605 a ZPO als besondere Vorschriften die §§ 603 bis 605 ZPO entsprechend. Durch die kürzere Ladungsfrist gemäß § 604 II ZPO und durch eine Erleichterung der Beweisführung gemäß § 605 ZPO wird eine weitere Beschleunigung des Verfahrens erreicht. 79a

Kostenfragen

Gebührenrechtlich ist zu beachten, dass das Nachverfahren zusammen mit dem Verfahren bis zum Vorbehaltsurteil eine einzige Instanz darstellt, so dass die Gerichtsgebühren *nur einmal* anfallen.[115] 79b

113 Vgl. etwa Enders, Rn. 1572.

114 Der BGH (NJW 2005, 2701 = **juris**byhemmer) lässt dies auch bei der Wohnraummiete zu. Die §§ 536 IV, 556b II BGB würden nur materiell-rechtlichen Regelungen entgegenstehen, nicht aber prozessualen Möglichkeiten des Vermieters.

115 Siehe etwa Musielak/Voit § 592, Rn. 17.

Hinsichtlich der Anwaltsgebühren ist allerdings zu beachten, dass das Vorverfahren und das Nachverfahren („ordentliches Verfahren", das „nach einem Vorbehaltsurteil anhängig bleibt") gemäß § 17 Nr.5 RVG als *verschiedene* Angelegenheiten gelten. Folge: Im Nachverfahren kann die Terminsgebühr (Nr. 3104 VV-RVG) ein zweites Mal anfallen, während die Verfahrensgebühr (Nr. 3100 VV-RVG) aus dem Vorverfahren auf diejenige im Nachverfahren anzurechnen ist (Anm. 2 zu Nr. 3100 VV-RVG).[116]

9. Prüfung der Durchsetzbarkeit außerprozessualer Anwaltskosten (Geschäftsgebühr) gegen den Prozessgegner:

Problematik der Geschäftsgebühr (Nr. 2300 VV-RVG) gegenüber Prozessgegner

Auch wenn der Mandant, der das konkrete Problem eigentlich gar nicht kennen kann und damit auch nicht ansprechen kann, dazu nicht Stellung nimmt: Der Anwalt – und damit ggf. auch der Bearbeiter einer Anwaltsklausur – sollte immer zumindest kurz anprüfen, ob gegenüber dem eigenen Mandanten eine Geschäftsgebühr nach Nr. 2300 VV-RVG für die *außergerichtliche* Vertretung vor Prozessbeginn angefallen ist und diese vom Prozessgegner eingeklagt werden kann. 79c

Problem: gehört nicht zu den Prozesskosten i.S.d. §§ 91 ff ZPO

Hintergrund: Die Geschäftsgebühr gemäß Nr. 2300 VV-RVG zählt *nicht* zu den im Kostenfestsetzungsverfahren erstattungsfähigen Prozesskosten i.S.d. §§ 91 ff ZPO, denn sie entsteht für eine Tätigkeit, die zunächst primär der Prozessvermeidung dient.[117]

Bezifferter Klageantrag (§ 253 II Nr. 2 ZPO) nötig

Die Geschäftsgebühr muss daher neben der Hauptforderung zuzüglich Nebengebühren und Umsatzsteuer *beziffert* (§ 253 II Nr. 2 ZPO) eingeklagt werden, wenn es dafür einen materiellrechtlichen Anspruch gegen den Prozessgegner gibt.

a. Voraussetzungen des Anfalls der Geschäftsgebühr

Voraussetzungen des Anfalls der Geschäftsgebühr

Für die *außergerichtliche* Vertretung, wie etwa die Geltendmachung einer Schadensersatzforderung gegenüber der Haftpflichtversicherung des Unfallgegners (vgl. § 3 PflVG) oder der Erklärung der Kündigung in einem Mietrechtsstreit, erhält der Rechtsanwalt nach Nr. 2300 VV-RVG eine sog. „Geschäftsgebühr" in Höhe von 0,5 bis 2,5 der vollen Gebühr des § 13 I RVG. 79d

Hinweis: Ist die Klausur so konstruiert, dass der Mandant ohne weitere Maßnahmen die sofortige Klageerhebung wünscht und dies auch möglich ist, so stellt sich die Problematik also nicht.

Nach der Anmerkung zu Nr. 2300 VV-RVG wird die Geschäftsgebühr in allen Fällen, in denen die anwaltliche Tätigkeit weder umfangreich noch schwierig war, auf einen Gebührensatz von 1,3 begrenzt (sog. Regelgebühr).

Umfang der Anrechnung auf die Verfahrensgebühr (Nr. 3100 VV-RVG)

Nach BGH blieb wegen Vorbemerkung 3 IV zu Nr. 3100 VV-RVG eine bereits entstandene Geschäftsgebühr unangetastet; es sollte sich durch eine hälftige Anrechnung die (später) nach Nr. 3100 VV-RVG angefallene Verfahrensgebühr reduzieren.

116 Siehe etwa Musielak/Voit § 600, Rn. 15.

117 Vgl. etwa BGH, Beschluss vom 22. Januar 2008, Az.: VIII ZB 57/07; BGH, NJW 2007, 3289; NJW 2007, 3500 [3501]; Zöller/Herget § 104, Rn. 21 m.w.N.

Dieser Rechtsprechung wurde durch § 15a RVG wieder der Boden entzogen. In Folge dieser Vorschrift *kann* nun im gerichtlichen Kostenfestsetzungsverfahren wieder die volle Verfahrensgebühr verlangt werden; dann wird die Geschäftsgebühr durch Anrechnung reduziert. Das in § 15a RVG geregelte Wahlrecht kann aber auch so ausgeübt werden, dass die Geschäftsgebühr in voller Höhe verlangt wird und die Verfahrensgebühr durch Anrechnung reduziert wird.[118]

b. Erstattungsansprüche gegen den Prozessgegner

Erstattungsansprüche gegen den Prozessgegner

Gläubigerseite: zwei unterschiedliche Konstellationen

Die Geschäftsgebühr kann nur geltend gemacht werden, *wenn* dem Mandanten gegen den Gegner ein dahin gehender materiellrechtlicher Schadensersatzanspruch zusteht. Dann muss der Kläger diese Gebühr als kausalen Schaden exakt beziffern und im Wege der Klagehäufung (§ 260 ZPO) als eigenen Posten mit einklagen, um so einen Titel für eine eventuelle Zwangsvollstreckung zu erhalten. Bezüglich des materiellrechtlichen Anspruchs sind zwei Konstellationen zu unterscheiden: **79e**

aa. Geltendmachung von Schadensersatzansprüchen

Fall 1: Folgeschaden eines Schadensersatzanspruchs

Hat der Rechtsanwalt für seinen Mandanten einen Anspruch auf Schadensersatz geltend gemacht (wie etwa im Fall des Verkehrsunfalls), so handelt es sich bei den Anwaltskosten um einen kausalen *Folgeschaden* (sog. Rechtsverfolgungskosten), wenn die Einschaltung des Rechtsanwaltes erforderlich war.[119]

Hinweis: Wenn sich die Problematik der Geschäftsgebühr beim Verkehrsunfall stellt, müssen Sie meist noch auf *unterschiedliche* Gegenstandswerte achten. Grund: Oft erkennt die gegnerische Versicherung *einen Teil* der Haftung ihres Versicherungsnehmers an, so dass der Streit vor Gericht sich nur *auf den Rest* bezieht. Die Geschäftsgebühr ist dann aber – anders als die Verfahrensgebühr (Nr. 3100 VV-RVG) und die Terminsgebühr (Nr. 3104 VV-RVG) – aus dem Betrag der *ursprünglichen* Forderung, also *ohne* Berücksichtigung der erst *nach* ihrem Anfall erfolgten Teilzahlung, zu errechnen!

bb. Geltendmachung von sonstigen Ansprüchen

Fall 2: Verzögerungsschaden bei anderen Hauptansprüchen

Vorprozessuale Kosten, die durch die Geltendmachung eines nicht auf Schadensersatz gerichteten Anspruchs entstehen, können dagegen grds. nur unter den Voraussetzungen des *Verzuges mit der Hauptforderung* als Verzugsschaden gemäß §§ 280 I, II, 286 BGB geltend gemacht werden. **79f**

Auf die richtige Chronologie achten!

Dabei ist zu beachten, dass der Schuldner *vor* Entstehung der Geschäftsgebühr im Verzug gewesen sein muss. Setzt der Rechtsanwalt den Schuldner erst *durch* sein Schreiben in Verzug, so fehlt es an der Kausalität des Verzugs für diesen Schaden; dann bleibt der Mandant auf diesen Kosten des ersten Schreibens ggf. sitzen![120]

---

118 In nicht wenigen Fällen gibt es aber taktisch gute Gründe, doch gerade die Geschäftsgebühr in voller Höhe einzuklagen (siehe dazu genauer Müller-Rabe NJW 2009, 2913 [2915]).

119 Vgl. etwa Palandt/Grüneberg § 249, Rn. 38.

120 Vgl. dazu etwa BGH, NJW 2009, 580 [582] = **juris**byhemmer.

Der Mandant müsste also meist vor der gebührenauslösenden Maßnahme des Anwalts zunächst *selbst* Schritte ergriffen haben, aus denen *nachweislich* die Voraussetzungen von § 286 I BGB (Zugang einer Mahnung) oder § 286 II Nr. 3 BGB (endgültige Erfüllungsverweigerung) resultierten.

Liegt ein Fall eines automatischen Verzugs wegen festgesetzten Termins gemäß § 286 II Nr. 1 BGB vor, gestaltet sich diese Prüfung natürlich einfacher. Bedeutsam ist dies vor allem im Mietrecht bzgl. des rückständigen Mietzinses, der dann u.a. den Kündigungsgrund darstellt (vgl. §§ 543 I, II Nr. 3, 569 III BGB bzw. § 573 II Nr. 1 BGB).[121]

Schuldnerseite: Ansprüche nur schwer konstruierbar!

Anmerkung: Äußerst kritisch ist die Behandlung der Geschäftsgebühr auf der Seite des (angeblichen) *Schuldners*. Wird ein Rechtsanwalt eingeschaltet, um sich gegen eine zu Unrecht erfolgte Inanspruchnahme *zu verteidigen*, so steht dem zu Unrecht in Anspruch genommenen Auftraggeber ein Anspruch auf Schadensersatz meist nur unter dem Gesichtspunkt des Betruges (§ 823 II BGB, § 263 StGB) bzw. der sittenwidrigen Schädigung (§ 826 BGB) zu.[122]

§ 823 I BGB ist nicht einschlägig, weil in keines der dort genannten Rechtsgüter eingegriffen wird und der Betroffene einen reinen Vermögensschaden erlitten hat. Ein Kostenerstattungsanspruch aus §§ 280 I, 241 II BGB bzw. §§ 280 I, 241 II, 311 BGB setzt voraus, dass der vermeintliche Anspruch im Rahmen einer (vor)-vertraglichen Beziehung der Parteien geltend gemacht wurde. Allein durch die Geltendmachung eines Anspruchs, der tatsächlich nicht besteht oder jedenfalls nicht weiter verfolgt wird, entsteht eine solche Sonderverbindung nicht.

Aber selbst bei Bestehen von vertraglichen Beziehungen führt die unberechtigte außerprozessuale Geltendmachung eines Anspruchs oft nicht zu einem Kostenerstattungsanspruch: Zwar verletzt eine Vertragspartei hierdurch ihre Pflicht zur Rücksichtnahme nach § 241 II BGB. Im Sinne von § 280 I 2 BGB zu vertreten hat die Vertragspartei diese Pflichtwidrigkeit aber nicht schon dann, wenn sie nicht erkennt, dass ihre Rechtsposition in der Sache nicht berechtigt ist, sondern erst, wenn sie diese Rechtsposition auch *nicht als plausibel* ansehen durfte.[123]

Einen generellen Kostenerstattungsanspruch gegen denjenigen, der sich unberechtigt eines Rechts berühmt, kennt die deutsche Rechtsordnung nicht. Mit unberechtigten Ansprüchen konfrontiert zu werden, gehört zum allgemeinen Lebensrisiko, soweit nicht die Voraussetzungen einer speziellen Haftungsnorm vorliegen.

10. „Begleitmaßnahmen“ des Anwalts bei der Mandatsübernahme bzw. Vorbereitung der Klage:

„Begleitmaßnahmen“ bei der Mandatsübernahme

Teilweise finden sich im Bearbeitervermerk von Anwaltsklausuren Zusatzfragen wie etwa: *79g*

„Es ist kurz darzulegen, welche Maßnahme(n) und / oder Hinweis(e) von Rechtsanwältin … noch am selben Tag an Herrn …. vor Fortführung des Mandats veranlasst sind.“

121 Streitig ist, ob die vorgerichtliche anwaltliche Tätigkeit im Zusammenhang mit einer *Kündigungserklärung* und die anschließende *Räumungsklage denselben* Gegenstand betreffen. Der BGH bejaht das Vorliegen *desselben* Gegenstands, in dem er eine „wirtschaftliche Betrachtungsweise“ vertritt (BGH NJW 2007, 2050 [2051]). Das Begehren eines Vermieters, der einen Rechtsanwalt wegen aufgelaufener Mietrückstände mit der außergerichtlichen Wahrnehmung seiner Interessen, insbesondere der Beratung über eine Kündigung und mit deren Ausspruch beauftragt, ist bei lebensnaher Betrachtung darauf gerichtet, dass der Mieter die Wohnung räumt und sie dem Vermieter zurückgibt. Eine Folge dieser BGH-Lösung: Der Gegenstandswert für die außergerichtliche Tätigkeit ist viel geringer, weil nun nicht §§ 13 RVG, 25 KostO, sondern §§ 23 RVG, 41 II GKG anwendbar sind.

122 Vgl. BGH NJW 2007, 1458 = **juris**byhemmer = Life&Law 2007, 354; BGH, Beschluss vom 22. Januar 2008, Az.: VIII ZB 57/07.

123 Vgl. BGH NJW 2009, 1262 = **juris**byhemmer.

Abhängig von der jeweiligen Materie können damit verschiedenste prozessuale oder materiellrechtliche Aspekte gemeint sein. In Examensklausuren der Vergangenheit ging es dabei z.B. um folgende Fragen:

a. Anforderung der schriftlichen Prozessvollmacht

Anforderung der schriftlichen Prozessvollmacht

Teilweise fehlt in Klausursachverhalten der Hinweis darauf, dass der Mandant bereits eine schriftliche Prozessvollmacht unterzeichnet hat, bzw. es ist sogar evtl. ausgeschlossen, dass eine solche erteilt wurde (z.B. weil von dem Mandanten bislang nur ein Schreiben mit der Problemschilderung und der Bitte sich zu kümmern, existiert). Dann muss die schriftliche Prozessvollmacht noch einfordert werden (§§ 80 I, 88 II ZPO).

b. Unverzichtbare Belehrungen des Mandanten

Belehrung nach § 49b V BRAO

Der Anwalt hat eine Belehrung nach § 49b V BRAO vorzunehmen **79h**
und (zum eigenen Schutz!) schriftlich zu dokumentieren: Vor Übernahme des Auftrags ist darauf hinzuweisen, dass sich die nach dem RVG zu errechnenden Gebühren nach dem Gegenstandswert richten.[124]

In diesem Zusammenhang sollte der Anwalt die voraussichtliche Streitwertfestsetzung durch das Gericht (vgl. §§ 39 ff GKG) ansprechen.

Belehrung nach § 12a I 2 ArbGG

Im Arbeitsrecht ist zusätzlich die fast noch wichtigere Belehrung nach § 12a I 2 ArbGG vorzunehmen und schriftlich zu dokumentieren. Der Mandant muss darauf hingewiesen werden, dass er auch im Erfolgsfalle *selbst* seine Anwaltskosten trägt!

c. Klärung etwaiger staatlicher Hilfe bezüglich der Prozesskosten

Prozesskostenhilfe gemäß §§ 114 ff ZPO prüfen

Bei entsprechendem Anlass, also dann, wenn der Mandant erkenn- **79i**
bar finanzielle Schwierigkeiten mit den zu erwartenden Kosten haben wird, ist eine Prüfung von Prozesskostenhilfe gemäß §§ 114 ff ZPO (im Arbeitsrecht i.V.m. § 11a I ArbGG) vorzunehmen. Wie tief dabei einzusteigen ist, hängt von den Sachverhaltsvorgaben ab.

Voraussetzung hierfür ist zum einen die Leistungsunfähigkeit: Die Partei muss gemäß § 114 S. 1 ZPO nach ihren persönlichen und wirtschaftlichen Verhältnissen die Kosten für die Prozessführung zumindest teilweise nicht aufbringen können. In diesem Rahmen muss Einkommen und Vermögen nach § 115 ZPO geprüft werden. Zum anderen ist gemäß § 114 S. 1 ZPO die hinreichende Erfolgsaussicht der beabsichtigten Rechtsverfolgung notwendig: Die beabsichtigte Klage verspricht Erfolg, wenn sie zulässig und *schlüssig* ist und die rechtsbegründenden Tatsachen unter Beweis *stellt* (also nicht schon wirklich *beweist*).[125]

124 Da die vorvertragliche Pflicht zur Belehrung gemäß § 49b V BRAO (Schönfelder Ergänzungsband Nr. 98) in erster Linie dem Schutz des Mandanten dient, führt ihre schuldhafte Verletzung gemäß § 280 I, § 311 II BGB zur Schadensersatzpflicht des Rechtsanwalts. Den Mandanten trifft dabei die Beweislast dafür, dass der Rechtsanwalt seiner Hinweispflicht aus § 49b V BRAO nicht nachgekommen ist. Der Anwalt muss allerdings konkret darlegen, in welcher Weise er belehrt haben will (vgl. BGH NJW 2008, 373 = **juris**byhemmer gegen die zuvor h.M.).

125 Vgl. hierzu etwa Thomas/Putzo § 114, Rn. 3 ff.

diesbezügliche Aufgaben des Anwalts bei Mandatserteilung

Diesbezügliche Aufgaben des Anwalts bei Mandatserteilung: Da die PKH nur auf Antrag, also nicht v.A.w. gewährt wird, hat der Anwalt ggf. auf diese Möglichkeit hinzuweisen, um den Mandanten von einem Teil der drohenden Kosten zu entlasten! Erforderlich sind ggf. Nachfragen und eine Prüfung des Einkommens und Vermögens des Mandanten. Und schließlich hat der Anwalt ggf. notwendige Maßnahmen zur Antragstellung (§ 117 ZPO) einzuleiten (Antrag ausfüllen lassen, Belege einfordern usw.) sowie ggf. den Beiordnungsantrag im Schriftsatz zu stellen.

d. „Absicherung" der Kostenfolgen der Klage:

immer „Anlass" zur Klage i.S.d. § 93 ZPO sicherstellen!

Hatte der Mandant selbst noch keine nachweislichen außerprozessualen Schritte ergriffen, um dem Gegner die Möglichkeit einer gütlichen Beilegung des Rechtsstreits zu ermöglichen, diesen also z.B. noch nicht in Verzug gesetzt, so sind solche Maßnahmen vor Klageerhebung gegebenenfalls noch durchzuführen. Es ist sicherzustellen, dass der eigene Mandant für den – manchmal überraschenden – Fall eines sofortigen Anerkenntnisses des Gegners (§ 307 ZPO), einen ausreichenden „Anlass" zur Klage i.S.d. § 93 ZPO hatte.[126] *79j*

> ***Bsp.:*** *Vor Erhebung einer Klage nach § 771 ZPO sollte der Vollstreckungsgläubiger zunächst außerprozessual unter Vorlage der Beweismittel auf das Drittrecht („Veräußerung hinderndes Recht") des eigenen Mandanten hingewiesen und zur Freigabe des gepfändeten Gegenstandes aufgefordert werden. Andernfalls besteht die Gefahr, dass der Kläger nach einem sofortigen Anerkenntnis des Beklagten gemäß § 93 ZPO die Kosten tragen muss.*[127]

e. „Absicherung" für Fall des Unterliegens: Streitverkündung

Streitverkündung gemäß §§ 72, 73 ZPO an einen Dritten

In manchen Fällen kann es sinnvoll sein, eine Art „Absicherung" für Fall des nie ganz ausschließbaren Unterliegens im Rechtsstreit vorzunehmen, indem für den Mandanten als künftigen Kläger eine Streitverkündung gemäß §§ 72, 73 ZPO an einen Dritten erklärt wird.[128] *79k*

Dies bietet sich nicht nur, aber vor allem dann an, wenn dem eigenen Mandanten eine Haftung gegenüber dem gegenwärtigen Prozessgegner droht, für die der Dritte verantwortlich ist. Dann kann über § 68 i.V.m. § 74 III ZPO erreicht werden, dass die Prozessergebnisse des jetzigen Verfahrens in einem etwaigen Regressprozess als bindend zugrunde zu legen sind, so dass die Durchsetzung dieser Regressansprüche enorm erleichtert wird.

Beispiel

> ***Bsp.:*** *Der Mandant ist Verkäufer und will eine Kaufpreisklage aus § 433 II BGB durchsetzen, gegen die sich der Käufer mit Gewährleistungsrechten wegen Sachmängeln, also i.d.R. mit Rücktritt, wehrt. Der Mandant hat die Sache vom Hersteller erworben und originalverpackt an den Käufer weitergegeben.*

Wird hier dem Hersteller der Streit verkündet, könnte dieser sich gemäß § 68 i.V.m. § 74 III ZPO in einem Regressprozess grds. nicht mehr darauf berufen, dass die Sache völlig mangelfrei gewesen sei.[129]

126 Vgl. dazu etwa Thomas/Putzo § 93, Rn. 6 ff.

127 Vgl. dazu etwa Thomas/Putzo § 93, Rn. 6a; Zöller/Herget § 93, Rn. 6 a.E.

128 Diese Überlegung gilt natürlich genauso in der Perspektive der Klageerwiderung für den Beklagten.

129 Die Detailvoraussetzungen und der – auch nicht unbegrenzte! – Umfang dieser Nebeninterventionswirkung gemäß § 68 i.V.m. § 74 III ZPO werden im Hemmer-Assessorkurs regelmäßig besprochen.

Die Chancen für einen Regressprozess sind enorm verbessert.

B. Fertigung des Schriftsatzes selbst / formelle und inhaltliche Anforderungen

Aufbau einer Klageschrift

Der Aufbau einer Klageschrift ergibt sich im Wesentlichen aus den Anforderungen gemäß § 253 ZPO, lässt dabei aber - wie zu zeigen sein wird - eine ganze Reihe von Fragen offen. 80

Folgende Elemente sind in dieser Reihenfolge notwendig bzw. möglich:[130]

- ⇨ Rubrum (§ 253 II Nr. 1, III, IV; § 130 Nr. 1 ZPO)
- ⇨ Anträge (§ 253 II Nr. 2, IV; § 130 Nr. 2 ZPO)
- ⇨ Klagegrund (Tatsachenvortrag; § 253 II Nr. 2 ZPO)
- ⇨ Beweismittelangabe (§ 253 IV; § 130 Nr. 5 ZPO)
- ⇨ Rechtsausführungen (*nach ZPO nicht zwingend; entscheidend ist Bearbeitervermerk)*
- ⇨ Am LG: Stellungnahme zur Frage Einzelrichter- oder Kammerentscheidung (vgl. §§ 348, 348a ZPO)
- ⇨ evtl. Vortrag zum Scheitern eines Gütetermins (vgl. § 278 II 1, 2. Hs. ZPO)
- ⇨ Unterschrift (§ 253 IV; § 130 Nr. 6 ZPO)

I. Das Rubrum der Klageschrift

erster Teil: Rubrum

Als Grundlage der Erläuterungen ein Beispiel vorweg: 81

Beispiel eines Rubrums

Dr. Hanne Klug 23. Mai 2015
Rechtsanwältin
Merianstraße 44
60316 Frankfurt/Main

An das
Landgericht Frankfurt/Main
60313 Frankfurt/Main

Klage

in Sachen

Jan Maier, Merianstraße 15a, 60316 Frankfurt/Main

- Kläger

gegen

Roberta Anton, Schlossallee 13, 91522 Ansbach

- Beklagte

wegen Feststellung der Erbfolge u.a.

Streitwert: ca. 100.000 €

Namens und unter Vollmachtsvorlage zeige ich die Vertretung des Klägers an und erhebe Klage. Ich werde beantragen ...

130 In den Bundesländern, in denen die Prüfungsordnung die Verwendung einer Formularsammlung erlaubt, ist es natürlich sinnvoll, diese nun für den groben Rahmen mit zugrunde zu legen. Siehe etwa Kroiß/Neurauter, Muster Nr. 7.

1. Adressierung / Bezeichnung des Gerichts

Adressierung

Im Rubrum ist das sachlich und örtlich zuständige Gericht anzugeben. 82

besondere Spruchkörper

Zu beachten ist, dass es innerhalb der sachlichen Zuständigkeit bestimmte Abteilungen und Spruchkörper wie das Familiengericht oder die Kammern für Handelssachen (§§ 93 ff. GVG) gibt, für die besondere gesetzliche Bestimmungen existieren.

Hierbei handelt es sich eigentlich nicht um Fragen der sachlichen Zuständigkeit, sondern um solche der Geschäftsverteilung.

Dennoch steht außer Frage, dass man diese Bezeichnung in einer Klausur angeben sollte. Die Anrufung des Familiengerichts ist jeweils zwingend, während die Kammer für Handelssachen auch bei Vorliegen der sonstigen Voraussetzungen nur auf Antrag hin zuständig wird.

Dabei sind nur die im Gesetz verwendeten Bezeichnungen zu verwenden. Soweit die Praxis also eigene Begriffe entwickelt hat wie Streitgericht (streitige Zivilsachen beim Amtsgericht) oder Mietgericht, so können Sie diese also weglassen.

2. Parteibezeichnung

Parteibezeichnung

Hinsichtlich der Bezeichnung der Parteien finden sich gesetzliche Grundlagen in den §§ 253 II Nr. 1, IV, 130 Nr. 1 ZPO. 83

Berufsbezeichnungen angeben

Die Angabe der Berufsbezeichnung ist Sollvorschrift (§ 130 Nr. 1 ZPO), um eine genaue Identifizierung zu ermöglichen. Der perfekte Anwalt, dessen Rolle Sie spielen sollen, beachtet auch dies. Voraussetzung ist natürlich, dass der Sachverhalt entsprechende Angaben enthält.

Besonderheiten bei Minderjährigen

Bei einem Minderjährigen wird der gesetzliche Vertreter angegeben. Sinnvoll ist oft auch die Angabe des Geburtsdatums.

Besonderheiten bei juristischen Personen und Handelsgesellschaften

Genau bezeichnet werden müssen auch die gesetzlichen Vertreter juristischer Personen oder der gemäß § 124 HGB parteifähigen Handelsgesellschaften. Anzugeben ist hier die nach der Satzung bzw. Gesellschaftsvertrag erforderliche Zahl der vertretungsberechtigten Gesellschafter. Bei *Allein*vertretungsmacht ist dies *ausdrücklich* anzugeben.

> ***Bsp.:*** *„Hans Müller & Co. KG, Kölner Kohlenhandlung", gesetzlich vertreten durch den einzigen persönlich haftenden Gesellschafter Hans Müller*

Ist eine juristische Person Organ (v.a. bei der GmbH & Co. KG), so ist zunächst eine juristische Person zu bezeichnen; zusätzlich sind dann *deren* Organe zu nennen.

> ***Bsp.:*** *„Grafik & Design GmbH & Co. KG, Giebelstadt", gesetzlich vertreten durch die „Grafik & Design GmbH, Giebelstadt", diese vertreten durch den Alleingeschäftsführer Ricardo Schmierfink"*

Die Angabe eines Rechtsanwalts als Prozessbevollmächtigter des Beklagten sollte nach allgemeiner Auffassung im Rubrum der Klageschrift nur dann erfolgen, wenn er sich nicht nur vorprozessual bereits in die Sache eingeschaltet hatte, sondern gerade auch seine *Zustellungsbevollmächtigung* mitgeteilt hatte.

Selbst in einem solchen Fall wird davon wiederum teilweise bei fristgebundenen Klagen abgeraten, weil sonst dadurch unnötige Risiken entstehen könnten, dass die Vollmacht ggf. im Zeitpunkt der Klage schon wieder erloschen oder entzogen sein könnte.

3. Prozessgegenstand

Betreff

Was den Prozessgegenstand betrifft, so sind genaue Formulierungen entbehrlich. Bei mehreren Streitgegenständen reichen unverbindliche Formulierungen, wie z. B. "Schmerzensgeld und anderes". *84*

4. Streitwertangabe

Streitwertangabe

Nach § 253 III ZPO soll der Streitwert angegeben werden, wenn die Zuständigkeit des Gerichts davon abhängig ist und er nicht in einer bestimmten Geldsumme besteht. In der Praxis ist es jedoch gängig, dass er angegeben wird. Auch in der Klausur steht außer Frage, dass diese Vorschrift zu beachten ist: Der perfekte Anwalt, den Sie dem Korrektor in Ihrer Klausur demonstrieren sollen, beachtet selbstverständlich auch bloße Sollvorschriften! *85*

Die §§ 3 - 9 ZPO und ergänzend die in § 48 GKG enthalten Regelungen zur Berechnung des Zuständigkeitsstreitwerts. Im Übrigen kann die Kommentierung von § 3 und § 5 ZPO bei Thomas/Putzo herangezogen werden.

Grds. dient die Angabe zwei Zwecken, nämlich für die Prüfung der sachlichen Zuständigkeit und für die Bestimmung des einzufordernden Kostenvorschusses. In den meisten Fällen ist der Zuständigkeitsstreitwert und der Gebührenstreitwert identisch (vgl. dazu § 48 I 1, 2. Hs. GKG). Anders etwa im Unterhaltsrecht (vgl. § 9 ZPO bzw. § 42 GKG).

Da dort die Zuständigkeit des Amtsgerichts unabhängig vom Streitwert begründet wird, macht es dann mehr Sinn, den Gebührenstreitwert anzugeben und ihn gegebenenfalls auch *als solchen* zu bezeichnen.

5. Angabe einer besonderen Verfahrensart

evtl. Angabe einer besonderen Verfahrensart

Wird im Urkunden-, Wechsel- oder Scheckprozess geklagt, so ist dieses besondere Prozessverfahren gemäß §§ 593 I, 604 I und 605a ZPO in jedem Fall anzugeben. Dies kann am Anfang mit der Bezeichnung erfolgen: *86*

"Klage im Urkundenprozess"

oder nach dem Rubrum durch den Satz

"Ich erhebe Klage im Urkundenprozess und beantrage..."

II. Die Anträge der Klageschrift

1. Allgemeines zu den Anträgen

a. Bestimmter Leistungsantrag

aa. Allgemeines

zweiter Teil: Antragstellung

87 Gemäß § 253 II Nr. 2 ZPO muss die Klageschrift einen bestimmten Sachantrag enthalten.

Hemmer-Klausur-Tipp

Räumen Sie diesem Aspekt immer den seiner hohen Wertigkeit entsprechenden hohen Rang ein und überprüfen Sie ihr Geschriebenes mit Sorgfalt. Der anwaltliche Antrag muss so formuliert sein, wie der Richter im Erfolgsfalle tenorieren würde (Ausnahme bei ausnahmsweise unbezifferten Anträgen und bei noch unbekanntem, weil in der Zukunft liegendem Zinstermin). Prüfen sie die Frage, ob Sie dieser Anforderung voll entsprochen haben mit der Frage nach der Vollstreckungsfähigkeit ihres Antrags (Gegenprobe): Ist es dem Gerichtsvollzieher, falls er diesen Antrag als Titel in der Hand hält, möglich, damit zu vollstrecken oder nicht?

> ***Bsp.:*** *„Der Beklagte wird verurteilt, dem Kläger den diesem am 28. März 2015 gestohlenen Mazda 6 Kombi herauszugeben."*

Da der Gerichtsvollzieher bei dem Diebstahl nicht dabei war, kann er diesen Antrag nicht vollstrecken. Es gibt nicht nur einen Mazda 6 Kombi, und dem Fahrzeug selbst sieht man den Diebstahl auch nicht an. Erforderlich gewesen wäre die Angabe der Fahrgestellnummer, an der der Gerichtsvollzieher das Fahrzeug unschwer identifizieren kann.

Antragstellung bei Beklagtenmehrheit (v.a. Gesamtschuldnern)

Zahlungsanträge sind insoweit meist wenig problematisch. Allerdings ist bei diesen im Falle der Streitgenossenschaft auf Beklagtenseite darauf zu achten, dass das Verhältnis der Haftung der verschiedenen Beklagten zum Ausdruck kommt, insbesondere muss deutlich werden, ob eine Verurteilung als Gesamtschuldner oder etwa nur als Teilschuldner gewünscht ist.

> *Die Beklagten zu 1) und zu 2) werden gesamtschuldnerisch zur Zahlung von 2.500 € nebst .... Prozent Zinsen hieraus ab 9. April 2015 an den Kläger verurteilt.*

Antragstellung im Falle der akzessorischen *Haftung*

Etwas Probleme bereitet hier die Antragstellung bzw. Tenorierung im Falle der *akzessorischen* Haftung. Dies gilt insbesondere im Gesellschaftsrecht, wo etwa § 128 HGB ein echtes Gesamtschuldverhältnis zwischen den Gesellschaft*ern* festlegt, während zwischen Gesellschaft und den Gesellschaftern keine echte Gesamtschuld vorliegt, sondern eine akzessorische Haftung. Nichts anderes gilt nach der Rechtsprechung, die sich nun der sog. Akzessorietätstheorie anschloss[131], aber auch bei der GbR.

Sinnvollerweise hat daher *insgesamt* eine Antragstellung bzw. Tenorierung *wie* bei einer Gesamtschuld erfolgen, da diese andere Art der Haftung in der Formulierung schwer zum Ausdruck zu bringen ist, sie in jedem Fall aber die wechselseitige Tilgungswirkung als wichtigste Auswirkung in der Zwangsvollstreckung mit den §§ 421 ff. BGB gemeinsam hat.[132]

---

131 Vgl. BGH, NJW 2001, 1056 (1061) = **juris**byhemmer = Life&Law 2001, 216 (224 ff.).

132 Vgl. dazu etwa Baumbach/Hopt, § 128, Rn. 39. BGH, NJW 2001, 1056 (1061) fordert aber, dass im Tenor *irgendwie* klar werden

„Die Beklagten zu 1), zu 2) und zu 3) werden wie Gesamtschuldner zur Zahlung von 2.500 € nebst ... Prozent Zinsen hieraus ab 9. Januar 2015 an den Kläger verurteilt."

bb. Leistungsantrag in gesetzlicher Prozessstandschaft

Anträge bei gesetzlicher Prozessstandschaft

Da es nicht Sinn einer gesetzlichen Prozessstandschaft ist, inhaltlich falsche Urteile zu ermöglichen, hat hier das Auseinanderfallen der Kläger- von der Gläubigerstellung grds. im Antrag zum Ausdruck zu kommen. 88

Beispiele

Beispiel 1 (Geltendmachung einer Nichtigkeit nach § 1369 BGB; Klage auf Rückgewähr aus §§ 985, 1368 BGB):[133]

„Der Beklagte wird verurteilt, den Fernseher „Sumsang Cineoptik", Fabr. Nr. 324445/15 an Herrn ..., den Ehemann der Klägerin, herauszugeben."

Beispiel 2 (Geltendmachung einer Nachlassforderung durch ein *einzelnes* Mitglied einer mehrköpfigen Miterbengemeinschaft; §§ 2039 S. 1, 433 II BGB):

„Der Beklagte wird verurteilt, an die Miterbengemeinschaft, bestehend aus X, Y und Z, 4.500 € nebst ... Prozent Zinsen hieraus seit ... zu bezahlen."

b. Zinsantrag

Zinsantrag

Zu beachten ist bei den Zinsansprüchen als Nebenforderungen, dass sie gemäß § 308 I 2 ZPO nur auf Antrag zugesprochen werden. In ihm müssen immer Höhe und Zahlungszeitraum angegeben werden. 89

„abstrakte" Formulierung bei § 288 I BGB (evtl. i.V.m. § 291 S. 2 BGB)

Im Fall des § 288 I BGB (evtl. i.V.m. § 291 S. 2 BGB) liegt nach zumindest h.M. in der *wörtlichen* „abstrakten" Übernahme des Gesetzestextes anstelle einer genauen Berechnung der jeweiligen Zinshöhe kein Verstoß gegen den Bestimmtheitsgrundsatz (§ 253 II ZPO).[134]

Formulierung

„Der Beklagte wird zur Zahlung von 1.000 € zuzüglich Zinsen in Höhe von fünf Prozentpunkten über dem jeweiligen Basiszinssatz seit Rechtshängigkeit (oder: Termin des Verzugsbeginnes) verurteilt."

Diese gesetzestextorientierte Antragstellung (und Tenorierung) ermöglicht es, dass der Gerichtsvollzieher, der ohnehin die Gesamtsumme ausrechnen muss, Veränderungen des Basiszinses bis zum Vollstreckungstermin hin nach einem einfachen kurzen Blick in den Bundesanzeiger bis zum letzten Moment berücksichtigt.

müsse, dass insoweit keine „echten" Gesamtschuldner gegeben sind. Er will dabei offenbar das „wie Gesamtschuldner", nicht aber „als Gesamtschuldner" zulassen (also insoweit gegen Baumbach/Hopt § 128, Rn. 39). Einer der Hauptunterschiede zwischen Gesamtschuld (vgl. § 425 BGB) und akzessorischer Gesellschafterhaftung liegt darin, dass aufgrund der Akzessorietät die gegenüber der Gesellschaft herbeigeführte Hemmung der Verjährung auch dem Gesellschafter gegenüber wirkt (BGHZ 73, 233; Baumbach/Hopt § 129, Rn. 2): **alle Entscheidungen = juris**byhemmer.

133 Unter bestimmten Voraussetzungen kann hier u.U. aber auch Herausgabe an die Klägerin selbst oder an beide Ehegatten verlangt werden (§ 986 I 2 BGB entspr.; vgl. Palandt/Brudermüller, § 1368, Rn. 4 m.w.N.).

134 Vgl. etwa BAG, NZA 2003, 568 = **juris**byhemmer; Treber, NZA 2001, 187 ff.; siehe auch in Assessor-Basics Zivilurteil § 5, Rn. 5 (m.w.N.).

Kompliziert kann es werden, wenn - etwa beim Anspruch auf Verzögerungsschaden (§§ 280 I, II, 286 BGB)[135] - unterschiedliche Zinsbeträge im Raum stehen.

Dann ist ein gestaffelter Zinsantrag zu formulieren, der wie folgt lauten könnte:

> *„Der Beklagte wird verurteilt, an den Kläger 7.000 € zu zahlen nebst Zinsen in Höhe von 10,5 % vom 1. März 2014 bis 20. Juni 2014 sowie 11,5 % ab dem 21. Juni 2014."*

Kostenantrag

c. Der Kostenantrag 90

Über die Prozesskosten erkennt das Gericht gemäß § 308 II ZPO auch ohne Antrag von Amts wegen. Gleiches gilt für die Kosten eines Nebenintervenienten gemäß § 101 I ZPO sowie für die eines als Bestandteil des Rechtsstreits durchgeführten vorausgegangenen selbständigen Beweisverfahrens gemäß §§ 485 ff. ZPO, wenn Parteien und Streitgegenstand identisch sind.

nicht notwendig, aber üblich

Allerdings ist es in der Praxis üblich, derartige Anträge zu stellen. In der Klausur dürfte es dann eine reine - punktemäßig nicht bewertbare - Geschmacksfrage sein, ob Sie einen entsprechenden Antrag stellen oder nicht.

d. Der Antrag zur vorläufigen Vollstreckbarkeit

Vollstreckbarkeit

grds. ebenso

In der Regel entscheidet das Gericht von Amts wegen über die vorläufige Vollstreckbarkeit. Daher ist auch hier das Verhalten in der Klausur grds. „freigestellt". Allerdings gibt es zwei Situationen, in denen auf jeden Fall entsprechende Anträge gestellt werden sollten: 91

aa. Schutzanträge

evtl. aber Schutzantrag stellen

Kann der Kläger die Sicherheit nach § 709 ZPO nicht oder nur unter erheblichen Schwierigkeiten leisten und würde ihm die Aussetzung der Vollstreckung einen schwer zu ersetzenden Nachteil bringen, so kann er gemäß § 714 I ZPO vor Schluss der mündlichen Verhandlung einen Antrag nach § 710 ZPO stellen, um die vorläufige Vollstreckbarkeit des Urteils auch ohne Sicherheitsleistung zu erreichen.

bb. Antrag zur Art der Sicherheitsleistung

Die Bestimmung der Art und Höhe der Sicherheit wird gemäß § 108 I 1 ZPO in das freie Ermessen des Gerichts gestellt. 92

bezüglich Art der Sicherheitsleistung § 108 I 2 ZPO beachten!

Dabei enthält nun allerdings § 108 I 2 ZPO eine wichtige Neuerung: Wenn keine Entscheidung durch das Gericht getroffen ist, ist nun nicht nur die bisherige Form der Sicherheitsleistung durch die Hinterlegung von Geld oder Wertpapieren möglich, sondern auch die (in der Art dort näher konkretisierte) Bürgschaftsleistung.

Folge: Will der Kläger auf diese wohl wichtigste Alternative zur Geldhinterlegung hinaus, so muss er dazu keinen Antrag mehr stellen.

135 Zum Anwendungsbereich dieser Anspruchsgrundlage siehe unter § 1, Rn. 120.

e. Antrag zu Versäumnisurteil im schriftlichen Vorverfahren

VU-Antrag (§ 331 III 2 ZPO)

Da der Klägeranwalt nicht weiß, ob das Gericht den frühen ersten Termin gemäß § 275 ZPO oder das schriftliche Vorverfahren gemäß § 276 ZPO bestimmt, sollte er im Hinblick auf Letzteres schon „vorgearbeitet" haben. 93

Leitet das Gericht das schriftliche Vorverfahren ein, so kann gegen den Beklagten ein Versäumnisurteil ergehen, wenn er die Verteidigungserklärung nicht innerhalb der Notfrist von zwei Wochen abgibt. Dies allerdings nur, wenn zusätzlich zu dem eigentlichen Sachantrag ein entsprechender *Prozessantrag* gestellt ist.

Nach § 331 III 2 ZPO kann der Antrag auf Erlass eines solchen Urteils schon in der Klageschrift gestellt werden. In der Examensklausur sollte man davon immer Gebrauch machen.

f. Antrag auf Anerkenntnisurteil im schriftlichen Vorverfahren

AU-Antrag (vgl. § 307 ZPO)

Im Falle eines Anerkenntnisses des Beklagten ist gemäß § 307 ZPO inzwischen kein spezieller, gerade auf ein Anerkenntnisurteil abzielender Klägerantrag mehr erforderlich.[136] 94

Ob man einen derartigen Antrag dennoch stellt, weil derartiges in der Praxis nach wie vor verbreitet ist, wird weitgehend Geschmacksfrage" sein.

2. Besondere Sachanträge

a. Stellung eines unbezifferten Leistungsantrags

Besondere Sachanträge

unbezifferter Klageantrag

Abweichend vom Bestimmtheitsgrundsatz des § 253 II ZPO kann der Kläger in bestimmten Situationen einen unbestimmten Klageantrag stellen; so v.a., wenn ihm die Ermittlung der Höhe seines Anspruchs unzumutbar oder unmöglich ist.[137] 95

Dies kommt insbesondere in den Fällen einer gerichtlichen Schätzung gemäß § 287 ZPO in Betracht, so z.B. bei Schadensersatz- und Entschädigungsansprüchen, bei denen dem Kläger eine genaue Schadensberechnung unmöglich ist oder wenn das Gericht die Anspruchshöhe hinsichtlich Angemessenheit und Billigkeit *nach pflichtgemäßem Ermessen* zu bestimmen hat.

Anwendungsbereich

Wichtige Anwendungsfälle sind

- die Festlegung der Höhe des Schmerzensgeldes (etwa § 253 II BGB, § 11 S. 2 StVG, § 8 S. 2 ProdHaftG),
- der Anspruch wegen nutzlos aufgewendeter Urlaubszeit nach § 651f II BGB und
- der Entschädigungsanspruch eines Arbeitnehmers oder Bewerbers wegen bestimmter Diskriminierungen nach § 15 II AGG („angemessen").[138]

136 Vgl. etwa Thomas/Putzo, § 307, Rn. 11.

137 Thomas/Putzo, § 253, Rn. 12.

138 Vgl. etwa BAG NZA 2009, 945; NZA 2012, 910 [Rn. 19 m.w.N.].

notwendige Tatsachen mitteilen

Für die Zulässigkeit der Klage ist in einem solchen Fall zunächst erforderlich, dass der Kläger dem Gericht in seiner Anspruchsbegründung die für die Bezifferung notwendigen Tatsachen mitteilt. *96*

Mindestbetrag oder Ungefährbetrag nennen

Weiterhin ist auch die Angabe der ungefähren Größenordnung des geltend gemachten Anspruchs sinnvoll, etwa durch Nennung eines *Mindest*betrags oder eines „Ungefährbetrages".

Nach Ansicht des BGH[139] ist dies „jedenfalls" zur Bestimmung der Beschwer und damit zur Sicherung einer Rechtsmittelmöglichkeit erforderlich. Eine Klage ohne derartige Angabe soll also *zulässig* sein, *perfekt* ist sie aufgrund der Selbstbeschränkung hinsichtlich der Rechtsmittel aber gewiss nicht![140]

Diese Angabe der ungefähren Größenordnung kann auch außerhalb des Klageantrags erfolgen, etwa in der Begründung der Klageschrift.

Hemmer-Klausur-Tipp

Lassen Sie den Korrektor nicht zu lange zappeln. Daher sollten Sie die Größenordnung am besten bereits *im Antrag selbst* nennen. Ein Korrektor, der Ihnen vorschnell fehlende Präzision vorwirft, wird dieses Urteil - wenn überhaupt - *im Kopf* nur selten wieder *vollständig* revidieren. Steht ein „na endlich" am Rand, so kann man ganz gewiss davon ausgehen, dass Punkte (*ex post* betrachtet u.U. sogar grundlos) abgezogen wurden.

Durch die ungefähre Größenordnung wird nur der Rahmen angegeben, innerhalb dessen *der Streitwert* festzusetzen ist.

Das BAG fordert allerdings bereits in der Zulässigkeitsprüfung der Klage auf Entschädigung aus § 15 II AGG, dass der Kläger einen Mindestbetrag angibt.[141]

Früher wurde vertreten, dass der Richter an einen bloßen Wertvorschlag im unbezifferten Antrag insoweit gebunden sei, als er bei seiner Wertfestsetzung im Urteil nur um 20 % nach oben abweichen dürfe.[142] Mittlerweile wird jedoch eine derartige Bindung abgelehnt, sodass der Richter den Wert nach seinem freien Ermessen festlegen darf, ohne dass damit § 308 I ZPO verletzt wäre.[143]

Dennoch empfiehlt es sich aus psychologischen Gründen gewiss nicht, den Mindestbetrag bzw. die ungefähre Größenordnung zu niedrig anzusetzen. Die Wahrscheinlichkeit, dass dem Kläger dann *noch weniger* zugesprochen wird, ist gewiss sehr groß.

Mangels ausreichender Kenntnisse von Details in diesem Bereich lässt sich die Mitteilung der ungefähren Größenordnung in einer anwaltlichen Examensklausur wohl nur so gestalten, dass der Sachverhalt eine Mitteilung enthält, welche Beträge nach einschlägigen Tabellen für bestimmte Verletzungen im Raume stehen.

Formulierungsbeispiele:

Formulierungsbeispiel: *„Die Beklagte wird verurteilt, an den Kläger ein über den gezahlten Betrag von 10.000 € hinausgehendes angemessenes Schmerzensgeld nebst ... Zinsen seit ... zu zahlen."*

---

139 Vgl. BGH, NJW 1999, 1339 (1340), wo wichtige Klarstellungen gegenüber BGHZ 132, 341 ff. (= NJW 1996, 2425) erfolgten. Siehe auch Thomas/Putzo, § 253, Rn. 12: **alle Entscheidungen = juris**byhemmer.

140 Zur Auswirkung auf die Berufung siehe genauer unten in § 4, Rn. 9.

141 Vgl. BAG NZA 2009, 945 [946]; NZA 2010, 280 [281]; NZA 2011, 153 [154]; NZA 2011, 200 [201]; NZA 2011, 203 [204].

142 So etwa noch Thomas/Putzo, 19. Aufl. § 253, Rn. 12.

143 BGHZ 132, 341 ff. = **juris**byhemmer.

Oder: „Die Beklagte wird verurteilt, an den Kläger ein angemessenes Schmerzensgeld in der Größenordnung von etwa 15.000 € nebst ... Zinsen seit ... zu zahlen."

Vorsicht bei Mitverschulden: keine Quote nennen!

Besonders vorsichtig muss man bei der Formulierung sein, wenn - wie in vielen Fällen - schon aus der Sicht des Klägeranwaltes dem Kläger selbst in jedem Fall eine gewisse Mitverschuldensquote anzurechnen ist. **96a**

In nicht wenigen Fällen wird *nur über deren Höhe* gestritten, nicht auch über den Abzug als solchen.

In einem solchen Fall ist zu berücksichtigen, dass bei dem Schmerzensgeldantrag - wie auch später im richterlichen Urteil - *keine Quote* genannt wird, weil es ein „an sich angemessenes" Schmerzensgeld nicht gibt. Vielmehr wird das Mitverschulden nur als *einer der Bewertungsfaktoren* (also neben der Schwere der Verletzung, dem Grad des Verschuldens des Anspruchsgegners usw.) in die Gesamtabwägung eingestellt.[144]

Folge: Der Antrag ist also genau so, wie eben dargestellt, zu formulieren, nur wird der zu fordernde Geldbetrag entsprechend reduziert!

b. Der Herausgabeanspruch

Anträge auf Herausgabe

Wird ein Antrag auf Herausgabe einer bestimmten Sache oder Sachgesamtheit (z.B. nach §§ 667, 812, 861, 985, 1007, 1390, 2018 BGB) gestellt, so muss der herauszugebende Gegenstand so genau wie möglich bezeichnet sein.[145] **97**

Kommt es nämlich zu einer Vollstreckung, die gemäß § 883 I BGB durch Wegnahme und Übergabe an den Gläubiger erfolgt, so muss es dem Gerichtsvollzieher zweifelsfrei möglich sein, die Sache zu identifizieren.

***Bsp.:** „Der Beklagte wird verurteilt, das Notebook Julitt-Pecker SX 20, Fabrik- Nummer 4 A 12/487, Farbe schwarz, an den Kläger herauszugeben."*

Handelt es sich um Sachgesamtheiten, so sind zur genauen Identifizierung grundsätzlich die Einzelstücke zu bezeichnen und in der Klageschrift entsprechend zu spezifizieren:

***Bsp.:** „Der Beklagte wird verurteilt, das Warenlager in Halle 5 bestehend aus vier Bohrmaschinen der Marke ... und Fabriknummer .., sechs Schleifmaschinen der Marke ... und Fabriknummer ... sowie sämtliches Zubehör dieser Gegenstände verpackt in den zugeklebten Kisten mit der Aufschrift ... herauszugeben."*

Vorgehen nach §§ 255, 259 ZPO

Wie oben gezeigt, kommt in solchen Fällen aber auch u.U. ein Vorgehen mittels „unechten" Hilfsantrages nach §§ 255, 259 ZPO in Betracht. Geht es um einen Antrag nach § 985 BGB, könnte dieser wie folgt lauten:

„1. Der Beklagte wird verurteilt, den silberfarbigen Jaguar E-Type, Baujahr 1958, Fahrgestellnummer JJ-456678/58 herauszugeben.

---

144 Vgl. Palandt/Grüneberg, § 253, Rn. 17.

145 Für den Fall, dass die Sache nicht sofort herausgegeben, stattdessen vom Beklagten weiter benutzt wird und so einen erheblichen Wertverlust erleidet, sollte der Anwalt zusätzlich eine einstweilige Verfügung gemäß §§ 935, 940 ZPO erwägen, um die Herausgabe an einen Sequester zu erreichen. Dazu unten § 3.

2. Dem Beklagten wird eine Frist von vier Wochen ab Rechtskraft des Urteils gesetzt, nach deren Ablauf der Kläger die Leistung ablehnt.

3. Der Beklagte wird verurteilt, nach fruchtlosem Fristablauf 100.000 € Schadensersatz nebst ... Prozent Zinsen seit Fristablauf zu bezahlen.[146]"

c. Der Lieferungsanspruch

Anträge auf Lieferung

doppelter Antrag bei § 433 I BGB

Beantragt der Kläger den vertraglichen Erfüllungsanspruch aus Kaufvertrag gemäß § 433 I 1 BGB auf Lieferung einer Sache,[147] so handelt es sich nicht nur um einen Herausgabeanspruch, sondern einen Anspruch auf *Übergabe und Eigentumsverschaffung* an der gekauften Sache. Folglich muss der Kläger in seiner Klageschrift *beide* Leistungen fordern. Die oben beschriebenen Bestimmtheitserfordernisse müssen dabei natürlich ebenfalls erfüllt werden. 98

***Bsp.:** Der Beklagte wird verurteilt, an den Kläger die Originalradierung „...“, 1987, Maße 70 x 90, von Beat Hommericus Zug um Zug gegen Bezahlung von 3.000 € zu übergeben und zu übereignen.[148]*

Die dingliche Einigung gemäß § 929 S. 1 BGB kommt bei einer solchen Klage dadurch zustande, dass man (spätestens) in der Klageerhebung das Angebot sehen kann und die fehlende Annahmeerklärung des Schuldner gemäß § 894 I 1 ZPO durch das rechtskräftige Urteil ersetzt wird.

Die notwendige Übergabe gilt dann gemäß § 897 I ZPO als erfolgt mit der Wegnahme durch den Gerichtsvollzieher, wozu dieser gemäß §§ 884, 883 I ZPO berechtigt ist.

d. Die Klage auf Vornahme einer Handlung

aa. Unterscheidung von vertretbarer / unvertretbarer Handlung

Klage auf Vornahme einer Handlung

Begehrt der Kläger vom Beklagten die Vornahme einer Handlung, so ist zwischen vertretbaren und unvertretbaren Handlungen zu unterscheiden. 99

- ⇨ Gemäß § 887 I ZPO wird bei vertretbaren Handlungen der Gläubiger auf Antrag ermächtigt, die Handlungen auf Kosten des Schuldners vornehmen zu lassen. Gleichzeitig kann er gemäß § 887 II ZPO beantragen, den Schuldner zur Zahlung eines Kostenvorschusses zu verurteilen.
- ⇨ Dagegen erfolgt gemäß § 888 ZPO die Vollstreckung bei unvertretbaren Handlungen auf Antrag des Gläubigers durch Verhängung von Zwangsgeld bzw. bei Erfolglosigkeit dieses Mittels durch Androhung von Zwangshaft.

Aufgrund dieser unterschiedlichen Behandlung ist *schon bei der Antragstellung* zu prüfen, ob eine vertretbare oder unvertretbare Handlung eingeklagt wird.[149]

146 Vgl. etwa auch Beck`sches Prozessformularbuch I. D. 7.

147 Zur taktischen Frage, ob dies überhaupt ratsam ist bzw. zum möglichen Vorgehen nach §§ 255, 259 ZPO, siehe oben.

148 Vgl. etwa auch Beck`sches Prozessformularbuch II. A. 4.; statt „zu übereignen“ kann auch beantragt werden: „... zu erklären, dass das Eigentum an ... auf den Kläger übergehen soll.“

149 Es ist aber in jedem Fall zu beachten, dass dem Kläger ein obsiegendes Urteil nichts bringt, wenn die spätere Zwangsvollstreckung zu spät kommt bzw. sie gar nicht mehr durchgeführt werden kann. Daher ist es möglicherweise besser, sofort Schadensersatz wegen Nichterfüllung zu verlangen.

Bspe.:

- *Vertretbare Handlungen sind etwa die Erstellung oder die Nachbesserung eines Bauwerks.*[150]

- *Unvertretbare Handlungen sind etwa die Erteilung von Auskunft oder die Erstellung eines Zeugnisses (vgl. § 630 BGB).*[151]

bb. Verbindung mit Entschädigungsanspruch

§ 510b ZPO beachten

In diesem Zusammenhang ist § 510b ZPO zu beachten, der nur für das Verfahren vor den Amtsgerichten gilt. Eine entsprechende Möglichkeit besteht aber auch vor dem Arbeitsgericht (vgl. § 61 II ArbGG).[152] Danach kann der Beklagte auf Antrag des Klägers zur Zahlung einer Entschädigung verurteilt werden, wenn er die Handlung nicht innerhalb einer bestimmten Frist vornimmt.

hier unbezifferter Klageantrag

Im Gegensatz zur Geltendmachung eines Schadensersatzanspruchs wegen Nichterfüllung, wo der Kläger einen *bezifferten* Klageantrag stellen muss, kann er beim Anspruch auf Entschädigung nach § 510b ZPO auf einen *unbezifferten* Klageantrag zurückgreifen, da hier das Gericht nach freiem Ermessen entscheidet.

Bsp.:

1. Die Beklagte wird verurteilt, binnen einer vom Gericht festzusetzenden Frist dem Kläger ein Zeugnis zu erteilen, das sich auf Art und Dauer sowie Führung und Leistung in dem Arbeitsverhältnis erstreckt.

2. Die Beklagte wird verurteilt, im Fall des fruchtlosen Ablaufs dieser Frist an den Kläger eine vom Gericht festzusetzende Entschädigung zu zahlen.

e. Anträge auf Auskunft und Rechnungslegung / Stufenklage

Auskunftsanträge

Stufenklage als dreistufige Klage

Wie oben gezeigt, wird sich bei Vorliegen von Auskunftsansprüchen aus taktischen Gesichtspunkten meist die Stufenklage empfehlen. **100**
Bei dieser ist bei der Formulierung dann darauf zu achten, dass es sich bei § 254 ZPO i.V.m. §§ 259 II, 260 II BGB um eine *dreistufige* Klage handelt. Man könnte allerdings sagen, dass sie eine „hängende" zweite Stufe hat. Liegen nämlich die gesetzlichen Voraussetzungen des Anspruchs auf Erteilung einer eidesstattlichen Versicherung nicht vor (s.o.), so wird direkt von der Auskunftserteilung zum Zahlungsantrag übergegangen, der nun zu beziffern ist.

„hängende" zweite Stufe

All dies muss bei der Formulierung beachtet werden, und zwar indem der Antrag nur *„erforderlichenfalls"* gestellt wird.

Weiterhin darf die Aussage, die Klage könne vorübergehend unbestimmt bleiben, keinesfalls auf den Auskunftsantrag bezogen werden; dies gilt selbstverständlich nur für die dritte Stufe. Bezüglich der ersten Stufe muss genau angegeben werden, welche Auskünfte begehrt werden. Auch hier gilt nämlich einerseits § 308 I ZPO, sodass im Urteil nicht mehr Auskünfte zugesprochen werden können, als beantragt werden, andererseits ist der Anspruch nicht schrankenlos.

150 Thomas/Putzo, § 887, Rn. 2 m.w.N.

151 Thomas/Putzo, § 888, Rn. 2 m.w.N.

152 Am Landgericht kommt bei Vorliegen der entsprechenden Voraussetzungen ein Vorgehen nach § 255 ZPO in Betracht (dazu bereits oben, Rn. 77).

Hemmer-Klausur-Tipp

Orientieren Sie sich bei der Formulierung der Anträge der Klageschrift zunächst exakt am Wortlaut des Gesetzes. Schon durch Wortlautvergleich mit anderen Auskunftsanspruchsgrundlagen können Sie in vielen Fällen Feinheiten der Formulierung herausfinden, auf die es ankommt.
Werfen Sie aber zusätzlich noch einen Blick in den Palandt, wo bei der Kommentierung der konkreten Anspruchsgrundlage auf Auskunft oft noch weitere wichtige Details enthalten sind, die man als Formulierungshilfe gebrauchen kann.[153] Die Formulierung von Auskunftsansprüchen ist in manchen Fällen zu diffizil (weil detailabhängig), als dass man sich alleine auf eigene Kenntnisse und Formulierungskünste verlassen könnte!

Formulierungsbeispiel

Formulierungsbeispiel bei Stufenklage auf Erbschaftsherausgabe (vgl. §§ 2018, 2027 BGB):

Der Beklagte wird verurteilt, der Klägerin

1. Im Wege eines Bestandsverzeichnisses Auskunft zu erteilen über den Bestand des Nachlasses und den Verbleib der Nachlassgegenstände des am …. in Frankfurt/Main verstorbenen Eduard Steubel,

2. gegebenenfalls die Richtigkeit und Vollständigkeit der Auskünfte gemäß Ziffer I. an Eides statt zu versichern,

3. die nach erteilter Auskunft, gegebenenfalls nach Erledigung von Ziffer 2., noch genauer zu bezeichnenden Nachlassgegenstände des verstorbenen Eduard Steubel bzw. Surrogate für diese an die Klägerin herauszugeben.

f. Unterlassungs- und Duldungsklage

Unterlassungs- und Duldungsklage

Praktische Bedeutung haben Unterlassungsklagen v.a. im Wettbewerbs-, Patent-, Urheber- und Presserecht sowie zum Schutz des allgemeinen Persönlichkeitsrechts. Examensrelevant sind solche Anträge aber vor allem zur Abwehr allgemeiner Beeinträchtigungen der absoluten Rechte des § 823 I BGB und sonstiger geschützter Rechtsgüter gemäß § 1004 I BGB.[154] 101

Hemmer-Klausur-Tipp

Bei Unterlassungsanträgen ist meist eine ganz besondere Dringlichkeit gegeben, da sie sich durch Nichtbeachtung recht schnell prozessual „überholen“ können bzw. irreversible Schäden drohen. Unterlassungsanträge sind daher einer der typischen Aufhänger für einstweiligen Rechtsschutz. Prüfen Sie deswegen bei solchen Themen in der Klausur besonders genau den Bearbeitervermerk: Mit großer Wahrscheinlichkeit wird mit dem „Schriftsatz an das Gericht“ ein Antrag auf einstweilige Verfügung gemeint sein!

Bestimmtheitsgrundsatz

Der Antrag muss eine genaue Bezeichnung der zu unterlassenden Handlung enthalten, sodass das zu erlassende Verbotsurteil gegenüber jedermann eindeutig und verständlich ist. Er muss insoweit exakt dem materiellrechtlichen Unterlassungsanspruch entsprechen. Das Gericht kann keinesfalls mehr zusprechen, da § 308 I ZPO selbstverständlich auch für solche Anträge gilt. Beantragt der Kläger aber eine zu weitgehende Unterlassung, so wird die Klage teilweise abgewiesen.

153 Nach der Rechtsprechung hat z.B. eine Unterhaltsgläubigerin gegenüber dem Ex-Mann einen wesentlich umfassenderen Auskunftsanspruch über sein Einkommen, wenn dieser Freiberufler oder Gewerbetreibender ist als wenn dieser Arbeitnehmer oder Beamter wäre. Grund: Die Schwankungen im jährlichen Einkommen!

154 Palandt/Bassenge, § 1004, Rn. 4.

Der Antrag sollte - auch und gerade in der Klausur - bereits auf die Zwangsvollstreckung eingehen: Kommt der Schuldner der Verpflichtung, eine Handlung zu unterlassen oder eine solche zu dulden, nicht nach, so kann gemäß § 890 I ZPO ein Ordnungsgeld und ersatzweise eine Ordnungshaft verhängt werden. Gem. § 890 II ZPO ist dies vorher anzudrohen.

im Antrag auf § 890 ZPO eingehen!

Es ist gemäß § 890 II ZPO zulässig und auch zweckmäßig, die Androhung bereits in das Urteil aufnehmen zu lassen. Versäumt dies der Kläger, so ist vom Gläubiger ein besonderer Beschluss des Prozessgerichts der ersten Instanz zu beantragen, der dem Gegner erneut zugestellt werden muss.[155]

Da dies eine unnötige Verzögerung bedeutet, die der perfekte Anwalt im Interesse einer zügigen Vollstreckung zugunsten seines Mandanten zu vermeiden hat, muss dies in der Klausur bereits in den Anträgen berücksichtigt werden.

Bsp.:

1. Der Beklagte wird verurteilt, den Abriss aller auf dem Grundstück Flurstück Nr. 524 der Gemeinde Bischofsheim, befindlichen baulichen Anlagen zu unterlassen.

2. Dem Beklagten wird angedroht, dass für jeden Fall der Zuwiderhandlung ein Ordnungsgeld bis zur Höhe von ... € oder Ordnungshaft bis zu ... Monaten gegen ihn festgesetzt wird.

g. Klage auf Abgabe einer Willenserklärung

Abgabe einer Willenserklärung

Anträge auf Abgabe einer Willenserklärung kommen v.a. dann in Betracht, wenn der begehrte Rechtserwerb von der Abgabe einer rechtsgeschäftlichen Erklärung bzw. einer Erklärung gegenüber einer Behörde (z.B. Grundbuchamt), abhängt und auf diese Erklärung ein Anspruch besteht. **102**

Ist eine empfangsbedürftige Willenserklärung nicht gegenüber dem Kläger, sondern gegenüber einem Dritten oder einer Behörde abzugeben, so tritt die materiellrechtliche Wirkung erst ein, wenn der Gläubiger *dem Dritten* die Erklärung zuleitet, d.h. ihm das rechtskräftige Urteil vorlegt.[156]

Wirkung über § 894 ZPO

Bei dieser Klageart kommt es nicht zu einer Vollstreckung, denn die Willenserklärung *gilt* gemäß § 894 I ZPO mit Rechtskraft des Urteils als abgegeben (Fiktion).

Nur die Kostenentscheidung kann vollstreckt werden.

Der Urteilstenor und daher auch der vom Klägeranwalt entsprechend zu stellende Klageantrag müssen den *genauen* Wortlaut der Willenserklärung enthalten.[157]

wichtige Beispiele

Bsp. 1 (Antrag auf Übereignung nach §§ 929 ff. BGB):

„Der Beklagte wird verurteilt zu erklären, dass das Eigentum am Pkw Saab 900, Fahrgestellnummer ..., auf den Kläger übergehen soll."

155 Baumbach-Hartmann, § 890, Rn. 32; BGH, NJW 1993, 1077 = **juris**byhemmer.

156 Thomas/Putzo, § 894, Rn. 9.

157 Thomas/Putzo, § 894, Rn. 8.

Bsp. 2 (Antrag auf Auflassung nach §§ 873, 925 BGB):

„Der Beklagte wird verurteilt, das Grundstück Gemarkung ..., FlStNr. ..., Grundbuchheft ..., an den Kläger aufzulassen und die Eintragung im Grundbuch zu bewilligen."[158]

Bei einer solchen Auflassungsklage ist es auch zulässig, pauschal „die Übereignung" zu beantragen.[159] In der Klausur sollten Sie natürlich dennoch die präzisere Fassung wählen.

Bsp. 3 (Antrag auf Grundbuchberichtigung nach § 894 BGB):

„Der Beklagte wird verurteilt, seine Zustimmung zur Berichtigung des Grundbuchs ..., FlStNr. ..., Grundbuchheft ..., Abt. ..., insofern zu erteilen, als nicht der Beklagte, sondern der Kläger Eigentümer dieses Grundstücks ist."

h. Antrag auf Verurteilung Zug um Zug

Antrag auf Verurteilung Zug um Zug

Steht dem Beklagten ein Zurückbehaltungsrecht, die Einrede des nichterfüllten Vertrages oder ein sonstiges Gegenrecht zu, so hat der Kläger, wenn er für den Fall der tatsächlichen Erhebung dieser Einrede im Prozess nicht eine Teilabweisung riskieren will, einen Antrag auf Verurteilung zur Leistung Zug um Zug stellen. 103

auch Gegenleistung exakt angeben

Um gewährleisten zu können, dass der Gerichtsvollzieher die Vollstreckungsvoraussetzungen schaffen oder deren Eintritt prüfen kann, muss die vom Gläubiger zu erbringende Leistung im Antrag entsprechend genau bezeichnet sein.

Bsp.: *Unser Mandant, ein Autoverkäufer, hat einen Anspruch auf eine noch ausstehende Rate in Höhe von 3.500 € gegen den Käufer. Der verkaufte Pkw ist jedoch mangelhaft. Der Verkäufer ist bereit, den Mangel zu beseitigen, weil die Ersatzlieferung im konkreten Fall zumindest unverhältnismäßig ist (§ 439 III BGB). Der Käufer will aber weder Mängelbeseitigung noch ist er bereit, seine letzte Rate zu bezahlen.*

Da dem Käufer unter diesen Voraussetzungen zwar kein Rücktrittsrecht zusteht, wohl aber die Einrede des § 320 BGB (Nacherfüllungspflicht des Verkäufers) ist zu beantragen:

„Der Beklagte wird verurteilt, an den Kläger 3.500 € zu zahlen nebst ... Zinsen seit ... Zug um Zug gegen Beseitigung des folgenden Mangels: ..."

Liegt der Fall vor, dass der Kläger eine Warenschuld vorzuleisten hat und eine Holschuld gemäß § 269 I BGB einschlägig ist, so ist zu beachten, dass dies im Antrag entsprechend formuliert wird. Dies ist notwendig, da sich der Beklagte als Gläubiger dieser Vorleistung gemäß § 295 BGB schon dann in Annahmeverzug befindet, wenn ihm ein wörtliches Angebot zugeht. Folgender Antrag ist dann zu stellen:

„Der Beklagte wird verurteilt, an den Kläger 30.000 € zu zahlen Zug um Zug gegen eine vom Kläger am Ort seiner gewerblichen Niederlassung zu erbringende Übergabe eines Pkw, Marke ..."

---

158 Vgl. Beck`sches Prozessformularbuch II. G. 8.

159 Thomas/Putzo, § 894, Rn. 8.

Rücktrittsfolgenklage (u.ä.): am besten zwei Anträge!

Wie oben ausführlich erörtert, wird es sich zwecks Erleichterung der Zwangsvollstreckung des Zug-um-Zug-Anspruches (vgl. §§ 756, 765 ZPO) meist empfehlen, zusätzlich einen weiteren Antrag auf Feststellung zu stellen, dass sich der Beklagte mit der Gegenleistung im Verzug der Annahme befindet.

Antragsbeispiel (Klage auf Rückabwicklung [jetzt Rücktritt] eines Kaufvertrages):

1. *„Der Beklagte wird verurteilt, an den Kläger 20.000 € nebst ... Prozent Zinsen hieraus seit ... Zug um Zug gegen Rückgabe des Pkw „Nissan Godzilla", Fahrgestellnummer ... zu bezahlen.*

2. *Es wird festgestellt, dass sich der Beklagte mit der in Ziffer 1 genannten Gegenleistung im Verzuge der Annahme befindet."*

i. Feststellungsanträge

aa. Positive Feststellungsklage gemäß § 256 I ZPO

(1) Allgemeines

Feststellungsantrag

Obwohl die Feststellungsklage in der Hauptsache nicht vollstreckt wird, so ist auch hier selbstverständlich, dass der Antrag die begehrte Rechtsfolge möglichst präzise bezeichnen muss. 104

Rechtsverhältnis präzise festlegen

Bsp. (Schadensersatzantrag nach Verkehrsunfall):[160]

„Es wird festgestellt, dass die Beklagten als Gesamtschuldner verpflichtet sind, dem Kläger sämtliche materiellen Schäden, die aus dem Unfall vom 14. April 2015 auf der X-Straße in Tübingen künftig entstehen, zu ersetzen, soweit sie nicht auf Sozialversicherungsträger oder andere Dritte übergehen."

gegebenenfalls auf Überschneidung mit Leistungsklage achten

Etwas komplizierter wird die Formulierung, wenn ein Teil des Schadens (materiell und/oder immateriell) schon entstanden ist und mit Leistungsklage geltend gemacht wird, aber zusätzlich weitere Schäden zu erwarten sind, die erst in der Zukunft entstehen und noch nicht genau voraussehbar sind. Dann muss bei der Formulierung des Feststellungsantrages v.a. auch darauf geachtet werden, dass sich die Streitgegenstände der beiden Anträge nicht überschneiden (vgl. § 261 III Nr. 1 ZPO). Daher ist eine zeitliche Begrenzung nötig.

Bsp.:

*„**1.** Die Beklagten werden verurteilt, dem Kläger ein angemessenes Schmerzensgeld in der Größenordnung von ... € für den Zeitraum vom 1. Dezember 2014 bis 30. April 2015 nebst ... Prozent Zinsen hieraus seit ... zu bezahlen.*

2. *Es wird festgestellt, dass die Beklagten als Gesamtschuldner verpflichtet sind, dem Kläger sämtliche materiellen und immateriellen Schäden, soweit sie nach dem 30. April 2015 aus dem Unfall vom 30. November 2014 auf der X-Straße in Buxtehude künftig entstehen, zu ersetzen, soweit die Ansprüche nicht auf Sozialversicherungsträger oder andere Dritte übergehen."*

160 Vgl. Beck`sches Prozessformularbuch II. E. 1.

Vorgehen bei Zugestehen eines Mitverschuldens

Noch komplizierter kann die Formulierung werden, wenn auch noch berücksichtigt werden muss, dass dem Kläger in jedem Fall eine gewisse Mitverschuldensquote anzurechnen ist, also z.B. *nur über deren Höhe* gestritten wird. Wie oben[161] gezeigt, ist dann zu berücksichtigen, dass bei der Schmerzensgeldbemessung - anders als bei den materiellen Schäden - *keine Quote* genannt wird.

Bsp. (Konstellation wie oben, aber unter Zugestehen einer Mitverschuldensquote von 20 Prozent):

„1. Die Beklagten werden verurteilt, dem Kläger ein angemessenes Schmerzensgeld in der Größenordnung von ... € für den Zeitraum vom 1. Dezember 2014 bis 30. April 2015 nebst ... Zinsen hieraus seit ... zu bezahlen.[162]

2. Es wird festgestellt, dass die Beklagten als Gesamtschuldner verpflichtet sind, dem Kläger 80 Prozent aus sämtlichen materiellen Schäden sowie die unter Berücksichtigung seines Mithaftungsanteils zu bewertenden immateriellen Schäden, soweit sie nach dem 30. April 2015 aus dem Unfall vom 30. November 2014 auf der X-Straße in Buxtehude künftig entstehen, zu ersetzen, soweit die Ansprüche nicht auf Sozialversicherungsträger oder andere Dritte übergehen."

Hier wurde nun also beim Feststellungsantrag hinsichtlich der *immateriellen* Schäden nicht mehr die angestrebte Quotierung von 80 zu 20, sondern nur noch das Zugeständnis des Klägers, dass *überhaupt* ein Mitverantwortungsanteils zu berücksichtigen ist, genannt. Anders als bei der Leistungsklage[163] wird dies bei Feststellungsanträgen in der Praxis aber auch anders gehandhabt:[164]

„ ... sowie sämtliche immaterielle Schäden unter Berücksichtigung einer Mitverschuldensquote des Klägers von 20 Prozent ..."

(2) Erbrecht

erbrechtliche Feststellung

Bei der Klage auf Erbrechtsfeststellung bedeutet das Erfordernis der Bestimmtheit v.a., dass neben den zur Identifizierung des Erblassers erforderlichen Daten v.a. auch die genaue Erbquote anzugeben ist. **105**

Bsp.:

„Es wird festgestellt, dass der Kläger Miterbe zur Hälfte nach dem am 14. März 2015 in Palma de Mallorca verstorbenen Vater der Parteien, Herrn ..., geworden ist."

„Es wird festgestellt, dass der Kläger Alleinerbe der am 4. Februar 2015 in München verstorbenen ... geworden ist."

(3) Arbeitsrecht

arbeitsrechtl. Feststellungsklagen

Bei Feststellungsklagen im Arbeitsrecht muss v.a. beachtet werden, dass es zwei verschiedene Feststellungsklagen gibt: Die „punktuelle" Kündigungsschutzklage gemäß §§ 4, 7 (evtl. i.V.m. § 13 I 2 oder § 2) KSchG bzw. § 17 TzBfG und die in den anderen Fällen zu erhebende allgemeine Feststellungsklage nach § 256 I ZPO i.V.m. §§ 46 II ArbGG, 495 ZPO.[165] **106**

161 Siehe oben, Rn. 96a.

162 Hier wird also einfach der zu fordernde Geldbetrag entsprechend reduziert.

163 Zu dieser s.o., Rn. 96a.

164 Vgl. zum sehr ähnlichen Problem beim Grundurteil Thomas/Putzo, § 304, Rn. 17 (m.w.N.).

165 Vgl. Hemmer/Wüst/Gold, Klausurentraining Arbeitsrecht (v.a. Fälle 1 und 2).

„punktuelle“ Klage

Aufgrund des weit gefassten Wortlauts von § 4 KSchG (oder aus anderen Gründen..“) und wegen § 23 I 2 KSchG („mit Ausnahme“) ist die „punktuelle“ Klage inzwischen der absolute Regelfall.

> *„Es wird festgestellt, dass das zwischen den Parteien bestehende Arbeitsverhältnis durch die Kündigung vom ..., zugegangen am ..., nicht aufgelöst worden ist.“*

Hemmer-Klausur-Tipp

Übernehmen Sie bei der Formulierung des Klageantrags unbedingt exakt den Gesetzeswortlaut und ergänzen Sie diesen nur um die Daten des konkreten Falles. Kleine Wortlautabweichungen können hier schon große Fehler verursachen!

Falsch wäre dagegen folgender ähnlich „klingender“ Antrag:

> *„Es wird festgestellt, dass die Kündigung vom ..., zugegangen am ..., unwirksam ist.“*

Vorsicht beim Formulieren: der Streitgegenstand der Kündigungsschutzklage ist doch nicht ganz so „punktuell“!

Hintergrund: Diese letztgenannte Formulierung würde den Streitgegenstand gegen den Gesetzeswortlaut *noch weiter* einschränken. Wenn der Arbeitnehmer eine Kündigung mit einem Antrag nach § 4 S. 1 KSchG angreift, ist auch darüber zu entscheiden, ob zum Zeitpunkt *des Zugangs* der Kündigung überhaupt ein Arbeitsverhältnis bestanden hat: nur dann kann das „bestehende Arbeitsverhältnis“ durch die Kündigung „aufgelöst“ werden.[166]

Ganz anders ist zu formulieren, wenn es um die *allgemeine* Feststellungsklage nach § 256 I ZPO i.V.m. §§ 46 II ArbGG, 495 ZPO geht, also z.B. beim Streit um eine nach Ansicht des Klägers unwirksamen Aufhebungsvertrag oder eine vom Kläger selbst gemäß §§ 623, 125 BGB formunwirksam erklärte Eigenkündigung. Dann ist auf den Bestand des Arbeitsverhältnisses im Ganzen abzustellen.

allgemeine Feststellungsklage

> *„Es wird festgestellt, dass das Arbeitsverhältnis der Parteien über den 31. Mai 2015 hinaus fortbesteht.“*
>
> *Unzutreffend wäre: „Es wird festgestellt, dass das Arbeitsverhältnis nicht durch die Vereinbarung vom ... zum .... beendet worden ist.“*

Ein solcher Feststellungsantrag ist dem Kündigungsschutzantrag nach § 4 S. 1 KSchG nachgebildet und hat einen punktuellen Streitgegenstand, der hier aber nicht zulässig ist. Der Antrag ist aber dahin auszulegen, dass nach § 256 I ZPO die zulässige Feststellung begehrt wird, *das Arbeitsverhältnis* habe über den .... hinaus *fortbestanden.*[167]

Um sich zumindest einigermaßen vor der Gefahr des vorübergehenden Übersehens einer versteckt nachgeschobenen Kündigungserklärung des Arbeitgebers zu schützen, wird von erfahrenen Praktikern eine Kombination beider Klagearten empfohlen („Schleppnetzantrag“). **107**

---

166 Vgl. BAG NZA 2005, 1109; NJW 2008, 3235 [3236] = NZA 2008, 1145; BAGE 95, 324 [326] = NZA 2001, 210. Mit der Rechtskraft des der Kündigungsschutzklage nach § 4 S. 1 KSchG stattgebenden Urteils steht deswegen neben der Unwirksamkeit der konkret angegriffenen Kündigung zugleich auch fest, dass bei einer außerordentlichen Kündigung zum Zeitpunkt des Zugangs der Kündigung zwischen den Parteien ein Arbeitsverhältnis bestanden hat, also dass etwaige frühere Kündigungen (oder andere Beendigungstatbestände) unwirksam sind (BAG NJW 2008, 3235 [3236]). Nur spätere Kündigungen sind von dieser Feststellung gemäß § 4 S. 1 KSchG nicht erfasst.

167 Siehe dazu etwa BAG, NZA 2008, 348 [349 m.w.N.] = **juris**byhemmer.

„kombinierte“ Klage

„1. Es wird festgestellt, dass das zwischen den Parteien bestehende Arbeitsverhältnis durch die Kündigung vom ..., zugegangen am ..., nicht aufgelöst worden ist.

2. Es wird festgestellt, dass das zwischen den Parteien bestehende Arbeitsverhältnis auch nicht durch andere Beendigungstatbestände endet, sondern zu unveränderten Bedingungen über den ... hinaus fortbesteht.“[168]

bb. Negative Feststellungsklage

negative Feststellungsklage

Der Kläger begehrt hier die Feststellung, dass er dem Beklagten nichts schulde. Hinsichtlich des Antrags reicht jedoch eine derartige abstrakte Formulierung nicht. Vielmehr muss der Kläger den konkreten Schuldgrund und den Schuldgegenstand angeben, bezüglich deren er die Feststellung begehrt, dass er dem Beklagten nichts schulde.

Bsp.: *„Es wird festgestellt, dass der Kläger dem Beklagten aus dem Kaufvertrag vom 12. März 2015 keine weitere Zahlung mehr schuldet.“*

cc. Zwischenfeststellungsklage gemäß § 256 II ZPO

Zwischenfeststellungsklage

Hier geht es immer darum, ein sog. *vorgreifliches* Rechtsverhältnis 108
festzustellen (siehe ausführlich oben).

Hat der Kläger also Herausgabe eines Pkw verlangt und will dies auf § 985 BGB stützen, so würde die Zwischenfeststellungsklage (i.d.R. unter Ziffer 2 des Antrages) also etwa lauten:

„Es wird festgestellt, dass der Kläger Eigentümer des Pkw VW Sharan Gli, Fahrgestellnummer .... ist.“

III. Die Begründung der Klage

Klagebegründung

Um die Verurteilung des Beklagten zu erreichen und so einen Pro- 109
zesssieg zu erlangen, ist es erforderlich, dass Aufbau, Inhalt und Stil der Klage entsprechend angelegt sind. Dabei sind drei Elemente klar zu unterscheiden:

drei Elemente

- ⇨ Der unverzichtbare Kern der Klageschrift besteht darin, dass der Kläger alle anspruchsbegründenden Tatsachen vorträgt.
- ⇨ Diese hat er, soweit erforderlich, unter Beweis zu stellen.
- ⇨ Schließlich enthalten Klagebegründungen meist auch den Vortrag von Rechtsansichten, der von der ZPO aber nicht vorgeschrieben ist.

1. Tatsachenvortrag

a. Notwendiger Inhalt der Klageschrift

Tatsachenvortrag

Vortrag zu allen anspruchsbegründenden Tatsachen

Soll die Klage Erfolg haben, so muss sie zumindest einmal *schlüssig* 110
sein. Der Anspruchsteller, der für die anspruchsbegründenden Tatsachen regelmäßig die Darlegungslast hat, muss also grds. zu allen Tatbestandsmerkmalen der Anspruchsgrundlage (evtl. mehrerer), auf die die Klage gestützt werden soll, die entsprechenden Tatsachen vortragen.

168 Vgl. Diller NJW 1996, 2141 (2142). Ausführlich zum Hintergrund der Problematik und zum jeweiligen Stand der Rechtsprechung siehe Assessor-Basics Klausurentraining Arbeitsrecht, Fälle 1 und 2.

Grenzfälle

Im Grenzbereich zwischen dem unverzichtbaren, möglichst präzisen *Tatsachen*vortrag und den *rechtlichen* Erwägungen, die grds. Sache des Richters sind, stellt sich immer wieder die Frage, wie man mit bestimmten gefestigten juristischen Begriffen umzugehen hat.

Ist es etwa notwendig statt „Kaufvertrag" die Formulierung „Vertrag, in dem sich der Kläger zur Besitz- und Eigentumsverschaffung sowie der Beklagte zur Zahlung und Abnahme verpflichtete" zu gebrauchen?

Ein sehr kurzer Sachvortrag mit rechtlichen Kürzeln in Form von Rechtsbegriffen reicht für die Schlüssigkeit der Klage v.a. dann meist aus, wenn der Beklagte säumig ist (§ 331 II 1. Hs. ZPO) oder das Vorbringen des Klägers nicht bestreitet (§ 138 III ZPO). 111

Hier wird der Rechtsbegriff wie eine Tatsache behandelt - insoweit liegt eine sog. „Rechtstatsache" bzw. „juristische Tatsache" vor.

Umgang mit sog. „Rechtstatsachen"

Um den Abschluss eines Kaufvertrages vorzutragen, muss dann also nicht jedes Detail des Vertragsinhaltes vorgetragen werden. Stattdessen reicht es meist aus, dass der Kläger eine formale Mindestbegründung wie folgt abgibt:

> *„Die Parteien schlossen am 10. Februar 2015 einen Kaufvertrag über die Veräußerung eines ....."*

Bei der Verwendung von sog. „Rechtstatsachen" sind jedoch bestimmte Voraussetzungen zu beachten:

⇨ Der Rechtsbegriff muss von den Parteien übereinstimmend verwendet werden.

⇨ Weiterhin muss es sich um einen einfachen Begriff des täglichen Lebens handeln.

⇨ Schließlich darf nicht der Eindruck entstehen, dass den Parteien der richtige Umgang mit dem Begriff nicht zuzutrauen ist.[169]

Vorsicht: Rechtsbegriffe im Sachverhalt können ein Falle sein!

Gegenbsp.: *Geht es um den Erwerb eines Neubaus, kann es sich - je nach den Details - um einen Werkvertrag oder - wenn es bereits fertig erstellt war - um einen Kaufvertrag handeln. Da dies schwierig abzugrenzen ist, aber gleichwohl große Auswirkungen haben kann, müssen Sie hier sehr vorsichtig agieren. Insbesondere dürfen Sie in solchen Fällen nicht einfach die im Sachverhalt von den Parteien angegebenen und/oder in den Anlagen (Vertragsurkunden) gebrauchten Begriffe übernehmen, sondern müssen in Ihrem Tatsachenvortrag der Klageschrift den genauen Inhalt der getroffenen Vereinbarungen umschreiben.*

In der Regel werden jedoch die Voraussetzungen für den Begriff des Kaufvertrags als Rechtstatsache gegeben sein. Gleiches gilt grundsätzlich auch für die Begriffe Eigentum, Schenkung, Miete und Darlehen.

Hemmer-Klausur-Tipp

Ist es zweifelhaft, ob eine sog. „Rechtstatsache" vorliegt, setzen Sie am besten den Begriff in Anführungszeichen und tragen Sie zusätzlich alle relevanten Details (etwa des Vertragsinhalts) vor. Im Zweifelsfall also lieber „zu genau" als unschlüssig!

169 Vgl. BGH, NJW 1958, 1968. Es geht hier übrigens um ein Problem, wie es sich deckungsgleich auch im Tatbestand eines zu fertigenden Urteils stellen kann.

Wenn aufgrund des außerprozessualen Verhaltens des Beklagten (sonstige Angaben des Klausursachverhaltes) nur die Möglichkeit besteht, dass der Beklagte anderer Ansicht sein wird (etwa von einem Werklieferungsvertrag statt Kaufvertrag ausgeht), so bestehen in der Praxis zwei Möglichkeiten:

⇨ Man kann sich zunächst auf eine Mindestbegründung beschränken und diese später durch einen ergänzenden Schriftsatz ergänzen.

⇨ Man kann aber auch sicherheitshalber den Sachvortrag bereits in der Klagebegründung so präzise gestalten, dass später in tatsächlicher Hinsicht auch nach einem etwaigen Bestreiten des Beklagten nichts mehr ergänzt werden muss.

Hemmer-Klausur-Tipp

Wählen Sie im Examen die zweite Variante, denn Sie haben dort als Prüfling nur *eine* Chance!

b. Darstellung der Klagebegründung / Aufbau

Aufbaufragen

Wie der Sachverhalt in der Klagebegründung darzustellen ist, kann nicht einheitlich beantwortet werden, sondern ist vom jeweiligen Einzelfall abhängig. Regelmäßig sind in der Darstellung aber bestimmte Punkte zu beachten: 112

aa. Einführung in den Streitstand

zunächst Einführungssatz

Zunächst muss der Anwalt den Richter in den Prozessstoff einführen.

Dies gelingt ihm mit dem Klageantrag, durch den das Prozessziel dargestellt wird, nur unzureichend, weil dieser grundsätzlich neutral formuliert ist und sich auch aus der Angabe des Streitgegenstandes nach § 130 Nr. 1 ZPO (z.B. Klage wegen Werklohnforderung) nichts Genaues ergibt.

Deshalb sollte in der Klagebegründung der Prozessstoff kurz umschrieben werden, insbesondere sollte die Beziehung der Parteien zueinander angegeben werden sowie der Grund und der Gegenstand des Streits.

Beispiele

Bspe.:

Die Parteien streiten um die Berechtigung einer Kaufpreisforderung aus einem Vertrag vom ... Der Beklagte verweigert die Bezahlung des Kaufpreises. ....

Der Kläger fordert Schadensersatz und Schmerzensgeld wegen eines Verkehrsunfalls, der sich am 5. März 2015 auf der Bundesstraße zwischen Mainz und Koblenz in Höhe .... ereignet hat. Der Beklagte zu 1) ist Eigentümer und Halter des Pkw, mit dem er den Unfall verursacht hat. Die Beklagte zu 2) ist die Haftpflichtversicherung des Beklagten zu 1).

Einführung bei abgeleiteten Rechten u.ä.

Macht der Kläger Ansprüche aus abgeleitetem Recht oder in Prozessstandschaft geltend, hat der Beklagte gemäß §§ 278, 831 BGB für fremdes Handeln einzustehen oder beruht die Parteistellung auf Rechtsnachfolge bzw. ergibt sie sich kraft Amtes, so empfiehlt es sich die Parteistellung jeweils kurz zu erläutern. 113

Nur so wird diese schon am Anfang erkennbar und der Sachverhalt für den Richter verständlich.

Bspe.:

Die Kläger machen mit der erhobenen Klage als Erben des verstorbenen ... eine Schadensersatzforderung geltend. Am 1. März 2015 wurde der oben benannte Erblasser bei einem Verkehrsunfall schwer verletzt und starb zwei Wochen später im Krankenhaus an den Folgen. Die Beklagte ist die Halterin des Pkw ...

Der Kläger begehrt mit der vorliegenden Klage Erfüllung einer Forderung aus einem am 26. Mai 2014 zwischen den Parteien geschlossenen Leasingvertrag. Diese Forderung trat der Kläger am 9. Oktober 2014 zur Sicherung einer Verbindlichkeit des Klägers gegenüber seinem Lieferanten X an diesen ab. Herr X hat aber den Kläger durch Erklärung vom selben Tag zur prozessualen Durchsetzung dieser Forderungen im eigenen Namen ermächtigt. ...

bb. Inhalt und Umfang des Tatsachenvortrags

(1) Selektion und Ordnung

Inhalt

Eine wirklich schlechte Klausur ist oft schon daran zu erkennen, dass der Bearbeiter den Mandantenvortrag vollständig oder zumindest weitgehend übernimmt, ohne dabei das Wesentliche vom Unwesentlichen zu filtern, auf eine Ordnung und Systematisierung weitgehend verzichtet und - will er den Korrektor vollends zur Weißglut bringen - eventuell auch noch flapsige Redewendungen aus dem Mandantenvortrag wörtlich übernimmt. 114

Filter- und Ordnungsaufgabe

Schon in der Praxis gilt: Der Sachvortrag ist aus taktischen Gründen nicht so zu gestalten, dass in ihm alles dargelegt wird, was man weiß. Vielmehr sollte, um dem Gegner weniger Angriffspunkte zu geben, gezielt ausgewählt werden, was vorgetragen wird.

Nur so kann man das Risiko eines „Eigentors" durch Lieferung der Ansatzpunkte für einen (evtl. unerwarteten) Gegenangriff verringern.

auch Überflüssiges ist falsch

Im Examen gilt dies umso mehr: Dem Anwalt kommt gegenüber dem Mandantenvortrag eine Filter- und Ordnungsaufgabe zu, die letztlich mit zum Prüfungsgegenstand gehört. Ein Vortrag zu Aspekten, die für die konkrete Anspruchsgrundlage völlig unerheblich sind, ist letztlich als *falsch* zu werten. Nur in Grenzfällen kann die Regel gelten: Lieber etwas zu viel als zu wenig.

Umgekehrt gilt aber in jedem Fall: Jeder einzelne Aspekt, der im Sachvortrag fehlt, obwohl er erforderlich ist, macht die Klage unschlüssig. Ein Praktiker als Korrektor wird dies regelmäßig als schweren Fehler werten, da die besten Rechtsüberlegungen nichts nützen, wenn sie im Tatsachenvortrag „in der Luft hängen"!

Hemmer-Klausur-Tipp

Berücksichtigen Sie immer das Phänomen der sog. „Betriebsblindheit"! Viele Korrekturen von Anwaltsklausuren zeigen, dass diese ein großes Problem hinsichtlich der Vollständigkeit des Tatsachenvortrags ist: Der Bearbeiter glaubt, längst alles Wesentliche geschrieben zu haben, hat aber u.U. gerade den wichtigsten Aspekt nicht genannt. Weil man gerade diesen Punkt als Dreh- und Angelpunkt aller Überlegungen im Kopf hat, merkt man nicht, dass er noch nicht im Schriftsatz selbst steht.

Ein möglicher Trick, um dem zu entgehen: Legen Sie bei der Abfassung der rechtlichen Würdigung den Ihnen gegebenen Klausursachverhalt möglichst auf die Seite und verwenden Sie stattdessen den *von Ihnen selbst* verfassten Tatsachenvortrag der Klageschrift als Grundlage Ihrer juristischen Subsumtion. Wenn Sie nun methodisch sauber arbeiten, indem Sie alle anspruchsbegründenden Tatsachen präzise durchsubsumieren, dann müssen Sie Lücken, die Ihr Tatsachenvortrag enthält, eigentlich automatisch auffinden. Umgekehrt müssten Sie auch leichter bemerken, wenn Sie im Tatsachenvortrag Dinge vorgebracht haben, die für die Falllösung irrelevant sind!

(2) Beachtung der Wahrheitspflicht

Wahrheitspflicht

Obwohl der Anwalt aufgrund seiner parteiischen Rolle „nicht unbedingt“ an einer reinen Wahrheitsfindung interessiert sein muss, so hat er doch bei seinem Vortrag die sich aus § 138 I ZPO ergebende Wahrheitspflicht zu beachten. 115

Hemmer-Klausur-Tipp

Haben Sie in der Praxis bei einem „ausgebufften Profi“ (oder einem, der sich dafür hält) gearbeitet, so vergessen Sie keine Sekunde, dass Sie nun im Examen sind. Sie haben nun die ehrenvolle Rolle zu spielen, die dem Anwalt von der Prozessordnung und der Berufsordnung zugewiesen wird, auch wenn dabei der Mandant in einzelnen Punkten den Kürzeren ziehen kann! Folge v.a.: Werden bestimmte Behauptungen des Gegners vom eigenen Mandanten bestätigt, dürfen Sie im Examen auch dann nicht bestreiten, wenn der Gegner voraussichtlich kein Beweismittel zur Verfügung hat! Suchen Sie besser nach einem Lösungsweg, bei dem diese Behauptungen nicht schaden. Im Regelfall wird es einen solchen geben, wenn die Aufgabenstellung (u.a.) einen Schriftsatz vorsieht. Hinsichtlich einzelner Teilaspekte kann es aber durchaus auch einmal auf „Kapitulation“ (keine Erstreckung der Klage auf diesen Punkt) hinauslaufen.

Reichweite

Dies bedeutet insbesondere[170]:

- Der Kläger darf keine Erklärungen wider besseres subjektives Wissen abgeben. Das heißt, er darf nicht lügen.
- Der Kläger darf dagegen Tatsachen behaupten, die er nicht kennt bzw. nicht kennen kann, z.B. künftiger Schadensverlauf (§§ 842 ff. BGB), innere Vorgänge (Kenntnis in § 932 II BGB), Ursächlichkeit (§§ 119 I, 2078 I BGB), vermutete Tatsachen.

Umgang mit möglichen Einwendungen des Gegners

- Auch *braucht* der Klägeranwalt Tatsachen, die nur im Zusammenhang mit einer *Einwendung* von Bedeutung sind, nicht vorzutragen. Vielmehr kann er sie solange verschweigen, bis der Gegner, der insoweit die Darlegungslast hat, sich darauf beruft. Dann muss sich der Kläger aber in einem späteren Schriftsatz (i.d.R. in der Replik) wahrheitsgemäß dazu äußern.

(3) Umgang mit Einwendungen des Gegners

keine „schlafenden Hunde wecken“

Im absoluten Regelfall ist es besser, zu möglichen Einwendungen des Gegners zunächst nichts vorzutragen. Steht nur die (u.U. vage) Möglichkeit im Raum, dass der Beklagte etwas zu einer möglichen Einwendung vortragen wird, oder ist nicht ganz sicher, ob der Kläger sich in diesem Punkt wirklich durchsetzen wird (etwa: widersprüchliche Angaben potentieller Zeugen der Parteien), so sollte der Bearbeiter in seinem Schriftsatz besser noch nicht dazu Stellung nehmen. 116

170 Siehe etwa Thomas/Putzo, § 138, Rn. 3 ff.

Andernfalls besteht u.U. die Gefahr, dass der Korrektor dem Bearbeiter die Verkennung der Darlegungslast oder zumindest einen taktischen Fehler nach dem Motto „schlafende Hunde soll man nicht wecken" ankreidet.

Hemmer-Klausur-Tipp

Ganz unter den Tisch fallen lassen darf man eine ernsthaft im Raume stehende bzw. außerprozessual vom Beklagten angebrachte Einwendung in der Klausur aber natürlich nicht. Im (Hilfs)-Gutachten ist auch zu den Aspekten, für die der Gegner die Darlegungslast hat, Stellung zu nehmen. Dort ist darauf zu verweisen, dass - je nach Reaktion des Beklagten - ein entsprechender Vortrag voraussichtlich in der Replik erfolgen wird.
Beachten Sie, dass die Verhaltensweise bezüglich der Einwendungen bzw. Einreden des Gegners einer der Hauptunterschiede zwischen der Klageschrift und dem Antragsschriftsatz im Verfahren des einstweiligen Rechtsschutzes ist![171]

nur ganz ausnahmsweise schon in der Klage auf (angebliche) Einwendungen eingehen

Nur in extremen Ausnahmefällen könnte es angebracht sein, dass man bereits jetzt in der Klageschrift auf eine vom Gegner *außerprozessual vorgebrachte* Verteidigung (etwa die Erklärung der Anfechtung des Kaufvertrages durch diesen) eingeht. 117

Bsp.: Die Parteien streiten bislang gar nicht um die Entstehung des Anspruches, sondern ausschließlich oder zumindest hauptsächlich um eine mögliche Einwendung. Der Gegner hat sich außerprozessual in einem Schreiben, dessen Vorlage an das Gericht in anderem Zusammenhang als Beweismittel unentbehrlich oder zumindest sehr sinnvoll ist, tatsächlich bereits auf diese Einwendung berufen.

In einem solchen oder ähnlichen Fall kann es sich u.U. *psychologisch* sehr schlecht auf den Richter auswirken, wenn man ihm das Gefühl gibt, er erfährt die Wahrheit nur „tröpfchenweise". Dann schlägt er sich möglicherweise intuitiv auf die Seite des Gegners.[172]

Einen solchen Weg sollte man aber nur ganz ausnahmsweise gehen. Dies etwa dann, wenn der Aufgabensteller im Sachverhalt auch die tatsächlichen Angaben mitgegeben hat, um die Einwendung *definitiv* rechtlich *zu entkräften*.

Völlig anders wiederum, wenn die Vorüberlegungen ergeben haben, dass der eigene Mandant gegen die Einwendung *keine Chance* hat. Dann erwartet der Korrektor - wie oben erörtert - gar keinen Antrag hierzu, sondern eine Beschränkung der Klage auf andere Punkte. Dann stellen sich diese Fragen zum Tatsachenvortrag natürlich gar nicht erst. Verschweigt man bei sicherem Wissen z.B. eine erfolgte Teilerfüllung und fordert trotzdem den vollen Betrag, so liegt letztlich ein (versuchter) Betrug vor.

(4) Umgang mit Einreden des Gegners

Erhebung einer Einrede möglichst nie vortragen!

Geht es um eine *Einrede* des Gegners, etwa die Verjährung (§ 214 I BGB), sollte man keinesfalls die u.U. schon erfolgte *Erhebung* der Einrede seitens des Gegners vortragen. 118

Negativbsp.: „Der Beklagte verweigert die Zahlung unter Berufung auf eine angebliche Verjährung. Eine solche ist aber tatsächlich nicht eingetreten. ..."

171 Dazu näher unten in § 3.

172 Vgl. auch Strahl, NJW 2009, 2023 [2024].

Die Besonderheit einer Einrede besteht darin, dass deren *Geltendmachung* durch Willenserklärung eigens in den Prozess eingeführt werden muss.

Allerdings ist nicht erforderlich, dass dies der Beklagte höchstpersönlich tut; vielmehr genügt es, wenn - wie in diesem Beispiel - die Klägerseite vorträgt, dass die Beklagtenseite sich außerprozessual auf diese Einrede berufen habe.[173] Dann sind die *rechtlichen* Voraussetzungen der Verjährungseinrede *von Amts wegen* zu prüfen.

Hier gibt es - soweit ersichtlich - keinen vernünftigen Grund, warum man einen solchen Vortrag vornehmen sollte. Andererseits besteht aber die Gefahr, dass der Richter die Verjährungssituation rechtlich anders beurteilt; dann hat der Kläger selbst seiner Klage zur Unschlüssigkeit „verholfen". Nun könnte nicht einmal ein Versäumnisurteil nach § 331 I bzw. § 331 III ZPO ergehen.

Dass Klageanlass bestand (u.U. bedeutsam wegen § 93 ZPO), kann auch anders zum Ausdruck gebracht werden:

> *„Da der Beklagte die Zahlung (evtl.: unter Angabe nicht nachvollziehbarer Argumente) verweigert, war Klage geboten."*

cc. Aufbau des Sachvortrags

Aufbau

streng an der anvisierten Anspruchsgrundlage orientieren

Es sind alle Anspruchsvoraussetzungen möglichst der Reihe nach abzuhandeln. Da man auf eine bestimmte Anspruchsgrundlage (oder mehrere) abzielt, müssen alle Tatbestandsmerkmale aus dem Sachverhalt herausgesucht und vorgetragen werden. Der Vortrag muss geordnet sein, wobei man eine chronologische Reihenfolge oder eine Reihenfolge, die sich am Aufbau der materiellrechtlichen Anspruchsgrundlage orientiert, wählen kann. *119*

Hemmer-Klausur-Tipp

Trainieren Sie möglichst den Aufbau des Tatsachenvortrags entsprechend dem Aufbau der materiellrechtlichen Anspruchsprüfung. Dieses Vorgehen bietet oft zusätzliche Vorteile: Es zeigt dem Leser schnell die Zielrichtung und liefert dem Verfasser selbst die Möglichkeit einer Art „Gegenprobe", ob der Vortrag vollständig, geordnet und selektiert ist.

> ***Bsp.:*** *Der Mandant will Schadensersatz statt der Leistung, weil der Gegner trotz zahlreicher Aufforderungen immer noch nicht geleistet hat. In den Vorüberlegungen kam der Bearbeiter zum Ergebnis, dass ein Anspruch aus §§ 280 I, III, 281 I 1 BGB besteht.*

In diesem Fall muss der Tatsachenvortrag der Reihe nach zu folgenden anspruchsbegründenden und in die Darlegungs- und Beweislast des Anspruchstellers fallenden Fakten Stellung nehmen:

⇨ Vortrag zur Pflichtverletzung: Zustandekommen und Inhalt des Vertrages (= Bestehen einer Leistungspflicht); Vereinbarungen zur Fälligkeit; Nichterfüllung innerhalb einer gesetzten Frist.

⇨ Umstände, aus denen die Höhe des Schadens errechnet und dessen Kausalität ersehen werden kann.

Zum Vertretenmüssen braucht dagegen nichts vorgetragen zu werden, da der Gegner wegen der Vermutung des § 280 I 2 BGB die Darlegungs- und Beweislast für sein Nichtvertretenmüssen hat.

173 Thomas/Putzo, § 331, Rn. 5; MüKo-Prütting, § 331, Rn. 18 m.w.N.; a.A. scheint Baumbach/Lauterbach/Albers/Hartmann, § 331, Rn. 9 zu sein.

dd. Sonderproblem: Klagevortrag zum Zinsanspruch

(1) Gesetzlicher Zinssatz

Vortrag zu Zinsen

Anspruchsgrundlagen

Die wichtigsten Anspruchsgrundlagen für Zinsen sind die Verzugszinsen gemäß § 288 I 1 BGB, Prozesszinsen gemäß § 291 BGB, die Fälligkeitszinsen bei beiderseitigen Handelsgeschäften gemäß § 353 HGB, die Verzinsung von Aufwendungen gemäß § 256 BGB und der deliktische Zinsanspruch gemäß § 849 BGB. 120

Gemäß § 246 BGB beträgt der grundsätzlich geschuldete Zinssatz 4 %. Dagegen beläuft sich der gesetzliche Zinssatz bei beiderseitigen Handelsgeschäften gemäß § 352 HGB auf 5 %.

Wesentlich höher sind die Verzugszinsen gemäß § 288 I 1, II BGB bzw. die Rechtshängigkeitszinsen gemäß §§ 291 i.V.m. § 288 I 1, II BGB. Für beide Fälle ist § 288 II BGB zu beachten, die zu einer Differenzierung zwischen Verbraucherverträgen und solchen zwischen Unternehmern zwingt (vgl. §§ 13, 14 BGB).

oft wenig Vortrag zur Höhe nötig

In diesen Fällen braucht der Kläger nichts *zur Höhe* der Zinsen vortragen. Dargelegt werden müssen aber selbstverständlich die tatsächlichen Voraussetzungen aller Tatbestandsmerkmale der konkreten Anspruchsgrundlage, also etwa alle verzugsbegründenden Tatsachen (vgl. § 286 BGB).

(2) Höhere „Verzinsung“

höhere Verzinsung wegen Verzögerungsschaden

Ein höherer Zinssatz kommt in Frage, wenn sich der Beklagte in Verzug befindet und der Kläger dadurch einen entsprechenden höheren Schaden erlitten hat (§§ 280 I, II, 286 i.V.m. § 288 IV BGB).[174] 121

⇨ Dies ist v.a. dann der Fall, wenn der Kläger mit einem Bankkredit gearbeitet hat und diesen aufgrund des Forderungsausfalls nicht in der erforderlichen Höhe zurückführen kann (Refinanzierungsschaden).

⇨ Ein höherer Schaden kann sich – gewiss allenfalls in seltenen Fällen – aber auch daraus ergeben, dass dem Kläger aufgrund der Nichtzahlung des Gegners die Möglichkeit genommen wurde, den Geldbetrag mit einer entsprechend höheren Rendite anzulegen.

In diesen beiden Fällen müssen neben den zur Verzugsbegründung notwendigen Fakten auch diejenigen der Schadensentstehung und der Kausalität vorgetragen werden:

(a) Aufwendung von Kreditzinsen

Vortrag zum Refinanzierungsschaden

Für die Geltendmachung eines Refinanzierungsschadens muss der Anwalt grds. darlegen, dass mit dem Kredit in der entsprechenden Höhe gearbeitet wurde und dass er aufgrund der ausgebliebenen Zahlung nicht zurückgezahlt werden konnte, er dies andernfalls aber getan hätte. Daneben ist seine Höhe anzugeben.

174 Ist die „Hauptanspruchsgrundlage“ auf Schadensersatz gerichtet, kann sich allerdings ein entsprechender Anspruch auch als Folgeschaden gemäß §§ 249 ff. BGB ergeben. Dies zumindest bei einem Anspruch auf *negatives* Interesse: Wäre die schädigende Handlung nicht erfolgt, so hätte der Kläger von Anfang an ein höheres Haben oder ein geringeres Soll auf seinem Konto gehabt.

Formulierungsbeispiel

> ***Formulierungsbeispiel:*** *„Der Kläger musste, um trotz der Nichterfüllung seitens des Beklagten seine eigenen Verbindlichkeiten gegenüber seinen Arbeitnehmern ..... erfüllen zu können, am ... einen Bankkredit in Höhe von 25.000 € aufnehmen und zahlt dafür 10 % Zinsen."*

Für ausreichend erachtet wird jedoch teilweise auch folgende Formulierung:[175]

> *„Der Kläger arbeitet ständig mit Bankkredit in einer die Klageforderung übersteigenden Höhe und zahlt dafür 10 % Zinsen."*

Bei Kaufleuten besteht in diesem Bereich eine tatsächliche Vermutung, dass eingehende Zahlungen zur Rückführung von Krediten verwendet werden.[176]

(b) Verlust von Anlagezinsen

Vortrag zum Wiederanlageschaden

Formulierungsbeispiel für Geltendmachung eines Wiederanlageschadens: 122

> *"Wäre der Beklagte dieser Zahlungspflicht termingerecht spätestens zum ... nachgekommen, so hätte der Kläger diesen Betrag bei der Bank X als Festgeld angelegt. In diesem Fall hätte er eine Verzinsung von x Prozent erzielt."*

derzeit wegen § 288 I, II BGB wohl kaum mehr relevant

Aufgrund des für Verzugszinsen im Laufe der Jahre erhöhten Anspruchs aus § 288 I 1 BGB, der zudem für Rechtsgeschäfte zwischen Unternehmern eine weitere Verschärfung beinhaltet (vgl. § 288 II BGB) dürfte diese Variante aber ihre Bedeutung größtenteils verloren haben.

(3) Zinsanspruch wegen Nutzungen am Geld

Bei Geldforderungen kann sich auch eine u.U. viel früher einsetzende Zinspflicht als Sonderfalls eines Nutzungsersatzes ergeben (vgl. § 818 I, II BGB oder §§ 346 I, II Nr. 1, 347 BGB (evtl. i.V.m. § 441 IV 2, § 638 IV 2 oder § 651d I 2 BGB).[177] 122a

(4) Genauer Beginn des Zinsanspruches

Fraglich ist noch, wann die Verzinsung beginnt. Geht es um Verzugszinsen und der Verzug begann über die 30-Tagesfrist des § 286 III BGB, so steht außer Frage, dass bei der Berechnung die §§ 187 ff. BGB *unmittelbar* anzuwenden sind.[178] 123

§ 187 I BGB analog

Aber auch in anderen Fällen, insbesondere bei den Prozesszinsen gemäß § 291 BGB, ist nach inzwischen h.M. § 187 I BGB analog anzuwenden.[179] In einer Anwaltsklausur wirkt sich dies allerdings nur dann aus, wenn man ein konkretes Datum des Beginnes der Verzinsung nennen muss, also etwa bei Verzugszinsen bzw. Verzögerungsschaden.

---

175 Vgl. Anders/Gehle, 1. Abschnitt A, Rn. 107.

176 Vgl. Palandt/Grüneberg, § 288, Rn. 14; BGH, NJW-RR 1991, 793.

177 Ausführlicher hierzu in Assessor-Basics, Zivilurteil § 5, Rn. 15 ff.

178 Vgl. Palandt/Grüneberg, § 286, Rn. 32.

179 Vgl. etwa BAG, NZA 2001, 386 (387); BAG, NZA 2003, 568 (570); BGH, NJW-RR 1990, 518 (519): **alle Entscheidungen = jurisbyhemmer**; Palandt/Ellenberger, § 187, Rn. 1; § 286, Rn. 32. Hierzu siehe auch Assessor-Basics Zivilurteil § 5, Rn. 4.

Geht es allein um die Prozesszinsen gemäß § 291 BGB ist mangels Voraussehbarkeit des konkreten Zustellungsdatums ohnehin nur „ab Rechtshängigkeit" zu beantragen (Ausnahme Rechtshängigkeits*fiktion* über § 696 III ZPO). Dann ist es alleine Sache des Richters, das korrekte Zinsdatum einzusetzen.

2. Beweisangebote

a. Umfang / strenge Orientierung an der Beweislast

Beweise

Orientierung am bisher Gefundenen: Parallellaufen von Darlegungslast und Beweislast

Haben Sie beim Tatsachenvortrag sauber gearbeitet, geht es jetzt eigentlich nur noch darum, konsequent zu bleiben. Hatten Sie nämlich die Darlegungslast, so haben Sie bereits präzise vortragen. Dann haben Sie aber gleichzeitig die Beweislast, die parallel zur Darlegungslast liegt, sodass Sie die behauptete Tatsache unmittelbar im Anschluss an diesen Vortrag mit einem Beweisangebot versehen müssen. **124**

Anders als die Rechtsausführungen (dazu s.u.) sind die Beweisangebote also nicht in einem eigenen Punkt nach dem Tatsachenvortrag zu bringen, weil sie sonst völlig abstrakt im Schriftsatz stünden und u.U. gar nicht erkennbar wäre, auf was sich das jeweilige Angebot beziehen soll.

Beweisangebot auch dann, wenn Bestreiten unwahrscheinlich

Der Klausurbearbeiter sollte für *jede* Tatsache, für die er die Darlegungs- und Beweislast hat, ein Beweisangebot abgeben. Dies gilt also auch dann, wenn ein Bestreiten des Beklagten unwahrscheinlich ist.

Der perfekte Anwalt trifft eben auch Vorsorge für jede noch so unwahrscheinliche Eventualität. Immerhin könnte es sein, dass sich der Gegner nicht an die Spielregeln hält und z.B. aus dem alleinigen Interesse, den Prozess zu verzögern, auch solche Fakten bestreitet.

aber: rechtlich überflüssiges Beweisangebot ist falsch!

Andererseits sind hier nun die Beweislastregeln von großer Bedeutung. Ein Beweisangebot, obwohl der Gegner die Beweislast hat, kann dazu führen, dass der Korrektor dem Bearbeiter eine Verkennung der Beweislast vorwirft.[180]

Hinweis: Beachten Sie, dass auch dies bei Fertigung eines Antragsschriftsatzes im Verfahren des einstweiligen Rechtsschutzes anders ist![181]

b. Verhalten in kritischen Grenzfällen

Klausurtaktik in Grenzfällen

Immer wieder kommt es vor, dass die Beweislast recht kritisch zu beurteilen ist, also ernsthaft fraglich ist, ob eine Tatsache vom Kläger oder Beklagten zu beweisen ist. **125**

---

180 Ebert/Gregor/Günter, Rn. 38, empfehlen Beweisangebote auch ohne eigene Beweislast *als List*, um den Gegner u.U. davon abzuhalten, selbst Beweisangebote abzugeben. Dabei gehen die Autoren offenbar davon aus, dass der jeweils zuständige Richter bzw. Examenskorrektor die List also solche erkennt, also u.a. mit der gleichen Sachkompetenz und Akribie wie die Autoren selbst in ihrer Praxis arbeitet. – Eine überaus optimistische Vorstellung! Im Examen sehe ich die Gefahr, dass der Korrektor dem Bearbeiter zunächst beim Tatsachenvortrag einen Fehler ankreidet, weil er in diesem Moment die List ja noch nicht als solche erkennt; kommt dann 10 bis 15 Seiten später im Hilfsgutachten eine Erläuterung des Vorgehens durch den Bearbeiter, so ist immer fraglich, inwieweit der Korrektor sein negatives Werturteil dann noch revidiert. Auch in der Praxis kann eine solche List u.U. zum Eigentor werden. Es kommt nämlich prozessordnungswidrig immer wieder vor, dass nicht dem wirklich Beweispflichtigen der Kostenvorschuss auferlegt wird, sondern demjenigen, der das Beweisangebot „zufällig" *als erster* abgab.

181 Dazu näher unten in § 3.

Dies kann sich daraus ergeben, dass das Regel-Ausnahme-Prinzip (dazu s.o.) nicht weiter führt, weil gerade zweifelhaft ist, was jetzt wirklich der Regelfall ist.

Das kann weiterhin der Fall sein, weil eine bestimmte Tatsache gewissermaßen „doppelrelevant“ ist in dem Sinne, dass sie sowohl bei einem anspruchsbegründenden als auch bei einem anspruchshindernden Problem eine Rolle spielt.

Eine solche Situation kann v.a. aber auch dadurch entstehen, dass dem Gegner u.U. die Möglichkeit des Anscheinsbeweises eröffnet ist.

Einsatzbereich des Beweisangebotes „unter Verwahrung gegen die Beweislast“

Hier geht der perfekte Anwalt dadurch auf „Nummer Sicher“, dass er ein Beweisangebot „unter Verwahrung gegen die Beweislast“ vornimmt.

⇨ Damit verhindert er einerseits, dass er später irgendwie in Konflikt mit Präklusionsregeln (§ 296 ZPO) gerät; der Prüfling demonstriert also, dass er umsichtig jegliches Risiko ausschalten will.

⇨ Andererseits aber wird klar gezeigt, dass man nicht kampflos die Beweislast akzeptieren will. Der Korrektor, der tatsächlich von der Beweislast *des Gegners* ausgeht, kann einem dies damit eigentlich nicht als falsch anstreichen.

Hemmer-Klausur-Tipp

Die Gründe, warum Sie die Beweislast als kritisch bzw. in beide Richtungen vertretbar ansehen, sollten Sie dann am besten im (Hilfs)-Gutachten kurz erläutern.

Beweisangebot für Gegenbeweis nur ausnahmsweise bereits in Klageschrift

Aufgrund der Regel „kein Gegenbeweis ohne Hauptbeweis“ wird ein Beweisantrag zur Führung eines Gegenbeweises (zwecks Entkräftung der Beweismittel der beweis*belasteten* Prozessgegners)[182] in einer Klageschrift kaum in Betracht kommen: Immerhin hat der Gegner gerade noch keinen Schriftsatz verfasst. In Ausnahmefällen mag dies anders sein; so etwa dann, wenn die außerprozessualen Umstände (v.a. Schriftverkehr) nahezu zwingend darauf schließen lassen, dass der Gegner ein bestimmtes Beweisangebot abgeben wird. Dann sollte der Bearbeiter aber von vornherein keinen Zweifel lassen, dass er das Beweisangebot nur aus diesem Grund abgegeben hat; Zweifel darüber, ob der Klausurbearbeiter die Beweislastverteilung richtig eingeschätzt hat, dürfen beim Korrektor eben gar nicht erst aufkommen!

c. Umgang mit zeugnisverweigerungsberechtigten Zeugen

Verhalten bei Zeugnisverweigerungsrecht

Fraglich ist, wie man sich verhalten sollte, wenn man festgestellt hat, dass ein Zeuge, der sicher oder zumindest wahrscheinlich eine für den Kläger günstige Aussage abgeben kann, zeugnisverweigerungsberechtigt ist. 126

> **Bsp.:** *Der Arbeitgeber hat im Rahmen eines Streits um die Entgeltfortzahlung im Krankheitsfall (§ 3 I EFZG) greifbare Anhaltspunkte dafür, dass die Arbeitsunfähigkeitsbescheinigung (vgl. § 5 I EFZG) unzutreffend ist. Er will deswegen, um die Unrichtigkeit der Bescheinigung nachzuweisen, den Hausarzt des Arbeitnehmers vor Gericht als Zeugen hören.*[183]

182 Zum Gegenbeweis siehe auch unter § 2, Rn. 11 sowie in Assessor-Basics, Zivilurteil § 10, Rn. 7.

183 Gegen eine ordnungsgemäße Arbeitsunfähigkeitsbescheinigung hilft zwar kein bloßes pauschales Bestreiten des Arbeitgebers; die-

Zeuge wird angeboten!

Keinesfalls darf aus Anwaltssicht sofort auf den Zeugen verzichtet werden. Vielmehr ist der Zeuge im Schriftsatz zu nennen, und erst im (Hilfs)-Gutachten ist auf die Problematik und gegebenenfalls eine Lösungsmöglichkeit hinzuweisen. Grund:

⇨ Zum einen ist nämlich zu berücksichtigen, dass oft dem Prozessgegner die Möglichkeit zusteht, die Person (etwa einen Arzt) von der Schweigepflicht zu entbinden (§ 385 II ZPO). Weigert sich der Gegner aber, ohne dass es dafür einen nachvollziehbaren Grund gibt, so *kann* eine derartige Weigerung u.U. dazu führen, dass nach den Grundsätzen der Beweisvereitelung Beweiserleichterungen bis hin zur Beweislastumkehr angewendet werden.[184]

⇨ Das Zeugnisverweigerungsrecht kann zum anderen auch entfallen, wenn und soweit höhere sittliche oder öffentliche Belange entgegenstehen.[185] Allerdings ist hierbei starke Zurückhaltung geboten.[186]

⇨ Schließlich ist zu berücksichtigen, dass auch immer noch eine Entscheidung des Zeugen selbst bevorsteht. Sollte der Zeuge trotz allem aussagen, ist die Aussage nach h.M. sogar bei strafrechtlicher Relevanz (§ 203 StGB) verwertbar.[187]

umgekehrter Fall: Angebot der Befreiung von der Schweigepflicht

Ist *der Kläger selbst* derjenige, dem die Befreiung von der Schweigepflicht zusteht, so empfiehlt es sich, diese Erklärung bereits in der Klageschrift abzugeben. Ein weiteres Eingehen hierauf im (Hilfs)-Gutachten ist dann grds. überflüssig. **127**

3. Rechtsausführungen

Rechtsausführungen

a. Notwendigkeit der Rechtsausführungen

Obwohl von der ZPO nicht vorgeschrieben, empfiehlt es sich in der Praxis in schwierigeren Fällen, seine Rechtsauffassung darzulegen, weil man meist nicht sicher sein kann, ob das Gericht der vom Anwalt vertretenen Ansicht „von selbst" folgen wird.[188] **128**

Vorgaben des Bearbeitervermerks

In der Examensklausur ist einzig entscheidend, was Ihnen dazu vom Prüfungsamt im Bearbeitervermerk vorgeschrieben wurde. Diesbezüglich existieren größere Unterschiede zwischen der Handhabung verschiedener Prüfungsämter, die wir Ihnen im Vorspann zu § 1 dieses Skripts bereits aufgezeigt haben.

Die folgenden Ausführungen interessieren daher nur, wenn der Bearbeitervermerk tatsächlich die Rechtsausführungen verlangt.

ser kann aber konkrete Verdachtsmomente für die etwaige Unrichtigkeit nennen und muss *diese* Behauptungen beweisen, falls sie wiederum selbst bestritten werden. Ist die Beweiskraft dann ernstlich zweifelhaft, so fällt die Beweislast für das Vorliegen einer Erkrankung ohnehin wieder auf den Arbeitnehmer zurück (bloßer Anscheinsbeweis; vgl. BAG, NZA 1993, 23; 1994, 63).

184 Vgl. Thomas/Putzo, § 383, Rn. 8 i.V.m. § 286, Rn. 17 ff; dazu bereits oben.

185 Vgl. Thomas/Putzo, § 383, Rn. 8.

186 Vgl. Baumbach/Lauterbach/Albers/Hartmann, § 383, Rn. 11.

187 Vgl. BGH, NJW 1977, 1198; Zöller/Greger, § 383, Rn. 22.

188 Vgl. BGH, NJW 1974, 1866.

b. Ort und Umfang der Darstellung

Ort und Umfang der Darstellung

An welcher Stelle der Klageschrift Rechtsausführungen dargelegt werden sollten, richtet sich nach dem Kriterium der besten Verständlichkeit. Rein theoretisch gibt es zwei Varianten, die in der Praxis angewandt werden.[189] 129

Möglich ist eine „scheibchenweise“ Vorgehensweise, in der immer ein Teil des Sachverhaltes vorgetragen und unter Beweis gestellt und dann sofort subsumiert wird. Anschließend beginnt dies wieder von vorn: Tatsachenvortrag, Beweisangebot, rechtliche Würdigung.

Rechtsausführungen als vollständig eigener Block

Überwiegend wird ein Aufbau verwendet, bei dem sich die Rechtsausführungen - ähnlich wie im Zivilurteil bezüglich der Trennung von Tatbestand und Entscheidungsgründen - *in einem eigenen Block* dem Tatsachen- und Beweisvorbringen anschließen. Diesen eigenen Block beginnt man mit einem Einleitungssatz und trennt ihn durch eine optische Zäsur ab.

Hemmer-Klausur-Tipp

Vermeiden Sie den „Scheibchenaufbau“ in Ihren Klausuren unbedingt![190]
Unsere Erfahrungen aus der Korrektur in den Assessorkursen und der Einsicht von Examensakten zeigen: Versucht sich ein Klausurbearbeiter im Kampf gegen die Uhr an diesem Aufbau, so stellt die Klausur am Schluss oft nicht den angestrebten „Scheibchenaufbau“ dar, sondern endet nicht selten im Chaos. Mangels ausreichender Erfahrung und unter Zeitdruck geraten, springen die meisten Bearbeiter wild hin und her, fügen hier und dort noch etwas ein und haben schließlich im Tatsachenvortrag oft wichtige Aspekte vergessen. Diese Vermengung raubt nicht selten dem Klausurverfasser selbst fast zwangsläufig den Überblick und verwirrt den Korrektor umso mehr. Der Bearbeiter „subsumiert“ nicht selten Fakten, die er im Sachverhalt gelesen, im Kopf fixiert, aber noch gar nicht präzise vorgetragen hat. Das oben beschriebene Problem der „Betriebsblindheit“ wird bei einer solchen Arbeitsweise nicht reduziert, sondern um ein Vielfaches verschärft.
Weiterer handwerklicher Vorteil des Blockaufbaus: Sie müssen im – häufig nötigen – Wechsel zwischen Urteilsklausuren und Anwaltsklausuren Ihre Arbeitsweise weniger stark verändern als dies beim „Scheibchenaufbau“ der Fall wäre.

In Einzelfällen kann der „Blockaufbau“ zu einer geringfügig aufwendigeren Schreibarbeit führen, weil man die Rechtsausführungen aus Gründen der Verständlichkeit nicht ganz losgelöst von den zuvor schon geschilderten Fakten beginnen kann. Arbeitet man insoweit aber mit entsprechenden Zusammenfassungen (die Details hat man ja schon oben vorgetragen), so hält sich dieser Mehraufwand üblicherweise in Grenzen und kann die aufgezeigte Überlegenheit gegenüber der anderen Alternative keinesfalls dadurch wieder verlieren.

c. Stil und Inhalt der Rechtsausführungen

aa. Einleitungssatz

Beginn mit optischer Zäsur und Einleitungssatz

Nachdem in der Klageschrift der Sachverhalt und die Beweisangebote dargelegt wurden, schließt sich die Einleitung an. 130

Bsp.: *„Zu den Rechtsfragen der Klage ist Folgendes auszuführen:“*

189 Die im Aufbau regelmäßig reichlich chaotischen Ausführungen, wie man sie z.B. auch meist in den Sachverhalten von Klausuren mit richterlichen Aufgaben (Urteil, Beschluss) findet, natürlich nicht mitgerechnet!

190 Zumindest für die „Mehrzahl der Fälle“ – ebenso Ebert/Gregor/Günter, § 1, Rn. 116.

bb. Urteilsstil mit Tiefgang

Urteilsstil (kein Konjunktiv!)

Die Rechtsausführungen sind im Urteilsstil darzustellen. Das Ergebnis wird unter Deutlichmachung der jeweiligen Anspruchsgrundlage *vorgezogen,* und daran anschließend werden die tragenden Überlegungen dargestellt. Es folgt also die Subsumtion zu jedem problematischen Tatbestandsmerkmal. 131

Schwerpunktsetzung / wo nötig: Argumentation mit Tiefgang

Dabei sind unproblematische Punkte knapp abzuhandeln. An den Stellen, an denen nach Ansicht des Bearbeiters die Hauptprobleme liegen, sind - wie auch bei jedem anderen Klausurtyp - *Schwerpunkte* in Argumentationsqualität und -tiefe zu setzen. Hauptsächlich dafür werden dann die Punkte vergeben.

Hemmer-Klausur-Tipp

Orientieren Sie den Stil Ihrer Rechtsausführungen unbedingt an Examensanforderungen und nicht an dem, was manche Anwälte als „praxisgerecht" oder „praxisnotwendig" bezeichnen und so handhaben!
Bedenken Sie: Anhand der Vielzahl der Mandate mit kleinem Streitwert wird sich der gestresste Praktiker beim Auffinden entsprechender Rechtsprechung oft darauf beschränken, den Richter auf die Fundstellen zu verweisen und auf eigene Argumente oder die Wiedergabe derjenigen des BGH verzichten.
Überlegungen zur Wirtschaftlichkeit des investierten Zeitaufwandes verbieten sich in der Klausur aber selbstverständlich von selbst. Klausuren, die in den Ergebnissen ganz oder weitgehend richtig liegen, werden im Examen nicht selten „nur" wegen einer zu oberflächlichen Behandlung der rechtlichen Probleme stark heruntergepunktet. Das gilt natürlich auch für Anwaltsschriftsätze. Von Ihnen wird hier ein Schreibstil erwartet, der sich kaum von dem unterscheidet, was Sie in einem Urteil abzuliefern haben.[191] Es geht um *Ihre Argumentationskraft.* Diese kann – trotz der nötigen Orientierung an den Ergebnissen der Rechtsprechung – von einem BGH-Zitat niemals ersetzt werden.

alle bejahten Anspruchsgrundlagen kumulativ vorbringen

Wenn es mehrere Anspruchsgrundlagen gibt, auf die man seine Forderung stützen könnte, sind „sicherheitshalber" *alle* nach Ansicht des Bearbeiters eingreifenden Anspruchsgrundlagen kumulativ vorsubsumieren! Grund: Der Kläger kann nicht voraussehen, ob der Richter seinen Ausführungen in allen Punkten folgen wird; manchmal gewinnt man Prozesse an Stellen und mit Wegen, die man zuvor zumindest nicht für den „Königsweg" gehalten hat.

cc. Parteirolle beachten: nur positive Aspekte!

Schreibstil: Zielkonflikt wegen Parteirolle

Die Hauptschwierigkeit bei der Einarbeitung der rechtlichen Ausführungen in die Klageschrift kann darin liegen, dass man in einen *Zielkonflikt* gerät: 132

- ⇨ Einerseits werden die Punkte vom Bearbeiter nur bei entsprechendem juristischen Tiefgang ausgeschöpft, und Tiefgang heißt zumindest in vielen Fällen auch Abwägung der Argumente pro *und* contra.

nicht gegen den eigenen Mandanten argumentieren

- ⇨ Andererseits hat der Anwalt seine Parteirolle zu beachten. Trägt er in der Klageschrift seitenlang eine rechtliche Würdigung vor, die letztlich *zuungunsten* des eigenen Mandanten ausgeht, ist dies völlig praxisfern. Teilweise ist das Weglassen solcher Erwägungen im Bearbeitervermerk sogar ausdrücklich vorgeschrieben: „Rechtsausführungen, die das Begehren des Mandanten *stützen.*"

191 Ausführlich zum Schreibstil bei Fertigung eines Zivilurteils siehe in Assessor-Basics Zivilurteil § 9, Rn. 19 ff. und Rn. 53 ff.

Hemmer-Klausur-Tipp

Verwechseln Sie die Beachtung der Parteirolle nicht mit der Missachtung der höchstrichterlichen Rechtsprechung. Wie bereits erläutert[192], haben Sie sich streng an dieser zu orientieren, wenn Sie keinen Haftungsfall „bauen“ wollen.

Bsp.: Es kommen für das Klagebegehren mehrere Anspruchsgrundlagen mit gleichem oder unterschiedlichem Anspruchsumfang in Betracht. Die genauere Prüfung ergibt, dass davon zwei Anspruchsgrundlagen erfolgversprechend sind und die dritte nicht.

In einem solchen Fall wird in den Rechtsausführungen des Schriftsatzes zu den erfolgversprechenden Anspruchsgrundlagen Stellung genommen. Die nicht erfolgversprechende Anspruchsgrundlage wird nur im (Hilfs)-Gutachten diskutiert.

Muss wegen Wegfalls einer Anspruchsgrundlage, wegen Vorliegens einer Einwendung o.Ä. sogar die gesamte Klageforderung gegenüber den Mandantenwünschen eingeschränkt werden, so wirkt sich dies auch auf die Klage aus: Dort sind dann natürlich entsprechend geringere Anträge zu stellen. *Warum* in der Klage weniger verlangt wird als der Mandant wünschte, wird dem Gericht – das vom Mandantenbegehren nichts wissen wird – aber natürlich nicht erläutert. Eine derartige Erläuterung des „Teilrückzugs“ gehört nur ins (Hilfs)-Gutachten oder wäre bei Vorliegen eines entsprechenden Bearbeitervermerks der typische Inhalt eines Mandantenbegleitschreibens. 133

Hemmer-Klausur-Tipp

Trainieren Sie diese – nicht immer ganz einfache – Aufgabe der Selektion und ggf. Aufbauumstellung regelmäßig, wenn sie Ihrem landestypischen Bearbeitervermerk entspricht (v.a. in Bayern)! Sie werden im Assessorexamen aller Wahrscheinlichkeit nach unter gewaltigem Zeitdruck stehen. Nur Bearbeiter mit großer Klausurroutine gerade beim Schreiben von Anwaltsklausuren schaffen diese handwerkliche Tätigkeit ohne großen Zeitverlust.

Arbeiten Sie dabei am besten mit zwei Textmarkern mit völlig unterschiedlichen Farben: Ihre Notizen haben noch den Aufbau des Gutachtens. Streichen Sie sich nun in diesen Notizen all das, was Ihr (realistisches!) Ziel stützt, mit der einen Farbe an und all das, was nicht weiterhilft, mit der anderen Farbe.

Fertigen Sie anschließend zügig erst den Schriftsatz (Ihre Hauptaufgabe!) in einem Zuge und erst danach das Hilfsgutachten (bzw. Mandantenbegleitschreiben). Grund: Zeitprobleme des Bearbeiters sind fast immer vorprogrammiert. Im Hilfsgutachten aber wird es vom Korrektor viel eher akzeptiert, wenn Sie nun Ihren Schreibstil deutlich „abspecken“, um irgendwie noch zeitlich über die Runden zu kommen.

dd. Erwähnung von Unproblematischem?

Unproblematisches allenfalls ins (Hilfs)-Gutachten

Es entspricht der weit überwiegenden Praxis, Selbstverständlichkeiten, über die ohnehin niemand streiten würde, in den Rechtsausführungen der Klageschrift nicht vorzutragen. Viel spricht daher eigentlich dafür, solche Selbstverständlichkeiten ins begleitende Gutachten zu verlagern. Dies gilt z.B. für einfache Zuständigkeitsfragen.[193] 134

Hemmer-Klausur-Tipp

Auch hier müssen Sie aber wiederum die vom jeweils für Sie zuständigen Prüfungsamt aufgestellten oder „ungeschriebenen“ von den örtlichen Korrektoren angewandten Regeln einhalten.

Dabei gibt es z.B. in Bayern eine Besonderheit, die wohl aus der Tatsache folgt, dass die Klausuren zumindest überwiegend von Richtern erstellt sind:

192 Vgl. dazu oben § 1, Rn. 8.

193 So etwa auch Ebert/Gregor/Günter, § 1, Rn. 117: Eine Stellungnahme zu Sachurteilsvoraussetzungen sei im Schriftsatz selbst „eher ausnahmsweise“ vorzunehmen.

Die Bewertungsbogen der letzten Jahre zeigen, dass in dieser Beziehung ein dem richterlichen Urteil nachgestellter Aufbau erwartet wird. Das heißt: Zum einen wird ernsthaft sogar der Vortrag der Anwendbarkeit von §§ 12, 13 ZPO bzw. § 23 Nr. 1, 71 I GVG und ähnlicher Belanglosigkeiten gefordert.
Zum anderen wird – anwaltlichem Denken völlig widersprechend – der Vortrag zur Zulässigkeit *vor* der Begründetheit gewünscht, obwohl ein Anwalt – wie in diesem Skript aufgezeigt – erst die Sache selbst prüft und danach erst die prozessuale Umsetzung.[194]

Enthält der Fall ein wirklich diskussionswürdiges Zuständigkeitsproblem, etwa einen Streit um die Wirksamkeit einer Gerichtsstandsvereinbarung gemäß § 38 ZPO oder um den Erfüllungsort gemäß §§ 29 ZPO, 269 BGB, so ist dies in den Schriftsatz aufzunehmen.

Absolut *abwegige* Aspekte gehören selbstverständlich nicht einmal ins (Hilfs)-Gutachten, sondern sind - wie immer - schlicht wegzulassen.

ee. Fundstellenangabe?

Wurden Rechtsansichten aus Rechtsprechung und Literatur gefunden, die die Meinung des Anwalts stützen, so sollten diese in der Klageschrift *der Praxis* mit erwähnt werden. 135

Fundstellenangaben allenfalls an Schlüsselstellen

Im Examen kann dies allerdings zu gewaltigen Zeitproblemen führen. Wie auch in der Urteilsklausur sollte man die Zitate daher – wenn man überhaupt welche anbringt – auf die absoluten Schlüsselstellen der Anspruchsbegründung bzw. auf die Punkte konzentrieren, an denen nach den im Sachverhalt vorgefundenen Angaben mit Widerstand des Gegners zu rechnen sein wird.[195]

IV. Erklärung zur gütlichen Einigung

Mediationserklärung (§ 253 III Nr. 1 ZPO)

Inzwischen enthält § 253 III Nr. 1 ZPO eine Sollvorschrift bezüglich bestimmter Erklärungen zur Mediation bzw. anderen Varianten der vorprozessualen Konfliktbeilegung (etwa Verfahren nach § 15a EGZPO i.V.m. Landesrecht).[196] 136

Formulierungsbeispiel

> **Formulierungsbeispiel**: *„Der Klage ist kein Versuch der Mediation oder eines anderen Verfahrens der außergerichtlichen Konfliktbeilegung vorausgegangen. Konkrete Gründe stünden dem aus Klägersicht nicht entgegen.“*

Hemmer-Klausur-Tipp

Behandeln Sie Soll-Vorschriften in der Examensklausur wie Muss-Vorschriften! Maßstab ist der perfekte Anwalt, und dieser hält sich auch an bloße Soll-Vorschriften. Die Beachtung derartiger Formalien ist ein ganz einfacher Weg, Punkte zu sammeln.

194 Die Forderung vereinzelter – i.d.R. nebenamtlicher – Klausurbesprecher, auch die *nicht* eingreifenden Anspruchsgrundlagen und / oder Tatbestandsmerkmale *im Schriftsatz selbst* vorzutragen, kann man aber guten Gewissens in die Anekdotensammlung verbannen.

195 Ausführlich zum Umgang mit dem Kommentar bei Bearbeitung einer Klausur siehe in Assessor-Basics Zivilurteil § 1, Rn. 22 ff. sowie in § 9, Rn. 52.

196 Dessen Anwendungsbereich wurde allerdings in einer ganzen Reihe von Bundesländern (etwa Bayern und Hessen) mit Wirkung zum 1. Januar 2006 wieder reduziert.

V. Erklärung zur Entscheidung durch den Einzelrichter

(nur) am Landgericht auch auf § 253 III ZPO achten

Wird die Klage *zum Landgericht* erhoben (sonst selbstverständlich nicht), so soll gemäß § 253 III Nr. 3 ZPO angegeben werden, ob einer Entscheidung durch den Einzelrichter Gründe *entgegenstehen*. 137

Obwohl § 253 III Nr. 3 ZPO nur eine Stellungnahme fordert, wenn man *nicht* mit der Einzelrichterentscheidung einverstanden ist, hat sich in der Praxis dennoch folgende Formulierung eingebürgert:

Standardsatz der Praxis

> *„Einer Entscheidung durch den Einzelrichter stehen aus Sicht des Klägers keine Einwände entgegen."*

Sieht man die Lage anders, formuliert man:

> *„Eine Entscheidung durch (oder: Übertragung auf) den Einzelrichter kommt nicht in Betracht, da der Rechtsstreit in rechtlicher Hinsicht schwierig ist."*

Gemäß § 348 III 1 ZPO (vgl. aber auch § 348a I ZPO) hängt diese Entscheidung hauptsächlich davon ab, ob die Sache besondere Schwierigkeiten tatsächlicher oder rechtlicher Art aufweist.

Geht es um die Schwierigkeit der *rechtlichen* Problematik, so muss es sich um ganz ausgefallene bzw. komplizierte Rechtsfragen handeln, etwa solche, die in Rechtsprechung und Literatur noch wenig erörtert sind.[197] Es dürfte meist reine Ansichtssache sein, ob ein solch *krasser* Fall vorliegt.

Hemmer-Klausur-Tipp

Vergeuden Sie in der Klausur keine wertvolle Zeit mit dieser – juristisch wenig ergiebigen – Frage. Ein Korrektor wird meist nur Wert darauf legen, dass *überhaupt* eine Stellungnahme erfolgt und v.a. ob darin der Unterschied zwischen § 348 I ZPO („Entscheidung durch") und § 348a ZPO („Übertragung auf") zum Ausdruck kommt.
Kontrollieren Sie aber, bevor Sie einen der beiden Standardsätze niederschreiben, doch noch einmal, ob Sie Ihre Klage wirklich *zum Landgericht* erhoben haben. Nach unseren Korrekturerfahrungen spulen Bearbeiter diese Floskel „im Eifer des Gefechts" manchmal auch bei Klagen zum Amtsgericht herunter!

Von der Position dieser Erklärung her werden zwei Varianten für möglich gehalten: Man kann sie am Ende der Klageschrift bringen, aber auch vor der Klagebegründung.

C. Sonderfälle: Anspruchsbegründung nach vorherigem Mahnverfahren

Anspruchsbegründung nach vorherigem Mahnverfahren

Wie oben[198] gezeigt kann der Klausureinstieg auch darin bestehen, dass der Mandant oder Anwalt das Mahnverfahren gegen den Gegner bereits vorgeschaltet, der Gegner aber Widerspruch gegen den Mahnbescheid (§ 694 ZPO) oder fristgerechten Einspruch gegen den Vollstreckungsbescheid (§§ 338 ff. ZPO i.V.m. § 700 I, III ZPO) eingelegt hat. 138

Ist dann in der Klausur die Anspruchsbegründung für den Kläger (§ 697 I ZPO; evtl. i.V.m. § 700 III 2 ZPO) zu fertigen, so gelten grds. die für die Klageschrift aufgestellten formellen Regeln.

197 Thomas/Putzo, § 348, Rn. 11.

198 Siehe § 1, Rn. 78.

Im Falle der unmittelbaren Anwendung von § 697 I ZPO, also nach Widerspruch gegen den Mahnbescheid und Übergang gemäß § 696 ZPO, ist der formelle Unterschied minimal: Er besteht nur darin, dass der Anwalt in der Einleitung des Schriftsatzes nicht erklärt, *eine Klage zu erheben* (der Rechtsstreit ist inzwischen bereits rechtshängig), sondern seinen *Anspruch zu begründen*.

Entsprechend ist im Rubrum auch bereits ein Aktenzeichen anzugeben, das der Kläger nach Abgabe an das Streitgericht mit der Aufforderung zur Anspruchsbegründung erhielt.

Anspruchsbegründung nach Einspruch gegen den Vollstreckungsbescheid: anderer Antrag nötig (vgl. § 343 i.V.m. § 700 I ZPO)

Besteht die Aufgabe in der Anspruchsbegründung nach fristgerechtem Einspruch gegen den Vollstreckungsbescheid (§ 697 I ZPO i.V.m. § 700 III 2 ZPO), so gilt dies ebenso. Zusätzlich ist dann allerdings noch zu beachten, dass der bereits existierende Vollstreckungsbescheid – anders als ein bloßer Mahnbescheid – einen Vollstreckungstitel darstellt (§ 794 I Nr. 4 ZPO). Dies hat dann eine ähnliche Auswirkung auf die zu stellenden Anträge wie im „echten" Säumnisverfahren.

Der sich aus § 343 i.V.m. § 700 I ZPO ergebende Klägerantrag lautet dann:

> *„Der Vollstreckungsbescheid des Amtsgerichts ... vom ...., Az.: ... wird aufrechterhalten."*

§ 2 Reaktionsschriftsätze, v.a. Klageerwiderung

Die Klageerwiderung als Aufgabe des Anwalts des Beklagten ist hauptsächlich darauf angelegt, dass der Beklagte sich dagegen wehrt, überhaupt oder schon jetzt etwas leisten zu müssen. 1

Manchmal, in Klausuren sogar recht häufig, kommt über die Möglichkeit einer Widerklage oder Prozessaufrechnung allerdings auch eine eigene Gestaltungsmöglichkeit hinzu.

A. Allgemeines zur Klageerwiderung / Einarbeitung in die Klausur

I. Sachverhaltsvorgaben

Sachverhaltsvorgaben

Der Sachverhalt einer Klageerwiderungsklausur sieht teilweise ähnlich aus wie der einer Klageschriftklausur: Er enthält üblicherweise eine Mitschrift des Vortrags oder einen Brief des Mandanten und zusätzlich eine ganze Reihe von Anlagen, die der Mandant mitgebracht hat. 2

zwei Varianten

Zusätzlich aber enthält der Sachverhalt natürlich noch die Klageschrift selbst mitsamt den Daten der Zustellung, evtl. - sollte es etwa wegen Verjährung darauf ankommen (vgl. § 167 ZPO) - auch noch die Daten des Eingangs der Klage bei Gericht. Dabei kann die Klageschrift - wie bei einer Urteilsklausur - am Anfang des Sachverhalts abgedruckt, aber auch als eine der Anlagen nach dem Vortrag des Mandanten enthalten sein. Letzteres ist der häufigere Fall.

Hemmer-Klausur-Tipp

Sobald Sie nach dem üblichen ersten Durchblättern des Sachverhalts bemerkt haben, dass es um eine Klageerwiderungsklausur geht, lesen und durchdenken Sie in jedem Fall *erst die Klageschrift*, auch wenn diese erst auf Seite 4 oder 5 nach dem Vortrag des Mandanten beginnt. Dann erst sollten Sie sich mit dem Vortrag des Mandanten hierzu befassen. 3

Grund: Die Trennung des Wesentlichen vom Unwesentlichen im Vortrag des Mandanten kann erst richtig beginnen, wenn man den vom Gegner vorgegebenen Schriftsatz studiert hat: *Er* stellt die Anträge und legt zunächst den maßgeblichen Lebenssachverhalt fest. Überdies ist typischerweise vieles von dem, was der eigene Mandant an Fakten vorträgt, eine Reaktion oder gar Bezugnahme auf den Vortrag der Klage. Daher wird Ihnen manches davon u.U. unverständlich sein, wenn Sie die Klageschrift noch nicht genau kennen. Erst recht ist die Trennung der bedeutsamen Fakten von den bedeutungslosen kaum möglich, wenn man die Details des gegnerischen Angriffs noch nicht kennt.

Bei der von uns empfohlenen Reihenfolge der Lektüre sparen Sie beim „Kampf gegen die Uhr“ deswegen regelmäßig wertvolle Zeit, weil Sie den Sachverhalt schneller im Griff haben werden.

II. Ansatzpunkte für die Verteidigung

Prüfungsbeginn wie in Richterklausur

Der Beklagtenanwalt beginnt seine Überprüfungstätigkeit ähnlich wie der Richter bei der Vorbereitung seines Urteils: Er prüft die Zulässigkeit und die Schlüssigkeit der Klage und die Beweislage. 4

wichtige Unterschiede

In zwei Punkten ergeben sich aber entscheidende Unterschiede:

- Zum einen wird der Sachverhalt nicht als endgültig hingenommen, sondern ist nur der Ansatzpunkt für die eigene weitere Tätigkeit. Es bestehen noch zahlreiche Möglichkeiten, auf den Prozessverlauf gestaltend Einfluss zu nehmen.

- Zum anderen ist aber v.a. auch zu berücksichtigen, dass man nicht selbst derjenige ist, der die Entscheidung ausspricht, sondern dass man nur die Entscheidung *eines anderen* vorbereitet. Dessen Meinungsbildung lässt sich aber nicht sicher prognostizieren, ganz abgesehen davon, dass auch der weitere Prozessverlauf Überraschungen (wie ein „Umfallen" von Zeugen o.Ä.) bereithalten kann. Aus diesem Grund müssen *alle* Möglichkeiten bedacht werden, und es muss - gegebenenfalls hilfsweise - von allen Verteidigungsmöglichkeiten Gebrauch gemacht werden.

Verhalten bei mehreren Fehlern der Klage

In einer Urteilsklausur wäre bei einem unzulässigen Antrag gar nicht mehr auf dessen Begründetheit einzugehen. Auch kann der Richter bestimmte kritische Fragen offen lassen, wenn jedenfalls aus einem anderen Grund die Unbegründetheit der Klage gegeben ist.

Auch der gestresste Praktiker wird sich bei der Abfassung seiner Klageerwiderung u.U. noch nicht auf jeden Aspekt einschießen. So ist es etwa dann, wenn ein Form- oder Zuständigkeitsfehler des Klägers vorliegt, manchmal verbreitet, sich dann erst nach einem Nachbessern der Klägerseite weiter zur Sache selbst einzulassen.

Mehrfachverteidigung aufbauen!

Für Sie als Bearbeiter einer Anwaltsklausur existiert kein Spielraum: Sie haben nur *eine* Chance, dem Korrektor Ihre Fähigkeiten zu demonstrieren. Daher: Sachverhalt voll ausschlachten und alle Verteidigungslinien auf einmal aufbauen!

1. Prüfung der Zulässigkeit der Klage

Zulässigkeitsprüfung

Zunächst ist die Zulässigkeit der Klage zu prüfen, insbesondere die Zuständigkeit des Gerichts oder ein Feststellungsinteresse für einen erhobenen Feststellungsantrag. Liegt insoweit ein Fehler der Klage vor, ist weiter zu klären, ob dieser bei Nichtrüge heilbar ist (vgl. v.a. § 39 ZPO und § 295 ZPO) oder ob ein Richter ihn von Amts wegen beachten müsste.[199] 5

2. Schlüssigkeitsprüfung der Klage

zweiter Schritt: Schlüssigkeitsprüfung

Im nächsten Schritt erfolgt die Schlüssigkeitsprüfung der Klage des Gegners: Tragen die vom Kläger aufgestellten Behauptungen die begehrte rechtliche Folge überhaupt? 6

alle Anspruchsgrundlagen prüfen, die sich auf Sachverhalt stützen lassen

Dazu ist zunächst zu klären, auf welche Anspruchsgrundlagen der Kläger mit seinem Angriff hinaus will. Oft wird sich dies schon der Klageschrift entnehmen lassen, insbesondere dann, wenn diese Rechtsausführungen enthält.

Andererseits ist aber vor allem zu berücksichtigen, dass der Richter *automatisch* alle Anspruchsgrundlagen prüfen wird, die sich auf den vom Kläger vorgetragenen Sachverhalt stützen lassen („iura novit curia").

199 Zur Frage, ob etwaige Fehler dann auch wirklich im Schriftsatz gerügt werden sollten, siehe unten (§ 2, Rn. 52).

Der Austausch der Anspruchs*grundlage* erfordert - anders als der Austausch des prozessualen *Anspruchs* - nicht die Anwendung der Regeln über die Klageänderung nach §§ 263 ff. ZPO[200] (vgl. die insoweit überflüssige Klarstellung in § 264 Nr. 1 ZPO), und auch ein Verstoß gegen § 308 I ZPO liegt bei einem Austausch durch den Richter nicht vor.

Dies wiederum bedeutet für den Beklagtenanwalt, dass auch er weit über die etwaigen Rechtsausführungen des Klägers hinaus den Fall *vollständig* durchdenken muss. Zu prüfen sind auch Anspruchsgrundlagen, die der Kläger nicht genannt oder gar übersehen hat.

Beispiele

Bsp.: *Der Kläger stützt seine Forderung auf Kaufrecht. Die rechtlichen Überlegungen ergeben aber, dass es sich nicht um einen Kaufvertrag handelt, sondern um einen Werkvertrag.*

Hier ist es natürlich nicht damit getan, das Nichtvorliegen eines Kaufvertrages festzustellen. Vielmehr geht es damit erst richtig los: Nun muss geprüft werden, welche Rechte sich unter Zugrundelegung des vorgebrachten Lebenssachverhaltes aus dem Werkvertragsrecht für den Kläger ergeben könnten und wie man nun mit diesen umgehen kann.

Weiteres Bsp.: *Der Kläger will auf einen G.o.A.-Anspruch aus §§ 670, 683, 677 BGB hinaus, der Vortrag ist aber hinsichtlich des Fremdgeschäftsführungswillens unschlüssig.*

Hier muss sich der Beklagtenanwalt, sobald er das Entfallen der G.o.A. festgestellt hat, sofort mit Ansprüchen aus §§ 812 ff. BGB auseinander setzen. Diese sind nun nicht mehr „weggesperrt", da nur eine berechtigte G.o.A. Rechtsgrund und damit vorrangig wäre, sie könnten aber u.U. über § 818 II BGB zum gleichen Ergebnis für den Kläger führen. Gerade auch das Nichtbestehen von solchen Ansprüche darzulegen, etwa über den Wegfall der Bereicherung nach § 818 III BGB, ist damit nun die eigentliche Aufgabe des Beklagtenanwalts.

Hemmer-Klausur-Tipp

Gehen Sie Rechtshinweisen im Sachverhalt immer nach, rechnen Sie dabei aber auch mit möglichen Fallen! Rechtshinweise im Sachverhalt kommen mit zweierlei Zielsetzungen in Betracht: Entweder man will Ihnen durch Aufzeigen des Problems helfen oder man will etwas vernebeln, um Ihre Selektions- und Differenzierungsfähigkeit zu testen. Aus der Erkenntnis, dass eine Examensklausur immer eine größere Denkleistung abverlangen soll, es hier also nur bei *wirklich schwierigen* Dingen einen vernünftigen Anlass zum Nachhelfen gibt, folgt folgende Regel: Je mehr sich die Rechtsausführungen in Ihrem Klausursachverhalt im Bereich der „Grundstrukturen" bewegen, umso größer ist die Wahrscheinlichkeit, dass sich hinter diesen Ausführungen - wenn auch nicht unbedingt in jedem Satz - eine Falle verbirgt! Prüfen Sie zumindest in solchen Fällen immer sorgfältig, ob der Gegner nicht noch andere Angriffsmöglichkeiten hat oder ob Sie eine andere Verteidigungsmöglichkeit haben, durch die die im Sachverhalt angelegte Diskussion ggf. bedeutungslos wird.

3. Klärung der Beweislage: Beweisangebot, Bestreiten oder Unstreitigstellen

dritter Schritt: Klärung der Beweislage

U.a. der entscheidende Punkt für den Prozesserfolg wird nun die Klärung der Beweissituation sein. 7

200 Vgl. Thomas/Putzo, § 264, Rn. 2; ausführlich dort in Einl. II, Rn. 11 ff., v.a. Rn. 20.

Bezüglich der vom Gegner vorgebrachten Tatsachen gibt es zwei Möglichkeiten: Unstreitigstellen der Behauptung oder Angriff auf diesen Vortrag. Die Klärung der Frage, ob man die Behauptung des Gegners so hinnehmen kann oder muss, sollte also als erstes beantwortet werden.

a. Unstreitigstellen bzw. Geständnis

wann Unstreitigstellen?

Ergibt die Schlüssigkeitsprüfung der Klage, dass der Kläger Fakten vorgebracht hat, die entweder juristisch irrelevant oder gar günstig für den Beklagten sind, so braucht insoweit gar kein Angriff auf diesen Vortrag zu erfolgen: weder Bestreiten noch Beweisangebote des Beklagten. Dann werden diese Tatsachen - sollte nicht später ein Sinneswandel kommen - als unstreitig zugrunde gelegt (vgl. § 138 III ZPO). 8

Abgrenzung zum Geständnis

Bezüglich solcher Tatsachen wäre allenfalls zu überlegen, ob man diese nur i.S.d. § 138 III ZPO unstreitig stellt oder ob man von einem Geständnis i.S.d. § 288 ZPO Gebrauch macht.

Die Gemeinsamkeit besteht zunächst darin, dass sowohl das bloße Nichtbestreiten als auch das Geständnis sich auf *Tatsachen* beziehen - auch solche, die nicht der Wahrnehmung der Parteien unterliegen - sowie präjudizielle Rechtsverhältnisse (z.B. Rechtsnachfolge), nicht aber auf reine Werturteile, Erfahrungs- und Rechtssätze und der Auslegung von Erklärungen und Beweiswürdigung.[201]

Hemmer-Klausur-Tipp

Hat der Gegner im Sachverhalt eine *rechtliche Schlussfolgerung* gezogen, die Sie für günstig für Ihren Mandanten halten, so stellen Sie diese gerade *nicht als solche* unstreitig. Der Korrektor würde so etwas gewiss als Verstoß gegen Grundgedanken der Dispositionsmaxime verstehen und wohl nicht gerade als verzeihlichen Fehler werten. Lassen Sie in Ihren Formulierungen also keinen Zweifel daran aufkommen, dass ihr Unstreitigstellen sich auf die zugrunde liegende *Tatsachen* bezieht.

Wird eine Behauptung des Klägers nicht bestritten, so wird sie als unstreitig und wahr behandelt. Nach § 138 III ZPO ist sie als zugestanden anzusehen. Es wird insoweit ein Geständnis fingiert.[202]

⇨ Der Unterschied zum Geständnis nach § 288 ZPO ist, dass die Bindungswirkung des § 290 ZPO hier nicht eintritt. Ein späteres Bestreiten ist - auch in der Berufungsinstanz - noch möglich.[203]

⇨ Beim Geständnis gemäß § 288 ZPO ist dagegen zu beachten, dass ein solches nur widerrufen werden kann, wenn die Partei den Beweis antritt, dass es nicht der Wahrheit entspricht und durch einen Irrtum veranlasst worden ist. Insoweit besteht hier ein Unterschied zum bloßen Nichtbestreiten.[204] Aus diesem Grunde ist hier besondere Vorsicht geboten.

201 Thomas/Putzo, § 288, Rn. 1.

202 Thomas/Putzo, § 138, Rn. 18.

203 Thomas/Putzo, § 138, Rn. 18.

204 BGHZ 37, 145 f.

besser kein Geständnis

Das Geständnis hat also gegenüber § 138 III ZPO einen entscheidenden Nachteil.[205] Dem steht aus der Sicht des erklärenden Anwalts aber kein nennenswerter Vorteil gegenüber. Von der Abgabe eines Geständnisses kann daher nur abgeraten werden.

b. Gegenangriff bei für den Beklagten ungünstigen Behauptungen

ungünstige Tatsachenbehauptungen erfordern „Angriff"

Handelt es sich aber um Fakten, die für den Beklagten ungünstig sind, weil sie den Anspruch des Klägers ganz oder teilweise begründen, so muss insoweit „angegriffen" werden. In Betracht kommen dann - je nach Situation - die verschiedenen Varianten des Bestreitens, es kann aber auch ein Beweisangebot des Beklagten notwendig sein. 9

Selbstverständlich sind auch insoweit die durch die Wahrheitspflicht gezogenen Grenzen zu beachten. Ein Bestreiten oder gar Gegenbeweisangebot wider besseres Wissen muss also ausscheiden.[206]

Hemmer-Klausur-Tipp

Missachten Sie die Wahrheitspflicht auch dann nicht, wenn die Beweislage für den Gegner dünn zu sein scheint! Vergessen Sie nicht: Der Korrektor kennt - anders als meist der Richter in der Praxis - den tatsächlichen Sachverhalt genauso vollständig wie sie. Er merkt es sofort, wenn Sie lügen!

aa. Klärung der Beweislastverteilung

erster Schritt: Klärung der Beweislastverteilung

Hierzu ist zunächst die Beweislastverteilung hinsichtlich der problematischen Tatbestandsmerkmale zu untersuchen. Insoweit liegt die Beweislast für die meisten Tatsachen typischerweise beim Kläger, da dieser meist der Anspruchsteller ist und daher grds. die anspruchs*begründenden* Tatsachen beweisen muss.[207] In der Klageerwiderungsklausur werden Sie also im Regelfall die meisten Tatsachen nur zu bestreiten und nur einige wenige unter Beweis zu stellen haben. Umso schneller wird es hier aber auffallen, wenn Sie ein Beweisangebot übersehen haben. 10

Notwendigkeit eines Hauptbeweises des Beklagten

Trifft die Beweispflicht den Beklagten, so muss er für seine Behauptungen den Beweis antreten, den sog. Hauptbeweis führen. Das bloße Bestreiten - egal in welcher Form - reicht dann nicht aus.

Dies betrifft im Regelfall der Leistungsklage die anspruchshindernden, - vernichtenden oder -hemmenden Tatsachen, kann sich aber auch aus dem allgemeinen Regel-Ausnahme-Prinzip oder einer Beweislastumkehr bei den anspruchsbegründenden Tatsachen ergeben, etwa im Fall des § 280 I 2 BGB.[208]

205 Einen völlig anderen Anwendungsbereich hat das Anerkenntnis gemäß § 307 ZPO. Bei diesem wird - mit weitgehender Bindung für den Richter (dazu s.u. in § 2, Rn. 14) - auch die *rechtliche Schlussfolgerung* des Klägers akzeptiert, es geht also gerade nicht nur um die *Tatsachen*.

206 Ausführlich dazu oben in § 1.

207 Wie oben (§1, Rn. 13) gezeigt, kommt es aber nicht auf die Zufälligkeit der Parteirolle an, sondern darauf, wer Anspruchsteller ist und wer Anspruchsgegner. Bei einer negativen Feststellungsklage werden also wiederum die meisten Tatsachen in die Beweislast des Beklagten fallen!

208 Insoweit sei auf die Ausführungen zum Beweisrecht in § 1 (Klageschrift) verwiesen.

bb. Reaktion bei Beweislast des Gegners; Gegenbeweis

Reaktion bei Beweislast des Gegners

11 Für den Beklagten kann sich die Notwendigkeit zur Beweisführung aber auch dann ergeben, wenn zwar eigentlich der Kläger beweispflichtig ist, dieser aber schon Beweis angeboten hat. Dann kann nämlich ein sog. Gegenbeweis erforderlich sein.

Gegenbeweis

Den Gegenbeweis führt die *nicht beweisbelastete* Partei. Sie versucht damit die Unwahrheit des Klägervortrags zu den anspruchsbegründenden Tatsachen darzutun. Der Gegenbeweis soll also nur den Hauptbeweis erschüttern, nicht aber das Gegenteil beweisen. Er ist deshalb bereits dann geführt, wenn die Überzeugung des Gerichts von der Wahrheit der beweisbedürftigen Tatsachen *erschüttert* ist[209].

> ***Bsp.:*** *Der Kläger bietet einen Beweis dafür an, dass der Beklagte am Unfallort zu schnell gefahren sei. Der Beklagte bestreitet dies und nennt seinem Anwalt eine Person, die bezeugen könne, dass er nicht zu schnell gefahren sei.*

Sinn des Gegenbeweises

In einer solchen Situation darf der sorgfältige Anwalt nicht einfach unterstellen, es werde im Prozess schon von selbst gelingen, die Unglaubwürdigkeit des Zeugen des Gegners darzulegen. Vielmehr hat er vorzubeugen und möglichst auch den Gegenbeweis ins Spiel zu bringen. Prallen die beiden Aussagen der Zeugen aufeinander und kann sich der Richter nicht entscheiden, wer von beiden ihm nun als unglaubwürdig erscheint, so kommt wieder die Beweislastverteilung zum Zuge mit der Folge, dass sich der nicht beweispflichtige Beklagte durchsetzt. Verzichtet man auf einen solchen Gegenbeweis, hätte der Richter den Zeugen des Gegners u.U. aber als glaubwürdig eingestuft.

Dagegen reicht das bloße Bestreiten durch den Beklagten, wenn der beweispflichtige Kläger keinen Beweis angeboten hat. Eine andere Frage ist, *in welcher konkreten Form* dieses Bestreiten dann im Schriftsatz selbst vorzunehmen ist.[210]

Hemmer-Klausur-Tipp

Verwenden Sie auch in der Beklagtenrolle in kritischen Grenzfällen das Beweisangebot „unter Verwahrung gegen die Beweislast" und erläutern Sie dem Korrektor den Hintergrund im (Hilfs)-Gutachten!

cc. Reaktion bei überflüssigem Beweisangebot des Gegners

Reaktion bei überflüssigem Beweisangebot des Gegners

12 Fraglich ist die Beklagtenreaktion, wenn der Kläger gar nicht beweispflichtig ist und aus taktischen Gründen oder unter Verkennung der Beweislast für solche streitigen Tatsachen Beweis anbietet, für deren Beweisführung eigentlich der Beklagte verpflichtet ist.

Zu empfehlen ist das Stellen eines *eigenen* Beweisantrags durch den Beklagten.

Gegenüber einem Beweisangebot des nicht beweispflichtigen Klägers liegt die korrekte Reaktion *des Richters* nämlich darin, dass er dann auf ein solches Beweisangebot gar nicht erst eingeht. Dann hätte er, wenn nicht von Seiten des Beklagten auch ein Beweisangebot vorgebracht wird, letztlich eine Entscheidung nach der Beweislastverteilung vorzunehmen, und diese wäre dann zwangsläufig *gegen den Beklagten* zu treffen.

209 BGH, NJW 1983, 1740 = **juris**byhemmer.

210 Hierzu unten bei der Darstellung der Schriftsatzformalien.

Folge: Antrag immer selbst stellen

Die Konsequenz, dass nun das Beweisangebot des beweispflichtigen Beklagten (sog. Hauptbeweis) und das Beweisangebot des Klägers, das nun als sog. Gegenbeweis zu behandeln ist, aufeinanderprallen und der Ausgang deswegen u.U. offen ist, ist das kleinere Übel. Dies ist immer noch ein besseres Ergebnis als die Hinnahme der Entscheidung nach Beweislastregeln, bei der man, wenn es korrekt zugeht, *nur* verlieren kann!

III. Festlegung der richtigen Reaktion

Festlegung der sachgerechten Reaktion

Das Ziel einer sachgerechten Verteidigung kann nicht immer auf Klageabweisung gerichtet sein. Vielmehr muss der Anwalt den nach der Prozesslage und dem Kostenrisiko günstigsten Weg wählen. Deshalb hat er vor Einreichung der Klageerwiderung aufgrund seiner Befragung des Beklagten die Erfolgsaussicht der Klage zu prüfen und aufgrund dessen zu entscheiden, ob bzw. welche Verteidigung angemessen ist. 13

Überblick

In Betracht kommen folgende Möglichkeiten:

1. (Teil)-Anerkenntnis

Anerkenntnis

Ist der eingeklagte Anspruch begründet, so stellt das Anerkenntnis eine kostengünstige Lösung dar, da hier evtl. gemäß § 93 ZPO die Kosten des Rechtsstreits dem Kläger auferlegt werden. 14

Als Nachteil ist aber zu bedenken, dass in solchen Fällen die Sache meist endgültig „gelaufen“ sein wird. Das wirksame Anerkenntnis ist nämlich bindend. Anfechtung und Kondiktion sind nicht möglich, ein Widerruf dagegen nur in engen Grenzen.[211]

klausurrelevant: Teilanerkenntnis

Ist die Klageforderung teilbar, kommt die Abgabe eines Teilanerkenntnisses in Betracht.

Eine wichtige Variante des Teilanerkenntnisses besteht bei *gegenseitigen* Leistungspflichten: Die Einschränkung des Anerkenntnisses kann auch dahingehend erfolgen, dass der Anspruch *nur Zug um Zug* gegen Erbringung einer Gegenleistung anerkannt wird.

Passt dann der Kläger seinen Sachantrag dieser Einschränkung an (vgl. § 264 Nr. 2 ZPO), so kann ein volles Anerkenntnisurteil über den Rest ergehen. Reagiert er nicht auf diese Weise, so entscheidet das Gericht zweiteilig, nämlich aufgrund des Anerkenntnisses über die Forderung des Klägers, aber streitig über das geltend gemachte Gegenrecht des Beklagten.[212]

Hemmer-Klausur-Tipp

Kalkulieren Sie die Abgabe eines *Teil*anerkenntnisses ernsthaft als mögliche Reaktion ein. Ein solches war in Examensklausuren schon häufiger notwendig! Der Streit war in diesem Fall dann auf die Kostenfolge (§ 91 ZPO gegen § 93 ZPO) zu beschränken.
In einer solchen Klausur mit Teilanerkenntnis werden mehrere Reaktionen des Beklagtenanwalts kumulativ abgeprüft: Zum einen haben Sie im streitigen Teil Ihres Schriftsatzes alle formalen Fertigkeiten der „normalen“ Klageerwiderung abzuliefern, zum anderen aber müssen Sie auch die Fähigkeit zur Ausübung der „Filterfunktion“ des Anwalts demonstrieren: Unterscheidung einer chancenlosen Position von der erfolgversprechenden Verteidigung.

211 Thomas/Putzo, § 307, Rn. 8.

212 BGH, NJW 1989, 1934 (1935) = **juris**byhemmer.

Den Grund der Teilkapitulation haben Sie dann in der Klausur selbstverständlich auch darzulegen; dies aber nicht im Schriftsatz selbst, sondern im (Hilfs)-Gutachten oder - je nach Bearbeitervermerk - in einem Schreiben an den eigenen Mandanten.
Eine Klausur, deren Sachverhalt zur *vollständigen* Anerkennung zwingt, wird aber sicher nicht als Prüfungsaufgabe laufen. Das wär eine wenig sinnvolle Aufgabenstellung, weil bei Abgabe eines vollständigen Anerkenntnisses gar keine weiteren Ausführungen des Beklagtenanwalts im Schriftsatz an das Gericht mehr erforderlich sind. Sollten Sie bei Ihren Überlegungen zur Klausur zu einem solchen Ergebnis gekommen sein, so sollten Sie - soweit noch Zeit ist - lieber noch einmal den Fall überprüfen. Die Wahrscheinlichkeit, dass Sie etwas Entscheidendes übersehen haben, ist dann extrem hoch. Ausnahme: Der Fall ist gerade auf die Notwendigkeit der Erhebung einer Widerklage zugeschnitten.

a. Prüfung der Voraussetzungen des § 93 ZPO

Anerkenntnis im Falle des § 93 ZPO

Für die Anwendung dieser günstigen Kostenvorschrift sind *kumulativ* 15
zwei Voraussetzungen erforderlich: keine Klageveranlassung und *sofortiges* Anerkenntnis.

zwei kumulative Voraussetzungen

Voraussetzung ist zunächst, dass der Beklagte durch sein Verhalten keine Veranlassung zur Klageerhebung gegeben hat („Klageüberfall"). Das heißt, er darf sich vor dem Prozess nicht so verhalten haben, dass der Kläger annehmen musste, nur durch einen Prozess sein Ziel erreichen zu können. Der Beklagte hat dafür die Beweislast, weil es sich um die Ausnahme von der Grundregel des § 91 ZPO handelt.[213]

Erforderlich ist weiterhin, dass der Beklagte den Anspruch sofort anerkennt.

„sofortige" Erklärung

Bei Anordnung des schriftlichen Vorverfahrens ist „sofort" nur gegeben, wenn das Anerkenntnis spätestens *in der Klageerwiderung* abgegeben wird. Der Beklagte kann den geltend gemachten Anspruch innerhalb der Klageerwiderungsfrist aber jedenfalls auch dann noch „sofort" i.S.d. § 93 ZPO anerkennen, wenn die vorherige Verteidigungsanzeige keinen auf eine Abweisung der Klage gerichteten *Sachantrag* enthält.[214]

Ein sofortiges Anerkenntnis i.d.S. liegt nicht vor, wenn der Beklagte *oder* der Anwalt vor dem Anerkenntnis im Prozess bestritten hatte, insbesondere in einem vorbereitenden Schriftsatz.[215]

Ein Anerkenntnis kann auch unter dem Vorbehalt einer Zug um Zug zu erbringenden Gegenleistung erfolgen. Stellt der Kläger daraufhin seine Klage nicht entsprechend um, erkennt er *das Zurückbehaltungsrecht* also nicht an, kann zwar kein Anerkenntnisurteil ergehen, doch wird das Anerkenntnis des Beklagten trotzdem bindende Entscheidungsgrundlage.[216] Demnach soll auch in solchen Fällen eine direkte oder entsprechende Anwendung von § 93 ZPO erfolgen.[217]

213 Thomas/Putzo, § 93, Rn. 4.

214 Vgl. BGH NJW 2006, 2490 = **juris**byhemmer; Thomas/Putzo, § 93, Rn. 9.

215 Hierzu und zu weiteren Einzelfällen siehe Thomas/Putzo, § 93, Rn. 10 ff.

216 Vgl. BGHZ 107, 142; Arz, NJW 2014, 2828 [2829].

217 Vgl. Arz, NJW 2014, 2828 [2829 m.w.N.].

b. Anerkenntnis bei Nichtvorliegen von § 93 ZPO

Die Chance, den Prozess ohne Kostenlast zu verlassen, besteht in einem solchen Fall nicht mehr, denn es gilt wieder § 91 ZPO. 16

Auswirkung auf die Gebühren?

Anders als früher sind auch die Möglichkeiten, die Kosten des Rechtsstreits durch ein Anerkenntnis *zu reduzieren*, inzwischen äußerst beschränkt: Im Hinblick auf die Gerichtskosten würde nur ein vollständiges Anerkenntnis eine Reduzierung bringen, nicht dagegen ein bloß *teilweises* Anerkenntnis (vgl. KV Nr. 1211 zum GKG).

Hinsichtlich der Anwaltsgebühren ist Nr. 3104 VV-RVG zu beachten, wonach die Terminsgebühr neben der ohnehin schon entstandenen Verfahrensgebühr Nr. 3100 VV-RVG sogar dann entstehen kann, wenn es wegen eines Anerkenntnisses nicht zur mündlichen Verhandlung kommt.[218]

2. Vergleichsverhandlungen

Vergleichsverhandlungen

Obwohl die Bedeutung von Vergleichsverhandlungen in der zivilgerichtlichen Praxis enorm hoch ist, kann dieser Aspekt hier wohl guten Gewissens vernachlässigt werden: Als Zielsetzung einer anwaltlichen Klausuraufgabe ist dies denkbar ungeeignet, da Verhandlungsgeschick - so wichtig es ist - jedenfalls in einer schriftlichen Arbeit nicht prüfbar ist. 18

Eine vereinzelt bereits geprüfte Möglichkeit besteht aber darin, dass der Aufgabensteller im Sachverhalt einen Vergleichsvorschlag des Gerichts oder des Gegners vorgibt und die Aufgabe darin besteht, im Wege einer gutachtlichen Chancen-Risiko-Analyse zu beurteilen, ob es Sinn macht, darauf einzugehen.

3. Klageabweisung / Ansatzpunkte hierfür

Klageabweisung

Der Anwalt beantragt Klageabweisung, wenn bzw. soweit nach eingehender Überprüfung eine Verteidigung erfolgversprechend ist. 19

a. Überblick

Die Erfolgschance der Verteidigung kann sich bereits aus einer Unzulässigkeit oder Unschlüssigkeit der Klage ergeben. Meist geht es aber darum, einem Teil der Tatsachenbehauptungen des Gegners entgegenzutreten und die Klage damit zu Fall zu bringen.

Alternativ oder kumulativ kann der Ansatz für die sachgerechte Verteidigung schließlich aber auch noch im Vorbringen von Einwendungen bzw. Einreden liegen. Hierfür kommen vor allem Rücktritt, Anfechtung, Minderung und Aufrechnung in Betracht.

218 Dagegen entsteht bei einem Versäumnisurteil gemäß § 331 III ZPO nur eine 0,5fache Terminsgebühr für den Klägervertreter (Nr. 3105 VV-RVG). Daher wird das „Kassieren" eines VU trotz des Unterschieds bei den Gerichtskosten (vgl. Nr. 1210 gegenüber Nr. 1211 KV zum GKG) im absoluten Regelfall kostenmäßig günstiger. Deswegen wird schon davon gesprochen, dass das Anerkenntnis gemäß § 307 ZPO auf der Basis des RVG in vielen Fällen ein anwaltlicher Kunstfehler sei (vgl. König NJW 2005, 1243 f. mit Rechenbeispielen).

b. Aufrechnung

Aufrechnung

Sehr verbreitet in Anwaltsklausuren sind Probleme der Aufrechnung. Hier ist zu unterscheiden, ob diese außerprozessual erklärt wurde oder im Prozess selbst (Prozessaufrechnung). Bei der Prozessaufrechnung wiederum ist zwischen der - unbedingt erklärten - Hauptaufrechnung und der Hilfsaufrechnung zu unterscheiden. 20

Wird die Aufrechnung nur für den Fall erklärt, dass die Hauptforderung besteht, dann handelt es sich um eine sog. Eventualaufrechnung oder Hilfsaufrechnung.

Die Aufrechnung wird hier meist unter einer aufschiebenden Bedingung erklärt, der die grundsätzliche Bedingungsfeindlichkeit von Prozesshandlungen nicht entgegensteht, da es sich hier um eine innerprozessuale Bedingung handelt. Ein Zustand der Rechtsunsicherheit besteht damit gerade nicht, da der Eintritt der Bedingung vom Prozessverlauf selbst abhängt. Auch die *materiellrechtliche* Bedingungsfeindlichkeit der Aufrechnung (§ 388 S. 2 BGB) wird auf diese Weise überwunden.

Hinsichtlich des Streitwerts ist gemäß § 45 III GKG zu beachten, dass sich dieser um den Betrag der Gegenforderung erhöht, soweit über sie eine der Rechtskraft fähige Entscheidung ergeht.

Zulässig ist auch die sog. Doppelaufrechnung.

zweimalige Aufrechnung derselben Forderung

> ***Bsp.:*** *Die Gegenforderung wurde bereits in einem anderen Verfahren zur Aufrechnung gestellt bzw. selbst in einem eigenen Verfahren eingeklagt, und es ist über diesen Parallelprozess noch nicht entschieden worden.*

In einem solchen Fall ist der Beklagte nicht durch § 261 III Nr. 1 ZPO daran gehindert, die Forderung durch eine Aufrechnungserklärung geltend zu machen, da sie als bloßes Verteidigungsmittel nicht rechtshängig wird.[219] Natürlich kann ihm diese Verteidigungsmöglichkeit aber materiellrechtlich über § 389 BGB oder prozessual über die Rechtskraftwirkung gemäß § 322 II ZPO verloren gehen, wenn im Parallelprozess *früher* über seine Forderung entschieden wird.

4. Die Widerklage

Widerklage

Neben der Verteidigung mit einer Aufrechnung, kann der Beklagte auch zum Gegenangriff übergehen, wenn ihm gegen den Kläger oder gegen Dritte Ansprüche zustehen. Die materiellrechtliche Prüfung ist entsprechend einer Klage vorzunehmen. Zusätzlich ist prozessual zu prüfen, ob die Voraussetzungen einer Widerklage gemäß § 33 ZPO vorliegen. 21

Die Widerklage ist als eigenständige, richtige Klage kein Angriffs- und Verteidigungsmittel gemäß §§ 282, 296 ZPO. Sie kann daher bis zur letzten mündlichen Verhandlung erhoben werden. Sie darf in keinem Fall wegen verspäteten Vorbringens zurückgewiesen werden.

219 BGHZ 57, 242 (243); 60, 85 (87) = **juris**byhemmer.

kostenrechtliche Behandlung

Für die Widerklage ist kein Gerichtskostenvorschuss zu bezahlen (§ 12 II Nr. 1 GKG). Im Regelfall wird sich aber das Kostenrisiko erhöhen, weil der Gebührenstreitwert gemäß § 45 I 1 GKG zu addieren ist.[220]

a. Zulässigkeitsvoraussetzungen

Zulässigkeitsvoraussetzungen

Die Prüfung einer einfachen Widerklage hat folgendermaßen zu erfolgen: 22

⇨ Sind die allgemeinen Prozessvoraussetzungen für eine Klage gegeben?

⇨ Gehört die beabsichtigte Widerklage zur selben Prozessart wie die anhängige Klage?

⇨ Ist der Sachzusammenhang mit der Klage oder den gegen diese beabsichtigten Verteidigungsmitteln gegeben (§ 33 I ZPO)?

⇨ Ist für den Gegenanspruch kein anderer ausschließlicher Gerichtsstand gegeben (§§ 33 II, 40 II ZPO)?

Wesen des § 33 ZPO

§ 33 ZPO begründet einen zusätzlichen, besonderen Gerichtsstand.[221] Örtlich zuständig für die Widerklage ist demnach das Gericht der Klage, soweit der Gegenanspruch mit dem in der Klage geltend gemachten Anspruch *oder* (!) mit den gegen ihn vorgebrachten Verteidigungsmitteln in Zusammenhang steht (Prozessökonomie). Der von § 33 ZPO geforderte Zusammenhang ist prozessualer Natur und betrifft nicht nur den rechtlichen, sondern auch den *wirtschaftlichen* Zusammenhang von Widerklage und Klage bzw. Verteidigungsvorbringen. Erforderlich ist also ein einheitlicher Lebenssachverhalt.[222]

Nach Auffassung der Rechtsprechung[223] regelt § 33 ZPO nicht nur einen besonderen Gerichtsstand der Widerklage, sondern begründet mit dem Erfordernis der Konnexität *zusätzlich* eine *besondere Prozessvoraussetzung* für die Widerklage. 23

Hemmer-Klausur-Tipp

Folgen Sie im praxisorientierten Assessorexamen nicht der Gegenmeinung[224], die § 33 ZPO demgegenüber *nur* als besonderen Gerichtsstand der Widerklage beurteilt, obwohl diese sicher die besseren Argumente hat (v.a. Stellung im Gesetz und § 145 II ZPO). Aufgrund der großzügigen Behandlung der Konnexität[225] ist diese ohnehin meist zu bejahen.

Sollte ganz ausnahmsweise einmal keine Konnexität gegeben sein, so besteht in einer Richterklausur noch eine „Hintertür": Auch nach BGH ist nämlich eine Heilung möglich, nämlich nach § 295 ZPO.[226] Auf den künftigen Nichtprotest des Gegners zu spekulieren, wäre in der Anwaltsklausur aber ein gefährlicher Weg. Fehlt es an der Konnexität, so läuft der Fall eher auf eine Prozessaufrechnung hinaus. Bei dieser kommt es auf Konnexität nicht an, sondern auf die Voraussetzungen der §§ 387 ff. BGB (v.a. Gegenseitigkeit und Gleichartigkeit).

220 Dazu siehe nochmals genauer unten in Rn. 38.

221 Dies ergibt sich schon aus dem Gesetzeswortlaut und ist deswegen *nicht* umstritten!

222 Vgl. Thomas/Putzo, § 33, Rn. 4.

223 BGH, NJW 1975, 1228 = **juris**byhemmer.

224 Etwa Thomas/Putzo, § 33, Rn. 1.

225 Siehe Thomas/Putzo, § 33, Rn. 4 ff.

226 Thomas/Putzo, § 33, Rn. 7.

Verhältnis zur Aufrechnung

Die Möglichkeit der Aufrechnung beseitigt nicht das Rechtsschutzbedürfnis für die Widerklage. Zwar kann eine rechtskräftige Entscheidung über die in der Widerklage geltend gemachten Ansprüche wegen § 322 II ZPO auch über eine Prozessaufrechnung erreicht werden. 24

Aber: Bei Nichtbestehen der Klageforderung läuft eine Prozessaufrechnung und damit die Rechtskraftwirkung des § 322 II ZPO leer, weil dann gar nicht über die zur Aufrechnung gestellte Forderung entschieden wird. Mit der Widerklage kann der Beklagte dagegen *stets* eine rechtskräftige Entscheidung über die ihm zustehende Forderung erreichen.

b. Typische Anwendungsfälle bzw. -probleme der Widerklage

klausurtypische Probleme

Es gibt eine ganze Reihe verschiedener Gründe für den Beklagten, eine Widerklage zu erheben. 25

aa. Schaffung eines Titels

Eine Widerklage auf Leistung wird bei Vorliegen eines aller Wahrscheinlichkeit nach begründeten Anspruchs regelmäßig geboten sein, wenn der Gegner (Kläger) zuvor eine negative Feststellungsklage erhoben hatte. Die bloße Abweisung der negativen Feststellungsklage würde nämlich keinen Vollstreckungstitel schaffen. Ein Anwalt darf aber nicht als Selbstverständlichkeit davon ausgehen, dass der Gegner sich einer richterlichen Entscheidung von selbst beugen wird.

Diese später erhobene Leistungswiderklage ist nicht gemäß § 261 III Nr. 1 ZPO unzulässig, weil diese durch das Ziel, einen vollstreckbaren Leistungstitel zu schaffen, gerade über das Prozessziel der bloßen Abweisung der Feststellungsklage hinausreicht.[227]

bb. Umgehung der Präklusion / „Flucht in die Widerklage“

„Flucht in die Widerklage“

Eine interessante prozesstaktische Möglichkeit kann die Widerklage u.U. bieten, wenn die Gefahr besteht, dass die Verteidigung des Beklagten durch eine Zurückweisung von Verteidigungsmitteln als verspätet gemäß § 296 I ZPO eingeschränkt werden könnte.

> ***Bsp.:*** *Der Mandant hat eine Klageschrift erhalten, hat auch bereits selbst eine wirksame Verteidigungsanzeige abgegeben (Parteiprozess liegt vor; vgl. §§ 78, 79 ZPO), doch ist die gesetzte Klageerwiderungsfrist bereits verstrichen, ohne dass eine genügende Entschuldigung dafür ersichtlich ist.*

Selbstverständlich muss nun zunächst einmal die Klageerwiderung nachgeholt werden. Allerdings sind die Verteidigungsmittel damit verspätet genannt. Sollte nun gerade deswegen noch eine Verzögerung des Rechtsstreits i.S.d. § 296 I ZPO eintreten[228], so könnte es dem Beklagten passieren, dass ihm aufgrund einer Zurückweisung bestimmte, vielleicht entscheidende Verteidigungsmittel genommen werden.

227 Vgl. etwa Thole NJW 2013, 1193 [1194]; BGH NJW 1994, 3107.

228 Hierzu siehe Thomas/Putzo, § 296, Rn. 12 ff.

BGH liefert Möglichkeit zur Umgehung einer Präklusion

Dies kann - ähnlich wie im umgekehrten Fall des Klägers (sog. „Flucht in die Klage*erweiterung*") - u.U. durch eine „Flucht in die Widerklage" verhindert werden.

Geht man als Prämisse davon aus, dass eine Präklusion nur bei einer Verzögerung des *gesamten* Rechtsstreits (also nicht bei einem Teilurteil) möglich ist[229], so kann durch ein solches Vorgehen die Präklusion verhindert werden, weil damit dem Rechtsstreit insgesamt die Entscheidungsreife genommen wird.

Die Widerklage ist nämlich kein Angriffs- oder Verteidigungsmittel in diesem Sinne, sondern sie stellt *den Angriff selbst* dar, und dieser kann nicht präkludiert werden.[230]

nicht ganz unumstritten

Hundertprozentig sicher kann man allerdings nicht sein, dass eine solche Taktik auch wirklich aufgeht: Zum einen wird diese BGH-These in der Literatur teilweise hart kritisiert, und Instanzgerichte, für die diese BGH-Rechtsprechung oft ein Ärgernis ist, gehen durchaus nicht selten auf diese Kritik ein.[231]

Gestützt auf die Gegenansicht kann es dann geschehen, dass die Klage durch Teilurteil erledigt wird und *hierin* das Verteidigungsmittel als präkludiert behandelt wird, weil *dieses Teilurteil* sonst verzögert worden wäre. Im Übrigen hat selbst der BGH angedeutet, dass eine Zurückweisung möglicherweise in Betracht käme, wenn das Verhalten „rechtsmissbräuchlich wäre, insbesondere nur den Sinn haben könnte, der Verspätungsfolgen zu entgehen".[232]

cc. Umgehung eines Aufrechnungsverbotes

Umgehung eines Aufrechnungsverbotes

26 Besonders wichtig kann die Widerklage werden, wenn ein Aufrechnungsverbot besteht. Dieses kann sich entweder aus Gesetz (§§ 390 ff. BGB) oder aus Vertrag ergeben, wobei v.a. Regelungen in AGB verbreitet sind.

Eine Widerklage wird durch ein Aufrechnungsverbot nicht ausgeschlossen. Stattdessen erlangt der Widerkläger im Erfolgsfalle selbst einen – irgendwann *rechtskräftigen* – Titel. Da ein in AGB enthaltenes Aufrechnungsverbot der Aufrechnung nun nicht mehr entgegenstehen kann (vgl. § 309 Nr. 3 BGB) hat der Beklagte damit das Aufrechnungsverbot umgangen: nun kann er seinen rechtskräftigen Anspruch gegen den Kläger aufrechnen.

Wenn die Wirksamkeit des Aufrechnungsverbotes in Streit steht und diese Frage vom Gericht erst entschieden werden muss, ist es empfehlenswert, dass der Beklagte die Widerklage *hilfsweise* für den Fall der Unzulässigkeit der Prozessaufrechnung erhebt.

dd. Verhältnis der Widerklage zur Aufrechnung

Prozesstaktik: Verhältnis der Widerklage zur Aufrechnung

27 Das Verhältnis der Widerklage zur Aufrechnung bietet eine Vielzahl von Varianten, auf die der Beklagtenanwalt sich mit seiner Prozesstaktik einzustellen hat.

---

229 So BGHZ 77, 306; BGH, NJW 1986, 2257 (2258); vgl. auch BGH, NJW 1995, 1223 (1224); Thomas/Putzo, § 296, Rn. 19: **alle Entscheidungen = juris**byhemmer.

230 Vgl. Thomas/Putzo, § 296, Rn. 21 i.V.m. § 146, Rn. 2.

231 Vgl. die Nachweise bei Zöller/Greger, § 296, Rn. 12 und 43.

232 BGH, NJW 1986, 2257 (2258) = **juris**byhemmer.

So können die Klageforderung und die Gegenforderung jeweils streitig oder unstreitig sein, und sie können sich in der Höhe entsprechen oder auf unterschiedliche Beträge lauten. Dies kann jeweils eine andere Reaktion der Klageerwiderung erfordern, wobei dann meist eine Kombination von Prozessaufrechnung und Widerklage angezeigt sein wird.

viele Kombinationsmöglichkeiten über innerprozessuale Bedingungen

Grundlage dieser Kombinationsmöglichkeiten ist die Tatsache, dass eine Widerklage unproblematisch auch hilfsweise für den Fall einer bestimmten Entscheidung über die Klage erhoben werden kann. Dann liegt eine zulässige *innerprozessuale* Bedingung vor.

Taktik bei bestehender Klageforderung

Bsp. 1: *Nach den Angaben der Klageschrift und des Mandanten besteht keine realistische Chance, sich gegen das Bestehen der Forderung des Klägers zu wehren. Die Gegenforderung des Beklagten ist umstritten, ihre Erfolgschance ist gegeben, aber keineswegs sicher.* 28

Hier sollte der Beklagte aus Kostengründen die Aufrechnung durchaus *unbedingt* erklären (sog. Hauptaufrechnung). Während in diesem Fall nämlich der Streitwert unverändert bliebe, würde eine Hilfsaufrechnung diesen wegen § 45 III GKG erhöhen[233]: eine unnötige Kostentreiberei, wenn gegen die Forderung des Klägers unmittelbar ohnehin nichts zu machen ist.

Weiter muss geprüft werden, ob zusätzlich zum Klageabweisungsantrag, der auf diese Aufrechnung gestützt wird (vgl. § 389 BGB), eine Widerklage in Betracht kommt.

⇨ Diese ist, wenn kein Aufrechnungsverbot besteht (s.o.), überhaupt nur sinnvoll, wenn die Gegenforderung *höher* als die Klageforderung ist (oder zumindest sein kann); andernfalls wird die Forderung des Beklagten ohnehin schon von der Aufrechnung „verbraucht“ (vgl. § 389 BGB).

⇨ Ist die Forderung des Beklagten tatsächlich höher, so sollte die Widerklage in jedem Fall nur auf diesen Mehrbetrag erhoben werden.

⇨ Auch dies sollte aber am besten nicht unbedingt erfolgen, sondern eventualiter für den Fall der Abweisung der Klage infolge *erfolgreicher* Aufrechnung: So ist sichergestellt, dass die Widerklage nur dann den Streitwert nochmals erhöht, wenn der Richter ohnehin schon vom Bestehen der Gegenforderung des Beklagten überzeugt ist.

⇨ Besteht das Problem allerdings *gerade in der Höhe* der etwaigen Gegenforderung (etwa weil um eine Kürzung über § 254 BGB gestritten wird) bringt diese letzte Einschränkung natürlich nichts:

Die wirkliche Höhe lässt sich nur klären, wenn man eine *unbedingte* Widerklage erhebt. Dieses Prozesskostenrisiko ist hier dann praktisch unvermeidbar, will man nicht Gefahr laufen, einen etwaigen Überschussbetrag der Forderung des Beklagten erst in einem späteren Prozess einklagen zu können.

Zu beachten ist, dass die Aufrechnung selbst bei den Anträgen des Klageerwiderungsschriftsatzes nicht auftaucht; sie steckt im Klageabweisungsantrag, der in jedem Fall *unbedingt* zu stellen ist.

233 Thomas/Putzo, § 3, Rn. 19.

Taktik bei Streit über beide Forderungen

Bsp. 2: *Das Bestehen der Forderung von Kläger und Beklagtem ist zweifelhaft, beide entsprechen sich in der Höhe (oder: die des Klägers ist höher).* 29

In diesem Fall sollte der Beklagte, will er den sichersten Weg gehen, beide Rechtsinstitute durch ein *Eventualverhältnis* verbinden: Er erklärt die Eventualaufrechnung für den Fall *des Bestehens* der Klageforderung und erhebt Eventualwiderklage für den Fall *der Unbegründetheit* der Klageforderung.

⇨ Sofort und *nur Widerklage* zu erheben, hätte den Nachteil, dass er dann bei Erfolg der Klage insoweit verurteilt werden würde.

⇨ Wird vom Beklagten hier *nur die hilfsweise Aufrechnung* erklärt, so können Probleme mit seiner eigenen Forderung entstehen, wenn die Forderung des Klägers schon erfolgreich durch das übrige Verteidigungsvorbringen zu Fall gebracht wurde.

⇨ In diesem Fall entscheidet das Gericht nicht mehr über die Aufrechnungsforderung. Deshalb empfiehlt es sich, die Hilfsaufrechnung mit der (auf den *umgekehrten* Fall bezogenen) Eventualwiderklage zu verbinden.[234]

Durch diese Kombination ist sichergestellt, dass vom Gericht auch dann über die Forderung des Beklagten entschieden wird, wenn die Hauptforderung des Klägers gar nicht besteht. Insbesondere eine etwaige Verjährungsgefahr wäre damit gebannt, weil die Rechtshängigkeit (§§ 204 I Nr. 1 BGB, 253 I, 261 I ZPO) auch bei einem bloßen Hilfsantrag gegeben ist.

Taktik bei höherer Forderung des Beklagten

Bsp. 3: *Das Bestehen der Forderung von Kläger und Beklagtem ist zweifelhaft, und die mögliche Forderung des Beklagten ist um 5.000 € (10.000 € zu 15.000 €) höher als die des Klägers.* 30

Hier könnten im Vergleich zum Fall eben dann Probleme entstehen, wenn die Forderung des Klägers vom Gericht als gegeben angesehen wird. In diesem Fall würde beim selben Vorgehen wie eben nur die Bedingung für die Aufrechnung eingreifen; diese würde die höhere Forderung des Beklagten aber *nur teilweise* erfassen, nicht mehr in Höhe der überschießenden 5.000 €.

Deswegen sollte hier sinnvoller Weise eine *unbedingte* Widerklage auf den Überschuss von 5.000 € erhoben werden. Der „Sockelbetrag“ von 10.000 € wird behandelt wie eben: Mit ihm wird eine Eventualaufrechnung für den Fall *des Bestehens* der Klageforderung erklärt und zusätzlich für den Fall *der Unbegründetheit* der Klageforderung die Erweiterung der Widerklage auf 15.000 €.

ee. Widerklage gegen Klage auf Zug-um-Zug-Leistung

Widerklage gegen Klage auf Zug-um-Zug-Leistung

Eine Widerklage (evtl. auch als Eventualwiderklage) kann auch dann sinnvoll sein, wenn der Kläger eine Klage auf Zug-um-Zug-Leistung erhoben hat. 31

Bsp.: *Der Kläger hat dem Beklagten eine Sache verkauft, dieser hat aber die Kaufpreiszahlungspflicht zunächst nicht erfüllt. Nun streiten die Parteien über Details (etwa die Höhe des Kaufpreises infolge erklärter Minderung), v.a. aber darüber, ob der Kläger wirksam wegen Zahlungsverzugs zurückgetreten ist.*

234 Thomas/Putzo, § 33, Rn. 14.

Als Hauptantrag hat der Kläger Schadensersatz („statt der Leistung") geltend gemacht, als Hilfsantrag Zahlung des Kaufpreisrestes (§ 433 II BGB) Zug um Zug gegen Übergabe. Der Mandant möchte an der Minderung möglichst festhalten; da der Kaufgegenstand in letzter Zeit aber im Wert deutlich gestiegen ist, möchte er diesen in jedem Fall bekommen.

Problem: Kläger kann vollstrecken, muss aber nicht

Bekommt der Kläger hier - auf den Hilfsantrag hin - ein entsprechendes Urteil mit Zug-um-Zug-Tenorierung, so ist er berechtigt, aber nicht verpflichtet (!), hieraus die Zug-um-Zug-Vollstreckung gemäß § 756 ZPO gegen den Beklagten zu betreiben. Dazu muss der Kläger grds. die dem Beklagten gebührende Leistung in einer den Verzug der Annahme begründenden Weise anbieten.

Zug-um-Zug-Beschränkung gibt keinen Leistungstitel für Beklagten

Problematisch ist es, wenn der Kläger dieser Befugnis nicht nachkommt (z.B. weil er nun kein Interesse mehr an der Gegenleistung des Beklagten hat), der Beklagte - wie im Beispielsfall - jedoch sehr wohl an der Leistung des Klägers interessiert und auch seinerseits bereit ist zu leisten.

Da er - wenn er keine Widerklage erhoben hat - keinen eigenen Titel besitzt, müsste er dann einen neuen Prozess führen und die Leistung des Klägers einklagen. Um dies schon von vornherein zu vermeiden, sollte er deshalb eine Wider- bzw. Eventualwiderklage erheben.

Klarzustellen ist, dass § 261 III Nr. 1 ZPO einem solchen Vorgehen nicht entgegensteht: Der *Gegenanspruch des Beklagten* war nämlich allein aufgrund der Klage selbst nicht rechtshängig, und auch eine rechtskräftige Feststellung seines Bestehens würde durch die Klage nicht erfolgen; vielmehr stellt der Gegenanspruch - solange keine Widerklage vorliegt - nur eine *Beschränkung der Klageforderung* selbst dar.

ff. Feststellungswiderklage

Feststellungswiderklage

Bei der Feststellungswiderklage ist zwischen der Zwischenfeststellungswiderklage und der negativen Feststellungswiderklage zu unterscheiden: 32

(1) Zwischenfeststellungswiderklage

erster Fall: Zwischenfeststellungswiderklage nach § 256 II ZPO

Eine Zwischenfeststellungswiderklage nach § 256 II ZPO kommt in Betracht, wenn ein Rechtsverhältnis im Zeitpunkt der Erhebung streitig ist oder bis Verhandlungsschluss streitig wird und von dem Rechtsverhältnis die Entscheidung über den geltend gemachten prozessualen Anspruch abhängig ist (Vorgreiflichkeit).[235]

Bsp.: *Der Kläger hat aus einem von ihm als wirksam behaupteten Werkvertrag einen angeblich vereinbarten Vorschuss von 5.000 € eingeklagt. Er erklärt, dass nach diesem Vertrag in der Zukunft noch weitere fünf Raten fällig seien, sobald er seine Bauleistungen in den jeweiligen Bauabschnitten erbracht habe. Der Beklagte (unser Mandant) bestreitet, dass es überhaupt zu einem wirksamen Abschluss über einen Werkvertrag gekommen sei. Vielmehr habe der Kläger diesen Vertrag nur vorgelegt, und man habe die Einigung auf unbestimmte Zeit verschoben.*

235 Thomas/Putzo, § 256, Rn. 30.

Hier drohen zahlreiche Folgerechtsstreitigkeiten aus dem streitigen Vertrag: Der Kläger könnte u.U. auf Erfüllung (Entgegennahme der Werkleistung, dann später Zahlung) klagen, der Beklagte könnte in Annahme- und/oder Schuldnerverzug sein (mit den entsprechenden Konsequenzen) oder der Kläger könnte in der Folgezeit umschwenken auf Schadensersatz wegen Nichterfüllung.

Begriff Vorgreiflichkeit

Für alle diese Fragen aber ist eines als Vorfrage präjudiziell: das Bestehen eines wirksamen Vertrages. Ohne einen solchen hätte der Kläger *alle* diese Ansprüche nicht. Andererseits ist das Bestehen des Vertrages für all diese denkbaren Ansprüche auch wiederum *nicht die einzige* Voraussetzung; *zusätzlich* kommt es für die jeweilige Forderung noch an auf Fälligkeit bzw. Abnahme oder endgültige Erfüllungsverweigerung (u.a.). Also handelt es sich bei dem Bestehen des Vertrages im Verhältnis zur eingeklagten Forderung um ein sog. *vorgreifliches* Rechtsverhältnis i.S.d. § 256 II ZPO. 33

Das Problem für den Beklagten besteht nun darin, dass sich die Rechtskraftwirkung des Urteils grundsätzlich nur auf die Entscheidung über den prozessualen Anspruch selbst bezieht.

Wird die Klage abgewiesen, so steht nur fest, dass der konkret eingeklagte Anspruch auf 5.000 € nicht gegeben ist. Es steht aber nicht auch darüber hinaus fest, dass kein Vertrag gegeben ist, denn dies hat der Richter *nur in den Entscheidungsgründen* ausgeführt.

Antragsinhalt

Daher kann hier mit einer Zwischenfeststellungswiderklage nach § 256 II ZPO der Antrag auf Feststellung gestellt werden, *„dass zwischen den Parteien kein wirksamer Vertrag zustande kam“*. Das, was bei der Leistungsklage nur eine Vorfrage ist, wird hier nun unmittelbar zum Gegenstand des Antrages gemacht.

Hemmer-Klausur-Tipp

Obwohl eine Erhebung bis zum Schluss der mündlichen Tatsachenverhandlung möglich ist, sollten Sie bei entsprechendem Anlass diesen Antrag gleich im Klageerwiderungsschriftsatz stellen! Sie haben nur *eine* Chance, dem Korrektor ihren Weitblick zu demonstrieren.

Vorteil: Erweiterung der Rechtskraftwirkung

Durch die Erhebung einer Zwischenfeststellungswiderklage (vgl. auch § 261 II ZPO) wird nun die Rechtskraft (§ 322 ZPO) auch auf das bedingende Rechtsverhältnis und die tragenden Entscheidungsgründe erweitert.[236] Ist die Widerklage erfolgreich, steht neben der Abweisung der Klage zusätzlich und ausdrücklich im Tenor, dass kein Vertrag gegeben ist; an dieser Bindung wird der jetzige Kläger in etwaigen Folgeprozessen nicht mehr vorbeikommen.

Das vom Beklagten geltend zu machende Feststellungsinteresse resultiert regelmäßig schon allein aus der Vorgreiflichkeit. Insoweit reicht es, wenn die *Möglichkeit* besteht, dass das inzidenter zu klärende Rechtsverhältnis zwischen den Parteien noch über den Streitgegenstand hinaus an Bedeutung gewinnen kann.[237]

Selbstverständlich kann, weil es wiederum um ein innerprozessuales Ereignis handelt, auch die Zwischenfeststellungswiderklage unter der Bedingung *der Abweisung* der Klage erhoben werden.[238] Hat man keinen todsicheren Hebel für den Abweisungsantrag zur Hand, so wird dies regelmäßig sogar das beste prozesstaktische Verhalten sein.

236 Thomas/Putzo, § 256, Rn. 26.

237 Thomas/Putzo, § 256, Rn. 28.

238 BGH, NJW 1992, 1897 = **juris**byhemmer; Thomas/Putzo, § 256, Rn. 26.

(2) Negative Feststellungswiderklage

zweiter Fall: negative Feststellungswiderklage

Der Beklagte kann eine negative Feststellungswiderklage erheben, wenn vom Kläger nur ein Teil seiner Forderung eingeklagt wurde, der Beklagte jedoch darüber hinaus eine Klärung des Nichtbestehens der Forderung *insgesamt* erreichen möchte. 34

Streitgegenstand hier: bloßes Gegenteil der Klageforderung

Diese negative Feststellungswiderklage darf sich dann allerdings nur auf den Teil der Forderung beziehen, der noch nicht von der Klageforderung erfasst ist. Da es hier, anders als bei § 256 II ZPO nicht um ein *vorgreifliches* Rechtsverhältnis geht, sondern um das bloße Gegenteil der Klageforderung, wäre andernfalls § 261 III Nr. 1 ZPO verletzt.

> ***Bsp.:*** *Der Kläger hat eine offene Teilklage in Höhe von 5.000 € erhoben und behauptet, eine Forderung von insgesamt 20.000 € zu haben.*

Wenn hier der Beklagtenanwalt vom Nichtbestehen dieser Forderung gegen seinen Mandanten überzeugt ist, er aber aus rechtlichen oder prozesstaktischen Sinne nicht (nur) ein vorgreifliches Rechtsverhältnis klären will, so wird er eine negative Feststellungswiderklage erheben. Seine Antwort besteht dann in der Widerklage mit folgendem Antrag:

Formulierung

> *„Es wird festgestellt, dass auch über die Klageforderung hinaus aus dem Vertrag vom .... keine weitere Forderung des Klägers gegeben ist.“*[239]

Ist der Ausgang des Rechtsstreits - wie meist – schwer zu prognostizieren, so empfiehlt sich dasselbe Vorgehen im Wege der Eventualwiderklage, nämlich unter der Bedingung, dass die Klage des Gegners *abgewiesen* wird.

Feststellungsinteresse

Auch hier ergibt sich das Feststellungsinteresse aus der begrenzten Reichweite der Rechtskraft der Klageforderung: Diese kann nicht über den konkreten Streitgegenstand von 5.000 € hinausgehen.

Da die Begründung, mit der der Richter über diese Forderung entscheidet, bezüglich der Restforderung zwar meist zur selben Auswirkung führen wird, diese Begründung aber gerade nicht an der Rechtskraft teilhat[240], droht dem Beklagten u.U. die Gefahr, dass er diesen Prozess mit einer Klageabweisung erfolgreich beendet, in einem etwaigen Folgeprozess über die übrigen 15.000 € aber wieder von vorn beginnen muss, weil der neue Richter an das Ersturteil in keiner Weise gebunden ist.

Anwalt muss diese Möglichkeiten „von Amts wegen“ prüfen!

Zu beachten ist, dass diese gesamte Problematik der Grenzen der Rechtskraft einem Nichtjuristen unmöglich bekannt sein kann. Der Mandant kann also eigentlich auch nie auf die Idee kommen, seinem Anwalt einen entsprechenden Auftrag für eine solche Widerklage ausdrücklich mit auf den Weg zu geben. Der Anwalt hat eine solche Problematik - wie so vieles andere - also *auch ungefragt* zu prüfen und „von Amts wegen“ die jeweiligen Konsequenzen daraus zu ziehen. Die Prozessvollmacht reicht jedenfalls soweit (vgl. § 81 ZPO). Natürlich aber ist es sinnvoll, dies evtl. vor Erhebung der Widerklage dem Mandanten zu erläutern und mit diesem abzustimmen.

---

239 Die allgemeine Feststellung, der Kläger schulde nichts, wäre unzulässig, denn für die Rechtskraftwirkung muss der Streitgegenstand durch Angabe von Schuldgrund und Schuldgegenstand möglichst präzise beschrieben werden (vgl. BGH NJW 1984, 1556 = **juris**byhemmer; NJW-RR 1994, 1272).

240 Hierzu siehe bereits oben bei den Ausführungen zur Klageschrift auf Teilklage (§ 1).

Hemmer-Klausur-Tipp

Sprechen Sie die Problematik der negativen Feststellungswiderklage in der Klausur auf jeden Fall immer an, wenn der Sachverhalt Anhaltspunkte dafür liefert, dass der Kläger gegenwärtig oder künftig weitere Forderungen aus dem streitigen Vorfall reklamieren könnte. Wurde die Problematik nicht bereits mit dem Mandanten im Sachverhalt besprochen oder diesem klare Zielvorgaben in den Mund gelegt („ich will jetzt endgültig meine Ruhe haben"), gibt es mehrere machbare Varianten:
Entweder Sie bauen tatsächlich sofort die Anträge mit in den Schriftsatz ein und erläutern im (Hilfs)-Gutachten, dass dies notwendig und von der Vollmacht erfasst ist, aber evtl. noch eine Information bzw. Absprache mit dem Mandanten erfolgen sollte, sie die Klage also noch eine kurze Zeit zurückhalten werden. Dieses Vorgehen sollte allerdings ausscheiden, wenn bei einer weiteren Verzögerung Fristen abzulaufen drohen.
Oder: Sie halten sich zunächst mit einem solchen Antrag zurück und erläutern nur im (Hilfs)-Gutachten, dass er notwendig und sinnvoll ist, sie aber auf eine sofortige Erhebung verzichten, weil erst eine Absprache mit dem Mandanten erfolgen sollte. Sie erläutern, dass dann, wenn der Mandant „grünes Licht gibt", die Widerklage *nachträglich* erhoben werden soll; dies ist bis zur letzten mündlichen Verhandlung möglich.
Keinesfalls sollten Sie auf die Problematik nach dem Motto „danach hat er mich ja nicht gefragt" ganz verzichten. Dies wäre ein absolut praxisfernes Verhalten.

später u.U. Erledigungserklärung nötig

Im weiteren Prozessverlauf muss der Beklagte allerdings auf der Hut sein: Wenn der Kläger während des Rechtsstreits seine Forderung auf den vollen Betrag erhöht, muss der Beklagte seine Feststellungswiderklage für erledigt erklären, da diese subsidiär ist.[241] *35*

gg. Einbeziehung eines Dritten / sog. Drittwiderklage

Drittwiderklage

Durch eine Widerklage hat der Beklagte die Möglichkeit, weitere Personen in den Rechtsstreit einzubeziehen. Insbesondere kann er einen Dritten, der dann Streitgenosse des Klägers wird, mitverklagen (sog. Drittwiderklage).[242] *36*

Beispiele:

Der Kläger ist eine OHG oder KG. Hier sollte der Beklagte, wenn er Anlass für eine Widerklage hat, auch die gemäß § 128 HGB persönlich haftenden Gesellschafter mitverklagen. Zum einen steht u.U. deren Haftung im Raum, zum anderen kann der Beklagte diese damit als Zeugen für die Gesellschaft ausschalten.[243]

Nahezu zwingend erscheint ein solches Vorgehen mit Drittwiderklage für den Beklagten in einem Verkehrsunfallprozess bezüglich der Möglichkeit, die Klage auch auf den Haftpflichtversicherer (vgl. §§ 115 I 1, 117 III 2 VVG i.V.m. § 3 S. 1 PflVG) zu erstrecken. Dies wird aber oft auch sinnvoll sein für andere möglicherweise mithaftende Personen, da diese hierdurch zur Partei werden und deswegen als Zeugen des Gegners ausfallen.[244]

Nach BGH ist die Drittwiderklage grundsätzlich nur in subjektiver Klagehäufung (§§ 59, 60 ZPO) neben der Widerklage gegen den bzw. einen der bisherigen Kläger richten.

241 Thomas/Putzo, § 256, Rn. 29.

242 Thomas/Putzo, § 33, Rn. 10.

243 BGH, NJW 1987, 3138 = **juris**byhemmer.

244 Zu dieser Taktik der Ausschaltung von Zeugen siehe bereits ausführlich oben in § 1.

Nur ganz ausnahmsweise kommt eine isolierte Drittwiderklage ohne gleichzeitige „echte" Widerklage in Betracht. Der BGH lässt dies zu, wenn der Gegenstand der Klage und der Drittwiderklage derart eng zusammenhängen, dass der Rechts*gedanke* des § 33 ZPO auch hier greift. Entscheidend sind einerseits die Schutzwürdigkeit des Drittwiderbeklagten und andererseits die Prozessökonomie unter dem Gesichtspunkt der Vermeidung einer Vervielfältigung und Zersplitterung von Prozessen.

> ***Bsp.:*** *Die isolierte Drittwiderklage ist ausnahmsweise möglich, wenn die fehlende Parteiidentität erst durch die Abtretung der umstrittenen Forderung zustande kam.[245] Hier liegt die Situation materiellrechtlich so, wie im klarsten und eindeutigsten Fall von Klage und „echter" Widerklage, da Gläubiger und Schuldner der jeweiligen Forderungen ursprünglich spiegelbildlich waren; nur die Zession hatte dafür gesorgt, dass nicht auch in formeller Hinsicht Parteiidentität von Klage und Widerklage gegeben ist.*

Vorsicht: örtliche Zuständigkeit hier nicht aus § 33 ZPO!

Zu beachten ist, dass für die örtliche Zuständigkeit hier nicht § 33 ZPO gilt. Eine Klage gegen eine Person, die nicht selbst Kläger ist, stellt keine Widerklage im eigentlichen Sinne dar. Die Privilegien der Widerklage gelten daher für diese Klage nicht.[246]

Wollen Sie in der Klausur eine Drittwiderklage erheben, so müssen Sie also grds. eine allgemeine oder besondere Zuständigkeitsregelung beibringen, die den Weg zum angerufenen Gericht ebnet. Hierfür bieten sich v.a. die §§ 29, 32 ZPO bzw. § 20 StVG an.

Hemmer-Klausur-Tipp

Wenn Sie eine Klausursituation vorfinden, in der sich einerseits Ansprüche gegen einen Dritten aufdrängen (etwa gegen den Architekten im Bauprozess) oder gar der Mandant selbst diesen Aspekt ausdrücklich anspricht, in der andererseits aber der allgemeine Gerichtsstand für die mögliche neue Partei nicht gegeben ist, so begeben Sie sich intensiv auf die Suche nach einer *besonderen* Zuständigkeitsvorschrift. Nicht selten wird man über § 29 ZPO fündig, wenn man sich an der Palandt-Kommentierung zu § 269 BGB „festbeißt".
Ist auch diese Prüfung nicht erfolgreich, sollten Sie nicht einfach auf eine Lösung über § 39 ZPO, die in der Richterklausur in solchen Fällen häufig einschlägig ist, spekulieren: Da man die Reaktion des Drittwiderbeklagten in diesem Verfahrensstadium regelmäßig noch nicht voraussehen kann, geht man damit das Risiko ein, dass die Klage insoweit abgewiesen wird bzw. zumindest ein Verweisungsantrag nach § 281 ZPO (bezüglich [nur] dieses Teils des Rechtsstreits) zu stellen ist. Dann ist es i.d.R. der beste Weg, den Zuständigkeitsbestimmungsantrag gem. § 36 ZPO als Begleitantrag zur Klageerwiderung zu stellen.

evtl. aber § 33 ZPO analog!

Anders ist die Zuständigkeitslage bei *isolierter* Drittwiderklage: Der Wortlaut von § 36 I Nr. 3 ZPO passt hier nicht, da die isolierte Drittwiderklage nicht gegen *mehrere* Parteien als Streitgenossen gerichtet ist. Lösung: Während teilweise eine *entsprechende* Anwendung des § 36 I Nr. 3 ZPO (Bestimmung eines gemeinsamen Gerichts für Klage und isolierte Drittwiderklage) vertreten wurde[247], wendet der BGH für solche Sonderfälle (DWK gegen den Zedenten der Klageforderung) nun doch § 33 ZPO analog an.[248] Dieser Weg sei viel schneller und ökonomischer.

---

245 Vgl. BGH Z 147, 220 = NJW 2001, 2094; BGH NJW 2007, 1753 ff = Life&Law 2007, 522 ff; NJW 2008, 2852; NJW 2011, 460 = Life&Law 2011, 88: **alle Entscheidungen = juris**byhemmer.

246 Thomas/Putzo, § 33, Rn. 13; BGH seit NJW 1991, 2838 (anders etwa noch in NJW 1966, 1028).

247 Vgl. OLG München, NJW 2009, 2609 [2610] = **juris**byhemmer.

248 Vgl. BGH, NJW 2011 460 = **juris**byhemmer = Life&Law 2011, 88.

c. Weitere Auswirkungen der Widerklageerhebung

weitere Auswirkungen der WK

Wird eine Widerklage erhoben, so ist v.a. zu beachten, dass gemäß § 12 II Nr. 1 GKG dafür zwar kein Vorschuss zu bezahlen ist, dass die Widerklage aber natürlich trotzdem hinsichtlich des Kostenrisikos gemäß § 45 GKG und der sachlichen Zuständigkeit Konsequenzen haben kann. 38

aa. Kostenfragen: Änderung des Gebührenstreitwerts

Kostenfragen

Werden die in Widerklage und Klage geltend gemachten Ansprüche nicht in getrennten Prozessen verhandelt, so werden deren Streitwerte gemäß § 45 I 1 GKG grds. zusammengerechnet. Für die Eventualwiderklage gilt dies gemäß § 45 I 2 GKG nur, soweit eine Entscheidung über sie ergeht.

Handelt es sich hingegen bei Klage und Widerklage bzw. hilfsweise geltend gemachtem Anspruch um denselben Streitgegenstand, so ist gemäß § 45 I 3 GKG nur der Wert des höheren Anspruchs maßgebend.

Aufgrund der abflachenden Gebührenkurve hat eine etwaige Streitwerterhöhung aber auch ihre positive Kehrseite für den Mandanten: Das Kostenrisiko ist bei der Widerklage im Vergleich zu den Kosten, die bei zwei andernfalls *gesondert* zu führenden Prozessen entstehen, immer noch günstiger.

bb. Auswirkungen auf die sachliche Zuständigkeit

Auswirkung auf Zuständigkeit

keine Streitwertaddition

Gem. § 5 2. Hs. ZPO werden bei der Ermittlung der sachlichen Zuständigkeit die Streitwerte von Klage und Widerklage nicht zusammengerechnet. Dies kann in verschiedenen Konstellationen jeweils unterschiedliche Reaktionen erfordern. 39

Variante 1: Streitwert von Klage und Widerklage nicht über 5.000 €

Fall 1: beide Streitwerte gehören zum AG

Ist die Klage am Amtsgericht anhängig und liegen weder Klage noch Widerklage mit ihrem eigenen Streitwert über 5.000 €, so wird also keinesfalls dadurch die sachliche Zuständigkeit des Landgerichts begründet (vgl. §§ 23 Nr. 1, 71 I GVG), dass die beiden Beträge zusammen nun über 5.000 € liegen. Dies gilt unabhängig davon, ob es sich um „denselben Gegenstand“ i.S.d. § 45 I 3 GKG handelt.

Trotzdem (u.U. sogar gerade deswegen) stellt sich in der Praxis wie in der Klausur oft die Frage, ob die Zuständigkeit des Gerichts durch die Widerklage verändert wurde.

Variante 2: Fall des § 506 I ZPO

Fall 2: Widerklage übersteigt Zuständigkeit des AG

Gesetzlich unmittelbar geregelt ist der Fall, in dem die Klage zutreffend am Amtsgericht erhoben wurde, die Widerklage nun aber auf einen Betrag über 5.000 € erhoben werden soll. 40

Hier ist das Amtsgericht nun eigentlich zumindest für die Widerklage nicht sachlich zuständig, andererseits wird es regelmäßig nicht sinnvoll sein, Klage und Widerklage auseinander zu reißen. Deswegen gibt es zwei Möglichkeiten:

⇨ Protestiert keine der Parteien, so wird über § 39 ZPO insgesamt am Amtsgericht weiter prozessiert.[249]

⇨ Beide Parteien haben aber auch die Möglichkeit, gemäß § 506 I ZPO einen Antrag auf Verweisung des *gesamten* Rechtsstreits an das Landgericht zu stellen. Das Amtsgericht wird dann den Rechtsstreit durch Beschluss verweisen.

Am Landgericht wird dann nach erfolgtem Verweisungsbeschluss die *sachliche* Zuständigkeit grds. nicht mehr geprüft.

Sie ergibt sich gemäß §§ 506 II, 281 II 5 ZPO bindend aus dem Verweisungsbeschluss des Amtsgerichts.[250] Allerdings bezieht sich die Bindung hier nicht auch auf die - bislang nicht geprüfte - *örtliche* Zuständigkeit; diese wäre in der Klausur noch eigens zu erörtern.

Variante 3: umgekehrter Fall

Fall 3: Widerklage erreicht nicht den Streitwert für angerufenes LG

Ein häufiges Klausurproblem stellt der Fall dar, dass die Klage zutreffend am Landgericht erhoben wurde, der mit der Widerklage realistischer Weise einklagbare Betrag aber gerade *nicht über* 5.000 € liegt. 41

Sache bleibt beim LG

Hier ist die Widerklage unmittelbar an das Landgericht zu adressieren, das schon mit der Sache befasst ist.

Es besteht nämlich praktisch Einigkeit, dass die sachliche Zuständigkeit des Landgerichts auch für Widerklagen von nicht über 5.000 € gegeben ist, wenn nur über die Klage die Zuständigkeit des Landgerichts begründet wird.[251] Allerdings ergibt sich dies nicht aus § 33 ZPO, da dieser nur die *örtliche* Zuständigkeit betrifft. Ebenso wenig kann auf § 45 I GKG zurückgegriffen werden, da diese Vorschrift nur den *Gebühren*streitwert regelt, nicht auch den *Zuständigkeits*streitwert. Gemäß § 5 2. Hs ZPO darf bezüglich des Zuständigkeitsstreitwertes gerade nicht zusammengerechnet werden.

Einigkeit über Lösung, nur Begründung streitig

Eine Meinung stellt auf den Grundsatz der Prozessökonomie und den *hinter* § 33 ZPO selbst stehenden Gedanken ab: Obwohl diese Vorschrift nur die *örtliche* Zuständigkeit regelt, zeige die Regelung doch deutlich den Willen des Gesetzgebers, dass zwei zusammenhängende Verfahren nicht auseinander gerissen werden sollen.[252]

Am überzeugendsten erscheint es jedoch, dieses Ergebnis in einem Erst-recht-Schluss dem Rechtsgedanken des § 506 ZPO zu entnehmen, der für den genau umgekehrten Fall eine Verweisung insgesamt an das LG vorsieht.

Hemmer-Klausur-Tipp

Handeln Sie das in der praxisorientierten Klausur nur knapp ab! Der Streit dreht sich nur um die Begründung, nicht um das Ergebnis, ist für die Praxis also letztlich bedeutungslos. Beachten Sie jedoch, dass es in jedem Fall *falsch* ist, dieses Ergebnis, dass es auf den jeweils höheren Wert ankommt, gerade *mit § 5 2.Hs. ZPO* zu begründen. Diese Vorschrift sagt darüber gar nichts; sie verbietet nur die Addition.

249 Thomas/Putzo, § 506, Rn. 4.

250 Siehe Thomas/Putzo, § 506, Rn. 7. Wenn den Parteien rechtliches Gehör gewährt worden war, kommt es auf dessen Richtigkeit nicht an (vgl. Thomas/Putzo, § 281, Rn. 12).

251 Vgl. Thomas/Putzo, § 5, Rn. 5; § 33, Rn. 18.

252 Mayer, JuS 1991, 678.

IV. Klärung von Fristen und Terminen

letzter Prüfungsschritt des RA: Klärung von Fristen und Terminen

Wird dem Beklagten die Klage zugestellt, so ist es selbstverständlich, dass er laufende Fristen einhält. Deshalb muss der Beklagtenanwalt zunächst prüfen, ob einschlägige Fristen noch laufen. Regelmäßig wird das Gericht das schriftliche Vorverfahren gewählt haben, sodass es um die Fristen gemäß § 276 ZPO geht. U.U. hat das Gericht aber auch einen frühen ersten Termin gemäß § 275 I 1 ZPO angesetzt; dann kann sogar bereits die Ladung zum Termin ergangen sein. 42

Im Regelfall können Sie in der Klageerwiderungsklausur davon ausgehen, dass gesetzte Fristen noch nicht abgelaufen sind, es also nur darum geht, diese im Folgenden auch wirklich zu beachten. Fristprobleme sind dann besonders relevant, wenn es um den Sonderfall der Fertigung einer Einspruchsschrift gemäß §§ 338 ff. ZPO geht.[253]

B. Formalia des Klageerwiderungsschriftsatzes selbst

Formalia der Klageerwiderung

In formeller Hinsicht ist zunächst klarzustellen, dass eine dem § 253 ZPO entsprechende Vorschrift für die Klageerwiderung nicht existiert. Zu beachten ist aber einerseits § 277 I ZPO, der inhaltliche Vorgaben macht, und andererseits die für alle bestimmenden Schriftsätze geltende Formvorschrift des § 130 ZPO. 43

Überblick über den Inhalt

Daraus ergibt sich im Überblick folgender Inhalt:[254]

- ⇨ Rubrum (§ 130 Nr. 1 ZPO)
- ⇨ Anträge (§ 130 Nr. 2 ZPO) und / oder Erklärung eines Anerkenntnisses
- ⇨ Stellungnahme zum Tatsachenvortrag des Klägers (= Teil des Vorbringens zu den Verteidigungsmitteln; vgl. § 277 I 1 ZPO)
- ⇨ Tatsachenvortrag zu anderen Verteidigungsmitteln (Gegenrechte; vgl. § 277 I 1 ZPO)
- ⇨ Beweismittelangabe (§ 130 Nr. 5 ZPO)
- ⇨ Rechtsausführungen (wiederum nicht zwingend; dazu siehe unten)
- ⇨ Evtl. noch Stellungnahme zur Einzelrichterentscheidung gemäß §§ 348, 348a ZPO (vgl. § 277 I 2 ZPO)
- ⇨ Unterschrift (§ 130 Nr. 6 ZPO)

I. Rubrum / Adressierung der Klageerwiderung

Rubrum

abgekürztes Rubrum

Insoweit ist zunächst zu beachten, dass im Klageerwiderungsschriftsatz kein volles Rubrum notwendig ist, sondern ein abgekürztes Rubrum ausreicht:[255] Da die genauen Daten zu den Parteien (Adressen, evtl. Vertretungsverhältnisse u.a.) schon in der Klageschrift angegeben sind, können diese nun weggelassen werden. 44

253 Dazu siehe unten § 2, Rn. 68 ff.

254 Vgl. hierzu etwa auch Kroiß/Neurauter, Muster 8.

255 Vgl. auch Ebert/Gregor/Günter § 2, Rn. 162 f. Anders etwa bei Drittwiderklage. Siehe dazu unter § 2, Rn. 50.

Gericht vom Kläger vorgegeben

Die Klageerwiderung ist an das vom Kläger konkret *angerufene* Gericht zu adressieren. Wenn es unzuständig sein sollte, ändert sich daran gar nichts.

An dieser Stelle werden daher in der Klausur keine Probleme auftauchen, da Gericht und Aktenzeichen im Sachverhalt in der dort (zumindest teilweise) abgedruckten Klageschrift vorgegeben sein werden und insoweit nur abgeschrieben werden müssen.

II. Die Anträge

1. Der Sachantrag

a. Voller Abweisungsantrag

Antragstellung

Antrag auf Klageabweisung

Grundsätzlich wird der Antrag des Beklagten in der Hauptsache einschließlich der Nebenforderungen auf Klageabweisung gerichtet sein. 45

Bsp.:

Ich werde beantragen:

1. Die Klage wird abgewiesen.

2. Die Kosten des Rechtsstreits trägt der Kläger.

3. Das Urteil ist - notfalls gegen Sicherheitsleistung - vorläufig vollstreckbar.

Der Antrag auf Klageabweisung ist kein echter Sachantrag nach § 297 ZPO, vielmehr stellt er einen sog. negativen Antrag dar. Aus diesem Grund gelten Erleichterungen, wie z.B. die, dass er eigentlich nicht schriftlich formuliert werden muss.[256] In der Klausur ist er selbstverständlich trotzdem zu formulieren.

b. Hilfsweise Einrede:

hilfsweise Zug-um-Zug-Einrede

Nicht selten ist auch der Fall, dass realistische, aber nicht sichere Chancen bestehen, die Abweisung der Klage zu erreichen, dass aber in jedem Fall eine Einrede des Beklagten gegen den Klageanspruch gegeben wäre. 46

Dann könnte man formulieren:

Ich werde beantragen, die Klage abzuweisen.

Hilfsweise werde ich beantragen, den Beklagten nur Zug um Zug gegen Herausgabe des ... (genaue Bezeichnung) an den Beklagten zu verurteilen.

256 Zudem sind eine förmliche Zustellung sowie eine Verlesung des Antrags im Termin nicht erforderlich, soweit der Gesamtvortrag des Beklagten auf eine Klageabweisung schließen lässt. Auch kann gegen den Beklagten, der im Termin vertreten ist und keinen förmlichen Antrag auf Klageabweisung stellt, aber zur Sache verhandelt und sich nicht lediglich auf die Erörterung der Prozessvoraussetzungen beschränkt (§ 333 ZPO), kein Versäumnisurteil ergehen.

c. Formulierung eines (Teil)-Anerkenntnisses

Bei Abgabe eines Teilanerkenntnisses muss deutlich werden, *welcher Teil* des Anspruchs anerkannt wird. Werden vom Kläger mehrere Ansprüche geltend gemacht (z.B. mehrere Forderungen aus verschiedenen Verträgen), so muss jeweils genau zu erkennen sein, *welche Forderung* das Anerkenntnis *in welcher Höhe* umfasst.

Formulierung eines (Teil)-Anerkenntnisses

Bei der Abgabe des Anerkenntnisses werden meist Formulierungen verwendet wie *„unter Protest gegen die Kosten"* oder *„unter Verwahrung gegen die Kosten"*. Diese machen das Anerkenntnis hinsichtlich des Klageanspruchs nicht unwirksam, sie weisen das Gericht vielmehr darauf hin, dass dem Kläger die Kosten gemäß § 93 ZPO aufzuerlegen seien.[257] 47

Formulierung als Fehlerquelle

Auch im Übrigen müssen Sie auf die Formulierung achtgeben: Sie dürfen als Beklagtenvertreter kein Anerkenntnisurteil *beantragen*, sondern nur ein Anerkenntnis *erklären*.

Hemmer-Klausur-Tipp

Formulieren Sie zunächst (praktisch vor die Klammer gezogen) *nur* das Teilanerkenntnis und stellen Sie erst anschließend Ihre Anträge (s.u.). Trennt man das Anerkenntnis in der Formulierung nicht ganz sauber vom Sachantrag, so entsteht (u.U. unbeabsichtigt) der Eindruck, als hätte man das auf den Sachantrag (Klageabweisungsantrag „im Übrigen") bezogene „beantrage ich" auch auf das Anerkenntnis bezogen. Dieser Fehler taucht bei Klausuren in unserem Kurs in großer Häufigkeit auf!

Formulierungsbeispiele

Formulierungsbeispiel bei schriftlichem Vorverfahren:

„... erkennt der Beklagte den Klageanspruch unter Verwahrung gegen die Kostenlast an."[258]

Beispiel, wenn früher erster Termin angeordnet wurde:

„... wird der Beklagte im Termin den geltend gemachten Anspruch anerkennen, den Zinsanspruch jedoch nur in Höhe von ... Prozent seit Rechtshängigkeit. Der Beklagte verwahrt sich jedoch gegen die Tragung der Prozesskosten."

Beispiel für Teilanerkenntnis im schriftlichem Vorverfahren:

„Im Hinblick auf die Klage auf Unzulässigerklärung der Zwangsvollstreckung in die Druckmaschine ... (genau Bezeichnung) erkennt der Beklagte den Klageantrag unter Verwahrung gegen die Kostenlast an.

Im Übrigen will sich der Beklagte gegen die Klage verteidigen und wird beantragen:

1. Die Klage wird abgewiesen. ..."

257 Thomas/Putzo, § 307, Rn. 3.

258 Will man - wie hier - auf § 93 ZPO hinaus, muss beachtet werden, dass dann beim Tatsachenvorbringen auch die Tatsachen darzustellen sind, die zur Anwendung dieser Kostennorm führen; diese ist die *Ausnahme* von der Regel der §§ 91, 92 ZPO.

2. Vollstreckungsschutzanträge

a. Allgemeiner Vollstreckungsschutzantrag

Vollstreckungsschutzanträge

Ein Bedürfnis dafür, einen allgemeinen Vollstreckungsschutzantrag zu stellen, ist grundsätzlich nicht gegeben, da die §§ 708 ff. ZPO dem Beklagten grds. ausreichenden Schutz bieten.[259] 48

Auch das Erfordernis, einen entsprechenden Antrag zu stellen, wenn die Zwangsvollstreckung durch Bürgschaft statt durch Hinterlegung abgewendet werden soll, ist aufgrund von § 108 I ZPO nicht mehr gegeben.[260]

b. Besonderer Vollstreckungsschutzantrag

Liegen die Voraussetzungen des § 712 ZPO vor, so ist ein besonderer Vollstreckungsschutzantrag zu stellen. Dies ist nach § 712 ZPO der Fall, wenn die Vollstreckung dem Schuldner einen nicht zu ersetzenden Nachteil bringt (z.B. nicht abzusehender Schaden wie Existenzverlust oder Betriebseinstellung) bzw. er zur Sicherheitsleistung nicht in der Lage ist. 49

In einem solchen Fall muss aber auch detailliert begründet und gemäß § 714 II ZPO auch glaubhaft macht werden, dass und warum ihm ein nicht zu ersetzender Nachteil droht bzw. dass und warum er zur Sicherheitsleistung nicht imstande ist. Im Rahmen der Glaubhaftmachung muss der Schuldner konkrete Aussagen über etwaige ihm drohende Folgen genau darlegen und darf sich nicht auf Floskeln und allgemeinen Redewendungen beschränken.

III. Formelle Besonderheiten bei Erhebung einer Widerklage

Besonderheiten bei Widerklage

meist reicht abgekürztes Rubrum

Insoweit ist zunächst zu beachten, dass bei einer normalen Widerklage, die durch Zustellung eines Schriftsatzes gemäß § 261 II ZPO erhoben werden soll, kein volles Rubrum notwendig ist, sondern - wie bei einer bloßen Erwiderung ohne Gegenangriff (s.o.) - ein abgekürztes Rubrum ausreicht. Dies folgt daraus, dass in § 261 II ZPO nur auf § 253 II Nr. 2 ZPO, also nicht auch auf Nr. 1, verwiesen wird. 50

Anders ist dies im Falle der Erhebung einer Drittwiderklage. Die neue Partei muss dann selbstverständlich vollständig bezeichnet werden. Insoweit gilt nichts anderes als bei Abfassung einer Klageschrift.

doppelte Parteibezeichnung bei Widerklage

Bezüglich der Parteibezeichnung ist bei der Erhebung einer Widerklage wie in der Richterklausur (Fertigung des Urteils) zu differenzieren:

- Im Rubrum werden die Parteien mit ihrer Doppelrolle bezeichnet, also etwa: *„Kläger und Widerbeklagter zu 1)"* oder *„Beklagte und Widerklägerin"*.
- In den weiteren Ausführungen (Anträge, Tatsachen- und Rechtsvorbringen) verzichtet man dann allerdings aus Gründen der sprachlichen Verständlichkeit auf diese Doppelbezeichnung. Die Parteien heißen dann nur noch *„Kläger"* und *„Beklagte"* bzw. evtl. *„Widerbeklagte zu 2)"*.

259 Ausführlich hierzu Michel/von der Seipen, § 6 II 2a.

260 Siehe hierzu bereits unter § 1, Rn. 92.

IV. Die Begründung der Klageerwiderung

Begründung der Klageerwiderung

Insoweit ist vieles ähnlich wie bei der Klageschrift. In stilistischer Hinsicht sind allerdings einige Dinge u.U. anders zu handhaben, weil der Bearbeiter der Klausur nun nicht den Prozess erst in Gang bringt und damit dem Richter die Erstinformation zukommen lässt, sondern auf einen schon erfolgten Vortrag der Gegenseite zu reagieren hat. 51

1. Einführung in die Verteidigungslinie

vorweg: Einführung in die Verteidigungslinie

Der Beklagte sollte am Anfang kurz darstellen, auf welche Punkte sich seine Verteidigung bezieht, welche Linie er einschlägt. So kann sich der Richter (bzw. Korrektor) sofort Kenntnis verschaffen, wohin die Klageerwiderung laufen wird.

Sie kann sich darauf richten, dass er den Tatsachenvortrag des Klägers ganz oder teilweise bestreitet, rechtsvernichtende oder rechtshindernde Einwendungen oder Einreden geltend macht bzw. dass er andere Rechtsfolgen aus dem ganz oder teilweise unbestrittenen Tatsachenvortrag herleitet. Diese Verteidigungsmittel können kumulativ oder alternativ vorliegen. In einer Examensklausur wird man davon ausgehen können, dass zumindest mehrere Möglichkeiten gegeben sein werden.

Das „Aufzeigen der Verteidigungslinie" kann so eingeleitet werden:

Formulierungsbeispiel

Formulierungsbeispiele

„Die Klage ist unbegründet, da der Klägervortrag teilweise schon in tatsächlicher Hinsicht unzutreffend ist und insoweit, als er tatsächlich zutreffend ist, das vom Kläger gestellte Begehren nicht trägt."

Bei Geltendmachung einer Hilfsaufrechnung kann man wie folgt zusammenfassen:

„Die Klage ist unbegründet, da schon davon auszugehen ist, dass die Klageforderung gar nicht besteht. Zumindest aber wird diese durch die vom Beklagten erklärte Hilfsaufrechnung zu Fall gebracht werden.

Die Klageforderung besteht nicht, weil der Klägervortrag in entscheidenden Punkten in tatsächlicher Hinsicht unzutreffend ist. ..."

2. Vortrag zur Unzulässigkeit der Klage

a. Frage der Notwendigkeit bzw. Sinnhaftigkeit einer Rüge

Zulässigkeitsprüfung

Fraglich ist, wie der Beklagte reagieren sollte, wenn er die Klage als ganz oder teilweise unzulässig ansieht. Da die Zulässigkeitsvoraussetzungen grds. von Amts wegen zu prüfen sind, könnte man geneigt sein, nichts hierzu zu sagen, um den Gegner „ins Messer laufen" zu lassen. 52

Beachte: nicht alles wird vom Richter v.A.w. geprüft

Ein beträchtlicher Teil der Zulässigkeitshindernisse ist aber bei Nichtrüge heilbar (vgl. v.a. § 39 ZPO und § 295 ZPO). Nach § 282 III 2 ZPO hat der Beklagte innerhalb der ihm regelmäßig gesetzten Einlassungsfristen (§§ 275, 276 ZPO) eine solche Rüge zu erheben. Zumindest in einem solchen Fall ist es ein „Muss" für den Beklagtenanwalt, dieses Rechtsproblem auf jeden Fall geltend zu machen, *wenn* er nicht die Heilung gerade akzeptieren will.

Hemmer-Klausur-Tipp

Gehen Sie grundsätzlich, aber nicht zwingend davon aus, dass der Korrektor von Ihnen die Zulässigkeitsrüge lesen will, wenn sie tatsächlich begründet ist. In der Praxis kann es zwar nachvollziehbare Gründe geben, eine solche Rüge nicht zu erheben. Dies etwa dann, wenn die Sache auch in der Begründetheit sehr gut für den Beklagten steht und dieser möglichst schnell seine Klageabweisung *in der Sache* selbst wünscht. Wenn Sie entsprechende Äußerungen des Mandanten im Sachverhalt finden oder sich eine solche Situation einfach aufdrängt, können Sie im Schriftsatz durchaus einmal auf die Rüge verzichten. Das müssen Sie dem Korrektor dann aber immer in der „Begleitaufgabe" (je nach Bearbeitervermerk [Hilfs]-Gutachten, Mandantenschreiben) erläutern!

Hinsichtlich der Formulierung ist zu beachten, dass die Zuständigkeit gerügt oder die Unzuständigkeit geltend gemacht wird; es wird also gerade nicht die Unzuständigkeit gerügt.

auch im Übrigen „Hinweis" auf Problem sinnvoll

Aber auch in Fällen, in denen keine Heilung möglich ist, ist es empfehlenswert, die Problematik im Schriftsatz geltend zu machen. Es lässt sich nicht ausschließen, dass der Richter die Problematik übersehen könnte. Es gehört aber letztlich mit zu den Aufgaben des perfekten Anwalts, den Richter bei seiner Rechtsfindung mit in die richtige Richtung zu lenken.

Verwenden Sie in solchen Fällen aber möglichst eine andere Formulierung: Die Tatsache, dass die Problematik von Amts wegen zu berücksichtigen ist, kann man dadurch zum Ausdruck bringen, dass man das Gericht *„vorweg darauf hinweist"*, dass die Klage z.B. wegen fehlender Prozessführungsbefugnis unzulässig ist.

b. Position im Schriftsatz

voranstellen (wenn nötig): Vortrag zur Unzulässigkeit der Klage

Die Unzulässigkeit der Klage ist ein Punkt, der eigentlich zu den – im Aufbau erst nach dem Tatsachenvortrag kommenden – Rechtsausführungen gehört. 52a

Da bei Erhebung der Rüge der vollständigen Unzulässigkeit der ganze Tatsachenvortrag des Beklagten nur unter der Voraussetzung von Bedeutung ist, dass keine Unzulässigkeit gegeben ist, kann man dies aber auch als eigenen Punkt bereits vor dem Sachvortrag bringen.

„Vorweg rüge ich die Zuständigkeit des Gerichts. ..."

Geht es nur um die Unzulässigkeit eines Einzelaspektes bzw. „Nebenkriegsschauplatzes" wie beispielsweise die Unzulässigkeit eines bloßen Zusatzantrags wegen fehlendem Feststellungsinteresse, ist es oft geschickter, dies erst später bei den Rechtsaufführungen einzubauen. Grund: Da man sich nie hundertprozentig sicher sein kann, dass der Richter selbst den Antrag auch für unzulässig erachtet, muss nämlich hilfsweise zur Unbegründetheit Stellung genommen werden. Durch die eben beschriebene Vorwegrüge werden dann aber manchmal zusammengehörige Dinge extrem weit auseinandergerissen.

3. Der Sachvortrag des Beklagten

a. Einleitung durch Zusammenfassung

Sachvortrag des Beklagten

Unverzichtbarer Kern der Klageerwiderung ist - wie bei der Klageschrift - das Vorbringen zu den Tatsachen. Die Rechtsausführungen sollten, unabhängig davon, ob sie vom Bearbeitervermerk überhaupt verlangt werden, *keinesfalls* hier schon mit den Fakten vermengt werden![261] 53

Zusammenfassung der akzeptierten Klägerbehauptungen

Die Stellungnahme zu den vom Kläger behaupteten Tatsachen sollte nun mit einer weiteren zusammenfassenden Einleitung beginnen. Es ist nicht gerade empfehlenswert, gleich „immer feste drauf" einfach alles zu bestreiten. Vielmehr hilft man dem Richter bzw. Korrektor (und damit letztlich auch v.a. sich selbst), wenn man ihm zunächst einmal klarmacht, *welche* Fakten aus der ihm bekannten Klageschrift akzeptiert werden, sodass er insoweit nicht umdenken muss.

Bei der Formulierung einer derartigen Erklärung kann bzw. sollte man (Zeit!) durchaus mit einer allgemeinen Umschreibung und Zusammenfassungen arbeiten, da ein Zugestehen - anders als das Bestreiten (s.u.) - ja gerade nicht auf konkrete Fakten bezogen sein muss. Die Erklärung sollte nur so präzise sein, dass dem Leser damit auch sofort klar ist, auf was sie sich bezieht.

> ***Bsp.:*** *„Zunächst ist richtig, dass der Beklagte den in der Klageschrift bezeichneten Kaufvertrag mit dem Kläger geschlossen hat. Insbesondere ...*
>
> *Unzutreffend ist allerdings die Behauptung des Klägers, ..."*

b. Aufbau des Tatsachenvortrags

Aufbau und Inhalt der Klageerwiderung

Der Aufbau und Inhalt der Klageerwiderung richtet sich einerseits grundsätzlich nach der Art und Weise der Klageschrift. 54

Andererseits wird der Kläger - gerade in einer Klausur - auch viel Irrelevantes vorgetragen haben. Dann wird erwartet, dass man diese Selektionsaufgabe selbst übernimmt, also seine Stellungnahme nur auf das für den Fall tatsächlich Wesentliche beschränkt.

Lässt die Klageschrift des Klägers – wie oft in der Klausur infolge einer wilden Vermengung von Tatsachen- und Rechtsvorbringen – eine sachlogische Gliederung vermissen, so darf dieses Chaos natürlich keinesfalls übernommen werden. Stattdessen ist die Ordnung dann eben vom Beklagtenanwalt in das Verfahren zu bringen.

Hemmer-Klausur-Tipp

Überlegen Sie nicht lange, ob die Klage nun logisch aufgebaut ist und daher übernommen werden könnte oder nicht. Sie haben in Ihren Vorüberlegungen doch ohnehin umfassend durchprüfen müssen, welche Anspruchsgrundlage(n) der Klageforderung zugrunde liegen könnte(n). Die Ordnung *Ihres* Vorbringens kommt nun von selbst, wenn Sie sich in der Reihenfolge Punkt für Punkt an deren Tatbestandsmerkmalen orientieren, also ihre eigene logische Reihenfolge entwickeln und die Reihenfolge des Klägervorbringens einfach ignorieren.

261 Dazu bereits eingehender oben in § 1, Rn. 130 f.

c. Bestreiten von Tatsachen

Bestreiten von Tatsachen

Gemäß § 138 I, II ZPO muss sich der Beklagte zum klägerischen Vortrag vollständig und der Wahrheit gemäß erklären. Tut er dies nicht ausdrücklich, dann gelten die entsprechenden Tatsachen unter Umständen gemäß § 138 III ZPO als zugestanden. **55**

Zu beachten ist zunächst, dass das bloße Bestreiten in allen Formen nur bei solchen Tatsachen ausreichen kann, für die die Partei nicht die Darlegungs- und Beweislast hat. Andernfalls muss zusätzlich ein Beweisangebot abgegeben werden.[262]

pauschales Bestreiten als „Klausurtodsünde“

Zu beachten ist weiter, dass der Beklagte den Sachvortrag des Klägers konkret zu bestreiten hat. Er hat insoweit die Substantiierungspflicht zu beachten, das heißt er darf das Vorbringen des Gegners nicht insgesamt pauschal bestreiten, sondern hat zu jedem Punkt seine Gegenerklärung vorzubringen.

Unsubstanziiert ist die verbreitete Einleitungsfloskel:

> *„Das gesamte Vorbringen des Klägers wird bestritten, soweit es nicht ausdrücklich zugestanden wird."*

Hemmer-Klausur-Tipp

Lassen Sie diesen Satz in der Klausur in jedem Falle weg, selbst wenn Sie zusätzlich die wichtigen Punkte mit präzisem Gegenvorbringen kontern. In der Praxis ist dieser Satz „nur“ bedeutungslos. In der Examensklausur aber besteht die Gefahr, dass der Korrektor dem Bearbeiter bei Verwendung dieser Floskel völliges Unverständnis der prozessualen Regeln des Bestreitens attestiert![263]

Art und Weise des Bestreitens

Aus § 138 III ZPO ergibt sich, dass Tatsachen, die nicht ausdrücklich bestritten werden, als zugestanden anzusehen sind, soweit nichts Gegenteiliges aus dem Vortrag der Parteien hervorgeht. Zu unterscheiden ist zunächst ein ausdrückliches und ein nur konkludentes Bestreiten. **56**

> ***Beispiel für ein konkludentes Bestreiten:*** *Ein Arbeitgeber verweigert die Zahlung des Krankheitslohnes (§ 3 I EFZG) unter Berufung darauf, dass ihm der Arbeitnehmer keine Arbeitsunfähigkeitsbescheinigung vorgelegt habe. In diesem Verhalten liegt grundsätzlich das Bestreiten der Behauptung des Arbeitnehmers, überhaupt arbeitsunfähig krank gewesen zu sein.*[264]

möglichst immer ausdrücklich bestreiten

Unter ausdrücklichem Bestreiten versteht man insbesondere die Erklärung, eine Behauptung des Gegners werde bestritten, sei unrichtig, falsch, nicht zutreffend o.Ä.

Hemmer-Klausur-Tipp

Gehen Sie Null Risiko ein, dass Ihr Vortrag missverstanden werden könnte. Bestreiten Sie daher immer ausdrücklich und nie konkludent.

Bestreitet eine Partei ausdrücklich, so ist hier zwischen einfachem und substanziiertem (begründetem) Bestreiten zu unterscheiden. Welche Form jeweils in Betracht kommt, richtet sich nach den Umständen des Einzelfalls, insbesondere danach, was der Bestreitende überhaupt für Informationen besitzt und wie substantiiert der Vortrag der Gegenpartei ist.

---

262 Dazu bereits ausführlich oben.

263 Siehe auch Ebert/Gregor/Günter § 2, Rn. 146.

264 So mit Recht BAG, NZA 1998, 369 (372) = **juris**byhemmer.

aa. Einfaches Bestreiten

einfaches Bestreiten

Handelt es sich um unkomplizierte Vorgänge, Handlungen oder Erklärungen, die sich nur auf eine Art und Weise ereignet haben können, so reicht grundsätzlich einfaches Bestreiten aus. 57

Insbesondere genügt einfaches Bestreiten v.a. dann, wenn der Gegner selbst *nicht näher substantiierte* Behauptungen aufstellt. Hier gilt eine Art „Gesetz der Waffengleichheit“: Man kann vom Beklagten nicht mehr verlangen als vom darlegungspflichtigen Kläger.

Beim Herausfinden, ob ein solcher Fall gegeben ist, kann Ihnen folgende „Gegenprobe“ helfen: Es muss ein Fall vorliegen, bei dem das Beweisthema so zu formulieren sein wird, dass auch ein Zeuge *nur mit ja oder nein* antworten kann und braucht.

> **Bsp.:** *Streitig ist, ob eine Übergabe stattfand oder nicht; ob sich eine Person an einem bestimmten Ort aufgehalten hat oder nicht.*

Ebenso genügt einfaches Bestreiten, wenn der Gegner durch eigenes Zutun die für ein substanziiertes Bestreiten erforderliche Informationsbeschaffung verhindert hat.[265]

bb. Substanziiertes Bestreiten

Notwendigkeit substantiierten Bestreitens

Ist dem Behauptenden der Beweis nicht möglich oder unzumutbar und kennt dagegen der Bestreitende die Verhältnisse genau, so ist es erforderlich, dass substanziiert - also *mit einer konkreten Gegendarstellung versehen* - bestritten wird.[266] 58

Umgekehrt muss der Beklagte nicht substantiiert bestreiten, wenn es ihm unzumutbar oder unmöglich ist. Dies ist z.B. der Fall, wenn es um Vorgänge geht, die außerhalb dessen liegen, was vom Beklagten wahrgenommen werden kann oder der Kläger über bestimmte Unterlagen verfügt, die dem Beklagten nicht zugänglich sind, aber für das substantiierte Bestreiten unabdingbar sind.

Weiterhin ist substanziiertes Bestreiten erforderlich, wenn umfangreiche und komplizierte Vorgänge, Handlungen oder Erklärungen in Streit stehen, bei denen auch erkennbar oder zumindest möglich ist, dass der Beklagte hierzu etwas sagen kann.

"nicht so, sondern so"

Die Erklärung des Beklagten muss dann so gestaltet sein, dass sich ihre Details auf den einfachen Nenner *"nicht so, sondern so"* zusammenfassen lassen.

> **Bsp.:** *Behauptet der Kläger unter Vortrag von Details, dass der Beklagte bei einem Verkehrsunfall die Vorfahrt verletzt hat, und bestreitet der Beklagte dies, so muss er das Geschehen aus seiner Sicht genau schildern und entsprechend substantiiert bestreiten.*

Die Unterscheidung ist für den Beklagtenanwalt von enormer Bedeutung: Kommt der Beklagte nämlich seiner etwaigen Pflicht, substantiiert zu bestreiten, nicht nach und bestreitet er nur einfach, so gilt das Vorbringen des Gegners letztlich als zugestanden. Es bedarf dann gar keines Beweises mehr!

---

265 Zöller/Greger, § 138, Rn. 10a; Thomas/Putzo, § 138, Rn. 12.

266 Zöller/Greger, § 138, Rn. 10a.

cc. Bestreiten mit Nichtwissen

Bestreiten mit Nichtwissen

Bestreiten mit Nichtwissen gemäß § 138 IV ZPO ist zulässig, wenn der Erklärende tatsächlich keine Kenntnis hat, z.B. weil sich der Vorgang außerhalb seiner Wahrnehmung abgespielt hat.[267] 59

Im Gegensatz dazu können eigene Wahrnehmungen und Handlungen nicht nach § 138 IV ZPO bestritten werden.

(1) Problemfall: „Nichtmehrwissen“

Problemfall: „Nichtmehrwissen“

Fraglich ist, ob ein Bestreiten mit „Nichtmehrwissen“ möglich ist, wenn die Partei den Vorgang vergessen hat. Insoweit werden an die Partei hohe Anforderungen gestellt, wenn es um ihre Kenntnis geht. Hat eine Partei *keine aktuelle* Kenntnis mehr, so muss sie sich etwa durch Einsichtnahme in bestimmte Aufzeichnungen kundig machen.[268] In jedem Fall werden äußerste Bemühungen zur Aufklärung des Sachverhalts verlangt.

„Nichtmehrwissen“ muss erläutert werden

Führt auch dies zu keinem Ergebnis, so hat die Partei genau darzulegen, warum sie nicht in der Lage ist, sich die notwendige Kenntnis zu verschaffen.[269] Zu akzeptieren sind z.B. Begründungen wie, dass die Handlungen und Wahrnehmungen der Partei schon sehr weit zurück liegen, dass bestimmte Unterlagen und Akten schon vernichtet worden sind oder die Partei selbst aufgrund ihres gesundheitlichen Zustandes und damit verbundener Erinnerungslücken nicht mehr in der Lage ist, die erforderlichen Informationen zu bringen.

(2) Problemfall: Zurechnung fremden Wissens

Zurechnung von Wissen?

Ein grds. wichtiges Problem ist die Zurechnung fremden Wissens. 60

Hinsichtlich des Wissens eines *gesetzlichen* Vertreters findet eine Zurechnung statt. Auch Vorgänge im eigenen Geschäfts- oder Verantwortungsbereich des Bestreitenden stellt die Rechtsprechung den „eigenen“ Handlungen oder Wahrnehmungen i.S.d. § 138 IV ZPO gleich.[270]

Hemmer-Klausur-Tipp

Halten Sie sich in der Anwaltsklausur einfach an das „Gebot des sichersten Weges“ und bestreiten Sie so präzise, wie dies die Angaben des Sachverhaltes möglich machen. Das Risiko, auch in einem kritischen Grenzfall mit Nichtwissen zu bestreiten, darf der Anwalt einfach nicht eingehen. Die Tatsache wird nämlich dann als Zugestanden gewertet, wenn der Richter hinsichtlich der Zulässigkeit dieser Form des Bestreitens anderer Ansicht ist als der Anwalt. Bedeutung können die eben besprochenen Grenzfälle des Bestreitens mit Nichtwissen in der Anwaltsklausur aber mit umgekehrter Zielrichtung bekommen: Sie haben ggf. die Aufgabe, dem Gericht klar zu machen, dass ein solches Bestreiten *des Gegners* im konkreten Fall nicht ausreichend ist.

d. Vortrag zu den Einwendungen bzw. Einreden

Vortrag zu Einwendungen bzw. Einreden

Eine der Hauptaufgaben der Klageerwiderung besteht üblicherweise im Vorbringen von Einwendungen (Rücktritt, Aufrechnung, Anfechtung) oder Einreden (etwa Verjährung). 61

267 Thomas/Putzo, § 138, Rn. 20, 21; Zöller/Greger, § 138, Rn. 13.

268 BGHZ 109, 205 (209) = jurisbyhemmer.

269 BGH, NJW 1995, 130 = jurisbyhemmer; Thomas/Putzo, § 138, Rn. 20; Zöller/Greger, § 138, Rn. 14.

270 Ausführlich hierzu in Assessor-Basics Zivilurteil § 10, Rn. 56.

Ergibt sich die Einwendung aus einem Gestaltungsrecht, muss mit entsprechenden Beweisangeboten kumulativ zu dessen Voraussetzungen (Rücktrittsgrund oder Bestehen der Gegenforderung bei der Aufrechnung) *und* zur Ausübung des Gestaltungsrechts (Rücktrittserklärung, Aufrechnungserklärung) vorgetragen werden.

4. Rechtsausführungen

a. Allgemeines

Abhängig vom Bearbeitervermerk

Insoweit kann weitgehend auf oben[271] verwiesen werden: Rechts- 62
ausführungen sind auch in der Klageerwiderung nicht zwingend und können somit eigentlich weggelassen werden („iura novit curia“). In den Examensklausuren werden sie auch bei Klageerwiderung teilweise ausdrücklich vorgeschrieben und teilweise – wenn das Gutachten vorangestellt ist – ausdrücklich erlassen.

Schreibstil wie Klageschrift

Was den dabei zu verwendenden Schreibstil angeht, ist ebenfalls 63
auf oben[272] zu verweisen: Anzusprechen sind nur die für den eigenen Mandanten günstigen Punkte; alles andere gehört auch bei dieser Methode ebenso nur ins (Hilfs)-Gutachten wie juristisch Unproblematisches.

> ***Bsp.:*** *Die Prüfung der Zulässigkeit der Klage hat, wenn bzw. soweit die Zulässigkeit gegeben ist, im Klageerwiderungsschriftsatz nichts zu suchen, weil es sich um Ausführungen handeln würde, die für den Kläger, also den Gegner günstig sind.*

möglichst viele Verteidigungslinien gleichzeitig aufbauen

Auch der Beklagte hat das Gebot des sichersten Weges zu beachten und kann nicht voraussehen, ob der Richter seinen Ausführungen in allen Punkten folgen wird. Daher sollte er – spiegelbildlich zur Vorgehensweise des Klägers, der alle Anspruchsgrundlagen kumulativ bringen sollte[273] – alle Rechtsargumente, die *für die Abweisung* der Klage sprechen, *kumulativ* vorbringen!

b. Mehrfachverteidigung mit Tatsachen- und Rechtsargumenten

Problem: Klagevortrag unschlüssig und unzutreffend

Fraglich ist, wie mit einer Situation umzugehen ist, in der der Kläger 64
bestimmte Tatsachen vorbringt, die so zum einen nicht für die vollständige Schlüssigkeit der Klage ausreichen, zum anderen nach dem Vortrag des Mandanten des Beklagten auch (teilweise) unzutreffend sind.

> ***Bsp.:*** *Zwischen den Parteien steht die Wirksamkeit der Vereinbarung eines Gewährleistungsausschlusses im Streit. Der Kläger, der auf Arglist des Beklagten (Verkäufer) hinaus will, behauptet hierzu bestimmte Kenntnisse eines Dritten, die zur Arglist des Verkäufers führen würden. Der Beklagtenanwalt meint, eine solche Kenntnis sei gar nicht gegeben; zudem sei sie dem Beklagten nicht nach § 166 BGB zurechenbar.*

Mehrfachverteidigung angezeigt

Hier sollte ein sorgfältiger Beklagtenanwalt eine Doppelstrategie (Mehrfachverteidigung) vorzunehmen.

⇨ Zum einen hat er die Behauptungen (hier Kenntnisse des Dritten) zu bestreiten.

271 Siehe § 1, Rn. 128 ff.

272 Siehe § 1, Rn. 132 ff.

273 Dazu siehe oben § 1, Rn. 133.

⇨ Zum anderen hat er in den Rechtsausführungen darzulegen, dass selbst dann, wenn man die Klägerbehauptung als wahr unterstellen würde, eine Zurechnung aus rechtlichen Gründen nicht möglich ist.

⇨ Sollte unter Zugrundelegung des Sachverhalts, wie er sich *aus Beklagtensicht* darstellt, noch ein Rechtsproblem gegeben sein, so kann es sinnvoll sein darzulegen, dass die Klage *auch insoweit* unbegründet ist.

Selbstverständlich gilt dies nicht in dem Sonderfall, in dem die Klägerbehauptungen für den Beklagten günstiger sind als die nackte Wahrheit. In diesem - gewiss nicht häufigen Fall - wird es regelmäßig die bessere Taktik sein, insoweit zu den Fakten zu schweigen und nur in rechtlicher Hinsicht die Unschlüssigkeit darzulegen.

Stellungnahme zum Einzelrichter

5. Stellungnahme zum Einzelrichter

Wurde die Klage *zum Landgericht* erhoben, gilt gemäß § 277 I 2 ZPO grds. dasselbe wie in der Klageschrift: Es *soll* angegeben werden, ob einer Entscheidung durch oder einer Übertragung auf den Einzelrichter Gründe entgegenstehen (vgl. §§ 348, 348a ZPO). Hierzu ist auf die Ausführungen oben[274] zu verweisen. 65

C. Sonderfälle der Klageerwiderung: Reaktion auf Versäumnisurteil oder Vollstreckungsbescheid zugunsten des Gegners

Sonderfälle der Klageerwiderung: Reaktion auf Versäumnisurteil oder Vollstreckungsbescheid

Nicht selten ist der Anwalt bzw. die Anwältin in der Praxis – und dem nachgebildet inzwischen auch immer wieder in Examensklausuren – mit der Situation konfrontiert, dass das Mandat zu einem Zeitpunkt erteilt wird, in dem schon ein Titel gegen den eigenen Mandanten geschaffen worden war, bevor dieser – etwa wegen Urlaubabwesenheit – erwidert hat bzw. überhaupt erwidern konnte. Dabei geht es teilweise darum, dass ein Einspruch gegen ein Versäumnisurteil einzulegen ist, teilweise geht es aber auch um das Vorgehen gegen einen im Mahnverfahren zustande gekommenen Vollstreckungsbescheid (vgl. §§ 794 I Nr. 4, 699, 700 ZPO).[275] 66

In beiden Konstellationen geht es um Schriftsätze, die sich weitgehend nach den oben dargestellten Regeln der Klageerwiderung richten, aber dennoch einige Besonderheiten aufweisen, aus denen sich zusätzliche prozessuale Probleme ergeben können.

I. Einspruch gegen ein Versäumnisurteil (v.a. § 331 III ZPO)

1. Zusatzaufgabe: Klärung der Zulässigkeit des Einspruchs

zusätzliche Prüfung der §§ 338 ff. ZPO mit u.a. Frist- und Zustellungsproblemen

Hat der Gegner, etwa im schriftlichen Vorverfahren gemäß § 331 III ZPO, ein Versäumnisurteil gegen den Mandanten erstritten, geht es bei den Vorprüfungen nicht nur um die Klärung der Zulässigkeit und Begründetheit der Klage bzw. etwaiger Gegenrechte (dazu ausführlich oben), sondern zusätzlich um die Prüfung der Zulässigkeit eines Einspruchs gemäß §§ 338 ff. ZPO. 67

274 Siehe § 1, Rn. 137.

275 Zur Reaktion auf einen vom Gegner erstrittenen Beschluss im Verfahren des einstweiligen Rechtsschutzes siehe unten § 3, Rn. 66 ff.

Ist diese gegeben, ist dann ein Einspruchsschreiben zu fertigen. Dieses stellt wegen der Vorgaben des § 340 ZPO letztlich eine leicht modifizierte Klageerwiderungsschrift dar, wenn nicht bereits vor dem Erlass des Versäumnisurteils erwidert worden war.

Die Zulässigkeitsprüfung des Einspruchs ist in der Anwaltsklausur inhaltlich grds. nicht anders durchzuführen als in der Richterklausur, also dreistufig: Statthaftigkeit gemäß § 338 ZPO (evtl. abgrenzen zum zweiten Versäumnisurteil gemäß § 345 [ggf. i.V.m. § 700 I] ZPO), Frist gemäß § 339 ZPO, Form gemäß § 340 ZPO.[276]

Prüfungsinhalt wie in der Richterklausur

Der Unterschied zur Richterklausur besteht in der anderen Perspektive bzgl. dieser Fragestellungen: Geprüft wird nicht, ob ein anderer diese Regeln beachtet hat. Vielmehr muss – je nach Aufgabenstellung – der selbst zu fertigende Schriftsatz oder der abschließende Vorschlag in einer reinen Gutachtenklausur *die Beachtung* dieser Vorgaben beinhalten. Man sollte also z.B. angeben, bis wann spätestens das zu fertigende Einspruchsschreiben beim zuständigen Gericht eingegangen sein sollte.

aber ggf. anderer Aufbau: nicht alles im Schriftsatz

Da es bezüglich der Fristwahrung im Normalfall um Dinge geht, die – vom Zeitpunkt der Fertigung des Schriftsatzes aus gesehen – *in der Zukunft* liegen, ist es regelmäßig nicht angebracht, dazu im Schriftsatz selbst Stellung zu nehmen. 68

Anders liegt es, wenn die Frist tatsächlich abgelaufen ist und ein Wiedereinsetzungsantrag gemäß § 233 ZPO gestellt wird. Dieser ist selbstverständlich gleich zu begründen.

Anders liegt es aber auch, wenn eine Frist *scheinbar* abgelaufen ist und nur ein Zustellungsfehler diesen Fristablauf verhindert hat: Da keineswegs sicher ist, dass dies der Richter von selbst bemerken würde, empfiehlt es sich in einem solchen Fall, *bereits in der Einspruchsschrift* auf den Fehler hinzuweisen. Geht es um die Zustellung des Versäumnisurteils selbst, ist darzulegen, dass und warum dieser nicht gemäß § 339 ZPO verfristet ist.

War die *vorherige* Fristsetzung i.S.d. §§ 276 I 1, 331 III ZPO fehlerhaft zugestellt worden, ist die Zulässigkeit des Einspruchs davon nicht betroffen. Dann hat die Problematik aber Auswirkung auf § 719 I 2 ZPO (dazu gleich) und auf die künftige Kostenentscheidung, weil es an der Gesetzmäßigkeit des Versäumnisurteils i.S.d. § 344 ZPO fehlt (vgl. §§ 335 I Nr. 4, 329 II 2 ZPO).[277]

Klausuralternative: § 767 ZPO gegen inzwischen rechtskräftiges Versäumnisurteil

Die Zulässigkeit des Einspruchs wird in der Klausur der absolute Regelfall sein, zwingend muss sie aber nicht gegeben sein. Denkbar ist auch, dass die Klausur auf eine Vollstreckungsgegenklage gemäß § 767 ZPO gegen das inzwischen wegen Fristablaufs rechtskräftige Versäumnisurteil hinausläuft. Allerdings besteht dann das Problem der Präklusion gemäß § 767 II ZPO, so dass sich sachliche Angriffe auf „neue" Tatsachen stützen müssen. Nach dem Wortlaut des § 767 II ZPO („... und durch Einspruch nicht mehr geltend gemacht werden können.") sind das nur solche Tatsachen, die nach Ablauf der Einspruchsfrist des § 339 ZPO entstanden sind. Die Behauptung einer falschen Entscheidung ist wegen der Präklusion also gerade nicht erfolgversprechend möglich.

---

276 Dazu genauer in Assessor-Basics Zivilurteil § 11, Rn. 38 ff.

277 Dazu genauer in Assessor-Basics Zivilurteil § 11, Rn. 68 f.

Hemmer-Klausur-Tipp

„Beißen" Sie sich in der Klausur also in erster Linie an der Einspruchsfrist fest. Dies gilt umso mehr, wenn sich die Hürde der Präklusion gemäß § 767 II ZPO (oder § 796 II ZPO) nicht oder nur unter Zugrundelegung einer Mindermeinung überwinden lässt. Dann sollten Sie nochmals genauer untersuchen, ob nicht der (vermeintlich) verfristete Einspruch doch möglich ist: Evtl. lassen sich dem Sachverhalt Ansatzpunkte für einen Wiedereinsetzungsantrag (§ 233 ZPO) in die Frist des § 339 ZPO entnehmen oder es ist ein Fehler bezüglich der Zustellung des Versäumnisurteils (v.a. Fehler bei der Ersatzzustellung) im Sachverhalt „vergraben".

2. Andere Anträge (§ 343 ZPO)

Anträge: Wortlaut des § 343 ZPO beachten!

Neben der Durchführung dieser zusätzlichen prozessualen Prüfungsschritte bezüglich der Erfolgschancen besteht der größte Unterschied zur „normalen" Klageerwiderung in der Antragstellung. Da diese immer eine Vorwegnahme der im Erfolgsfalle notwendigen Tenorierung sein sollte, hat der Antragsteller wie später auch der Richter selbst den Wortlaut des § 343 ZPO zu beachten. 69

Ist die *vollständige* Abwehr des titulierten Anspruchs des Gegners realistisch, ergibt das folgenden *doppelten* Antrag:[278]

1. Das Versäumnisurteil des Amtsgerichts XX vom ….. 2015 wird aufgehoben. 2. Die Klage wird abgewiesen.

3. Antrag auf Einstellung der Zwangsvollstreckung

Vollstreckungsgefahr nach § 708 Nr. 1 ZPO

Schließlich ist zu bedenken, dass dem Mandanten in dieser Situation akute Gefahr droht, weil nun mit dem Versäumnisurteil ein Titel des Gegners vorliegt, aus dem dieser gemäß § 708 Nr. 1 ZPO ohne Sicherheitsleistung und ohne Abwendungsbefugnis i.S.d. § 711 ZPO vollstrecken kann. 70

Einstellung der Zwangsvollstreckung nach §§ 707, 719 ZPO

Da diese Gefahr durch den Einspruch selbst und das damit erzwungene streitige Verfahren mit abschließendem Endurteil regelmäßig erst in einigen Monaten behoben sein kann, ist zusätzlich zu prüfen, ob und in welcher Weise ein Antrag auf Einstellung der Zwangsvollstreckung nach §§ 707, 719 ZPO sinnvoll ist.

Dabei ist zu prüfen, ob die für den Mandanten optimale Variante der Einstellung ohne Sicherheitsleistung gemäß § 719 I 2 ZPO in Betracht kommt. Zum einen kann eine Entschuldigung gegeben sein wie Unkenntnis von der formal wirksamen Ersatzzustellung gemäß §§ 178 ff. ZPO (etwa Urlaubsabwesenheit). Zum anderen kann dabei aber auch die Vorgeschichte des Versäumnisurteils relevant werden: Es könnte z.B. ein Zustellungsfehler bei der Fristsetzung gemäß §§ 276 I, 331 III ZPO vorliegen (vgl. § 329 II 2 ZPO).

Andernfalls wäre die Einstellung der Zwangsvollstreckung gegen Sicherheitsleistung zu beantragen: immer noch besser als die Gefahr der Durchführung der Zwangsvollstreckung gegen den Mandanten!

Der Antrag auf Einstellung der Zwangsvollstreckung nach §§ 707, 719 ZPO wird, damit ihn der Richter nicht zunächst einmal übersieht, am besten nicht ans Ende des Schriftsatzes angehängt, sondern gleich als Anhang zu den an § 343 ZPO orientierten Hauptsacheanträgen gestellt.

278 Dazu genauer in Assessor-Basics Zivilurteil § 11, Rn. 71 ff; dort auch zu den „Mischvarianten", die dann in Betracht kommen, wenn die Ansprüche des Gegners/Klägers teilweise als begründet erscheinen.

Bsp.: „Die Zwangsvollstreckung aus diesem Versäumnisurteil vom ... 2015 wird ohne Sicherheitsleistung, hilfsweise gegen Sicherheitsleistung, einstweilig eingestellt (§§ 719, 707 ZPO)."

Hemmer-Klausur-Tipp

Gehen Sie in der Klausur auf §§ 719, 707 ZPO auch dann immer ein, wenn der Sachverhalt keine Hinweise gibt! Es gibt gute Gründe dafür, dass praktisch jedes Anwaltshandbuch diesen Antrag bei den Formulierungsmustern für den Einspruch hinzufügt.
Warten Sie nicht auf Hinweise des Mandanten: Die Gefahr, dass trotz des eingelegten Einspruchs die Zwangsvollstreckung durchgeführt wird, kann ein normaler, juristisch nicht vorgebildeter Mandant nicht *von selbst* erkennen. Also wäre es jedenfalls in einem aus der Praxis stammenden Aktenfall lebensfremd zu erwarten, dass dazu Hinweise im Sachverhalt sind. Der Anwalt hat die Pflicht, solche Aspekte auch „ungefragt" zu bedenken und anzusprechen. Insbesondere darf er nicht abwarten, ob tatsächlich schon eine konkrete Zwangsmaßnahme erkennbar ist. Dies ist keine Voraussetzung für den Erfolg des Antrags nach §§ 719, 707 ZPO. Wenn man eine solche konkrete Zwangsmaßnahme abwartet, ist es u.U. schon zu spät: Diese bemerkt man erst, wenn die Geschäftskonten schon „lahmgelegt" sind (§§ 828, 829 ZPO) oder der Gerichtsvollzieher sich angsteinflößend im Treppenhaus aufgebaut hat. Dann ist ein gewisser Schaden schon eingetreten und es beginnt u.U. ein Wettlauf, ob die Versteigerung noch verhindert werden kann.
Liefert der Sachverhalt die oben beschriebenen Ansatzpunkte für die Möglichkeit der Einstellung *ohne* Sicherheitsleistung gemäß § 719 I 2 ZPO, kann man davon ausgehen, dass die Problematik für die Korrektur umso wichtiger ist!

II. Erwiderung auf Anspruchsbegründung des Gegners nach Einspruch gegen Vollstreckungsbescheid (§ 700 IV ZPO)

Verteidigungsbegründung gemäß § 700 IV ZPO nach Vollstreckungsbescheid

Eine ähnliche Ausgangslage liegt vor, wenn der Gegner einen Vollstreckungsbescheid erlangt hat, gegen den sich der Mandant nun zur Wehr setzen will. Wegen § 700 I ZPO hat der Inanspruchgenommene auch in diesem Fall Einspruch gemäß §§ 338 ff. ZPO einzulegen. 71

Aufgrund des in § 700 II-V ZPO anders geregelten Verfahrensablaufes wäre dann allerdings nicht die Einspruchsschrift selbst (diese hat keine Begründung, s.u.), sondern die spätere Verteidigungsbegründung gemäß § 700 IV i.V.m. § 276 I 2 ZPO derjenige Schriftsatz, der eine leicht modifizierte Klageerwiderungsschrift darstellt.[279]

1. Sachliche Erwiderung noch nicht im Einspruch selbst

Einspruch gegen VB noch ohne Begründung

Die Einspruchsschrift muss auch in diesem Fall den formellen Anforderungen des § 700 I i.V.m. § 340 I, II ZPO sowie des § 130 ZPO genügen. Antragstellung, Tatsachenvortrag oder Rechtsausführungen sind in der Einspruchsschrift dagegen nicht nötig: Wegen § 700 III 3 ZPO ist § 340 III ZPO nicht anwendbar. 72

Ein so früher Vortrag wäre nicht sinnvoll, da auch noch kein Vortrag des Klägers vorliegt: Im Mahnverfahren erfolgen gemäß §§ 690 I Nr. 3, 692 I Nr. 1 ZPO nur gewisse zur *Individualisierung* des Anspruchs unerlässliche Mindestangaben.[280]

---

279 Zu Kostenfragen bei vorausgegangenem Mahnverfahren siehe bereits oben in § 1, Rn. 78a.

280 Vgl. Thomas/Putzo, § 690, Rn. 9.

Zur Substanziierung und zur Angabe von Beweismitteln ist der Antragsteller gemäß § 700 III 2 i.V.m. § 697 I ZPO erst *nach* Einlegung des Einspruchs und anschließender Abgabe des Verfahrens vom Mahngericht an das Streitgericht (vgl. § 700 III 1 ZPO) angehalten.[281]

Erst hiernach kommt der Schritt, der einem Klageerwiderungsschreiben entspricht. Gemäß § 700 IV i.V.m. § 276 I 2 ZPO hat der Einspruchsführer und Beklagte nun in den meisten Fällen seinen Antrag auf Aufhebung des Vollstreckungsbescheids (§ 343 ZPO i.V.m. § 700 I ZPO) zu stellen und zu begründen.

2. Inhalt der zu stellenden Anträge

Anträge nach § 343 ZPO (i.V.m. § 700 I ZPO)

Der Inhalt der zu stellenden Anträgen muss sich wiederum exakt an 73
§ 343 ZPO orientieren, auf den sich die Verweisung in § 700 I ZPO ebenfalls erstreckt.[282]

> *1. Der Vollstreckungsbescheid des Amtsgerichts XX – Mahngericht – vom 11. April 2015 (Gz.: B 7789/15) wird aufgehoben.[283] 2. Die Klage wird abgewiesen.*

3. Antrag auf Einstellung der Zwangsvollstreckung nach §§ 707, 719 (hier i.V.m. § 700 I) ZPO

wiederum Einstellung nach §§ 707, 719 (i.V.m. § 700 I) ZPO prüfen

Auch und gerade in dieser Konstellation sollte an den Antrag auf 74
Einstellung der Zwangsvollstreckung nach §§ 707, 719 (hier i.V.m. § 700 I) ZPO gedacht werden:[284]

Anders als die Hauptsacheanträge (s.o.) sollte dieser Antrag auf Einstellung der Zwangsvollstreckung bereits im Einspruchsschreiben gestellt werden, um die Entscheidung über diesen Antrag nicht unnötig hinauszuzögern.[285]

Immerhin liegt ein wirksamer Vollstreckungstitel des Gegners vor (§ 794 I Nr. 4 ZPO), für die dem Gläubiger gemäß § 796 I ZPO nicht einmal eine Vollstreckungsklausel erteilt werden muss, so dass die jederzeitige Vollstreckung droht.

D. Andere „Reaktionsschriftsätze“ (Replik, Duplik):

Sachverhaltsgestaltung bei späterem Einstieg in den Fall

In den letzten Jahren wurden in einigen Bundesländern zunehmend 75
Anwaltsklausuren gestellt, in denen der Anwalt in späteren Verfahrensabschnitten eingreifen musste.

Neben der Berufungsbegründungsklausur ging es dabei überwiegend um die Replik, also die Reaktion auf die Klageerwiderung des Gegners, teilweise auch um die Duplik, also um die Reaktion auf die Replik des Gegners.

281 Dazu siehe bereits oben § 1, Rn. 78.

282 Vgl. Thomas/Putzo, § 700, Rn. 17. Zur umgekehrten Perspektive des Klägers siehe bereits oben § 1, Rn. 140.

283 Anders als beim Einspruch gegen Versäumnisurteil muss hier das Geschäftszeichen des Vollstreckungsbescheids genannt werden, da dieses nicht identisch ist mit dem jetzigen Aktenzeichen am Prozessgericht. In den meisten Bundesländern stammt der Vollstreckungsbescheid von einem zentralen Mahngericht.

284 Vgl. Thomas/Putzo, § 719, Rn. 5; § 700, Rn. 1.

285 Vgl. Thomas/Putzo, § 700, Rn. 1. Auch wenn die Entscheidung erst nach Abgabe durch das Streitgericht erfolgen wird (vgl. MüKo/Holch § 700, Rn. 21) ist es doch üblich, diesen Antrag bereits in der Einspruchsschrift zu stellen (vgl. Beck`sches Prozessformularbuch I.B.4.), um diese Entscheidung möglichst schnell zu bekommen.

Diese Aufgaben werden teilweise als Gutachten (gegebenenfalls mit einem Vorschlag für neue Anträge bzw. Antragsänderungen), teilweise aber auch als vollständiger Schriftsatz mit Rechtsausführungen gefordert. Ausgangspunkt ist meist ein Rechtsstreit am Amtsgericht oder Arbeitsgericht, den der Mandant ohne anwaltliche Vertretung begonnen hat und der ihn nun mit Problemen konfrontiert, die ihn doch überfordern.

I. Klausurtechnische Unterschiede zu anderen Schriftsatzklausurtypen:

Die Klausurthemen Replik bzw. Duplik haben als anwaltstypische Aufgabenstellungen mehrere klausurtechnische Vorteile, die vom Bearbeiter aber auch beachtet werden müssen, will er nicht u.U. völlig falsche Klausurschwerpunkte setzen. 76

1. Besonderheiten beim Tatsachenvortrag:

Tatsachenvortrag weitgehend schon erfolgt

Völlig anders als bei der Klageschriftklausur und auch weitgehender als bei der Klageerwiderung ist der Großteil des Faktenvortrags bereits in den bisherigen im Sachverhalt wiedergegebenen Schriftsätzen erfolgt. Der erneute Vortrag der Dinge, die schon in der Klageschrift derselben Partei vorgetragen wurden, ist überflüssig.

a. Aufgabe hier: Überprüfung und Ergänzung des Vortrags und der Beweisangebote

Überprüfung auf nötige Ergänzungen

Stattdessen ist das Vorbringen der Klageschrift in einer Replikklausur auf seine Vollständigkeit zu untersuchen und notfalls zu ergänzen bzw. bei Ungenauigkeiten zu präzisieren. Es gehört zu den handwerklichen Aufgaben dieses Klausurtyps zu selektieren, welche Details aus dem Vortrag des Mandanten gegenüber dem Anwalt dem Gericht noch mitzuteilen sind und inwieweit die Fakten – wie im Regelfall das weitaus Meiste – schon in den Prozess eingeführt sind.[286] 77

Beweissituation überprüfen

V.a. aber muss untersucht werden, welche Fakten aufgrund der Beweislastverteilung und der Reaktion des Gegners noch unter Beweis zu stellen sind. Dabei kann es auch notwendig sein, Beweisangebote des Mandanten „nachzubessern“.

> **Bsp.:** *Hat der Mandant in seiner „selbstgestrickten“ Klageschrift für eine beweisbedürftige anspruchsbegründende Tatsache eine eidesstattliche Versicherung eines Dritten angeboten, muss die Untauglichkeit dieses Beweismittels außerhalb des Anwendungsbereichs von § 294 ZPO erkannt und durch ein Angebot auf Zeugenbeweis ersetzt werden.*[287]

b. Reaktion auf Widerklage des Gegners:

Hat der Beklagte in der Klageerwiderung eine Widerklage erhoben, wird zumindest ein beträchtlicher Teil des Replikschriftsatzes in der Reaktion auf diese Widerklage bestehen. 78

---

286 Wer alles nochmals vorträgt, verweigert einerseits die Erledigung dieser Selektionsaufgabe und vergeudet andererseits derart viel Zeit für die Schreibarbeit zum Tatsachenvortrag, dass er dort, wo es wirklich die Punkte abzuholen gibt, viel zu wenig Zeit übrig haben wird.

287 Dazu siehe bereits oben § 1, Rn. 22. Zu den zulässigen Beweismitteln vgl. Thomas/Putzo, § 284, Rn. 12.

Reaktion auf Widerklage des Gegners: Vorgehen wie in der Klageerwiderung

Meist ist dann ebenso zu reagieren wie im „defensiven“ Teil einer Klageerwiderung gegenüber Angriffen in der Klage[288]; oft wird die Aufgabe neben der Schlüssigkeitsprüfung in einem möglichst präzisen Bestreiten der einen oder anderen entscheidenden Tatsachenbehauptung des Gegners bestehen.

Sind die Behauptungen des Gegners in tatsächlicher Hinsicht zutreffend, wird in den Rechtsausführungen nicht selten die Unschlüssigkeit der Beklagtenforderung darzulegen sein. Denkbar ist aber zumindest theoretisch auch die Notwendigkeit der Abgabe eines Anerkenntnisses zu einem Teil der Widerklageforderung.[289]

c. Reaktion auf Einwendungen des Gegners:

Erwiderung auf Einwendungen und/oder Einreden des Gegners

Eine weitere wichtige Aufgabe der Replik besteht in der Erwiderung auf Einwendungen und/oder Einreden des Gegners, wie etwa Erfüllung, Verjährung, Entreicherung, Aufrechnung. Wie oben ausgeführt, nimmt man zu solchen Fragen meist selbst bei vorprozessualen Diskussionen hierüber in der Klageschrift noch nicht Stellung, sondern wartet ab, mit welchem genauen Vorbringen und mit welchen Beweisangeboten der Beklagte seine Einwendungen vorbringt.[290] 79

Nun, bei der Ausarbeitung der Replik, lässt sich besser entscheiden, ob die Einwendung des Beklagten evtl. schon unschlüssig vorgebracht wurde oder ob ihr mit einem Gegeneinwand entgegengetreten werden kann bzw. muss. So kann es nun z.B. notwendig geworden sein, auf die erhobene Verjährungseinrede durch Darlegung von Umständen, aus denen sich ein Hemmungstatbestand etwa nach § 203 BGB ergibt, zu erwidern.

d. Reaktion auf veränderte Umstände:

Reaktion auf eine Veränderung der Umstände nach Klageerhebung

Schließlich kann eine der Aufgaben der Replik auch darin bestehen, auf eine Veränderung der Umstände nach Klageerhebung zu reagieren.[291] 80

e. Sonderfall: Kündigungsschutzklage im Arbeitsrecht:

Sonderfall: Kündigungsschutzprozess

Einen gewissen Sonderfall stellt die Kündigungsschutzklage im Arbeitsrecht dar: Wegen der im Falle der Anwendbarkeit von § 626 BGB bzw. §§ 1, 2 KSchG grds. gegebenen Darlegungs- und Beweislast des Arbeitgebers für die Kündigungsgründe musste zu diesen in der Klageschrift noch nicht Stellung genommen werden, und daher fehlen sie üblicherweise auch in der im Sachverhalt abgedruckten Klageschrift. 81

Die Klageschrift bzw. das Protokoll der Rechtsantragsstelle (vgl. § 496 ZPO i.V.m. §§ 495 ZPO, 46 II 1 ArbGG) erschöpft sich in solchen Fällen meist in der Darlegung derjenigen Fakten, die gemäß §§ 1 I, 23 I KSchG für die Anwendbarkeit des KSchG notwendig sind und beschränkt sich im Übrigen auf die pauschale Angabe „Die Kündigung ist sozialwidrig.“

288 Siehe dazu v.a. § 2, Rn. 53 ff.

289 Dazu siehe oben § 2, Rn. 14 ff. und Rn. 47.

290 Dazu siehe oben § 1, Rn. 116 ff.

291 Siehe dazu genauer unten in Rn. 88.

Hier: Replik ist Erwiderung auf Vortrag der Kündigungsgründe

Hat nun der Arbeitgeber in der Klageerwiderung seine Kündigungsgründe vorgetragen, hat anschließend der Anwalt des Arbeitnehmers in der Replik diejenige Aufgabe, wie sie sonst der *Klageerwiderung* zukommt: Er muss also – soweit möglich – v.a. die (angeblichen) Kündigungsgründe möglichst präzise bestreiten bzw. etwaigen Beweisangebote für Gegenbeweis oder Entlastungstatsachen vornehmen.

2. Auswirkung auf die Rechtsprobleme:

Vorsicht: mehr Rechtsprobleme zu erwarten als bei Klageschrift!

Zwangsläufige Folge der geringeren Schreibarbeit im Tatsachenteil eines Replikschriftsatzes ist es, dass eine Klausur zum Thema Replik oder Duplik oft deutlich mehr und/oder wegen ihrer Komplexität zeitraubendere Rechtsprobleme enthalten wird als etwa eine Klageschriftklausur, bei der ein Großteil der Zeit des Bearbeiters in den Vortrag der Fakten investiert werden muss. *82*

Dadurch, dass schon zumindest zwei Schriftsätze der Parteien vorliegen, können sich nun überdies *inhaltlich* Probleme stellen, die bei Erhebung bzw. Erwiderung auf die Klage noch gar nicht denkbar waren, weil zu diesem früheren Zeitpunkt noch nichts prozessuales passiert war.

II. Typische prozessuale Probleme der Replik:

1. Reaktion des Klägers auf Prozessaufrechnung des Beklagten:

Reaktion des Klägers auf Prozessaufrechnung

Neben der Erwiderung auf eine Widerklage besteht – wie ausgeführt – eine typische Aufgabe der Replik in der Reaktion des Klägers auf Gegenangriffe des Beklagten in Form einer Prozessaufrechnung. *83*

Zum einen kann es darum gehen, die Begründetheit dieser zur Aufrechnung gestellten Beklagtenforderung in Zweifel zu ziehen, indem die dazu vorgebrachten Tatsachenbehauptungen bestritten und/oder – in den Rechtsausführungen – die Unschlüssigkeit dieser Forderung dargelegt wird. Insoweit gilt entsprechendes wie bei der Reaktion auf eine Widerklage.[292]

Abgrenzung Erledigungserklärung zur Klagerücknahme

Zum anderen kann aber auch eine Situation gegeben sein, in der diese Gegenforderung sich tatsächlich als begründet erweist. Diese Begründetheit kann sich bereits unproblematisch aus dem Mandantenvortrag ergeben, evtl. aber auch erst nach längerer Subsumtion und Prüfung der Beweislage. In solchen Fällen erwartet der Korrektor vom Klausurbearbeiter diesbezüglich eine „Kapitulation" in der Sache selbst. Die entscheidende Frage wird dann die konkrete *prozessuale Einkleidung* dieser (teilweisen) Aufgabe der Klageforderung sein, da es – wenn möglich – ohne Kostennachteile für den eigenen Mandanten, den Kläger, ausgehen sollte. *84*

In Betracht kommt dann die Abgabe einer Erledigungserklärung. Diese sollte man, weil die Zustimmung des Beklagten i.S.d. § 91a I ZPO nicht sicher prognostizierbar sein wird, nur dann in Erwägung ziehen, wenn die Voraussetzungen für die Begründetheit eines Antrags auf Feststellung der einseitigen Erledigung vorliegen, also eine Erledigung *nach* Rechtshängigkeit gegeben ist.[293]

292 Dazu siehe oben § 2, Rn. 80.

293 Siehe dazu etwa die gewohnheitsrechtlichen und mittelbar inzwischen auch im Umkehrschluss aus § 269 III 3 ZPO gesetzlich anerkannten Grundsätze bei Thomas/Putzo, § 91a, Rn. 37 ff.

In Betracht kommt aber auch eine Klagerücknahme, die sich v.a. dann anbietet, wenn der Sonderfall der Erledigung *vor* Rechtshängigkeit gemäß § 269 III 3 ZPO vorliegt. Erfolgte eine Klagerücknahme bei einer Erledigung *nach* Rechtshängigkeit, so ist § 269 III 3 ZPO nicht anwendbar, auch nicht analog. Nimmt er in einem solchen Fall die Klage zurück, bleibt der Kläger gemäß § 269 III 2 1. Hs. ZPO auf den Kosten sitzen.[294]

Bei der Abgrenzung ist im Falle der Prozessaufrechnung des Beklagten v.a. von Bedeutung, dass die Rechtsprechung des BGH die materiellrechtliche Rückwirkungsfiktion der Aufrechnung (§ 389 BGB) im Prozessrecht nicht anwendet, weil bzgl. des Begriffs „erledigendes Ereignis" auf *Tatsachen*, nicht auf *Fiktionen* abzustellen sei.[295] Folglich hängt es vom Zeitpunkt der wirksamen Aufrechnungs*erklärung* gemäß § 388 BGB ab, ob Erledigung oder Klagerücknahme zu erklären ist. 85

Üble Haftungsfalle!

Ein sehr sorgfältiges Arbeiten ist hier in Klausur und Praxis völlig unverzichtbar, weil eine etwaige Fehlentscheidung zumindest in einer Richtung nicht mehr korrigierbar wäre:[296] Ist die Rücknahmeerklärung formal wirksam abgegeben, führt sie zum rückwirkenden Erlöschen der Rechtshängigkeit, so dass keine Erledigungserklärung mehr möglich ist.[297]

2. Reaktion des Klägers auf Widerklage

Hatte der Kläger eine Feststellungsklage erhoben, kann das Feststellungsinteresse während des Verfahrens wegfallen. Dann muss er in der Replik (ggf. auch erst später) den Antrag ändern, wenn er eine Abweisung verhindern will. 86

Für eine solche Reaktion bleiben neben der – in Klausuren eher unwahrscheinlicheren – Totalkapitulation der (teilweisen) Klagerücknahme v.a. zwei Möglichkeiten:

- ⇨ Er kann die Hauptsache für erledigt erklären. Dies bietet sich z.B. bei einer negativen Feststellungsklage an, wenn der Beklagte seinerseits Leistungsklage erhebt *und* diese nach Beginn der mündlichen Verhandlung nicht mehr zurücknehmen kann (vgl. § 269 I ZPO).[298]

- ⇨ Der Kläger kann (und muss) selbst auf eine Leistungsklage übergehen, wenn mittlerweile Leistung verlangt werden kann. Dann liegt ein Fall von § 264 Nr. 2 ZPO vor.

Letztere Möglichkeit ist zwar zweckmäßig, aber nicht notwendig, wenn wegen eines in der Entwicklung befindlichen Schadensersatzanspruchs zunächst Feststellungsklage erhoben wurde und im Verlauf des Prozesses die Bezifferung möglich wird.[299]

294 Vgl. dazu etwa BGH, NJW 2007, 146 = **juris**byhemmer = Life&Law 2007, 177; NJW 2014, 3520 [Rn. 6].

295 Vgl. BGH NJW 2003, 3134 = **juris**byhemmer; Thomas/Putzo, § 91a, Rn. 4a.

296 Im Examen bekommt man überdies ohnehin nur eine Chance, das Richtige zu tun.

297 Vgl. dazu etwa BGH, NJW 2007, 146 = **juris**byhemmer = Life&Law 2007, 177 ff.

298 Vgl. Thomas/Putzo, § 256, Rn. 19.

299 BGH, NJW 1984, 1552 (1554) = **juris**byhemmer.

3. Notwendige Änderungen bzw. Erweiterungen der Klageanträge:

Notwendige Änderungen bzw. Erweiterungen der Klageanträge

In Betracht kommen aber auch völlig andere Sachverhaltsgestaltungen, die zu einer genauen rechtlichen Vorprüfung mit Ergebnis der Notwendigkeit einer Änderung der Anträge nach §§ 263 ff. ZPO zwingen. Aus der Vielzahl der oben angedeuteten Sachverhaltsvarianten seien nur zwei Beispiele genannt. 87

a. Korrektur anfänglich ungeeigneter Anträge

Korrektur anfänglich ungeeigneter Anträge

Der Mandant oder sein bisheriger Anwalt hat – möglicherweise in Verkennung der materiellen Rechtslage – zunächst einen ungeeigneten Antrag gestellt, der deswegen nun geändert werden muss.

> ***Bsp.:*** *Der Mandant hat eine Feststellungsklage gegen den Vermieter erhoben, dass er berechtigt sei, seine Freundin in die Mietwohnung aufzunehmen.*

Diese Klage wäre nur einschlägig, wenn diese Berechtigung schon kraft Gesetzes von selbst gegeben wäre. Da ein nichtehelicher Lebensgefährte nach BGH aber – anders als ein Ehegatte – Dritter i.S.d. § 540 BGB ist, bedarf der Mieter der Erlaubnis des Vermieters, hat gemäß § 553 I BGB aber regelmäßig auch einen Anspruch auf Erlaubniserteilung.[300]

Folge: In der beschriebenen Situation müsste der mit der Replik beauftragte Anwalt die Feststellungs- in eine Leistungsklage umstellen, nämlich einen Antrag auf Abgabe dieser Willenserklärung stellen (vgl. dazu dann auch § 894 ZPO).

b. Reaktion auf eine (Teil)-Leistung des Beklagten

Reaktion auf (ggf. teilweise) Erfüllung

Erbringt der Beklagte während des Rechtstreits eine (teilweise) Leistung, kann es wegen § 362 I BGB nötig sein, insoweit die Erledigung des Rechtsstreits oder die Rücknahme der Klage zu erklären. Die Abgrenzung zwischen beidem richtet sich – wie ausgeführt[301] – v.a. danach, ob die Erfüllungswirkung vor oder nach Rechtshängigkeit eintrat. 88

Hemmer-Klausur-Tipp

Prüfen Sie aber immer genau, ob materiell-rechtlich wirklich die Erfüllung i.S.d. § 362 I BGB eingetreten ist. Das ist keineswegs bei jeder „äußerlich" der Klageforderung entsprechenden Leistung der Fall. Bei manchen Leistungen muss man trotzdem den Klageantrag unverändert aufrechterhalten.
Konkretes Beispiel: Wird aus einem vorläufig vollstreckbaren Urteil, einem Arrestbefehl oder einer einstweiligen Verfügung vollstreckt, tritt keine Erfüllung i.S.d. § 362 I BGB und damit auch keine Erledigung ein. Dasselbe gilt für Leistungen, die *zur Abwendung* der Zwangsvollstreckung aus einem vorläufig vollstreckbaren Titel erbracht werden.[302]
Grund: Die Leistung erfolgt in diesen Fällen unter dem *Vorbehalt* des Rechtskrafteintritts, sofern der Schuldner nicht ausdrücklich etwas anderes bestimmt. Für den Herausgabeanspruch nach § 985 BGB gilt nichts anderes. Es führt also nicht jeder Besitzverlust zum Wegfall der Vindikationslage.[303]

300 Vgl. dazu BGH, NJW 2004, 56 = **juris**byhemmer; Palandt/Weidenkaff § 540, Rn. 5 und § 553, Rn. 4.

301 Oben § 2, Rn. 84.

302 Vgl. BGHZ 94, 268, 274; NJW 2014, 2199 [Rn. 8] = **juris**byhemmer = Life&Law 2014, 567; NJW 2015, 699 [RN 19].

303 Vgl. BGH NJW 2014, 2199 [Rn. 9 ff.] = **juris**byhemmer = Life&Law 2014, 567; Palandt/Bassenge § 985, Rn. 5.

c. Reaktion auf Veränderung der Umstände im Prozessverlauf

Korrektur wg. späterer Umstände

Ein „Dauerbrenner" in den typischen Richterklausuren und in den ersten Anfängen inzwischen auch schon aus Anwaltssicht im Examen geprüft ist die Konstellation, dass der Kläger die Aktivlegitimation *nach* Zustellung der Klage verliert. *89*

Bsp. 1: *Der Kläger tritt die Klageforderung nach Zustellung der Klage an einen seiner Gläubiger gemäß § 398 BGB ab.*

Bsp. 2: *Ein solcher Gläubiger erwirkt gegenüber der Klageforderung nach Zustellung der Klage einen Pfändungs- und Überweisungsbeschluss gemäß §§ 828 ff., 835 ff. ZPO.*

Notwendig ist in all diesen Fällen dann eine Umstellung des Klageantrags auf Zahlung an den Zessionar bzw. Vollstreckungsgläubiger, und der bisherige Kläger behält seine Prozessführungsbefugnis. Diese ergibt sich aus § 265 II 1 ZPO, der bei Veränderungen auf Seiten *des Klägers* eine gesetzliche Prozessstandschaft darstellt.[304]

III. Sonderfall der Replik: Einspruch gegen VU nach § 330 ZPO

Einspruch gegen VU nach § 330 ZPO

Als – schon im Assessorexamen geprüfter – Sonderfall einer Replik kommt schließlich auch wieder die Aufgabe der Fertigung eines Einspruchsschreibens gemäß §§ 338 ff. ZPO in Betracht. Dies nämlich dann, wenn es sich um ein gegen *den Kläger* nach § 330 ZPO ergangenes Versäumnisurteil handelt. *90*

Behandlung wie Replik; außerdem § 339 und § 343 ZPO.

Die Ausführungen zu den Aufgaben eines Replikschriftsatzes gelten dann entsprechend. Zusätzlich sind dann – wie beim Einspruch des Beklagten[305] – Fragen der Zulässigkeit des Einspruchs gemäß §§ 338 ff. ZPO, insbesondere solche der Fristberechnung gemäß § 339 ZPO und damit ggf. auch der Zustellung zu erwarten.

Bei der Antragstellung ist wiederum der Wortlaut von § 343 ZPO genau zu beachten und neben der Aufhebung auch der – in der Klageschrift meist schon so gestellte – Sachantrag zu wiederholen.

1. Das Versäumnisurteil des Amtsgerichts Köln vom ….. 2015 wird aufgehoben. 2. Der/die Beklagte wird verurteilt, …….

Beim Sachantrag kann es aber auch hier sein, dass Änderungen und/oder Erweiterungen der Anträge notwendig bzw. sinnvoll sind.[306]

304 Vgl. etwa Thomas/Putzo, § 265, Rn. 9 (wo aber nur der äußerst seltene Fall der Überweisung an Zahlung statt gemäß § 835 I 2. Alt. ZPO genannt wird) und Rn. 13. Siehe dazu BGH NJW 2011, 2649 [2651] für den absoluten Regelfall der Überweisung zur Einziehung gemäß § 835 I 1. Alt. ZPO.

305 Dazu oben § 2, Rn. 69 ff.

306 Dazu siehe oben § 2, Rn. 85 ff.

§ 3 Einstweiliger Rechtsschutz 1

A. Mandantenzielermittlung / Herangehen an den Sachverhalt

I. Feststellung, dass gerade einstweiliger Rechtsschutz begehrt wird

1. Schritt: Zielerfassung im Sachverhalt

einstweiliger Rechtsschutz gewollt?

In einem ersten Schritt muss der Bearbeiter einer solchen Klausur überhaupt erst einmal erkennen, dass der Aufgabensteller von ihm ein Antragsschreiben im einstweiligen Rechtsschutz, also gerade nicht (oder nicht nur) eine gewöhnliche Klageschrift sehen will. Dieses Klausurziel kann der Aufgabensteller auf verschiedene Weise mitteilen:

Bearbeitervermerk oft allgemein gehalten

Neben der vereinzelt vorkommenden ausdrücklichen Regieanweisung (*„Der Schriftsatz im (bzw. Antrag auf) einstweiligen Rechtsschutz ist zu fertigen".*) lautet der Bearbeitervermerk meist allgemein: *„Der Schriftsatz des Rechtsanwalts X an das Gericht ist zu fertigen."* In einem solchen Fall muss genauer hingesehen werden, weil es sich natürlich auch um eine Klageschrift handeln kann. Entscheidend ist dann, welchen sonstigen Inhalt der Sachverhalt aufweist.

Es kommt auch vor, dass der Bearbeitervermerk noch offener ist, 2
nämlich von „dem Schriftsatz bzw. den Schriftsätzen" spricht, die zur Erreichung des Mandantenziels nötig sind. Es *kann* dann sein, dass es notwendig oder zumindest sinnvoll ist, Hauptsacheklage *und* einstweiligen Rechtschutz vorzuschlagen bzw. zu beantragen.[307]

Ist im Sachverhalt schon eine Klage abgedruckt oder zumindest mitgeteilt, dass eine solche erhoben wurde, dann ist völlig klar, dass es nun nur um *einstweiligen* Rechtsschutz gehen kann.

gesamter Sachverhaltsinhalt entscheidend: (realistische) Mandantenziele?

Ist auch dies nicht der Fall, dann müssen Sie die Zielvorgaben des Mandanten genau daraufhin untersuchen, ob deren Durchsetzung möglicherweise gefährdet wäre, wenn man sich als einziges Mittel auf einen u.U. langwierigen Hauptsache-Rechtsstreit einlässt.

> **Bsp.:** *Die Mandantin wurde gerade von ihrem Ehemann verlassen. Dieser weigert sich, Unterhalt oder sonst irgendetwas zu zahlen. Die Mandantin erklärt, möglichst schnell Geld zu brauchen.*

Hier ist völlig klar, dass das Mandantenziel, *möglichst schnell* zu Geld zu kommen, mit einer normalen Hauptsacheklage nicht erreichbar wäre. Der Aufgabensteller gibt eindeutig zu erkennen, dass er auf einstweiligen Rechtsschutz hinaus will.

> **Oder:** *Der Mandant schildert neben seinen möglichen Ansprüchen auch noch, dass der potentielle Beklagte gerade dabei ist, sein Vermögen durch Spielbankbesuche zu verschleudern oder sich ins Ausland abzusetzen.*

307 Ein solcher Bearbeitervermerk war früher v.a. bei den einstweiligen Anordnungen im Unterhaltsrecht (§ 620 ZPO bzw. § 644 ZPO a.F.) verbreitet, weil diese ausdrücklich nur *zusätzlich* zu einem Hauptsacheverfahren möglich waren. Durch die Abkoppelung der einstweiligen Anordnung vom Hauptsacheverfahren gemäß §§ 49 ff, 246 FamFG hat sich dies seit September 2009 geändert. Nun kann die Aufgabe – wie bei einstweiliger Verfügung oder Arrest (s.u.) – auch alleine darin bestehen, einstweiligen Rechtsschutz zu beantragen, weil man etwa mit der Hauptsacheklage aus irgendeinem Grund noch etwas warten will.

In einer solchen Situation läuten für jeden Praktiker die Alarmsirenen, weil er hinsichtlich der Zwangsvollstreckung seine Felle davonschwimmen sieht. Er muss zunächst oder zeitgleich also die Weichen stellen, dass später überhaupt noch etwas vorhanden ist, was als Grundlage für eine Zwangsvollstreckung dienen kann. Andernfalls würde seinem Mandanten (u.U. auch dem Anwalt selbst) das beste Hauptsacheurteil nichts nützen.

Hemmer-Klausur-Tipp

Fixieren Sie sich in der Anwaltsklausur nie mit „Tunnelblick" auf den Erfolg im Erkenntnisverfahren. Schöpfen Sie zusätzlich die Sachverhaltsangaben zur Beantwortung der Frage aus, wie es um die Vollstreckungsmöglichkeiten steht. Prüfen Sie, ob Sie diese beeinflussen können. Liefert der Sachverhalt Ihnen solche Hinweise wie eben beschrieben, ist die Fertigung nur einer gewöhnlichen Klageschrift völlig *ungeeignet* und damit falsch.
Wir erinnern uns: Der Anwalt hat sein Ziel erst erreicht, wenn sein Mandant wirklich Geld erlangt oder die Sache zurückerhalten hat!
Regelmäßig finden sich dann aber auch noch andere Hinweise bzw. „Indizien" für das, was der Korrektor von Ihnen lesen will: Findet sich etwa im Sachverhalt eine eidesstattliche Versicherung, kann dies eine Falle sein, weil sie im Hauptsacheverfahren kein zulässiges Beweismittel ist.[308] Es kann aber auch eines der Indizien für den Weg zum einstweiligen Rechtsschutz sein (dazu genauer unten). Liegen gleich *mehrere* eidesstattliche Versicherungen vor, wird wohl kaum ein Zweifel sein, dass es um die letztgenannte Variante geht!

II. Festlegung, welche Art von einstweiligem Rechtsschutz konkret einschlägig ist

2. Schritt: Varianten des einstweiligen Rechtsschutzes abgrenzen

In einem zweiten Schritt hat der Anwalt dann zu prüfen, welche Art von einstweiligem Rechtsschutz im konkreten Fall einschlägig ist. 3

1. Überblick

Hauptvarianten: Arrest, einstweilige Verfügung, einstweilige Anordnung (FamFG)

Abhängig von den Zielen des Mandanten sowie von der Art der Ansprüche, um die es in der Hauptsache geht, kommen für die Klausur v.a. drei Varianten des einstweiligen Rechtsschutzes in Betracht: der Arrest gemäß §§ 916 ff. ZPO und die einstweilige Verfügung gemäß §§ 935 ff. ZPO sowie - wenn es um Unterhaltsansprüche geht - die einstweilige Anordnung gemäß §§ 49 ff, 119 I, 246 FamFG.

Hinweis

Materielles Familienrecht (Schwerpunkt: Unterhaltsrecht und Güterrecht) und Familienverfahrensrechts ist im Assessorexamen ist seit langer Zeit regelmäßiger Prüfungsstoff in Bayern, Baden-Württemberg und Sachsen und tauchte inzwischen auch im hessischen Assessorexamen auf. In vielen anderen Bundesländern werden diese Themen dagegen nicht geprüft. Wenn Sie von letzterem betroffen sind, überspringen sie im Folgenden einfach die Rn. 7 sowie die Rn. 54 bis 64.

Eine große praktische Bedeutung im einstweiligen Rechtsschutz hat auch § 769 ZPO (u.U. i.V.m. § 771 III bzw. § 805 IV ZPO), wenn der Anwalt verhindern will, dass während des Hauptsacheprozesses über die Klage nach § 767 ZPO, § 771 ZPO oder § 805 ZPO die Zwangsvollstreckung beendet und der Hauptsacheklage damit die Grundlage entzogen wird. 4

308 Siehe oben § 1, Rn. 22.

Im Folgenden beschränken wir uns auf die Darstellung der drei erstgenannten Arten des einstweiligen Rechtsschutzes. Grund: Nur diese können eine Klausur ganz *alleine* prägen können.

§ 769 ZPO ist in Klausuren dagegen meist nur eine *Begleitmaßnahme*. Im Klausurmittelpunkt steht in solchen Fällen die Hauptsacheklage. Dagegen genügt es bezüglich des einstweiligen Rechtsschutzes meist schon, überhaupt seine Notwendigkeit zu erkennen, den Antrag richtig zu formulieren und ein paar Worte zur Glaubhaftmachung (dazu vgl. § 769 I 3 ZPO) zu verlieren.

a. Arrest gemäß §§ 916 ff. ZPO

Arrest gemäß §§ 916 ff. ZPO

5 Der Arrest kommt gemäß § 916 ZPO unter zwei kumulativen Voraussetzungen in Betracht: Er ist dann einschlägig, wenn es um die vorübergehende *Sicherung* (also nicht schon Durchsetzung) eines Anspruches *auf Geld* geht.

Familienstreitsachen: § 119 II FamFG!

In Familienstreitsachen, also v.a. Unterhalts- und Zugewinnausgleichsstreitigkeiten (vgl. § 112 FamFG) kommen die Arrestvorschriften der §§ 916 ff ZPO über § 119 II FamFG zur Anwendung.

b. Einstweilige Verfügung gemäß §§ 935 ff. ZPO

einstweilige Verfügung gemäß §§ 935 ff. ZPO

6 Die einstweilige Verfügung kommt hauptsächlich bei Ansprüchen in Betracht, die nicht auf Geldzahlung lauten. Sie existiert in drei verschiedenen Arten.

- ⇨ Sicherungsverfügung gemäß § 935 ZPO (noch keine Durchsetzung des Hauptziels).[309]
- ⇨ Regelungsverfügung gemäß § 940 ZPO: vorläufige Regelung eines streitigen Rechtsverhältnisses
- ⇨ Leistungsverfügung gemäß (bzw. analog) § 940 ZPO: ausnahmsweise vorläufige *Befriedigung* bei besonderer Dringlichkeit

c. Einstweilige Anordnungen gemäß §§ 49 ff FamFG

einstweilige Anordnungen gemäß §§ 49 ff FamFG

7 Einstweilige Anordnungen sind gemäß §§ 49 ff FamFG möglich, wobei ihre größte Klausurbedeutung im Unterhaltsrecht liegt (vgl. dazu auch §§ 246 ff. FamFG).

Unterhaltsrecht

In Anlehnung an die §§ 916 ff, 935 ff ZPO wurden die Regelungen der einstweiligen Anordnung auf Unterhalt von der Notwendigkeit einer Hauptsacheklage abgekoppelt (vgl. §§ 49 ff i.V.m. § 119 I 1 FamFG, leicht modifiziert durch die nur für Unterhalt geltenden Sonderregelungen der §§ 246 bis 248 FamFG). Anders als bis August 2009 muss also weder eine Hauptsacheklage auf Unterhalt noch ein Scheidungsverfahren anhängig sein.[310]

Güterrecht

Eine einstweilige Anordnung auf Zugewinnausgleich wird wohl eher theoretischer Natur sein: Das FamFG enthält in den Güterrechtsvorschriften (§§ 261 bis 265 FamFG) keine Regelungen über die einstweilige Anordnung.

309 Genauer dazu siehe unten Rn. 14.

310 Allerdings kann der Antragsgegner gemäß § 52 II FamFG durch einen Antrag erzwingen, dass dem Antragsteller der einstweiligen Anordnung eine Frist für den Hauptsacheantrag gesetzt wird, bei deren fruchtlosen Verstreichen die einstweilige Anordnung ohne inhaltliche Prüfung aufzuheben ist.

Die §§ 49 ff FamFG kommen gemäß § 119 I 1 FamFG zwar für *alle* Familienstreitsachen in Betracht. Allerdings wird es wohl in den allermeisten Fällen an einem „dringenden Bedürfnis für ein sofortiges Tätigwerden“ (vgl. § 49 I FamFG) fehlen: Gemäß § 119 II FamFG ist immerhin auch ein Arrest möglich, und regelmäßig wird die durch diesen Arrest angestrebte bloße *Sicherung* ausreichen. Mit dem dringenden Bedürfnis i.S.d. § 49 I FamFG kann demgegenüber nur die Vollstreckung zur Befriedigung gemeint sein, und für diese müssen wesentlich höhere Anforderungen als für den Arrestgrund gelten (Vorwegnahme der Hauptsache!).

§§ 49 ff. FamFG im Erbscheinsverfahren

Anwendbar sind die §§ 49 ff FamFG auch in anderen vom FamFG erfassten Rechtsgebieten, wie etwa im Erbscheinsverfahren (§§ 352, 353 FamFG, §§ 2353 ff BGB). Dort ist das „dringende Bedürfnis“ i.S.d. § 49 I FamFG v.a. dann gegeben, wenn ein falscher Erbschein in Umlauf ist, der wegen der Möglichkeiten gutgläubigen Erwerbs Dritter gemäß §§ 2366, 2367 BGB große Gefahren für den tatsächlichen Erben heraufbeschwören kann.

2. Prüfungssystematik

Prüfungssystematik: Vorgehen in (zwei oder) drei Schritten

Empfehlenswert sein dürfte ein Vorgehen in folgenden Prüfungsschritten: 8

Frage 1: Handelt es sich um einen Anspruch auf Geld oder nicht?

Geht es nicht um einen solchen Geldanspruch, ist der Arrest als Möglichkeit bereits ausgeschieden (vgl. Wortlaut des § 916 I ZPO).

Frage 2: Welches Ziel wird vom Antragsteller verfolgt?

⇨ Geht es um *Durchsetzung* von Rechten (Befriedigung) oder

⇨ nur um deren vorläufige *Sicherung* (bis zur Klärung in der Hauptsache)?

Geht es tatsächlich um die Durchsetzung, ist der Arrest als reines Sicherungsmittel hierfür ungeeignet, scheidet also aus. (Nur) dann ist weiter zu prüfen:

Frage 3 (nur zu stellen, wenn es um die *Durchsetzung* geht): Geht es um eine im FamFG geregelte Thematik, für die die §§ 49 ff FamFG als Sonderregeln anstelle der einstweiligen Verfügung einschlägig sind? 9

Geht man in diesen zwei bzw. drei Schritten vor, wird eine frühzeitige falsche Weichenstellung, die zum falschen Antrag und damit zu einer völligen Themaverfehlung führen kann, grds. vermieden. Allerdings können sich bei den einzelnen Fragen durchaus Detailprobleme bzw. Grenzfälle ergeben, die die Abgrenzung verkomplizieren.

3. Details zur Abgrenzung

a. Arrest

aa. Arrestvoraussetzung: jetzt schon klagbarer Geldanspruch

Details zur Abgrenzung

10 Die Grundfrage des Arrestes, ob es sich um einen *bereits jetzt* sicherbaren Anspruch auf Geld handelt, ist dann näher zu untersuchen, wenn es sich um eine *künftige* oder erst künftig fällige Forderung handelt.

Arrest u.U. auch bei künftigen Forderungen

Grund: Wegen der Regelung des § 926 ZPO fordert die absolut h.M. für die Zulässigkeit des Arrestes, dass über die konkrete Forderung *bereits jetzt* ein Hauptsache-Rechtsstreit *möglich wäre*.[311] Nur tatsächlich stattfinden muss er ohne einen solchen Antrag des Gegners i.S.d. § 926 I ZPO nicht. Bei einer *künftigen* Forderung bedarf es daher einer Sonderregelung, die die Hauptsache-Klagbarkeit *im Voraus* erlaubt.

Notwendige Prüfung der „Hauptsache-Klagebarkeit“

Die Zulässigkeit im Voraus kann sich v.a. aus den §§ 257 ff ZPO ergeben, so etwa § 258 ZPO (i.V.m. § 113 I 2 FamFG) bei Unterhaltsansprüchen.

Forderungen auf Zugewinnausgleich stellen *vor* der Scheidung ebenfalls künftige Ansprüche dar: Der Anspruchs entsteht gemäß § 1378 III 1 BGB erst mit Beendigung des Güterstandes, und das ist im Regelfall erst die *Rechtskraft* der Scheidung (§ 1564 S. 2 BGB). Die Vorverlegung des Zeitpunktes gemäß § 1384 BGB gilt nur für *die Berechnung* der Höhe des Anspruches.

Dennoch kann bei Zugewinnausgleichsforderungen bereits in der konfliktträchtigen Zeit davor ein Arrest in Betracht kommen: Ab Anhängigkeit des Scheidungsverfahrens ergibt sich dies aus § 137 II Nr. 4 FamFG, wonach die Forderung im sog. Scheidungsverbund mit geltend gemacht werden *könnte* (nicht muss).[312] In der Phase *vor Anhängigkeit* des Scheidungsverfahrens ist der Arrest (nur) dann möglich, wenn die Voraussetzungen des Hauptsacheverfahrens auf vorzeitigen Zugewinnausgleich gemäß § 1385 BGB vorliegen.[313]

bb. Mögliches Arrestziel: (nur) Sicherung des Geldanspruchs

nur reine Sicherung denkbar!

11 In dem Fall, in dem nur die *Sicherung* der Forderung begehrt wird, *ohne* dass die Ansprüche auch gleich durchgesetzt werden sollen, kommt (Geldanspruch vorausgesetzt; s.o.) grds. *nur* der Arrest in Betracht.[314]

⇨ Es stellt sich also die Frage, welche Möglichkeiten der Arresttitel dem Antragsteller gibt, wie er zwangsvollstreckungsrechtlich durchgesetzt werden kann und was mit ihm nicht möglich ist.

⇨ Dann ist zu klären, ob dies im konkreten Fall ausreicht, um die Ziele des Mandanten zu erreichen.

---

311 Vgl. Thomas/Putzo, § 916, Rn. 5; a.A. etwa Zöller/Vollkommer § 916, Rn. 8.

312 Vgl. Pal./Brudermüller, § 1378, Rn. 16.

313 Vgl. Brudermüller NJW 2010, 401 [402].

314 Thomas/Putzo, Vorb. § 916, Rn. 5.

Möglichkeiten der Vollziehung des Arresttitels

Die Vollziehung des Arresttitels richtet sich gemäß § 928 ZPO nach den §§ 929 ff. ZPO, ergänzend §§ 704 ff. ZPO.

Dies bedeutet Folgendes:

(1) Vollziehung bei Forderungen des Schuldners

Forderungspfändung

⇨ Die Vollziehung des Arrestes in eine Forderung erfolgt gemäß § 930 I 1 ZPO durch *Pfändung* dieser Forderung gemäß § 829 ZPO.

⇨ Die *Überweisung* der Forderung (§§ 835, 836 ZPO) ist nicht möglich, weil diese bereits eine *Befriedigung* wäre.[315]

Besteht das Ziel des Mandanten also darin, bereits *Zahlung* des Arbeitgebers des Gegners (oder von dessen Bank) *an sich* zu erreichen, so kommt der Arrest hierfür nicht in Betracht. Er ist aber etwa dann geeignet, wenn es nur darum geht, den pfändbaren (§§ 850 ff. ZPO) Teil des Gehaltes oder eines Bankkontos gemäß § 829 ZPO der Verfügungsgewalt des Gegners zu entziehen, um dieses Geld später nach Erfolg in der Hauptsache als Vollstreckungsgegenstand dann wirklich zur Verfügung zu haben.

(2) Vollziehung bei beweglichen Sachen (§ 808 ZPO)

Pfändung beweglicher Sachen

⇨ Die *Pfändung* einer beweglichen Sache durch Arrest ist möglich, 12

⇨ nicht aber die Verwertung durch *Versteigerung* gemäß §§ 817 ff. ZPO[316] (vgl. aber die Ausnahme in § 930 III ZPO).

Der Arrest kommt daher in Betracht, wenn die Beschlagnahme der Sache (Verstrickung; vgl. §§ 135, 136 BGB), die infolge der Pfändung nach § 808 ZPO eintritt, ausreichend und geeignet ist, es dem Gläubiger also genügt, wenn er die Versteigerung (§ 817 ZPO) dann *später* mit dem Hauptsachetitel erst durchführt.

(3) Vollziehung bei Immobilien:

Zwangshypothek

Für die Vollziehung bei Immobilien lässt § 932 ZPO die Eintragung 13
einer Zwangshypothek als einziges zulässiges Mittel der Sicherung zu.[317]

b. Anwendungsbereich der einstweiligen Verfügung

aa. Sicherungsverfügung gemäß § 935 ZPO

Anwendungsbereich der e.V.

Sicherungsverfügung

Die sog. Sicherungsverfügung gemäß § 935 ZPO ist praktisch das 14
Gegenstück zum Arrest: Auch hier geht es nur um *Sicherung,* noch nicht um Durchsetzung, dies allerdings mit dem Unterschied, dass der zu sichernde Anspruch kein solcher auf Geldzahlung ist.

---

315 Thomas/Putzo, § 930, Rn. 1; § 835, Rn. 1.

316 Thomas/Putzo, § 930, Rn. 1.

317 Vgl. Thomas/Putzo, § 932, Rn. 1.

Streitgegenstand ist vielmehr ein sog. Individualanspruch. Individualansprüche i.d.S. sind etwa[318]

⇨ Ansprüche auf Herausgabe (§§ 985, 861 BGB),

⇨ Ansprüche auf Duldung (§ 1147 BGB; § 11 AnfG).

In diesen Fällen geht es also jeweils um die *Erhaltung* des bisherigen Zustandes. Deswegen geht es hier – in Abgrenzung zur *Leistungs*verfügung (zu dieser s.u.) - um die Herausgabe an eine „neutrale" Person, also an den Gerichtsvollzieher oder Sequester.

Unterschied Sequestration / Verwahrung

Die Herausgabe an den Gerichtsvollzieher ist der Regelfall. Sie erfolgt, wenn es um die reine Verwahrung der Sache geht. Herausgabe an den Sequester ist nötig, wenn es zusätzlich Aufgabe ist, die Sache zu erhalten; Sequestration ist eine *verwaltende* Tätigkeit, die von der reinen Verwahrung (Sicherstellung) zu unterscheiden ist.[319]

Hemmer-Klausur-Tipp

Achten Sie hier genau auf die Formulierung. Es ist ein verbreiteter Irrglaube, dass Sicherungsverfügung automatisch die Einschaltung des Sequesters bedeutet. Manche Korrektoren bemerken den Fehler nicht, andere beißen sich an einem solchen Fehler richtig fest!

bb. Regelungsverfügung gemäß § 940 ZPO

Regelungsverfügung

Bei der Regelungsverfügung gemäß § 940 ZPO besteht das Ziel darin, wegen eines streitigen Rechtsverhältnisses einen Zustand einstweilig zu regeln, wenn dies zur Abwendung wesentlicher Nachteile oder zur Verhinderung drohender Gewalt nötig erscheint. *15*

Hier geht es weder um einen Zahlungsanspruch noch um einen Individualanspruch (wie bei der Sicherungsverfügung nach § 935 ZPO). Stattdessen geht es um die Zwischenregelung eines streitigen Rechtsverhältnisses.[320]

Dafür gibt es inhaltlich - je nach Situation - zwei Varianten: *Gebot* auf Abänderung des gegenwärtigen Zustandes und *Verbot* der Änderung des bestehenden Zustandes.

Beispiele:

Gebot des Mieters gegen den Vermieter auf Wieder-Inbetriebnahme der Zentralheizung bzw. Verbot der (angedrohten) Heizungsabschaltung an den Vermieter

oder des Arbeitnehmers gegen den Arbeitgeber auf Weiterbeschäftigung (vgl. etwa § 102 V BetrVG).

cc. Leistungsverfügung gemäß (bzw. analog) § 940 ZPO

Leistungsverfügung (Befriedigungsverfügung)

Gestützt auf eine direkte oder analoge Anwendung von § 940 ZPO ist über die sog. Leistungsverfügung bei besonderer Dringlichkeit ausnahmsweise auch eine vorläufige *Befriedigung* möglich, wenn der Antragsteller auf diese Befriedigung so dringend angewiesen ist, dass er ein ordentliches Verfahren nicht abwarten kann.[321] *16*

318 Vgl. Thomas/Putzo, § 935, Rn. 5.

319 Vgl. Zöller/Vollkommer, § 938, Rn. 7 f.

320 Vgl. Thomas/Putzo, § 940, Rn. 1.

321 Vgl. Thomas/Putzo, § 940, Rn. 6.

Mit der Anwendung dieser Fallgruppe ist aber sehr zurückhaltend umzugehen, da man andernfalls einen der wichtigsten Grundgedanken des einstweiligen Rechtsschutzes missachten würde: keine Vorwegnahme der Hauptsache!

Hemmer-Klausur-Tipp

Hüten Sie sich vor der schematischen Anwendung solcher Regeln, hinterfragen Sie immer den Hintergrund. Der Grundsatz „keine Vorwegnahme der Hauptsache" ist zweifelsohne sehr wichtig. Wie jede Grundregel ist aber auch er nicht ohne Ausnahme geblieben. Die Bejahung der Möglichkeit einer Leistungsverfügung ist letztlich eine wichtige Ausnahme von dieser Regel, weil damit in der Tat gewisse Fakten geschaffen werden, die u.U. nicht mehr oder nur noch sehr schwer rückgängig gemacht werden können: die berühmte „normative Kraft des Faktischen".
Das Gleiche kann aber in solchen Fällen u.U. *bei Versagung* einer vorläufigen Entscheidung gelten: So kann etwa eine *jetzt* gegebene Notlage kaum mit einer späteren Zahlung (rückwirkend) beseitigt werden. Die Herausarbeitung dieses Interessenwiderstreits bzw. Spannungsverhältnisses ist es, was der Korrektor in einer solchen Situation vom Klausurbearbeiter hören will, nicht das platte Herunterbeten eines Schlagwortes.

Bsp.: Anspruch auf Herausgabe an den Antragsteller selbst aus § 861 I BGB, also (nur) bei verbotener Eigenmacht.[322]

Es geht hier also, anders als bei der Sicherungsverfügung (s.o.), bereits um die volle Durchsetzung dieses Anspruches durch Besitzverschaffung *an den Antragsteller selbst*.

Leistungsverfügung im Unterhaltsrecht nun definitiv „gestorben"!

Im Unterhaltsrecht kommt eine einstweilige Verfügung nicht mehr in Betracht.[323] § 119 FamFG verweist nämlich nur auf die einstweilige Anordnung nach §§ 49 ff FamFG und auf die Arrestvorschriften der §§ 916 ff ZPO, nicht aber auf die Vorschriften der §§ 935 bis 942 ZPO, die in § 119 II 2 FamFG ausdrücklich ausgeklammert sind.

dd. Umstrittener Sonderfall: Unterlassungsverfügung

Sonderfall: Unterlassungsverfügung

Man könnte vertreten, dass die Sicherung von Unterlassungsansprüchen auch eine Befriedigungsverfügung sei, da in der Zeit, in der der Schuldner dem Unterlassungsgebot folgt, der Anspruch des Gläubigers befriedigt wird. 17

Die überzeugende wohl h.M. betont den rein *abwehrenden* Charakter der Unterlassungsverfügung, durch den diese eher den Sicherungsverfügungen ähneln.[324] Daher gelten die höheren Anforderungen, die an eine Befriedigung zu stellen sind, nicht. Hierfür spricht im Übrigen auch die Existenz von § 938 II 2. Alt. ZPO, die sich nach der Stellung im Gesetz erkennbar auf den vorher geregelten Fall des § 935 ZPO beziehen soll und ausdrücklich eine Untersagung anspricht.

322 Siehe hierzu und zu weiteren Beispielen Thomas/Putzo, § 940, Rn. 7 ff.

323 Vgl. Thomas/Putzo FamFG § 119, Rn. 1.

324 Zöller/Vollkommer, § 940, Rn. 1; vgl. auch Thomas/Putzo, § 935, Rn. 5 einerseits, § 940, Rn. 14 andererseits.

B. Die einzelnen Rechtsbehelfe

I. Beantragung eines Arrestes

1. Voraussetzungen der Zulässigkeit

Zulässigkeitsprüfung beim Arrest

Zusätzlich zu der oben diskutierten Abgrenzung des Arrestes von den anderen Arten des einstweiligen Rechtsschutzes sind nun zumindest folgende Punkte zu beachten: 18

a. Auswahl des richtigen Gerichts / Zuständigkeit:

Zuständigkeit

Nach § 919 ZPO hat der Antragsteller ein *Wahlrecht* zwischen dem Gericht der Hauptsache und dem Gericht, in dem die Vollziehung derzeit stattzufinden hätte, weil sich die zu pfändende Sache (dinglicher Arrest) oder die betroffene Person (persönlicher Arrest) derzeit dort befindet. Da § 802 ZPO einschlägig ist, handelt es sich letztlich um ein Wahlrecht zwischen zwei *ausschließlichen* Gerichtsständen.[325]

zwei Fälle unterscheiden

Für die Prüfung des Begriffes Gericht der Hauptsache (hierzu vgl. § 943 ZPO) sind zwei Varianten zu unterscheiden:

⇨ Wenn noch keine Hauptsache anhängig ist, hat das angerufene Gericht die Hauptsachezuständigkeit v.A.w. zu prüfen. Erforderlich ist in diesem Fall also eine Art "Schachtelprüfung" der Hauptsachezuständigkeit.

⇨ Ist dagegen ein Gericht in der Hauptsache schon angerufen worden, so ist es sogar dann für die e.V. zuständig, wenn es selbst in der Hauptsache eigentlich unzuständig ist.[326]

b. Postulationsfähigkeit

Postulationsfähigkeit

In diesem Punkt besteht eine Besonderheit gegenüber der Klageerhebung, wenn es um ein Verfahren geht, in dem gemäß § 78 I ZPO Anwaltszwang gegeben ist: 19

Anwaltszwang für Antrag aufgehoben!

Gemäß § 920 III i.V.m. § 78 III ZPO ist für die Antragstellung selbst - anders als für spätere Prozesshandlungen bzw. ein Auftreten in einer etwaigen mündlichen Verhandlung - der Anwaltszwang aufgehoben! Dies gilt - wie schon der Gesetzeswortlaut des § 78 ZPO zeigt - nicht nur, wenn *tatsächlich* eine Erklärung zu Protokoll der Geschäftsstelle erfolgt; vielmehr bedeutet gesetzessystematisch alleine die Zulassung dieser *Möglichkeit* die Aufhebung des Anwaltszwangs auch für die andere in Betracht kommende Variante, einen Schriftsatz zu fertigen und an das Gericht zu schicken.[327]

Auswirkungen

Da Sie den Schriftsatz aber gerade in Ihrer Rolle als zugelassener Anwalt fertigen sollen und ein solcher – anders als früher – an jedem Amts- und Landgericht tätig werden darf, hat sich die Bedeutung dieser Frage für die *Anwaltsklausur* gewiss erledigt.

325 Thomas/Putzo, § 919, Rn. 1, 7.

326 Thomas/Putzo, § 919, Rn. 3; Zöller/Vollkommer, § 937, Rn. 1.

327 Thomas/Putzo, § 920, Rn. 1.

Hemmer-Klausur-Tipp

Verbannen Sie diese grds. wichtige Besonderheit des einstweiligen Rechtsschutzes nicht völlig aus der Klausur: Erwähnen Sie diesen Aspekt am besten kurz im (Hilfs)-Gutachten. Etwas das früher einmal lange Zeit extrem wichtig war, hat sich erfahrungsgemäß bei den älteren Jahrgängen und damit bei vielen Korrektoren regelrecht „eingebrannt".

c. Behauptung eines Arrestanspruchs *und* eines Arrestgrundes

Behauptung eines Arrestanspruchs und eines Arrestgrundes

Weiter erforderlich sind ein Arrestanspruch *und* ein Arrestgrund. Der Arrestanspruch ist die materiellrechtliche Anspruchsgrundlage, die - wie gezeigt - auf Zahlung geht, der Arrestgrund ist das Erfordernis der Dringlichkeit der zu erlassenden Maßnahme. 20

Zulässigkeitsvoraussetzung für den Antrag ist (nur) die Behauptung von beiden. Die Glaubhaftmachung als besondere Form der *Beweisführung* ist nach zutreffender h.M. dagegen vollständig erst in der Begründetheit zu prüfen.[328]

Für die *Anwalts*klausur ist diese Frage, die in einer Richterklausur den Aufbau prägt, weitgehend unerheblich. Ziel kann es nur sein, einen zulässigen *und* begründeten Antrag zu stellen. Der Vortrag im Schriftsatz muss so gestaltet sein, dass er die Behauptung und die Glaubhaftmachung praktisch in einem Zug enthält.

Im Folgenden wird daher auch die gesamte Problematik im Rahmen der Begründetheit besprochen.

2. Voraussetzungen der Begründetheit / Glaubhaftmachung von Arrestanspruch und Arrestgrund

a. Objektive Voraussetzungen der Begriffe Arrestanspruch und Arrestgrund

Begründetheit: Glaubhaftmachung von Arrestanspruch und Arrestgrund

§ 920 II ZPO fordert kumulativ einen Arrestanspruch *und* einen Arrestgrund. 21

Begriffe

Arrestanspruch kann gemäß § 916 I ZPO nur ein Geldanspruch sein, wobei er noch nicht fällig, aber zumindest bereits klagbar sein muss (ausführlich dazu bereits oben). Hier geht es in der Klausur also letztlich um die Prüfung des materiellen Rechts.

Der Arrestgrund ist die Dringlichkeit der zu erlassenden Maßnahme. Insoweit unterscheidet das Gesetz zwischen dinglichem und persönlichem Arrest.

aa. Arrestgrund beim dinglichen Arrest

Arrestgrund beim dinglichen Arrest

Als Arrestgrund für den dinglichen Arrest fordert § 917 I ZPO die Gefahr der Vereitelung oder zumindest wesentlichen Erschwerung der Zwangsvollstreckung für den Fall der Nichtverhängung des Arrestes. 22

328 Thomas/Putzo, § 916, Rn. 2 und 3; § 935, Rn. 4; Zöller/Vollkommer, § 917, Rn. 3; Baumbach/Lauterbach-Hartmann, § 917, Rn. 1; Knöringer, § 23 III 1.

Wenn die Vollstreckung im Ausland stattfinden müsste, liegt gemäß § 917 II ZPO ein Sonderfall vor.[329] Es geht in diesen Fällen jeweils also nicht darum, die Lage des Gläubigers zu verbessern; vielmehr dient sie dazu, eine Verschlechterung zu verhindern.[330]

Besorgnis der Vollstreckungsvereitelung

Nach h.M. ist eine solche Besorgnis der Vollstreckungsvereitelung nur gegeben, wenn der Gläubiger bevorstehende oder bereits erfolgte *konkrete nachteilige Einwirkungen* auf das Vermögen des Schuldners darlegen kann, die vom Schuldner selbst oder einem Dritten ausgehen oder auf höherer Gewalt beruhen.[331]

Bspe.: [332]

Der überschuldete Schuldner ist gerade dabei, sein Vermögen nach dem Motto „ich habe ohnehin nichts mehr davon“ an alle möglichen Bekannten zu verschenken oder weit unter Wert zu veräußern.

Der Schuldner verschleudert sein Vermögen in der Spielbank.

Der Schuldner hat in der Vergangenheit mit rechtswidrigen Handlungen bereits versucht, die Vollstreckung oder schon die Erlangung eines Titels zu verhindern; so etwa durch falsche Angaben nach einem berechtigten Auskunftsverlangen.

Die bloße schlechte Vermögenssituation des Schuldners bzw. eine Konkurrenzsituation mit anderen Gläubigern, die möglicherweise demnächst vollstrecken werden, reicht dagegen nicht, weil hierdurch keine *Erschwerung* der Zwangsvollstreckung eintritt.[333] In solchen Fällen geht es vielmehr um das „allgemeine Lebensrisiko“ der Zwangsvollstreckung, es liegt keine *besondere*, sondern eine fast immer gegebene Gefahr vor.

Hemmer-Klausur-Tipp

In der Klausur müssen Sie die Besonderheit der Einzelfallsituation herausarbeiten. Ist die Aufgabenstellung auf den Arrest ausgerichtet, wird Ihnen der Sachverhalt dazu ausreichend Material an die Hand geben. Schlachten Sie dieses immer optimal aus. Keinesfalls dürfen Sie sich auf Schlagworte beschränken, sondern Sie müssen die Details des Sachverhaltes exakt herausarbeiten und „mundgerecht“ präsentieren. Orientieren Sie sich hier möglichst an den Hauptfallgruppen, wie sie im Kommentar zu finden sind. Liegen mehrere Varianten vor bzw. überschneiden sich die Fallgruppen, so haben Sie als perfekter Anwalt dies alles aufzugreifen, und es dabei möglichst in *geordneter* Form vorzutragen.

bb. Arrestgrund beim persönlichen Arrest

subsidiär: persönlicher Arrest

Der persönliche Arrest ist subsidiär.[334] Er setzt nach § 918 ZPO voraus, dass gerade die Beeinträchtigung der persönlichen Freiheit erforderlich ist, um die gefährdete Zwangsvollstreckung in das Vermögen des Schuldners zu sichern, dass der dingliche Arrest also nicht genügend ist. 23

Immerhin ist zu bedenken, dass über § 933 i.V.m. § 908 ZPO regelmäßig ein enormer Eingriff in die Freiheitsrechte des Gegners gegeben ist, der schon aus Gründen der Verhältnismäßigkeit nur als ultima ratio in Betracht kommen kann.

329 Zu Details siehe etwa Thomas/Putzo, § 917, Rn. 3 ff.

330 BGHZ 131, 95 (105) = **juris**byhemmer; Thomas/Putzo, § 917, Rn. 1.

331 Zöller/Vollkommer, § 917, Rn. 3.

332 Siehe etwa Thomas/Putzo, § 917, Rn. 1 mit weiteren Beispielen.

333 BGHZ 131, 95 (105) = **juris**byhemmer; Thomas/Putzo, § 917, Rn. 2.

334 Thomas/Putzo, § 918, Rn. 1.

Fallbeispiele

> ***Bsp.:*** *Die Mandantin, die Zugewinnausgleich geltend machen will, hat gerade mitbekommen, dass ihr Ex-Mann versucht, sein Vermögen wegzuschaffen, insbesondere ein Grundstück zu veräußern. Die Überprüfungen ergeben, dass das Eigentum des Ex-Mannes an dem Grundstück noch gegeben ist und dass dieses aufgrund seines Wertes auch ausreichen wird, um die Forderung zu befriedigen.*

Hier würde es der Mandantin in manchem Fall gewiss gefallen, Ihren Ex-Mann in Handschellen zu sehen. Ein Richter würde unter diesen Umständen einen entsprechenden Antrag aber natürlich für völlig überzogen halten, der Korrektor würde daher u.U. einen Verstoß gegen § 918 ZPO attestieren. Der dingliche Arrest, etwa mit dem Ziel der Zwangshypothek (§ 932 ZPO), genügt zur Gefahrenabwehr.

> ***Gegenbsp.:*** *Die Mandantin hat Pflichtteilsansprüche gegen ihre Mutter, die die Zahlung aber verweigert. Diese hat ihr Vermögen bereits veräußert, um sich mit dem neuen Lebensgefährten ins Ausland abzusetzen. Die Mandantin hat die Flugtickets nach Rio de Janeiro gesehen: Der Abflug steht übermorgen bevor.*[335]

Gibt ein Aufgabensteller in seinem Klausursachverhalt eine solch krasse Situation vor, so ist eindeutig, worauf er hinaus will. Hier bleibt kein anderer Weg mehr als die Beantragung des persönlichen Arrestes.

Hemmer-Klausur-Tipp

Geben Sie aber gerade hier auf Fallen acht. Durch eine derartig eindeutig auf den persönlichen Arrest zugeschnittene Konstellation dürfen Sie sich nicht den Blick verstellen lassen auf die *zusätzliche* Prüfung des Arrest*anspruches*, der - wie gezeigt - *auf Geldzahlung* lauten muss. Besteht der Anspruch möglicherweise doch nicht auf Zahlung, sondern etwa auf Herausgabe eines Teils der Erbschaft (§ 2018 BGB bzw. § 985 BGB), ist das Problem mit einer einstweiligen Verfügung zu beheben. Ist beides möglich, weil die erbrechtliche Lage „wackelt", so ist im Verhältnis von einstweiliger Verfügung zum persönlichen Arrest mit Haupt- und Hilfsantrag zu arbeiten.

u.U. beide Maßnahmen zur Sicherung erforderlich

Die Abgrenzung zu den genannten Fällen des dinglichen Arrestes ist dabei teilweise nicht einfach. Denkbar ist auch durchaus, dass man den dinglichen und den persönlichen Arrest beantragt, weil *beide* Maßnahmen zur Sicherung des Gläubigers erforderlich sind. Die subsidiäre Natur des persönlichen Arrestes steht einem solchen Vorgehen dann nicht entgegen.

> ***Bsp.:*** *Der Anspruch des Gläubigers ist so hoch, dass der einzige derzeit leicht „greifbare" Gegenstand für die Zwangsvollstreckung nicht ausreichen wird. Der Schuldner ist gerade dabei, sein übriges Vermögen, von dem nicht auszumachen ist, wohin er es geschafft hat, zu verschleudern.*

Hier ist zunächst der dingliche Arrest in den „greifbaren" Gegenstand zu beantragen. Im Übrigen ist mit einem Antrag auf persönlichen Arrest vorzugehen.

b. Begriff Glaubhaftmachung / Auswirkungen auf die Beweisführung

aa. Allgemeines / keine eingeschränkte Subsumtion!

Auswirkungen auf das Beweismaß

Glaubhaftmachung (§§ 920 II, 294 ZPO) bedeutet gegenüber der Beweisführung im normalen Verfahren (§ 286 ZPO) zunächst eine Erleichterung: Bei summarischer Prüfung des Gerichts muss nach seiner Interessenabwägung eine *überwiegende Wahrscheinlichkeit* zugunsten des Anspruchsstellers bestehen. *24*

335 So die Situation in einer Original-Examensklausur!

Hemmer-Klausur-Tipp

Ignorieren Sie diese reduzierten Anforderungen bei der handwerklichen Aufgabe *der Auswahl der Beweismittel*! Ihre Aufgabe besteht darin, so gut und präzise zu arbeiten, wie es der konkrete Klausursachverhalt Ihnen nur ermöglicht. Besteht die Chance, u.U. einen Überzeugungsgrad des Richters herbeizuführen, der auch bei Geltung von § 286 ZPO im Hauptsacheverfahren ausreichen würde, so dürfen Sie insoweit nicht auf halbem Wege stehen bleiben. Sie haben dann vielmehr selbstverständlich alles zu tun, um die volle Überzeugung des Richters von der Richtigkeit Ihres Ansatzes zu begründen. Sie dürfen dem Korrektor keine Sekunde das Gefühl geben, Sie würden als Anwalt u.U. ein unnötiges Risiko eingehen.
Ganz ignorieren sollte man die Tatsache, dass bereits eine überwiegende Wahrscheinlichkeit genügt, in der Anwaltsklausur aber auch nicht: Zeigen Sie dem Korrektor durch entsprechende Formulierungen in den Rechtsausführungen und/oder durch eine kurze Erläuterung im (Hilfs)-Gutachten, dass Sie auch diesen Unterschied zwischen § 286 ZPO und § 294 ZPO verstanden haben!

keine eingeschränkte Subsumtion!

Diese Erleichterung gilt aber in jedem Fall nur für die Prüfung der Tatsachen, nicht auch für die Prüfung der Rechtslage. Bezogen auf diese besteht grds. kein Unterschied zur Klageschrift: Die von Ihnen vorgetragenen Fakten müssen einer uneingeschränkten Schlüssigkeitsprüfung standhalten.[336] Sie müssen ohne Zweifel bei juristischer Subsumtion zu der von Ihnen begehrten Rechtsfolge führen.

> ***Bsp.:*** *Eine Todsünde wäre etwa folgende Formulierung: „Bezüglich des zwischen den Parteien geschlossenen Vertrages ist nach überwiegender Wahrscheinlichkeit davon auszugehen, dass es sich rechtlich um einen wirksamen Kaufvertrag handelt."*

Es ist stattdessen Ihre zwingende Klausuraufgabe darzulegen, dass es sich unter Zugrundelegung der glaubhaft gemachten Tatsachen wirklich um einen wirksamen Kaufvertrag handelt.

Eine ganz andere Frage ist natürlich wieder, ob und inwieweit man diese Rechtsausführungen im Schriftsatz selbst niederlegt oder nur im (Hilfs)-Gutachten. Dafür gelten ähnliche Regeln wie bei Klageschrift und Klageerwiderung.[337]

bb. Auswirkung auf die Auswahl der Beweismittel

Auswirkung auf die Beweismittel

Hinsichtlich der Auswahl der richtigen Beweismittel enthält § 294 ZPO für den Antragsteller im Vergleich zur gewöhnlichen Beweisführung nach § 286 ZPO eine Erleichterung *und* eine Erschwerung. 25

(1) Erleichterung der Beweisführung; eidesstattliche Versicherung

eidesstattliche Versicherung

Außer den üblichen Beweismitteln ist insbesondere die eidesstattliche Versicherung der Partei oder Dritter mit eigener Darstellung der glaubhaft zu machenden Tatsachen zulässig.[338] Im Rahmen von § 286 ZPO ist diese, wie oben gezeigt, als Beweismittel völlig untauglich.

336 Vgl. Thomas/Putzo, § 920, Rn. 4; Knöringer, § 23 II 1a.

337 Dazu ausführlich § 1, Rn 130 f bzw. und nochmals unten § 3, Rn. 39.

338 Thomas/Putzo, § 294, Rn. 1; § 920, Rn. 4.

In der Praxis gehört es zu den essentiellen Aufgaben des Anwalts, den Fall auch in dieser Hinsicht in die richtige Richtung zu lenken und „wasserdicht zu machen“. Überlässt er dies dem Mandanten selbst, entstehen unnötige Risiken, insbesondere wird u.U. der Inhalt der beschafften Erklärung nicht vollständig sein bzw. nicht exakt dem entsprechen, was man für eine schnelle Überzeugung des Richters braucht.

Vorgaben im Sachverhalt entscheiden

In der Klausur lässt sich dies so nicht handhaben: Der Aufgabensteller muss Ihnen grds. die notwendigen Beweismittel im Sachverhalt zur Verfügung stellen. Immerhin sollen Sie jetzt sofort einen Schriftsatz fertigen.

In gewissen Grenzen wird es aber möglich und u.U. sogar nötig sein, ein bestimmtes Beweismittel zu verwenden, das derzeit noch nicht körperlich zur Verfügung steht, aber unproblematisch in kürzester Zeit (also bis zur geplanten Absendung des Antrages an das Gericht) beschafft werden kann.

Hemmer-Klausur-Tipp

Durchforsten Sie den Sachverhalt immer genau nach möglichen Beweismitteln, auch wenn diese nur Indizien liefern, unterlassen Sie aber in jedem Falle die *Erfindung* von Beweismitteln!
Wenn diese im Sachverhalt nicht schon ausdrücklich vorhanden sind (der schlaue Mandant hat schon eine eidesstattliche Versicherung des Nachbarn oder seiner Ehefrau mitgebracht), dann müssen Sie im Sachverhalt zumindest *klare Nachweise* für die Existenz solcher Beweismittel und die Möglichkeit einer *kurzfristigen* Beschaffung haben oder deren Existenz muss sich zwingend aus der Lebenserfahrung ergeben (etwa bei gewissen öffentlichen Urkunden). Da die Möglichkeit besteht, dass der Aufgabensteller diese konkrete Beweisführung gar nicht bedacht hatte, empfiehlt es sich dann dringend, diese kurzfristige Beschaffungsmöglichkeit im (Hilfs)-Gutachten zu erläutern.
Haben Sie aber *keine* klaren Anhaltspunkte, dann kontrollieren Sie, ob nicht doch andere Beweismittel zur Verfügung stehen, die Sie bislang übersehen haben. Unter Umständen könnte dies sogar ein Indiz dafür sein, dass Sie sich bislang materiellrechtlich in eine falsche Richtung bewegt haben. Kontrollieren Sie auch dies: Noch haben Sie nicht mit der Fertigung der Klausur begonnen und können das Ruder daher noch herumreißen!

Zu betonen ist hier: Es besteht die Möglichkeit, auch die Erklärungen *des eigenen Mandanten* zum Beweismittel zu machen. Während dies im Hauptsacheprozess nur sehr eingeschränkt über die Parteivernehmung möglich ist, ist eine eidesstattliche Versicherung des Antragstellers selbst hier durchaus ein Beweismittel.[339]

Haben Sie bezüglich bestimmter Tatsachen, die aus Ihrer Sicht von Bedeutung sind, keinen Ansatzpunkt im Sachverhalt für das Vorliegen anderer Beweismittel, so müssen Sie von der eidesstattlichen Versicherung des Antragstellers Gebrauch machen. Bezüglich eines Teils der anspruchsbegründenden Tatsachen ist dies erfahrungsgemäß unumgänglich.

e.V. des Antragstellers selbst wie subsidiäres „Hilfsbeweismittel“ behandeln

Eine andere Sache ist aber, dass eine e.V. der Partei selbst natürlich eine geringere Überzeugungskraft besitzt als eine solche eines - u.U. unbeteiligten - Dritten. Streben Sie eine Entscheidung im Beschlussverfahren an, so wird der Richter, wenn der Antragsteller sonst nichts zu bieten hat, möglicherweise dazu neigen, dem Gegner doch zunächst einmal rechtliches Gehör zu verschaffen, indem er eine mündliche Verhandlung terminiert.

339 Thomas/Putzo, § 294, Rn. 2.

Hemmer-Klausur-Tipp

Zeigen Sie dem Korrektor klar auf, dass Sie genau diese Gefahr auch einkalkuliert haben. Arbeiten Sie deswegen keinesfalls einfach pauschal bezüglich des *gesamten* Sachvortrags mit der eidesstattlichen Versicherung des Antragstellers selbst als vermeintlicher „Allzweckwaffe". Der Sachverhalt wird Ihnen stattdessen ganz gewiss - verteilt über seine gesamte Länge und u.U. etwas versteckt - auch noch eine ganze Reihe *anderer* Beweismittel zur Verfügung stellen. Diese müssen Sie - soweit sie zulässig und sinnvoll sind - dann auch voll ausschlachten. Die e.V. des Antragstellers selbst müssen Sie also aus taktischen Gründen eher wie ein subsidiäres „Hilfsbeweismittel" behandeln.

(2) Erschwerung der Beweisführung; § 294 II ZPO

Auswirkung von § 294 II ZPO

Erschwert ist die Beweisführung v.a. dadurch, dass bestimmte (nicht präsente) Beweismittel nach § 294 II ZPO ausgeschlossen sind. 26

> ***Bsp.:*** *Der Mandant, der möglichst schnell eine gerichtliche Entscheidung will, nennt mehrfach einen Zeugen, der dies und jenes gesehen habe. Eingestreut in seinen Vortrag ist - in der Klausur u.U. sogar recht versteckt - aber auch, dass dieser Zeuge gestern nach Bangkok flog, um acht Wochen mit dem Rucksack durch Südostasien zu ziehen.*

In einer solchen Situation will der Aufgabensteller, dass Sie auf diesen Zeugen verzichten und sich auf andere Beweismöglichkeiten konzentrieren. Denn selbst in einer mündlichen Verhandlung stünde dieser Zeuge nicht zur Verfügung, wenn man jetzt den Antrag stellt.

Hemmer-Klausur-Tipp

Ignorieren Sie diesen Zeugen in Ihrer Klausur aber nicht völlig. Der bloße Verzicht der Nennung des Beweismittels könnte theoretisch auch Zufall bzw. ein Übersehen sein. Hinterlassen Sie beim Korrektor nicht das Gefühl, dass hier „ein blindes Huhn auch einmal zufällig ein Korn gefunden" hat. Sie müssen ihm daher den Hintergrund im (Hilfs)-Gutachten erläutern.

(3) Auswirkung des Zieles: Entscheidung ohne mündliche Verhandlung

Vorsicht: möglichst keinen normalen Zeugenbeweis

Anders als bei der einstweiligen Verfügung (vgl. § 937 II ZPO) setzt eine Entscheidung des Richters *ohne* mündliche Verhandlung nicht bereits gesetzlich eine zusätzliche *besondere* Dringlichkeit voraus. Bezüglich der Frage, ob er eine mündliche Verhandlung ansetzt, hat der Richter nach § 128 IV ZPO ein pflichtgemäß auszuübendes Ermessen, bei der die Bedeutung des rechtlichen Gehörs des Gegners (Art. 103 I GG) mit anderen Gesichtspunkten abgewogen werden muss.[340]. Ohne mündliche Verhandlung darf dabei grds. nur entschieden werden, wenn der Zweck des Arrestes eine den Schuldner überraschende Entscheidung gebietet. Das ist bei drohenden Vereitelungshandlungen allerdings stets zu bejahen.[341] 27

Entscheidet er *ohne* mündliche Verhandlung, so ergeht die Entscheidung im Wege des Beschlusses, den der Richter dann regelmäßig gar nicht begründen muss (vgl. § 922 I, II ZPO).

mündliche Verhandlung muss möglichst vermieden werden

Hier besteht ein Ansatzpunkt für die anwaltliche Tätigkeit. Oft wird es das Ziel des Anwalts sein, die Ermessensausübung des Richters zugunsten einer Entscheidung ohne mündliche Verhandlung zu beeinflussen.

340 Zöller/Vollkommer, § 921, Rn. 1.

341 Damit bestehen im Ergebnis nur geringe Unterschiede zur e.V.-Sonderregel des § 937 II ZPO (vgl. Musielak/Huber § 921, RN 2).

Hemmer-Klausur-Tipp

Gestalten Sie Ihren Arrestantrag so, dass dem Leser (Richter) alle denkbaren Argumente, sich gegen das Beschlussverfahren zu entscheiden, genommen werden! Bedenken Sie, dass dies für den Richter die wesentlich angenehmere Entscheidungsvariante ist, da er weder eine Sitzung terminieren noch irgendetwas begründen muss. *Sie* müssen ihm also auch die Möglichkeit zu einer solchen freizeitschaffenden Reaktion geben. Der Korrektor wird zumindest unterbewusst auch an seine eigene Praxis denken, es Ihnen also letztlich danken, wenn Ihr Schriftsatz den Weg zum Beschluss tatsächlich ebnet. Umgekehrt: Führt anwaltliche Ungenauigkeit zur Mehrarbeit für den Richter, wird er Sie - mit entsprechender Auswirkung auf die Punkte - als ganz unerfreulichen Zeitgenossen einordnen.

Zeugenbeweis nur hilfsweise

Konsequenz für den Antragsteller: Zeugen sind - über § 294 II ZPO hinaus - der neuralgische Punkt im einstweiligen Rechtsschutz. Üblicherweise ist die Angelegenheit in Klausuren nämlich derart dringlich, dass eine Entscheidung im Beschlussverfahren ohne mündliche Verhandlung angestrebt werden müsste. Der Zeuge kann naturgemäß aber in einer mündlichen Verhandlung gehört werden.

Daher hat der Antragsteller möglichst mit anderen Beweismitteln zu arbeiten, die er dem Richter *sofort* zur Verfügung stellen kann. Die Beweisangebote sollten sich - wenn irgendwie möglich – beschränken auf eidesstattliche Versicherung, Urkundenbeweis und Augenscheinsobjekte (etwa Fotos).

Da die Aufgabe in einer Examensklausur zumindest teilweise realisierbar sein muss, kann man im absoluten Regelfall davon ausgehen, dass der Sachverhalt bei den wirklich relevanten Aspekten entsprechende Beweismöglichkeiten bietet, damit der Prüfling den Weg in das Beschlussverfahren auch wirklich mit zumindest einigermaßen realistischen Aussichten beantragen kann.

Ist es nach Ihrer Ansicht in der Klausur etwas fragwürdig, ob die übrigen Beweismittel ausreichen, so sollte der Zeugenbeweis angeboten werden, um dem Korrektor zu zeigen, dass man „auf Nummer sicher" geht.

Vorsicht: keine Ladung durch das Gericht

Überdies muss beachtet werden, dass Zeugen im Verfahren des einstweiligen Rechtsschutzes nicht vom Gericht geladen werden. Die Partei hat vielmehr selbst für ihre Herbeischaffung zu sorgen.[342] 28

Hemmer-Klausur-Tipp

Lassen Sie bei der Nennung eines ggf. nötigen Zeugen in jedem Falle die Mitteilung der ladungsfähigen Anschrift weg. Hieraus könnte der Korrektor nämlich folgern, dass der Bearbeiter die Ladung erwartet.

Formulierungsbeispiel

Formulierungsbeispiel für ein solches „hilfsweises" Angebot des Zeugenbeweises:

> *Glaubhaftmachung: Eidesstattliche Versicherung des Hilmar Hitzig (Anlage K_3), für den Fall der mündlichen Verhandlung Zeugnis des Hilmar Hitzig (wird vom Antragsteller gestellt)*

c. Umfang der notwendigen Beweisführung / Beweisbedürftigkeit

Beweisbedürftigkeit

Hinsichtlich der Frage, ob überhaupt ein Beweis notwendig ist, muss im Verfahren des einstweiligen Rechtsschutzes sehr genau differenziert werden. 29

342 Thomas/Putzo, § 294, Rn. 2.

Einerseits ist eine Glaubhaftmachung eine besondere Form der Beweisführung. Konsequentermaßen ist sie daher eigentlich nur notwendig, wenn es sich überhaupt um eine *beweisbedürftige* Tatsache handelt.[343] Wird eine Tatsache nicht bestritten (§ 138 III ZPO), ausdrücklich zugestanden oder hat *der Gegner* für diese Tatsache die Darlegungs- und Beweislast, so handelt es sich aus Sicht des Antragstellers eigentlich nicht um eine beweisbedürftige Tatsache.

Ziel: Gehör des Gegners muss vermieden werden

Andererseits muss berücksichtigt werden, dass eine Prüfung der Frage, ob etwas zugestanden wurde oder ob der Gegner Einwendungen bzw. Einreden vorzubringen hat, erst dann möglich ist, wenn dem Gegner rechtliches Gehör verschafft worden war. Hierzu wäre aber im Verfahren des einstweiligen Rechtsschutzes meist eine Anberaumung einer mündlichen Verhandlung notwendig. Daher muss der Antragsteller, wenn er eine Entscheidung durch Beschluss will, alles tun, damit gar kein Anlass besteht zur Klärung der Frage, ob und inwieweit der Gegner bestreitet bzw. Gegenrechte vorbringt. Aus diesem Grund fordert schon der Wortlaut von § 920 II ZPO die Glaubhaftmachung durch den Antragsteller, *ohne* eine Ausnahme zu nennen.

wichtige Folge:

Folge aus der Sicht der Anwaltsklausur: **30**

alles unter Beweis stellen!

⇨ Eine Glaubhaftmachung ist auch für solche Tatsachen nötig, bei denen ein Zugestehen seitens des Gegners möglich erscheint oder gar wahrscheinlich ist.[344]

⇨ Weiterhin gilt dies sogar für Einwendungen, bei denen grds. *der Gegner* die Darlegungs- und Beweislast hat: Wenn eine Situation gegeben ist, in der dem Gegner möglicherweise eine Einwendung zusteht, so muss der Antragsteller deren *Nichtbestehen* glaubhaft machen.[345]

***Bsp.:** Schon aus den Daten des Vortrags des Antragstellers ergibt sich, dass die Forderung vor etwas über drei Jahren entstanden ist.*

Einwendungen bzw. Einreden „vorauseilend“ entkräften

Hier ist in jedem Fall „vorauseilend“ das Nichtvorliegen der Verjährung darzustellen, indem man etwa den maßgeblichen Hemmungstatbestand mit in den Vortrag aufnimmt. Unterlässt man dies, müsste der Richter einen Anlass sehen, dem Gegner rechtliches Gehör zu gewähren, um ihm Gelegenheit zum Vortrag der Details bzw. v.a. zur Einführung einer Einrede in den Prozess zu gewähren. Durch den unter Beweis gestellten Vortrag zum Hemmungstatbestand stellt der Antragsteller aber klar, dass eine Erhebung der Verjährungseinrede ohnehin leer laufen würde.

Hemmer-Klausur-Tipp

Durchdenken Sie bei der Fertigung *des Schriftsatzes* nicht *jedes einzelne* Beweisangebot auf seine Bedeutung hin, das wäre Zeitvergeudung! Tragen Sie einfach zu *jedem* Punkt, der in der gutachtlichen Vorprüfung anzusprechen war, unter Beweisangebot vor.

343 Thomas/Putzo, § 294, Rn. 1.

344 Hält man sich bei der Abfassung der Klageschrift an die dort (§ 1) empfohlenen *klausurtaktischen* Regeln, so bedeutet dies aber eigentlich gar keinen wesentlichen Unterschied zur Klageschrift. Aufgrund der u.U. gravierenden Rechtsfolgen bei einer Nichtbeachtung ist diese Regel hier nur *noch bedeutsamer*.

345 Vgl. Thomas/Putzo, Vor § 916, Rn. 9. Ist eine mündliche Verhandlung erfolgt, dann gelten wieder die allg. Beweisregeln (vgl. Thomas/Putzo, Vor § 916, Rn. 9). Dies hat zur Folge, dass etwa im Falle von § 138 III ZPO die Notwendigkeit der Beweisführung entfällt. Andernfalls wäre § 294 ZPO gegenüber § 286 ZPO teilweise keine *Erleichterung*, sondern eine Erschwerung. In einem solchen Fall ist also auch die grds. erforderliche Glaubhaftmachung überflüssig (MüKo-Prütting, § 294, Rn. 12).

Erläutern Sie bei Vorliegen der eben besprochenen Besonderheit des Beweisrechts dem Korrektor aber zusätzlich im (Hilfs)-Gutachten, dass Sie für diese Tatsache(n) nach den allgemeinen Regeln gar nicht die Beweislast haben, und erläutern Sie kurz, warum Sie trotzdem das Beweisangebot abgeben.

3. Kostenrechtliche Fragen

zusätzliche Gebühren

Für das Verfahren des einstweiligen Rechtsschutzes fallen *zusätzliche* Gebühren zu denen des Hauptsacheverfahrens an. 30a

KV Nr. 1410

Bezüglich der Gerichtskosten ergibt sich dies bereits aus der amtlichen Vorbemerkung 1.4.1. vor KV Nr. 1410. Dabei fällt dann grds. der 1,5fache Satz an (KV Nr. 1410), der gemäß KV Nr. 1412 erhöht oder gemäß KV Nr. 1414 bis 1416 reduziert werden kann. Zu beachten ist die ausdrückliche Ausnahme des Vorgehens nach § 942 ZPO.

verschiedene Angelegenheit i.S.d. § 17 RVG

Dass *stets* auch *zusätzliche* Anwaltsgebühren anfallen[346], ergibt sich daraus, dass das Verfahren des einstweiligen Rechtsschutzes gemäß § 17 RVG eine „verschiedene Angelegenheit" gegenüber dem Hauptsacheverfahren ist. Nach Nr. 3100 und Nr. 3104 VV-RVG kann daher auch hier insgesamt die 2,5fache Gebühr für den jeweiligen Anwalt anfallen. Ergeht eine Entscheidung im Beschlussverfahren *ohne* mündliche Verhandlung *und* wird gegen diese anschließend kein Widerspruch gemäß § 924 ZPO eingelegt, fehlt es allerdings an den Voraussetzungen von Nr. 3104 VV-RVG, so dass nur die 1,3fache Verfahrensgebühr gemäß Nr. 3100 VV-RVG entsteht.

Gebührenstreitwert geringer

Für die Berechnung der Höhe der Gebühren ist Folgendes zu beachten: Da es beim Arrest und in den meisten Fällen auch bei der einstweiligen Verfügung nur um bloße *Sicherung* geht, ist der Gebührenstreitwert im Regelfall mit einem geringen Betrag als demjenigen der Hauptsache anzusetzen. Gemäß § 3 ZPO i.V.m. § 53 I 1 Nr. 1 GKG (evtl. i.V.m. § 23 I 1 RVG) werden meist Beträge zwischen einem Drittel und der Hälfte des Hauptsachestreitwerts veranschlagt.[347]

Zahlung eines Kostenvorschusses: § 12 I GKG gilt nicht!

Wichtig: Gemäß § 10 GKG darf das Gericht seine weiteren Maßnahmen *nicht* von der Zahlung eines Kostenvorschusses abhängig machen, weil es sich nicht um eine „Klage" i.S.d. § 12 I GKG handelt.[348] Dies ist insoweit von großer Bedeutung, als einerseits Dringlichkeit gegeben ist, andererseits aber für den Anwalt das Problem besteht, dass er zumindest in manchen Fällen die vom Gericht anzusetzende Höhe des Streitwerts nur schwer voraussehen kann.

4. Fertigung des Schriftsatzes selbst / formelle und inhaltliche Anforderungen

Anforderungen an den Schriftsatz selbst

Der Aufbau eines Antrags („Gesuch" i.S.d. § 920 ZPO) im einstweiligen Rechtsschutz entspricht weitgehend dem der Klageschrift, weil es sich um einen sog. bestimmenden Schriftsatz i.S.d. §§ 129, 130 ZPO handelt. 31

346 Vgl. Hartmann RVG § 17, Rn. 12 ff; Enders, Rn. 1055 ff.

347 Vgl. Thomas/Putzo, § 3, Rn. 16; ausführlicher und m.w.N. Musielak/Heinrich § 3, Rn. 22, Hartmann GKG § 53, Rn. 2 ff.

348 Vgl. Hartmann GKG § 12, Rn. 4.

Erforderlich sind also:

Überblick

⇨ Rubrum (§ 130 Nr. 1 ZPO)

⇨ Anträge (§ 130 Nr. 2 ZPO)

⇨ Tatsachenvortrag (§ 130 Nr. 3 ZPO)

⇨ Beweismittelangabe (§ 130 Nr. 5 ZPO)

⇨ Rechtsausführungen (*auch hier wieder nicht zwingend)*

⇨ Unterschrift (§ 130 Nr. 6 ZPO)

Im Folgenden werden nur die *Besonderheiten* gegenüber der Klageschrift herausgearbeitet. Im Übrigen sei hiermit auf oben (§ 1) verwiesen.

a. Das Rubrum des Arrestantrages

Rubrum

Dieses sieht ähnlich aus wie bei einer Klageschrift.[349] Allerdings 32
werden die Parteien im Verfahren des einstweiligen Rechtsschutzes zumindest bei Antragstellung nicht als Kläger oder Beklagter, sondern als Antragsteller und Antragsgegner bezeichnet.[350]

Auch eine Streitwertangabe sollte in der Klausur erfolgen. Wie bereits gezeigt[351] richtet sich dieser nach dem Sicherungsinteresse des Antragstellers, ist gemäß §§ 53 I GKG, 3 ZPO nach freiem Ermessen zu bestimmen und meist mit Werten zwischen 30 und 50 % des Hauptsachestreitwerts anzusetzen.

Hemmer-Klausur-Tipp

Verschenken Sie im oftmals extrem harten „Kampf gegen die Uhr" nicht viel Zeit auf diesem „Nebenkriegsschauplatz". In diesem Bereich wird der Korrektor meist nur Wert darauf legen, dass zum einen *überhaupt* eine Wertangabe erfolgt und dass diese zum anderen *einigermaßen vertretbar* ist. Viel wichtiger ist i.d.R., dass Sie den für die Zuständigkeit des Gerichts meist bedeutsamen Hauptsachestreitwert erläutern.

b. Antragstellung

aa. Hauptsacheantrag

Hauptsacheantrag

Auch hier gilt wieder der Bestimmtheitsgrundsatz. Das bedeutet 33
dann zumindest dreierlei:

Auswirkung des Bestimmtheitsgrundsatzes

⇨ Zunächst muss der Antrag völlig deutlich werden lassen, dass es sich um einen Arrestantrag handelt, nicht etwa um eine einstweilige Verfügung.[352]

⇨ Da der Arrest - wie gezeigt - nur bei einem Anspruch auf Geld möglich ist, muss diese Geldforderung genau bezeichnet werden.

---

349 Vgl. hierzu etwa auch Kroiß/Neurauter, Muster Nr. 3.

350 Ab Erlass eines Urteils (bzw. dann schon *in* diesem) ist auch die Bezeichnung als Arrestkläger und Arrestbeklagter möglich (Assessor-Basics Zivilurteil § 12, Rn. 61 m.w.N.). In einer Anwaltsklausur, in der dies aber noch nicht geschehen ist, scheidet diese Variante aber natürlich aus.

351 Siehe oben § 3, Rn. 30a.

352 Vgl. Thomas/Putzo, vor § 916, Rn. 8.

⇨ Außerdem muss beantragt werden, ob der Antrag in das Vermögen (dinglicher Arrest) und/oder gegen die Person des Schuldners (persönlicher Arrest) beantragt wird.

Hinsichtlich der Geldforderung ist zu beachten, dass es anerkannt und praxisüblich ist, bei der Benennung der Hauptsacheforderung gleich noch zusätzlich die Prozesskosten von Hauptsache- und Arrestverfahren mit einzustellen, die nach § 91 ZPO immerhin der Gegner zusätzlich zu tragen haben wird.[353]

Formulierungsbeispiele

Beispiel für dinglichen Arrest:

„Zur Sicherung der Zwangsvollstreckung wegen einer Forderung auf Zugewinnausgleich der Antragstellerin in Höhe von ca. 100.000 € (evtl.: und einer Kostenpauschale von ca. ... €)[354] wird der dingliche Arrest in das bewegliche und unbewegliche Vermögen des Antragsgegners angeordnet."

Beispiel für persönlichen Arrest:

„Zur Sicherung der Zwangsvollstreckung wegen einer Forderung auf Pflichtteilserfüllung des Antragstellers in Höhe von ca. 200.000 € (evtl.: und einer Kostenpauschale von ca. ... €) wird der persönliche Sicherheitsarrest gegen den Antragsgegner angeordnet.

Wie oben gezeigt, kann es vereinzelt Fälle geben, in denen eine Beantragung von *beidem* nötig ist.

bb. Evtl. Hilfsantrag: Stattgabe gegen Sicherheitsleistung

evtl. Sicherheitsleistung nach § 921 ZPO anbieten

Sollte die Gefahr erkennbar sein, dass das Gericht dem Antrag u.U. 34
doch nicht so einfach stattgeben wird, weil einige Beweise dünn sind, so kann es möglicherweise sinnvoll sein, eine Sicherheitsleistung nach § 921 ZPO anzubieten.

Es handelt sich zwar um eine vom Richter v.A.w. zu treffende Entscheidung. Psychologisch ist es aber letztlich so, dass der Richter bei einem solchen Vorgehen in einer Situation, in der er andernfalls u.U. eine Abweisung des Antrages oder eine Terminierung der mündlichen Verhandlung vornehmen würde, doch zu einer für den Antragsteller günstigen Entscheidung bewogen werden könnte, weil der durch den Arrest entstehende Schaden zumindest abgesichert wäre.

cc. Gleichzeitiger Vollstreckungsantrag

Gleichzeitiger Vollstreckungsantrag bei Forderungspfändung und persönlichem Arrest

Soll der Arrest durch *Forderungspfändung* vollstreckt werden, so be- 35
steht die Besonderheit, dass das für den Arrest zuständige Gericht gemäß § 930 I 3 ZPO und in Abweichung von § 828 ZPO auch für die Vollstreckung (Pfändung) selbst zuständig ist. Daher kann der Arrestantrag mit dem Antrag auf Pfändung ergänzt werden.

353 Vgl. Kroiß/Neurauter, Muster Nr. 3.

354 Insoweit wären die Kosten von einstweiligem Rechtschutz und Hauptsache mit ihren jeweiligen Streitwerten zu schätzen und zu addieren (siehe dazu oben § 3, Rn. 30a).

Formulierungsbeispiel

Formulierungsbeispiel:

„ .... wird der dingliche Arrest in das bewegliche und unbewegliche Vermögen des Antragsgegners angeordnet.

In Vollziehung des Arrestes wird die Forderung des Antragsgegners gegen die .... (Bank, Arbeitgeber) bis zum Höchstbetrag von ... € gepfändet. Der Antragsgegner hat sich jeder Verfügung über die Forderung zu enthalten. Der Drittschuldner darf an den Antragsgegner nicht mehr leisten.“[355]

Hemmer-Klausur-Tipp

Machen Sie von dieser Möglichkeit Gebrauch, wenn der Sachverhalt die nötigen Informationen (Kontoverbindungen) für *diese* Vollstreckungsmöglichkeit liefert! Sie zeigen dem Korrektor praktisches Verständnis. Sie zeigen insbesondere, dass Sie jede Chance ausnutzen, um Zeit zu gewinnen.

Geht es um die Pfändung von beweglichen Sachen, ist für die Vollstreckung gemäß § 930 I 1 i.V.m. § 808 ZPO der Gerichtsvollzieher zuständig. Bei Immobilien ist das Grundbuchamt für die Eintragung der Zwangshypothek (vgl. § 932 ZPO) zuständig[356]. In diesen Fällen ist daher der eigentliche Vollziehungsantrag auch *bei diesen Organen* zu stellen. Sie sind an die Entscheidung des Arrestgerichtes gebunden.

Beim persönlichen Arrest kommt als Vollziehung nach § 933 ZPO die Anordnung der Haft (hierfür Verweisung auf i.V.m. §§ 901, 904 bis 913 ZPO) oder einer sonstigen, weniger einschneidenden Beschränkung der persönlichen Freiheit (Hausarrest, Meldepflicht, Wegnahme der Ausweispapiere) in Betracht. Zuständig für die Wahl der Art des persönlichen Arrestes ist nach § 933 ZPO das Arrestgericht selbst. Empfehlenswert ist daher auch hier ein entsprechender Antrag, um auf die Entscheidung des Gerichts Einfluss auszuüben.[357]

Formulierungsbeispiel

Formulierungsbeispiel:

„In Vollziehung dieses Arrestes wird die Haft gegen den Antragsgegner verhängt“.

dd. Vorläufige Vollstreckbarkeit

kein Antrag auf vorläufige Vollstreckbarkeit!

Eine Entscheidung über eine vorläufige Vollstreckbarkeit entfällt im Falle des Erfolges des Antrages, da einstweiliger Rechtsschutz „kraft Natur der Sache“ ohne Ausspruch vorläufig vollstreckbar ist![358] Folge: Ein entsprechender Antrag hierzu darf in der Anwaltsklausur also gar nicht erst gestellt werden! 36

Hemmer-Klausur-Tipp

Erläutern Sie dem Korrektor den Hintergrund dieser Handlungsweise kurz im (Hilfs)-Gutachten! Es sollte nicht der geringste Verdacht zurückbleiben, dass das Unterlassen des entsprechenden Antrages eine rein zufällige Handlungsweise des Bearbeiters war.

355 Hierzu siehe etwa Beck`sches Prozessformularbuch, Muster I. R. 1.

356 Vgl. Zöller/Vollkommer, § 932, Rn. 7.

357 So etwa Beck`sches Prozessformularbuch, Muster I .R. 2.

358 Vgl. etwa Thomas/Putzo, § 922, Rn. 4.

ee. Antrag auf Entscheidung gerade ohne mündliche Verhandlung

Wie bereits ausgeführt, hat das Gericht hier ein Ermessen, ob es eine mündliche Verhandlung anberaumt oder ohne eine solche im Beschlusswege entscheidet. Es ist gewiss empfehlenswert, wenn der Antragsteller unmissverständlich zum Ausdruck bringt, dass er Letzteres wünscht. Am einfachsten lässt sich dies in den Einleitungssatz vor der eigentlichen Antragstellung unterbringen. 37

> **Bsp.:** *„Namens und im Auftrag des Antragstellers beantrage ich - ohne mündliche Verhandlung - gegen den Antragsgegner ... (es folgt der eigentliche Sachantrag)."*

ff. Antrag zur Sicherheitsleistung des Gegners?

Vereinzelt wird in den Antrag auch noch eine Regelung zu dessen Hemmung durch Sicherheitsleistung *des Gegners* aufgenommen:[359] 38

> *„Die Vollziehung des Arrestes wird durch Hinterlegung eines Geldbetrages von ... oder Stellung einer selbstschuldnerischen Bürgschaft eines im Inland zum Geschäftsbetrieb befugten Kreditinstituts über ... gehemmt."*[360]

Über eine solche Sicherheitsleistung hat das Gericht gemäß § 923 ZPO bzw. § 933 S. 2 ZPO aber *von Amts wegen* zu entscheiden.[361] Ein Antrag hierzu ist also nicht erforderlich.

c. Begründung des Antrages:

Begründung grds. wie bei Klageschrift

Für diesen Punkt gilt praktisch dasselbe wie für die Klageschrift. Unverzichtbar ist in jedem Fall ein präziser Tatsachenvortrag mit entsprechender Beweismittelangabe für die einzelnen Behauptungen (§ 130 Nr. 3, Nr. 5 ZPO). 39

Wie oben gezeigt, muss dabei auch zu sich aufdrängenden Einwendungen bzw. Einreden des Gegners Stellung genommen werden, und es müssen Beweisangebote auch für die Tatsachen vorgebracht werden, aus denen sich das Nichtvorliegen der Einwendung ergibt.

Bei den angegebenen Beweismitteln müssen nun die entsprechenden Vorüberlegungen umgesetzt werden. Es muss also auf alle Besonderheiten achtgegeben werden, die sich aus § 294 ZPO ergeben, und das Angebot eines Zeugenbeweises sollte - soweit der Fall dies zulässt - allenfalls hilfsweise auftauchen.

Möglich, prozessual aber nicht unbedingt notwendig, ist es, das jeweilige Beweisangebot statt mit *„Beweis: ..."* mit *„Glaubhaftmachung: ..."* einzuleiten.[362]

---

359 Beachten Sie den Unterschied zum oben diskutierten § 921 II ZPO.

360 So Beck`sches Prozessformularbuch, Muster I. R. 1. (dinglicher Arrest) und I. R. 2. (persönlicher Arrest); ohne diese zusätzliche Erklärung etwa Kroiß/Neurauter, Muster Nr. 3.

361 Thomas/Putzo, § 923, Rn. 1.

362 Vgl. Beck`sches Prozessformularbuch, Muster I. R. 1 ff. („Glaubhaftmachung").

Hemmer-Klausur-Tipp

Verwenden Sie bei der Beweismittelangabe ausdrücklich den Begriff „Glaubhaftmachung“. Bei Korrektoren kann es eine positive Wirkung haben, wenn man ihnen so früh und so deutlich wie möglich signalisiert, dass man diese wichtige Besonderheit erkannt hat. Teilweise haben wir auch bereits beobachtet, dass Korrektoren die Verwendung des Begriffes „Beweis“ als „falsch“ moniert haben, obwohl der Prüfling klar erkennbar die Beweismittel des § 294 ZPO verwendet hatte. So etwas stellt dann eine Fehlleistung eines offenbar ebenso arroganten wie inkompetenten Korrektors dar, weil „Beweis“ unzweifelhaft der Oberbegriff und damit auch zutreffend ist; einem Prüfling nützt das später aber trotzdem meist nicht mehr viel.

Rechtsausführungen?

Für die Rechtsausführungen gilt grds. auch hier wieder, dass diese nach ZPO nicht zwingend sind. Während der Praktiker aufgrund des Zieles einer *schnellen* Entscheidung gut daran tun dürfte, seine Rechtsargumente vorzutragen, ist im Examen wiederum in erster Linie auf den Bearbeitervermerk bzw. die jeweiligen örtlichen Prüfungsgepflogenheiten zu achten.[363]

II. Beantragung einer einstweiligen Verfügung

1. Voraussetzungen der Zulässigkeit

Zulässigkeit der einstweiligen Verfügung

Bei der Prüfung der einstweiligen Verfügung gelten über § 936 ZPO weitgehend die gleichen Regeln wie bei der Prüfung des Arrestes. Die Bearbeitung des Falles verkompliziert sich allerdings dadurch etwas, dass jeweils geprüft werden muss, ob eine lex specialis existiert oder ob über § 936 ZPO die Arrestregeln gelten. 40

a. Prüfung des zuständigen Gerichts

Zuständigkeit

hier grds. kein Wahlrecht

Bei der Zuständigkeitsprüfung ist zu beachten, dass § 919 ZPO von §§ 937, 943 ZPO verdrängt wird. Dies bedeutet, dass primär *nur* das Gericht der Hauptsache zuständig ist, grds. also ein Wahlrecht bezüglich des Gerichts, wo ein in Streit stehender Gegenstand sich befindet, nicht besteht. Dabei handelt es sich wiederum gemäß § 802 ZPO um einen *ausschließlichen* Gerichtsstand. 41

Für den Begriff „Gericht der Hauptsache“ ist wie beim Arrest wieder zu differenzieren:

- ⇨ Wenn noch keine Hauptsache anhängig ist, hat das angerufene Gericht die Hauptsachezuständigkeit v.A.w. zu prüfen. Erforderlich ist in diesem Fall also wieder eine „Schachtelprüfung" der Hauptsachezuständigkeit.

- ⇨ Ist dagegen ein Gericht in der Hauptsache schon angerufen worden, so ist es sogar dann ausschließlich für die e.V. zuständig, wenn es selbst in der Hauptsache eigentlich unzuständig ist.[364]

Ist in der Hauptsache die Zuständigkeit vom Streitwert abhängig (§§ 23 Nr. 1, 71 I GVG), so stellt sich hier - anders als beim Arrest - das Problem, dass die Hauptsacheforderung regelmäßig *nicht auf Geldzahlung* lauten wird. Vielmehr geht es meist um Unterlassungsansprüche, Herausgabeansprüche o.Ä.

363 Dazu siehe ausführlicher bereits oben in § 1, Rn. 128 ff.

364 MüKo-Heinze, § 937, Rn. 3; Zöller/Vollkommer, § 937, Rn. 1.

Deren Streitwert muss oft geschätzt werden, wobei meist auf den Katalog im Thomas/Putzo bei der Kommentierung zu § 3 zurückgegriffen werden kann. Bei einer Unterlassungsklage etwa bestimmt sich der Streitwert nach dem Interesse des Verfügungsklägers am Verbot der zu unterlassenden Handlung.[365]

bei besonderer Dringlichkeit § 942 I ZPO

Bei ganz besonderer Dringlichkeit kann allerdings nach der Sonderregel des § 942 I ZPO der Antrag auch bei dem Amtsgericht gestellt werden, in dessen Bezirk sich der streitige Gegenstand befindet. Hierfür müsste *gerade dadurch*, dass man das Gericht der Hauptsache anruft, eine Verzögerung eintreten, die durch die Anrufung dieses Gerichts nun vermieden wird.[366] *42*

Bedeutsamer erscheint der Sonderfall des § 942 II ZPO: Antrag auf Eintragung eines Widerspruchs nach § 899 BGB oder einer Vormerkung nach § 885 I BGB. Hier kann, auch *ohne* dass eine solche besondere Dringlichkeit erforderlich wäre,[367] der Antrag bei dem Amtsgericht gestellt werden, in dessen Bezirk sich das betreffende Grundstück befindet. Dies ist aber, wie schon der Gesetzeswortlaut zeigt, keinesfalls ein Muss; vielmehr besteht im Verhältnis zu § 937 ZPO ein Wahlrecht. *43*

Hemmer-Klausur-Tipp

Auch wenn die Entscheidung zwischen den beiden Varianten des Wahlrechts für die Bewertung der Klausur letztlich unerheblich sein wird: Zeigen Sie dem Korrektor aber in jedem Fall im (Hilfs)-Gutachten auf, dass Sie *beide* Möglichkeiten gesehen haben!

b. Postulationsfähigkeit

Postulationsfähigkeit zunächst auch ohne (zugelassenen) RA

Die beim Arrestantrag genannte Besonderheit gegenüber der gewöhnlichen Klageschrift gilt auch hier: Gemäß §§ 936, 920 III ZPO ist ein Antrag auf Erlass einer einstweiligen Verfügung selbst am Landgericht auch ohne Anwalt möglich. *44*

c. Behauptung von Verfügungsanspruch *und* Verfügungsgrund

Behauptung von Verfügungsanspruch und *Verfügungsgrund*

Erforderlich ist nach h.M. weiter die Behauptung eines Verfügungsanspruchs *und* eines Verfügungsgrundes (Erfordernis der Dringlichkeit der zu erlassenden Maßnahme). Die Glaubhaftmachung als besondere Form der *Beweisführung* ist auch hier wieder erst in der Begründetheit zu prüfen.[368] Soweit ein Verfügungsgrund entbehrlich ist (s.u.), ist natürlich auch keine Behauptung desselben erforderlich.[369] *45*

2. Voraussetzungen der Begründetheit

a. Glaubhaftmachung von Verfügungsanspruch *und* Verfügungsgrund

Begründetheitsprüfung

Gemäß §§ 936, 920 II, 294 ZPO gilt grds. Ähnliches wie beim Arrest: Im Regelfall ist daher eine Glaubhaftmachung von Verfügungsanspruch *und* Verfügungsgrund notwendig. *46*

365 Vgl. Thomas/Putzo, § 3, Rn. 152.

366 Vgl. Thomas/Putzo, § 942, Rn. 2.

367 Vgl. Thomas/Putzo, § 942, Rn. 3.

368 Vgl. Thomas/Putzo, § 935, Rn. 4.

369 Bezüglich des Verfügungsgrundes wird teilweise aber auch vertreten, dass dieser Punkt nur in der Begründetheit zu prüfen sei (Zöller/Vollkommer, § 917, Rn. 3.).

Regelfall: Glaubhaftmachung von Verfügungsanspruch und *Verfügungsgrund*

Verfügungsanspruch ist hier allerdings regelmäßig nicht ein Anspruch auf Geldzahlung, sondern ein sog. Individualanspruch, wie etwa § 1004 I BGB.[370]

Bezüglich des Begriffes Glaubhaftmachung, insbesondere hinsichtlich der Auswirkungen dieser Besonderheit gegenüber § 286 ZPO auf den Umfang der Beweisführung und die Auswahl der zur Verfügung stehenden Beweismittel, kann in vollem Umfang auf die Ausführungen zum Arrest verwiesen werden.

b. Sonderfälle: Verfügungsanspruch genügt

ausnahmsweise genügt Verfügungsanspruch

In Sonderfällen verzichtet der Gesetzgeber ausdrücklich sogar auf das Erfordernis des Verfügungsgrundes, also der Glaubhaftmachung der Dringlichkeit. 47

Vormerkung

⇨ Hat der Antragsteller einen Anspruch auf Eintragung einer Vormerkung glaubhaft gemacht, so entfällt gemäß § 885 I 2 BGB die Notwendigkeit eines Verfügungsgrundes.

Widerspruch

⇨ Dasselbe gilt, wenn ein Widerspruch gegen die Richtigkeit des Grundbuchs in dieses eingetragen werden soll (§ 899 II 2 BGB). Dann bedarf es nur der Glaubhaftmachung, dass die Voraussetzungen des § 894 BGB gegeben sind, insbesondere also, dass das Grundbuch derzeit falsch und der Antragsteller der wirkliche Rechtsinhaber ist (vgl. § 899 I BGB).

In diesen Fällen vermutet der Gesetzgeber praktisch unwiderleglich, dass bei Vorliegen eines entsprechenden Anspruches auch eine entsprechende Dringlichkeit gegeben sein wird. Dies ist die Konsequenz der enormen Gefahren, die von der Grundbucheintragung über die §§ 891 ff. BGB ausgehen.

c. Besondere Voraussetzungen der Entscheidung im Beschlussverfahren (ohne mündliche Verhandlung)

zusätzliche Voraussetzungen des Beschlussverfahrens

Gemäß § 937 II ZPO wird grds. eine mündliche Verhandlung vorausgesetzt. *Ohne* mündliche Verhandlung ergeht die Entscheidung nur bei Abweisung und bei besonderer Dringlichkeit i.S.d. § 937 II ZPO. 48

Hierfür genügt noch nicht der Verfügungsgrund als solcher. Erforderlich ist vielmehr, dass entweder

⇨ eine selbst in kürzester Frist (§§ 217, 226 I ZPO) anberaumte mündliche Verhandlung nicht abgewartet werden kann oder

⇨ der Zweck der e.V. eine Überraschung des Gegners erfordert.[371]

Da sich die besondere Dringlichkeit i.S.d. § 937 II ZPO bereits aus dem Antrag ergeben muss, müssen dort im Anschluss an die Darlegung von Verfügungsanspruch und - soweit erforderlich (s.o.) - Verfügungsgrund zusätzliche Ausführungen vorgenommen werden.[372]

---

370 Ausführlich dazu oben bei der Abgrenzung der verschiedenen Varianten des einstweiligen Rechtsschutzes.

371 Zöller/Vollkommer, § 937, Rn. 2.

372 Vgl. etwa Thomas/Putzo, § 937, Rn. 2; Knöringer, § 23 III 1b.

Formulierungsbeispiel

Formulierungsbeispiel:

„Auch eine besondere Dringlichkeit i.S.d. § 937 II BGB liegt vor. Nach dem bisherigen Verhalten, insbesondere den getroffenen Vorbereitungen des Antragsgegners, ist davon auszugehen, dass dieser bereits in den nächsten Tagen mit den Bauarbeiten beginnen wird. ... Innerhalb dieser ein bis zwei Tage ist jedoch bereits eine zuverlässige Ladung des Antragsgegners zu einer mündlichen Verhandlung in Anbetracht von § 217 1. Alt. ZPO auch bei Ausnutzung der Abkürzungsmöglichkeit des § 226 I ZPO nicht möglich."

3. Fertigung des Schriftsatzes selbst / formelle und inhaltliche Anforderungen

formelle Regeln weitgehend wie beim Arrest

Hierfür gilt grds. dasselbe wie beim Arrestantrag. Insbesondere bezüglich des Rubrums ergeben sich keine Unterschiede.[373] Auch sind aus den genannten Gründen keine Anträge zur vorläufigen Vollstreckbarkeit zu stellen. Hinsichtlich der Antragsbegründung ist es wiederum sehr empfehlenswert, neben dem unverzichtbaren Tatsachenvortrag mit den Beweisangeboten auch noch eine rechtliche Begründung vorzunehmen. 49

Besonderheiten bei den zu stellenden Anträgen

Aufgrund der anderen Rechtsschutzziele, bei denen die einstweilige Verfügung statt des Arrestes einschlägig ist, ergeben sich allerdings einige Besonderheiten bei den zu stellenden Anträgen.

a. Einleitungssatz des Antrages

evtl. Berücksichtigung von § 937 II ZPO

Zu beachten ist, dass das Ziel auch hier regelmäßig eine Entscheidung ohne mündliche Verhandlung sein wird, dass dies aber - wie gezeigt - gemäß § 937 II ZPO gesetzestechnisch der Ausnahmefall ist. Dies ist hier also in jedem Fall eigens zu beantragen. 50

Bsp.: *„Hiermit beantrage ich unter Vorlage der Vollmacht, im Wege der einstweiligen Verfügung wegen Dringlichkeit ohne mündliche Verhandlung anzuordnen: ...."*

b. Antrag bei Sicherungsverfügung wegen Herausgabeanspruch

Sicherungsverfügung wegen Herausgabeanspruch

In diesem Fall muss unter Beachtung des Bestimmtheitsgrundsatzes ein entsprechender Individualanspruch formuliert werden. Geht es um einen Herausgabeanspruch, muss bei der Sicherungsverfügung beachtet werden, dass diese grds. keine Herausgabe *an den Antragsteller selbst* ermöglicht; Derartiges wäre Vorwegnahme der Hauptsache und ist daher allein mit der nur ganz ausnahmsweise (§ 861 I BGB; s.o.) zulässigen Leistungsverfügung möglich. 51

Bsp.: *Der Antragsteller hat seinen Pkw verkauft und übereignet. Nun stellt sich heraus, dass der ihm hierfür übergebene Scheck nicht gedeckt ist und auch im Übrigen alles dafür spricht, dass er auf einen Betrüger hereingefallen ist. Der Erwerber hat den Wagen sofort an einen Kfz-Händler weiterveräußert, dessen Gutgläubigkeit äußerst zweifelhaft ist. Der Pkw ist bei diesem glücklicherweise noch vorhanden, droht aber ebenfalls weiterveräußert zu werden. Der Antragsteller will im Hauptsacheprozess die Unwirksamkeit der Übereignung an seinen Vertragspartner (§§ 123, 142 BGB) und an den jetzigen Besitzer klären lassen.*

373 Vgl. etwa Kroiß/Neurauter, Muster Nr. 1.

nur Sicherung, daher nur Herausgabe an „neutrale“ Person!

In diesem Beispiel kommt, weil es nicht um verbotene Eigenmacht i.S.d. §§ 861, 858 BGB geht,[374] die Sicherungsverfügung gemäß § 935 ZPO in Betracht. Eine Herausgabe an den Antragsteller selbst wäre aber mehr als bloß eine *Sicherung*; dies wäre bereits die *Erfüllung* des eigentlichen Begehrens, eine weitgehende Vorwegnahme der Hauptsache.[375]

Unterschied Sequestration / Verwahrung

Bei der Sicherungsverfügung ist zwischen Sequestration (vgl. § 938 II ZPO) und reiner Verwahrung zu unterscheiden; Sequestration ist eine *verwaltende* Tätigkeit, die von der reinen Verwahrung (Sicherstellung) zu unterscheiden ist. Letztere verpflichtet nur zu den ihrem Zweck entsprechenden Hilfsgeschäften, also z.B. zum Abschluss eines Verwahrungsvertrages durch den Gerichtsvollzieher.[376]

Folge: Wenn es – was der Regelfall sein wird – nur um die reine Verwahrung der Sache geht, ist die Herausgabe *an den Gerichtsvollzieher* zu beantragen. Herausgabe *an einen Sequester* ist nötig, wenn es zusätzlich notwendig ist, die Sache durch Verwaltungsmaßnahmen zu erhalten.

Die Vollziehung eines solchen Herausgabeanspruches richtet sich nach §§ 883 ff. ZPO i.V.m. §§ 936, 928 ZPO.[377] 52

immer auch an § 758a ZPO denken!

Geht es um Gegenstände, die sich in Räumen des Gegners befinden könnten, ist es noch empfehlenswert, sicherheitshalber gleichzeitig einen Durchsuchungsbeschluss zu beantragen, weil das Betreten fremder Räume durch den Gerichtsvollzieher ohne Einverständnis des Wohnungsinhabers im Hinblick auf Art. 13 GG (vgl. auch § 758a ZPO) grundsätzlich nicht ohne richterliche Erlaubnis möglich ist.[378]

Im Regelfall ist bei der Sicherungsverfügung daher zu formulieren:

Formulierungsbeispiel

Formulierungsbeispiel

1. Der Antragsgegner hat den schwarzen Pkw Mercedes SLK 230, Fahrgestellnummer 55555/011, sowie die zugehörigen drei Schlüsselsätze und den Fahrzeugbrief zur Verwahrung an den Gerichtsvollzieher herauszugeben.

2. Die Durchsuchung der Wohnung des Antragsgegners in ... wird zur Vollstreckung der Herausgabe gestattet.

c. Antrag bei Unterlassungsverfügung

Unterlassungsverfügung

Hier muss im Antrag präzise beschrieben werden, was konkret unterlassen werden soll. 53

Bei Unterlassungsanträgen (etwa § 1004 I BGB) sind dem Verfügungsbeklagten aber darüber hinaus für den Fall der Zuwiderhandlung gegen das erlassene Verbot die in § 890 I ZPO vorgesehenen Ordnungsmittel anzudrohen.

374 Vgl. Thomas/Putzo, § 940, Rn. 12.

375 Vgl. Thomas/Putzo, § 938, Rn. 3.

376 Vgl. Zöller/Vollkommer, § 938, Rn. 7 f.

377 Zöller/Vollkommer, § 928, Rn. 8.

378 So Beck`sches Prozessformularbuch, Muster I. R. 4.

Ordnungsmittel gleich androhen

Solche Zwangsmittel müssen vorher angedroht werden. Dies erfolgt regelmäßig im Urteil bzw. Beschluss[379], *wenn* der Verfügungskläger dies beantragt hat oder wenn das Gericht die Androhung dort bereits für ratsam hält.[380] Es ist daher in jedem Fall empfehlenswert, dies im eigenen Antrag bereits zu berücksichtigen.

„Dem Antragsgegner wird bei Vermeidung eines Ordnungsgeldes bis zu ... € oder einer Ordnungshaft bis zu ... Monaten und für den Fall der Uneinbringlichkeit des Ordnungsgeldes Ordnungshaft bis zu ... Monaten aufgegeben, es zu unterlassen, auf dem westlichen Teil seines Grundstücks ... (genaue Bezeichnung, Lage) Baumaßnahmen durchzuführen, durch die die dort vorhandene Zufahrt zum Nachbargrundstück ... beeinträchtigt wird."

III. Beantragung einer einstweiligen Anordnung auf Unterhalt

einstweilige Anordnung

Die Möglichkeit einer einstweiligen Anordnung auf Unterhalt ergibt sich aus §§ 49 ff i.V.m. § 119 I 1 FamFG und §§ 246 bis 248 FamFG. **54**

1. Voraussetzungen der Zulässigkeit

a. Statthaftigkeit

Zulässigkeitsvoraussetzungen

Die einstweilige Anordnung setzt nicht mehr voraus, dass ein Hauptsacheverfahren auf Unterhalt oder ein Scheidungsantrag anhängig ist (vgl. §§ 49 ff i.V.m. § 119 I 1 FamFG, bzw. die nur für Unterhalt geltenden Sonderregelungen der §§ 246 bis 248 FamFG).[381]

b. Zuständigkeit:

Zuständigkeit

Gericht der Hauptsache

Für die einstweilige Anordnung ist gemäß § 50 I 1 FamFG das Gericht zuständig, das für die Hauptsache anhängig *wäre*. Es erfolgt also ein Schachtelprüfung der Zuständigkeitsregelungen für Hauptsacheanträge auf Unterhalt, sodass letztlich § 23a I Nr. 1 GVG i.V.m. §§ 111, 112, 231 FamFG (sachliche Zuständigkeit) sowie § 232 FamFG (örtliche Zuständigkeit) entscheiden. **56**

c. Regelungsbedürfnis

Regelungsbedürfnis

Die Voraussetzung eines *„dringenden* Bedürfnisses für ein sofortiges Tätigwerden" (so § 49 I FamFG) ist in § 246 FamFG nicht aufgestellt. Deswegen ist für die einstweilige Anordnung auf Unterhalt eine echte Notlage nicht erforderlich. Notwendig ist aber ein Regelungsbedürfnis.[382] Hierfür reicht aber beispielsweise schon die bloße Nichtzahlung durch den Anspruchsgegner. Die Anforderungen sind also geringer als bei einem *„dringenden* Bedürfnis". **58**

nur für die Zukunft!

Das Regelungsbedürfnis für den einstweiligen Rechtsschutz kann sich grds. nur auf den *künftig* zu bezahlenden Unterhalt beziehen. Hat der Unterhaltsgläubiger materiellrechtlich einen Anspruch auf rückständigen Unterhalt, kann er diesen nur im Hauptsacheverfahren selbst einklagen.[383]

379 Vgl. Thomas/Putzo, § 890, Rn. 18. Die Androhung ist selbst noch keine Zwangsvollstreckungsmaßnahme (Thomas/Putzo, § 890, Rn. 18).

380 Vgl. Baumbach/Lauterbach-Hartmann, § 890, Rn. 32 (m.w.N.).

381 Vgl. Thomas/Putzo FamFG, Vorbem. vor § 49, Rn. 3; § 119, Rn. 2; BT-Drucks. Regierungsentwurf 16/6308 S. 437 f.

382 Vgl. Thomas/Putzo FamFG, Vorbem. vor § 246, Rn. 3; § 246, Rn. 4.

383 Vgl. Thomas/Putzo FamFG, Vorbem. vor § 246, Rn. 3.

d. Postulationsfähigkeit

Postulationsfähigkeit

Gemäß § 114 I FamFG, einer Sonderregel zu § 78 ZPO, gilt der Anwaltszwang grds. in allen Familienstreitsachen, also auch für isolierte Unterhaltsstreitigkeiten. 59

Gemäß § 114 IV Nr. 1 FamFG gilt der Anwaltszwang aber nicht im Verfahren der einstweiligen Anordnung.

Begründetheitsprüfung

2. Begründetheit des Antrags

Glaubhaftmachung (§ 51 I 2 FamFG und § 113 I FamFG i.V.m. § 294 ZPO)

Begründet ist der Antrag, wenn die *Glaubhaftmachung* des materiell-rechtlichen Anspruchs auf Unterhalt für die Zukunft gelungen ist (vgl. § 51 I 2 FamFG und § 113 I FamFG i.V.m. § 294 ZPO).[384] 60

Dies bedeutet, dass der Inhalt der Anordnung der endgültigen Regelung *mit überwiegender Wahrscheinlichkeit* entspricht.[385]

Hemmer-Klausur-Tipp

Auch hier gilt natürlich wieder: Als Bearbeiter einer Anwaltsklausur müssen Sie trotzdem die *bestmöglichen* Beweise aufbieten, die Ihr Sachverhalt hergibt!

Dieser endgültigen Regelung entspricht die einstweilige Anordnung dann auch schon inhaltlich: Es ist weder eine zeitliche Beschränkung vorzunehmen noch eine höhenmäßige Begrenzung des Unterhaltsanspruches auf „Notunterhalt“ o.Ä.![386] 61

3. Fertigung des Schriftsatzes selbst / formelle und inhaltliche Anforderungen

Fertigung des Schriftsatzes

a. Rubrum

Rubrum

Im Rubrum ist darauf zu achten, dass die Bezeichnung „Antragsteller“ und „Antragsgegner“ zu wählen ist (vgl. § 113 V Nr. 3 und Nr. 4 FamFG). 62

Außerdem ist bei der Angabe der Gerichtsadresse immer die Bezeichnung „Familiengericht“ *unter* die Adressierung an das örtlich zuständige Amtsgericht anzufügen.

Hemmer-Klausur-Tipp

Schreiben Sie bei der Adressierung nie *nur* an das „Familiengericht“. Dies würde dem Korrektor u.U. das Gefühl geben, Sie halten die Abgrenzung der verschiedenen Abteilungen des Amtsgerichts für eine Frage der sachlichen Zuständigkeit.

b. Anträge

Anträge

nicht nur Notunterhalt!

Da die Möglichkeit besteht, bereits mit der einstweiligen Anordnung den *angemessenen* Unterhalt (§ 1578 BGB bzw. § 1610 BGB) zu beantragen, ist auch tatsächlich so zu verfahren. 63

---

384 Das FamFG enthält in § 31 FamFG zwar eine eigenständige Regelung. Wegen der Verweisung des § 113 I FamFG auf die ZPO ist in Familienstreitsachen aber weiterhin § 294 ZPO einschlägig (vgl. Thomas/Putzo FamFG, § 113, Rn. 3). Für den einstweiligen Rechtsschutz im Erbscheinsverfahren, für das der Amtsermittlungsgrundsatz gilt (vgl. §§ 26 ff FamFG), also gerade nicht die ZPO-Dispositionsmaxime samt Beibringungsgrundsatz, ist § 31 FamFG aber einschlägig.

385 Thomas/Putzo, § 294, Rn. 2; BGH, NJW 2003, 3558 = **juris**byhemmer.

386 Vgl. Thomas/Putzo FamFG, § 246, Rn. 6 und Rn. 9.

Keinesfalls darf also nur ein Notunterhalt beantragt werden! Folglich müssen sich die Ergebnisse der in den Vorüberlegungen vorgenommenen Unterhaltsberechnung im Antrag widerspiegeln.

„Der Antragsgegner wird verpflichtet (oder: dem Antragsgegner wird aufgegeben), an die Antragstellerin eine monatlich im Voraus, erstmals ab ..., zu entrichtende Unterhaltsrente von ... € zu bezahlen."

Geht es um den Unterhalt minderjähriger Kinder, muss sich - soweit die Voraussetzungen dafür vorliegen[387] - die zwingende gesetzliche Prozessstandschaft des § 1629 III BGB in dem Antrag wiederfinden.

„Der Antragsgegner wird verpflichtet, für das gemeinsame Kind Natascha an die (oder: zu Händen der) Antragstellerin eine monatlich im Voraus, erstmals ab ..., zu entrichtende Unterhaltsrente von ... € zu bezahlen."

Für die Kosten gelten keine Besonderheiten (mehr). Infolge der Abkoppelung vom Hauptsacheverfahren enthält die einstweilige Anordnung nun eine eigene Kostenentscheidung (vgl. § 51 IV FamFG). Ob man einen Kostenantrag stellt, ist also wie bei einer Klage Geschmacksfrage. 63a

kein Antrag zur Vollstreckbarkeit

Ein Antrag auf vorläufige Vollstreckbarkeit hat zu unterbleiben, denn eine solche gibt es in Familienstreitsachen nach FamFG gar nicht mehr, nicht einmal in der Hauptsache (vgl. § 116 III 2, 3, 120 II 1 FamFG).[388] Überdies sei an oben erinnert: Entscheidungen im einstweiligen Rechtsschutz sind „kraft Natur der Sache" ohne Ausspruch vorläufig vollstreckbar, weil der einstweilige Rechtsschutz gerade auf eine sofortige Vollstreckung ausgerichtet ist.[389]

c. Antragsbegründung

Antragsbegründung: Besonderheiten wie bei Arrest und e.V.

Hier gelten die gleichen Regeln wie bei Arrest und einstweiliger Verfügung: Wegen § 294 ZPO i.V.m. § 113 I FamFG haben Sie hauptsächlich mit eidesstattlicher Versicherung und Urkundenbeweis zu arbeiten. Zeugen sollten nur hilfsweise aufgeboten werden, nicht präsente Zeugen müssen wegen § 294 II ZPO ausscheiden. 64

C. Reaktion auf eine (gegen den Mandanten) ergangene Entscheidung im einstweiligen Rechtsschutz

I. Ermittlung des richtigen Rechtsbehelfs 66

1. Rechtsbehelfe im Arrestverfahren bzw. bei einstweiliger Verfügung

Rechtsbehelfe im Arrestverfahren bzw. bei einstweiliger Verfügung

Für die Ermittlung des einschlägigen Rechtsbehelfs gegen die richterliche Entscheidung kommt es darauf an, ob vor dieser anzugreifenden richterlichen Entscheidung eine mündliche Verhandlung stattgefunden hatte oder nicht und ob dementsprechend ein Urteil oder ein Beschluss erging.

---

387 Dazu etwa oben in § 1.

388 Gemäß § 116 III 2, 3 FamFG *soll* das Gericht in Unterhaltssachen die *sofortige* Wirksamkeit *anordnen* (⇨ insoweit also Tenorierungserfordernis!). Folge: Der Beschluss ist dann gemäß § 120 II 1 FamFG bereits vor Rechtskraft vollstreckbar. Einer Vollstreckbarkeitserklärung des Gerichts (wie bei §§ 708 ff ZPO) bedarf es dann gerade nicht mehr (vgl. BT-Drucks. Regierungsentwurf 16/6308 S. 500).

389 Dazu siehe bereits oben in § 3, Rn. 36.

Ausgangspunkt der Systematik ist die Grundeinteilung der Rechtsbehelfe nach der ZPO: Gegen einen Beschluss, der gemäß § 922 I 1 ZPO dann ergeht, wenn keine mündliche Verhandlung stattfindet, ist grds. die sofortige Beschwerde nach § 567 ZPO einschlägig.

Gegen ein Urteil nach mündlicher Verhandlung kann der Antragsteller Berufung nach § 511 ff. ZPO einlegen. Diese Grundeinteilung gilt auch im Verfahren des einstweiligen Rechtsschutzes, wenn eine *ablehnende* Entscheidung ergangen war, also der Antragsteller bzw. Kläger ein Rechtsmittel einlegen will.[390]

Widerspruch gemäß § 924 ZPO

Wird dem Arrestantrag bzw. der einstweiligen Verfügung stattgegeben, existiert aber eine wichtige Besonderheit: Gegen einen *Beschluss*, den der Antraggegner für unrichtig hält, besteht die Möglichkeit des Widerspruchs gemäß § 924 (evtl. i.V.m. § 936 ZPO).[391] Dieser verdrängt als Spezialregelung die sofortige Beschwerde der § 567 ff. ZPO.[392] 67

Gegen ein stattgebendes Urteil gemäß § 922 I 1. Alt. ZPO ist auch für den Antragsgegner bzw. Schuldner die Berufung nach § 511 ff. ZPO einschlägig.

2. Rechtsbehelfe gegen eine einstweilige Anordnung:

Rechtsbehelfe gegen einstweilige Anordnung

Gemäß § 54 FamFG kann eine Aufhebung bzw. Änderung des Beschlusses beantragt werden. 68

Außerdem kann der Antragsgegner gemäß § 52 II FamFG durch einen Antrag erzwingen, dass dem Antragsteller der einstweiligen Anordnung eine Frist zur Hauptsacheklage gesetzt wird, bei deren fruchtlosem Verstreichen die einstweilige Anordnung aufzuheben ist. Ergeht eine Hauptsachentscheidung, tritt die einstweilige Anordnung gemäß § 56 I FamFG auch mit dessen Rechtskraft außer Kraft, gemäß § 56 II FamFG auch in bestimmten Sonderfällen der Verfahrensbeendigung.

II. Einzelheiten zum Widerspruch

Einzelheiten zum Widerspruch

Hat die Vorprüfung ergeben, dass die Aufgabe in der Fertigung eines Widerspruchsschreibens besteht, sind einige Besonderheiten zu beachten.[393] 70

1. Ermittlung des richtigen Adressaten / Zuständigkeit des Gerichts:

Zuständigkeit: kein Devolutiveffekt

Zuständig für die Entscheidung über den – nicht fristgebundenen[394] – Widerspruch und damit richtiger Adressat des Widerspruchsschreibens ist grds. das Gericht der Hauptsache. Das ist meist genau das Gericht, das den Arrest oder die einstweilige Verfügung selbst erlassen hatte. Anders als bei der sofortigen Beschwerde und der Berufung existiert also kein Devolutiveffekt.[395]

390 Vgl. Thomas/Putzo, § 922, Rn. 7; Musielak/Huber § 916, Rn. 10 und ausführlich § 922, Rn. 10 ff.

391 Weniger bedeutsam für Klausuren dürfte dagegen der Antrag auf Aufhebung gemäß § 927 ZPO wegen nachträglich veränderter Umstände, etwa nachträglicher Erfüllung, sein.

392 Vgl. dazu etwa Thomas/Putzo, § 922, Rn. 7; Musielak/Huber § 916, Rn. 10.

393 Auch diese Aufgabe der Fertigung eines Widerspruchsschreibens wurde bereits in Examensklausuren gestellt. Zu den Besonderheiten der Berufungsklausur siehe ausführlich unten in § 4.

394 Vgl. etwa Thomas/Putzo, § 924, Rn. 1; Musielak/Huber § 924, Rn. 5.

395 Vgl. Thomas/Putzo, § 924, Rn. 2.

Vorsicht ist bei der Wahl des Adressaten für das Widerspruchsschreiben angebracht, wenn eine einstweilige Verfügung gemäß § 942 ZPO vom Amtsgericht der belegenen Sache erlassen worden war: Diese Spezialregel gilt nur für den Erlass und den Sonderfall der Aufhebung gemäß § 942 III ZPO, aber nicht für weitere Maßnahmen wie die Entscheidung über den Widerspruch. Für diese ist das Gericht der Hauptsache i.S.d. § 937 I ZPO zuständig.[396]

2. Die Anträge im Widerspruchsschreiben

Anträge: am doppelten Ausspruch im Tenor orientieren

Kann der Richter dem Widerspruch stattgeben, hat er - wie beim Versäumnisurteil und beim Berufungsurteil - darauf zu achten, dass *zwei* Aussprüche kumulativ erfolgen müssen: Neben der *Aufhebung* als vernichtende Maßnahme muss die instanzabschließende Entscheidung der *Zurückweisung* (nicht Abweisung) des Antrags des Antragstellers treten.[397] Da sich der anwaltliche Antrag am angestrebten richterlichen Tenor orientieren sollte, könnte er lauten: 71

> *Der Arrestbefehl vom ... wird aufgehoben und der Antrag auf Erlass eines Arrestes vom ... wird zurückgewiesen.*

> *Die einstweilige Verfügung vom ... wird aufgehoben und der Antrag auf Erlass einer einstweilige Verfügung vom ... wird zurückgewiesen.*

zusätzlich oft einstweilige Einstellung der Zwangsvollstreckung

Zu beachten ist weiter, dass durch die Erhebung des Widerspruchs gemäß § 924 III 1 ZPO die Vollziehung nicht gehemmt wird, also dem Mandanten die Zwangsvollstreckung droht. Regelmäßig wird es daher angezeigt sein, einen zusätzlichen Antrag auf einstweilige Einstellung der Zwangsvollstreckung (§ 707 I 1 i.V.m. § 924 III 2 ZPO) zu stellen. 72

> *Die Vollstreckung aus der einstweiligen Verfügung wird mit sofortiger Wirkung ohne – notfalls gegen – Sicherheitsleistung eingestellt.*

In der Praxis wird manchmal die Anberaumung eines Termins zur mündlichen Verhandlung beantragt. Notwendig ist dies nicht, da dies gem. § 924 II 2 (evtl. i.V.m. § 936) ZPO *von Amts wegen* zu erfolgen hat.

3. Begründung des Widerspruchs

Begründung des Widerspruchs

Obwohl es sich bei § 924 II 1 ZPO trotz des „hat“ nach allg. Ansicht nur um eine Sollvorschrift handelt, deren Verletzung nicht zur Verwerfung des Widerspruchs als unzulässig führen darf[398], versteht es sich von selbst, dass ein Klausurbearbeiter ebenso wie ein sorgfältiger Anwalt seinen Widerspruch sachlich begründet. 73

Aufbau ähnlich wie Klageerwiderung

Hierbei kann man weitgehend wie bei einer Klageerwiderung vorgehen. Es ist also auf die Tatsachenbehauptungen des Antragstellers einzugehen (je nach konkretem Sachverhalt Behauptungen des Antragstellers bestreiten und/oder neue Fakten vortragen und ggf. auch für diese Beweise anbieten) und – je nach Bearbeitervermerk – auch eine rechtliche Subsumtion vorzunehmen.

396 Vgl. etwa Thomas/Putzo, § 942, Rn. 1; Musielak/Huber § 942, Rn. 1.

397 Vgl. etwa Thomas/Putzo, § 925, Rn. 2; Musielak/Huber § 925, Rn. 6; Assessor-Basics Zivilurteil § 12, Rn. 69 ff.

398 Vgl. Musielak/Huber § 924, Rn. 8.

aber: Glaubhaftmachung des § 920 II i.V.m. § 294 ZPO

Der Unterschied zur Klageerwiderung besteht aber v.a. darin, dass auch jetzt noch die Glaubhaftmachung des § 920 II i.V.m. § 294 ZPO anstelle des Vollbeweises gemäß § 286 ZPO einschlägig ist. Eidesstattliche Versicherungen sind daher nach wie vor zulässige Beweismittel, und zwar für *beide* Parteien.[399] 74

Zeugenbeweis hier sinnvoller als bei Antragstellung

Weil gemäß § 924 II 2 ZPO jetzt ohnehin eine mündliche Verhandlung ansteht, kommt jetzt allerdings auch eine Zeugenaussage in Betracht. Deren Beweiskraft ist bei gleichem Inhalt höher einzuordnen als die Beweiskraft einer eidesstattlichen Versicherung. Von der Möglichkeit der Abgabe eines Zeugenbeweisangebots sollte in der Klausur also grds. Gebrauch gemacht werden. Dabei ist wiederum zu beachten, dass keine Ladung erfolgt, sondern die Partei selbst für die Anwesenheit des Zeugen in der mündlichen Verhandlung verantwortlich ist.[400] Für den Korrektor sollte bereits aus dem Beweisangebot deutlich werden, dass dies dem Klausurbearbeiter klar ist („wird in der mündlichen Verhandlung gestellt“).

Verteilung der Darlegungs- und Beweislast nach allg. Regeln

Bei der nun anstehenden richterlichen Entscheidung nach Gehör *beider* Parteien gelten – anders als im vorherigen Beschlussverfahren – die allgemeinen Regeln zur Verteilung der Darlegungs- und Beweislast.[401] Daher kann es nun auch geschehen, dass der Klausurbearbeiter als Anwalt des Antragsgegners ein Beweismittel in der Hand hat, das sich auf Umstände bezieht, die in die Beweislast *des Gegners* fallen. In einem solchen Fall bietet sich wiederum ein Arbeiten mit „Beweis unter Verwahrung gegen die Beweislast“ an.[402]

399 Vgl. Thomas/Putzo, § 294, Rn. 3.

400 Vgl. Thomas/Putzo, § 294, Rn. 2; siehe bereits oben § 3, Rn. 27 f.

401 Vgl. Thomas/Putzo, vor § 916, Rn. 9; dazu genauer bereits oben § 3, Rn. 29 f.

402 Zu dieser Taktik siehe oben § 1, Rn. 124 ff.

§ 4 Prozessgutachten des Anwalts

Der Begriff „Prozessgutachten“ wird im Folgenden als Gegenstück zum Begriff „Kautelargutachten“ verwendet. Gemeint ist ein Gutachten über eine zumindest außerprozessual *bereits entstandene* Streitigkeit. Es geht also um dieselbe Situation, wie sie in den bisherigen Paragrafen dieses Skripts für die verschiedenen Schriftsatztypen erläutert wurde. Es geht folglich um ein Gutachten zur Vorbereitung einer Klageschrift, einer Klageerwiderung, einer Replik und/oder eines Antrags auf einstweiligen Rechtsschutz.[403]

Insoweit kann also voll auf die rechtlichen Erörterungen der bisherigen Paragrafen verwiesen werden. Im Folgenden sollen nur kurz einige Besonderheiten zusammengefasst werden, die den Aufbau und Schreibstil solcher Prozessgutachten des Assessorexamens etwa im Vergleich zum Schriftsatz selbst oder zum Gutachten des Referendarexamens betreffen.

A. Varianten des anwaltlichen Prozessgutachtens / Aufbau

zwei Varianten des Prozessgutachtens

Neben dem bloßen Hilfsgutachten in Ergänzung eines Schriftsatzes *mit* Rechtsausführungen, existieren zwei Varianten des Prozessgutachtens. 1

Wird ohne nähere Angaben ein Gutachten mit anschließendem Schriftsatz gefordert, so wird regelmäßig ein sog. *einschichtiges* Gutachten erwartet.[404] Vereinzelt wird ausdrücklich ein „relationsmäßiges“ Gutachten gefordert mit der Folge, dass die Lösung auf ein zweischichtiges Gutachten hinaus will.

Der Unterschied besteht darin, dass der zweistufige Aufbau in verschiedene Stationen untergliedert (Klägerstation, Beklagtenstation, Beweisstation ...; dazu s.u.), während diese Unterteilung beim einstufigen Aufbau entfällt. Im Inhalt und Umfang der Prüfung besteht aber kein Unterschied.

Ein Sachbericht ist von den Aufgabenstellern grds. nur gewünscht, wenn dies ausdrücklich im Bearbeitervermerk gefordert wird.[405] Dann sollte man ihn am besten wie den Tatbestand des Urteils aufbauen.[406]

I. („Einschichtiges“) Gutachten zur Vorbereitung eines Schriftsatzes

Sog. „einschichtiges“ Gutachten zur Vorbereitung eines Schriftsatzes

Die eine Variante ist das sog. „einschichtige“ Gutachten zur Vorbereitung eines Schriftsatzes. Letzterer ist meist *anschließend* zu fertigen. Dabei sind dann zur Vermeidung sinnloser Wiederholungen üblicherweise die Rechtsausführungen im Schriftsatz erlassen oder – je nach Bearbeitervermerk – per Verweisung einzufügen. 2

403 Gerade im Gutachten ist der einstweilige Rechtsschutz nicht selten *zusätzlich* zum Hauptsachestreit relevant. Im Zwangsvollstreckungsrecht (vgl. §§ 769, 771 III, 805 IV ZPO) ist dies zur Wahrung der Mandanteninteressen (Verhinderung der Fortsetzung der Vollstreckung während des laufenden Verfahrens) nahezu unverzichtbar!

404 Vgl. etwa Anders/Gehle, 1. Abschnitt D, Rn. 8.

405 Vgl. etwa Anders/Gehle, 1. Abschnitt D, Rn. 6.

406 Vgl. etwa Anders/Gehle, 1. Abschnitt D, Rn. 9. Über die Aufbauvarianten eines solchen Sachberichts existiert aber ein gewisser Streit (vgl. Hecker/Temmen JuS 2000, 693; Fischer JuS 1999, 114). Einem halbwegs vernünftigen Prüfer sollte jeder in sich stimmige Aufbau recht sein.

In der *Summe* aller Aufgaben entspricht diese Klausur also letztlich dem, was bei der Aufgabe „Schriftsatz *mit* Rechtsausführungen und Hilfsgutachten" gefordert ist. Allerdings muss der Bearbeiter der letztgenannten Variante – wie oben ausgeführt – bereits *vor Beginn* der Reinschrift selektiert haben, welche Rechtsausführungen in den Schriftsatz gehören, weil sie das Begehren seines Mandanten stützen und welche nicht weiterhelfen und deswegen ins Hilfsgutachten aussortiert werden müssen.

Beim Gutachten *zur Vorbereitung* eines Schriftsatzes können zumindest manche wichtigen Entscheidungen noch *während* der Ausarbeitung des Gutachtens in „Reinschrift" getroffen werden.

Hemmer-Klausur-Tipp

Sie haben deswegen oft die Möglichkeit, die Fertigung der Reinschrift früher zu beginnen als etwa bei einem Urteil. Machen Sie davon im harten „Kampf gegen die Uhr" auch tatsächlich Gebrauch! Dann haben Sie insgesamt mehr Zeit, um sich durch mehr Argumentationstiefe eine Note im besseren Bereich zu erarbeiten!

1. Prüfung der Erfolgsaussichten in der Sache

Grds. erst die Prüfung der Erfolgsaussichten in der Sache!

Im Anwaltsgutachten aus der Klägerperspektive ist das materielle Recht – analog zu den obigen Ausführungen zur Vorbereitung der Klage – *vor* den prozessualen Konsequenzen (Zweckmäßigkeitserwägungen) zu prüfen. Grund: Letztere hängen gerade davon ab, welche Mandantenziele überhaupt *realisierbar* sind und in welcher Form![407] 3

Ausnahmen

In bestimmten Fällen sollte vor dieser Prüfung aber noch ein anderer Punkt behandelt werden: Die Klärung der formalen Möglichkeiten einer Gegenwehr.

Konkret: Bei einem Gutachten zur Vorbereitung einer Klageerwiderung oder zum Angriff auf ein Versäumnisurteil (Einspruch) oder ein Endurteil (Berufung) wird aber meist anders aufgebaut. Dort würde ein Anwalt nicht – ggf. seitenlang – eine materiell-rechtliche Prüfung vornehmen, wenn aus formalen Gründen ohnehin schon keine Verteidigungsmöglichkeiten mehr bestehen.

Hemmer-Klausur-Tipp

In der Klausur ist diese Hürde im absoluten Regelfall überwindbar. Bedenken Sie aber die mögliche und klausurtypische Ausnahme: Nach den Sachverhaltsangaben war bereits zuvor ein anderer Anwalt eingeschaltet. Dann kann die Klausur darauf hinauslaufen, dass dieser wegen einer Versäumung einer Rechtsmittelfrist über § 280 I BGB in Haftung genommen werden soll. Die Erfolgsaussichten des *früheren* Rechtsstreits sind dann schachtelweise zu prüfen: Kausalität einer anwaltlichen Pflichtverletzung für den durch Rechtskraft entstandenen Schaden. – In einigen Bundesländern ein gar nicht so seltener „Klauraufhänger"!

Im Gutachten sind *alle* in Betracht kommenden, also nicht völlig abwegigen Anspruchsgrundlagen zu prüfen, unabhängig davon, ob sie bislang von einer der Parteien erwähnt worden sind. Weiterhin ist eine Prüfung der außerprozessual schon angesprochenen oder sonst in Betracht kommenden Einwendungen und Einreden durchzuführen, unabhängig davon, ob dies für den Mandanten günstig ist oder nicht (also auch Möglichkeiten *des Gegners*, etwa Verjährung).[408]

407 Ausführlich dazu bereits oben § 1, Rn. 6 ff.

408 Ob man das dann alles auch im Schriftsatz anspricht, ist eine andere Frage! Meist wird dies gerade nicht sinnvoll sein (dazu ausführlich dazu bereits oben § 1, Rn. 116 f.).

Behandlung streitiger Tatsachenbehauptungen (Aufbauunterschied zum Relationsgutachten)

Soweit die Tatsachenbehauptungen der Parteien sich widersprechen, ist darauf – anders als beim Relationsgutachten – nicht in eigenständigen Prüfungspunkten einzugehen, sondern sie sind im Zusammenhang miteinander bei demjenigen Tatbestandsmerkmal abzuhandeln, dessen Tatsachengrundlage gerade behandelt wird. Die „Hauptlinie" des Aufbaus wird also vom Aufbau der materiellrechtlichen Anspruchsgrundlage(n) bestimmt! 4

Unter der Überschrift des jeweiligen Tatbestandsmerkmals bzw. nach einem Einleitungssatz zu diesem sind folgende Fragen zu stellen:

Drei-Schritt-Prüfung

- ⇨ Schlüssigkeitsprüfung: Wäre das Tatbestandsmerkmal nach den *vom Kläger behaupteten* Tatsachen erfüllt?
- ⇨ Wenn ja: Würde der Anspruch auf der Basis *des Gegenvorbringens des Beklagten* entfallen, ist dieses also rechtserheblich?[409]
- ⇨ Wenn der Unterschied zwischen Kläger- und Beklagtenvorbringen für den Anspruch bedeutsam ist: Abgabe einer sog. Beweisprognose. Zu stellen sind folgende Fragen: Was ist beweisbedürftig? Wer hat die Beweislast? Welche Beweismittel stehen dem Mandanten (wenn erkennbar: ggf. auch dem Gegner) zur Verfügung? Wie stehen die Chancen der Beweisbarkeit?

2. Prozessuale Umsetzung der realisierbar erscheinenden Ziele / Zweckmäßigkeitserwägungen:

Prozessuale Umsetzung / Zweckmäßigkeitserwägungen

Steht fest, welche Mandantenziele realisierbar sind, ist zu prüfen, welche prozessualen Möglichkeiten für deren Realisierung bestehen und ggf. welche davon am zweckmäßigsten sind. Insoweit gilt für die Prüfungsschritte des Gutachtens dasselbe wie oben bei den Vorüberlegungen ausführlich dargestellt.[410] Es geht um folgende Aspekte, wobei aber natürlich nur diejenigen Punkte ausdrücklich anzusprechen sind, die im konkreten Fall wirklich relevant sind. 5

- ⇨ Klärung der Art der Klage (etwa Abgrenzung von §§ 766, 771, 805 ZPO), ggf. Stufenklage (§ 254 ZPO) prüfen, Zweckmäßigkeit *zusätzlicher* Feststellungsanträge bedenken (z.B. zwecks Erweiterung der Rechtskraftwirkung über § 256 II ZPO oder Erleichterung der Zwangsvollstreckung gemäß §§ 756, 765 ZPO).
- ⇨ Klärung des Umfangs der Klage: realistisch durchsetzbare Höhe der Forderung(en); Einsatz von *Hilfsanträgen* (u.a.).
- ⇨ Klärung der richtigen Parteien, v.a. bei GbR, Miterbengemeinschaft, Prozessstandschaft (z.B. §§ 1368, 2039 S. 1 BGB, § 265 II 1 ZPO).
- ⇨ Klärung der gerichtlichen Zuständigkeit
- ⇨ Aus Beklagtensicht: Erhebung von Einwendungen oder Einreden, Geltendmachung von Gestaltungsrechten, „Gegenangriff" (Widerklage; evtl. eventualiter), evtl. auch Teilanerkenntnis (wg. § 93 ZPO) prüfen!
- ⇨ V.a. bei Replik oft bedeutsam: Prüfung der Notwendigkeit von Klageänderung, Erledigung oder Teilrücknahme![411]

409 Bei einer Klageschriftklausur geht es dabei natürlich um außerprozessuales Gegenvorbringen (etwa in Briefen oder Telefonaten).

410 Dazu siehe oben § 1, Rn. 26 ff.

411 Dazu siehe oben § 2, Rn. 85 ff.

II. „Relationsgutachten" oder „zweischichtiges Gutachten":

„Relationsgutachten" oder „zweischichtiges Gutachten"

Die nur in einigen Bundesländern existierende andere denkbare Variante sind Gutachten zur Vorbereitung eines Schriftsatzes mit ausdrücklicher Bezeichnung als „Relationsgutachten" oder „zweischichtiges Gutachten". 6

Hinweis

Referendare der Südbundesländer können diese Ausführungen *unter Punkt II.* überspringen. Relationsgutachten kommen im Süden in Examensklausuren nicht vor. Die Fähigkeit zum relationsmäßigen *Durchdenken* des Falles (Schlüssigkeit des Anspruchs / Rechtserheblichkeit des Gegenvorbringens / Beweislage) muss letztlich jeder Jurist beherrschen. Im Süden wird das als *selbstverständliche* gedankliche *Vorarbeit* bei der Ausarbeitung des Anwaltsschriftsatzes (oder des Zivilurteils) behandelt, aber nicht als sinnvolles Prüfungs*ergebnis*.

Bei diesem Typ von Anwaltsgutachten werden dieselben Punkte angesprochen wie im „einschichtigen Gutachten", nur werden diese in folgende „Stationen" unterteilt:[412]

Aufbau

- ⇨ Klägerstation / Schlüssigkeitsstation
- ⇨ Beklagtenstation / Erheblichkeitsstation
- ⇨ Beweisprognosestation
- ⇨ Zweckmäßigkeitsstation

Es muss also u.U. ein und dieselbe Anspruchsgrundlage aus verschiedenen Perspektiven *komplett* „durchgespielt" werden: Greift die Anspruchsgrundlage ein, wenn ich allein auf die Klägerbehauptungen abstelle? Greift die Anspruchsgrundlage auch ein, wenn ich die Beklagtenbehauptungen mit einbeziehe oder wird sie von dessen Einwendungen bzw. anderweitigem Sachvortrag zu Fall gebracht? Wenn die zweite Frage bejaht wird: Beweisprognose bzgl. der streitigen Tatsachen?[413]

B. Besonderheiten in der Arbeitsweise gegenüber dem Gutachten im Referendarexamen:

Folgende stilistischen Besonderheiten sollten hier erwähnt werden:

I. Verwendung eines gemäßigten Gutachtenstils oder gar Urteilsstils

Überwiegend gewünscht: „gemäßigter Gutachtenstil"

In einem Gutachten ist grds. der Gutachtenstil zu verwenden, also nicht der Urteilsstil mit dem Voranstellen der Ergebnisse. Aber: Schon alleine wegen des gegenüber dem Referendarexamen meist enorm angestiegenen Klausurumfangs ist letztlich mehr eine Art „gemäßigter Gutachtenstil" zu verwenden. Das heißt unproblematisches ist sehr knapp im Urteilsstil abzuhandeln und nur an den wirklichen Schlüsselstellen des Falles ist wirklich der Gutachtenstil zu verwenden.[414] 7

---

412 Vgl. etwa Anders/Gehle, 1. Abschnitt A, Rn. 89 ff i.V.m. D, Rn. 25.

413 Genauer zum Inhalt dieser Stationen siehe bereits oben beim „einschichtigen" Gutachten § 4, Rn. 3 ff

414 Vgl. etwa Anders/Gehle, 1. Abschnitt D, Rn. 25.

Statt mit oftmals zähem Konjunktiv, mit dem man im Referendarexamen das Wohlwollen der Professoren zu erreichen versuchte, ist es geschickter, auch notwendige *Schwerpunktsetzungen* (!) an den wirklich problematischen Stellen mit einfachen Formulierungen einleiten:

„Problematisch ist dabei aber, ob ...“

teilweise: reiner Urteilstil!

Teilweise (etwa in dem sog. „Vermerk“ in Berlin/Brandenburg) wird sogar ein reiner Urteilstil im Gutachten verlangt. Dies liegt daran, dass einzelne Teile dieses Vermerks in den Rechtsausführungen des danach zu fertigenden Schriftsatzes per Verweisung („Spitzklammertechnik“) einzubeziehen sind.

II. Strenge Orientierung an der höchstrichterlichen Rechtsprechung

strenge Orientierung an der höchstrichterlichen Rechtsprechung

Ein großer Unterschied zum Gutachten im Referendarexamen besteht in der Notwendigkeit einer strengen Orientierung an der höchstrichterlichen Rechtsprechung. 8

Dies ist Segen und Fluch gleichermaßen: Einerseits brauchen Sie sich nicht mehr seitenlang mit irgendwelchen Professorenansichten auseinandersetzen, wenn diese sich in der Praxis nicht haben durchsetzen können.

Andererseits werden Sie in der Anwaltsklausur zumindest im Regelfall auch dann Punktabzug bekommen, wenn sie sich mit einer ordentlich begründeten und tatsächlich irgendwo vertretenen Ansicht gegen den BGH wenden. Ein Anwalt begeht – wie oben[415] bereits erwähnt – nämlich eine vertragliche Pflichtverletzung (Haftungsfall), wenn er sich *ohne* eine entsprechende Erläuterung der Risiken gegenüber dem Mandanten gegen eine *gefestigte* Rechtsprechung wendet.[416]

Spricht also höchstrichterliche Rechtsprechung gegen die Realisierbarkeit ihres Mandantenziels, so sollten Sie besser von vornherein kapitulieren, also auf die Geltendmachung dieser Forderung verzichten (Klägerperspektive) oder die Forderung des Gegners z.B. anerkennen (Beklagtenperspektive). Da die Klausur aber Sinn machen muss, bezieht sich die Notwendigkeit der Kapitulation aber üblicherweise nur auf *einen Teil* des Mandantenziels.

III. Chance-Risiko-Abwägung statt apodiktischer Ergebnisse

Achten Sie im Anwaltsgutachten vor allem auch bei den Ergebnissen und Zwischenergebnissen auf den Schreibstil. Formulieren Sie keine unumstößlich erscheinenden Ergebnisse: 9

Negativbsp.: *„Der Anspruch ist in voller Höhe gegeben, weil kein Mitverschulden vorliegt.“*

Ergebnisse als Chance-Risiko-Abwägung

Ihre Aufgabe besteht darin, die Chancen und Risiken des Prozesses abzuwägen. Diesen kann man als Anwalt zwar beeinflussen, *entscheiden* aber werden *andere* Juristen! Also muss auch das Gutachten darauf abzielen zu klären, welche Chancen nach den *in der Rechtsprechung* vertretenen Ansichten bestehen.

415 Vgl. dazu oben § 1, Rn. 8.

416 Vgl. dazu etwa Palandt/Grüneberg § 280, Rn. 68 (m.w.N.).

Nicht selten, insbesondere bei den vielen juristischen Begriffen mit Spielraum („angemessen“, „zumutbar“, „vorhersehbar“ u.a.) wird sich das nicht sicher voraussagen lassen.

Unwägbarkeiten des Prozessverlaufs!

Vor allem aber können Sie nicht voraussehen, wie eine etwaige Beweisaufnahme ausgehen wird; deswegen auch der Begriff „Beweis*prognose*“. Wie oft geschieht es, dass der nach Ansicht des Mandanten „todsichere“ Zeuge doch nicht genug gesehen hat? Und die konkrete Handhabung der richterlichen Überzeugungsbildung i.S.d. § 286 ZPO ist ebenfalls manchmal kalkulierbar wie Fußballergebnisse.

Bringen Sie dann auch dies in Ihrem Gutachten zum Ausdruck!

Beispiel

> ***Ergebnis:*** *Nach gegenwärtigem Stand sind die Chancen des Klägers auf Durchsetzung eines Schadensersatzanspruchs gegen den Beklagten in Höhe der geforderten 2.800 € als günstig einzuschätzen. Soweit sich das erkennende Gericht in der genannten Streitfrage bzgl. .... an der Rechtsprechung des BGH orientieren wird und der Zeuge Schussel die Behauptungen des Klägers bestätigen wird, steht dem Kläger ein Anspruch aus § 280 I BGB in dieser Höhe zu.*

§ 5 Berufungsbegründung

A. Prüfungsschritte zur Vorbereitung des Schriftsatzes

I. Klärung, ob Berufung einschlägig / Statthaftigkeit

1. Grundfall: Vorgabe durch den Bearbeitervermerk

Prüfungsschritte zur Vorbereitung

Abgrenzung zu anderen in Betracht kommenden Möglichkeiten

Da es nicht immer zwangsläufig ist, dass der Angriff auf ein für den Betroffenen ungünstiges Urteil über eine Berufung zu erfolgen hat, muss gegebenenfalls in einem ersten Schritt die Statthaftigkeit geklärt und eine Abgrenzung zu anderen in Betracht kommenden Möglichkeiten vorgenommen werden. 1

Hemmer-Klausur-Tipp

Erkundigen Sie sich, bevor Sie den nun folgenden § 5 weiterlesen, über den jeweiligen Prüfungsstoff in ihrem Bundesland. Die Regeln sind bezüglich des Berufungsrechts unterschiedlich und werden auch immer wieder einmal verändert, der Stoff also ausgeweitet oder reduziert.
Teilweise ist eine derartige Aufgabenstellung mehr oder weniger ausdrücklich ausgeschlossen (Hessen: „Zivilprozessrecht der ersten Instanz"). In anderen Ländern (z.B. Bayern und NRW) wurde sie bereits häufig und in verschiedenen Varianten (etwa auch § 514 II ZPO!) gestellt, auch im Bereich des GPA tauchte sie auf.
Achten Sie bei Ihren Erkundigungen auf den Informanten. Vergewissern Sie sich also immer, ob der Tippgeber wirklich weiß, wovon er redet oder ob er nur Behauptungen aufstellt, die „ins Blaue hinein" gesagt sind oder gar eigene Lücken im Unterrichtsprogramm als vermeintliche Stärke „verkaufen" sollen. Ein bestimmter Anbieter, der Berufungsrecht (bisher) nicht im Kursprogramm hatte, behauptete z.B. regelmäßig auch in NRW, dass Berufungsrecht nicht examensrelevant sei, kurz darauf wurde es alleine im Jahre 2012 viermal geprüft!!

Genaue Zielvorgabe im Bearbeitervermerk

In einer Klausur ist es allerdings v.a. aus Zeitgründen möglich, dass der Aufgabensteller diesen Schritt schon vorweggenommen hat und im Bearbeitervermerk vorgibt:

> *„Fertigen Sie die Berufungsbegründungsschrift. Soweit ein Eingehen auf aufgeworfene Rechtsfragen nicht erforderlich erscheint, sind diese in einem Hilfsgutachten zu erörtern."*

In einem solchen Fall wird entweder die Berufungs*einlegung* im Sachverhalt schon erfolgt sein oder es wird vom Klausurbearbeiter erwartet, die Einlegung und Begründung gleichzeitig in einem einzigen Schriftsatz vorzunehmen. Die Berufungsbegründung kann nämlich bereits mit der Einlegung erfolgen (vgl. § 520 III 1 ZPO).

2. Allgemeiner Bearbeitervermerk / Abgrenzungsfragen

Andere Möglichkeit: Wahl des einschlägigen Rechtsbefehls vom Bearbeiter noch durchzuführen

Aufgrund der Möglichkeit, Berufungseinlegung und –begründung in einem Schriftsatz zusammenzufassen, ist es aber auch denkbar, dass der Aufgabensteller die Wahl des einschlägigen Rechtsbefehls offen lässt, weil er hier noch ein Abgrenzungsproblem zu einem anderen Rechtsbehelf (Einspruch gegen Versäumnisurteil oder Antrag auf Nachverfahren gegen Vorbehaltsurteil) eingebaut hat und dieses mit abprüfen will. Der Bearbeitervermerk könnte dann z.B. lauten: 2

„Der Schriftsatz von Rechtsanwältin X an das Gericht ist zu entwerfen. Der Schriftsatz hat diejenigen Rechtsausführungen zu enthalten, die das Begehren des Mandanten stützen.“[417]

Dann ist in jedem Fall (notfalls kurz) eine Abgrenzung zu anderen nicht völlig abwegigen Möglichkeiten nötig.

Zu prüfen ist die Statthaftigkeit gemäß § 511 ZPO, die grds. gegen alle *End*urteile[418] gegeben ist, nicht aber etwa bei Vorliegen eines ersten Versäumnisurteils und nur in beschränkter Form bei Vorliegen eines „technisch zweiten“ Versäumnisurteils (vgl. § 514 I, II ZPO).[419]

a. Abgrenzung bei unklarem Urteil (Meistbegünstigungstheorie)

Beispiele für Abgrenzungsprobleme

Ein geradezu „klassisches“ Problem, das dann in den Fall eingebaut sein kann, ist Abgrenzung zum Versäumnisurteil etwa im Falle der Diskrepanz zwischen Urteilsüberschrift („Versäumnisurteil“) und seinem Inhalt (Klageabweisung als unzulässig), die nach der Rechtsprechung über die sog. Meistbegünstigungstheorie zu erfolgen hat.[420] 3

b. Abgrenzung zwischen erstem und zweitem Versäumnisurteil

Steht fest, dass es sich bei dem anzugreifenden Urteil um ein Versäumnisurteil handelt, so kann sich das Problem der Abgrenzung zwischen einem „echten“ zweiten Versäumnisurteil i.S.d. § 514 II ZPO und einem (u.U. bereits zum zweiten Male ergangenen) sog. „technisch ersten Versäumnisurteil“ stellen.[421] 4

c. Abgrenzung zum Nachverfahren (Urkundenprozess)

Urkundenprozess

Schließlich könnte es – etwa bei Bürgschaften oder Schuldversprechen – auch um die Frage gehen, wie ein im Urkundenprozess gegen den eigenen Mandanten ergangenes Urteil (Vorbehaltsurteil gemäß § 599 ZPO) am besten anzugreifen ist. 5

Die wichtigste Besonderheit des Urkundenprozesses ist die Beschränkung der Beweismittel: Gemäß § 595 II ZPO ist für beide Parteien eine Beweisführung zunächst nur mit den im Urkundenprozess zugelassenen Beweismitteln möglich; auf *andere* Beweisanträge hat das Gericht zunächst nicht einzugehen. Widerspricht nun das ergehende Vorbehaltsurteil der materiellen Rechtslage, so stellt sich die Frage, wie der Anwalt des Beklagten es erreichen kann, dass es wieder aufgehoben wird. Hierfür kommen nämlich das Nachverfahren (§ 600 ZPO) und die Berufung in Betracht, doch liegt dies nicht im Belieben des Angreifers. Vielmehr hängt die Abgrenzung von der Reichweite der Bindungswirkung des Vorbehaltsurteils (§ 318 ZPO) ab.[422]

417 Die Verwendung eines solchen allgemeinen Bearbeitervermerks scheint derzeit zu überwiegen. Teilweise waren dann zusätzlich Schritte gegen eine drohende Zwangsversteigerung zu überprüfen (§§ 719, 707 ZPO).

418 Zum Begriff siehe etwa Thomas/Putzo, § 511, Rn. 1 f.

419 Dazu siehe unten nochmals genauer.

420 Dazu siehe etwa Thomas/Putzo, Vorbem. § 511, Rn. 6 ff.

421 Dazu siehe etwa Thomas/Putzo, § 345, Rn. 2.

422 Thomas/Putzo, § 600, Rn. 4; § 511, Rn. 1; § 599, Rn. 8; BGH, NJW 1993, 668 (m.w.N.) = **juris**byhemmer. Zum Urkundenprozess siehe auch oben in § 1, Rn. 79 sowie ausführlicher in Assessor-Basics Zivilurteil § 12, Rn. 18 ff. und v.a. regelmäßig im Hemmer Assessorkurs.

Abgrenzung der Berufung zum Nachverfahren

Hat der Beklagte im eigentlichen Urkundenprozess den Widerspruch erklärt, dann kann er mit Hilfe dieses Vorbehalts seiner Rechte gemäß § 600 I ZPO in einem Nachverfahren eine endgültige Entscheidung herbeiführen. Zuständig ist das Gericht erster Instanz[423], es fehlt also am Devolutiveffekt. Die gerichtliche Entscheidung *kann* dann durchaus unterschiedlich zum Vorbehaltsurteil ausfallen. Im Nachverfahren können nun nämlich grundsätzlich *alle Beweismöglichkeiten* ausgeschöpft werden.

Gegen das Vorbehaltsurteil ist grds. aber auch die Berufung statthaft. Denn auch Vorbehaltsurteile sind Endurteile i.S.d. § 511 ZPO (§ 599 III ZPO). Es gelten dann die allg. Zulässigkeitsvoraussetzungen der §§ 511 ff. ZPO. Begründet ist die Berufung aber nur, wenn das Vorbehaltsurteil gegen gesetzliche Vorschriften verstößt.

Bsp.: *Eine im Urkundenprozess erhobene Bürgschaftsklage ist bereits unzulässig oder unschlüssig.* 6

Beispiel für Vorgehen über Berufung

Zulässigkeit und *Schlüssigkeit* der Klage sind Dinge, bei denen keine Beweisführung nötig ist. Daher wirkt sich die Beschränkung der Beweismittel bei Unzulässigkeit oder Unschlüssigkeit der Klage gar nicht aus. Da dies richtigerweise zur Abweisung der Klage schon *im eigentlichen Urkundenprozess* führen müsste, wird dies im Nachverfahren wegen § 318 ZPO gar nicht mehr geprüft, sondern kann nur im Wege einer Berufung zur Überprüfung gestellt werden.

Aber: Das Vorbehaltsurteil verstößt dann *nicht* gegen gesetzliche Vorschriften, wenn eine materiellrechtlich zwar inkorrekte Entscheidung getroffen wurde, diese aber *zwangsläufig* deswegen zustande kam, weil bestimmte Tatsachen im Vorverfahren *aufgrund der beschränkten Beweismittel* nicht bewiesen werden konnten.

Beispiel für Vorgehen über Nachverfahren

Bsp.: *Der Bürgschaftsklage wurde aufgrund vollständiger Bürgschaftsurkunde im Wege des Vorbehaltsurteils stattgegeben. Der Beklagte will Einreden gegen die Hauptschuld vorbringen (vgl. § 768 I BGB), für die er aber Zeugenbeweis antreten muss.* 7

Hier konnte der Zeugenbeweis aufgrund der Beschränkung der Beweismittel im Urkundenprozess (zunächst) nicht angetreten werden. Deswegen ist das Urteil der 1. Instanz zwar u.U. materiellrechtlich unzutreffend, prozessual als Vorbehaltsurteil aber völlig korrekt. Diese Diskrepanz zwischen materieller und formeller Korrektheit wieder aufzulösen, ist nun die Aufgabe des Nachverfahrens. Eine Berufung würde nichts bringen: Auch das Berufungsgericht befindet sich im Prinzip noch im Vorverfahren, wenn auch in zweiter Instanz. Daher gilt § 598 ZPO auch in der Berufung.

Fazit (kurze Abgrenzungsformel)

Folge: Die Berufung gegen ein Vorbehaltsurteil macht also (nur) dann Sinn, wenn es darum geht zu verhindern, dass für das Nachverfahren *Bindung* an eine *falsche* Entscheidung eintritt. In den anderen Fällen, die gewiss häufiger sein werden, wird der Anwalt des Beklagten einen Schriftsatz zu fertigen haben, in dem er den Übergang ins Nachverfahren erklärt.

423 Vgl. Thomas/Putzo, § 600, Rn. 3.

d. Sonderfall: Vorgehen mit Anhörungsrüge (§ 321a ZPO)

Anhörungsrüge (§ 321a ZPO)

7a Soweit die Berufung unzulässig ist, weil weder die Berufungssumme des § 511 II Nr. 1 ZPO erreicht ist noch eine Zulassung nach § 511 II Nr. 2 ZPO erfolgt ist, kommt als Rechtsbehelf *ohne* Devolutiveffekt (vgl. § 321a II 4, IV, V ZPO) die Anhörungsrüge gemäß § 321a ZPO in Betracht.

drei kumulative Voraussetzungen

Die drei kumulativen Voraussetzungen dafür ergeben sich aus § 321a I 1 ZPO: Gegen die Entscheidung sind keine Rechtsmittel oder anderen Rechtsbehelfe (etwa Einspruch gemäß §§ 338 ff. ZPO) gegeben, es liegt die Verletzung rechtlichen Gehörs vor, und dieses war auch entscheidungserheblich (kausal) für das konkrete Urteil. Die Begründung des Rügenden hat also zu diesen drei Aspekten vorzutragen.

Beispiel (Examenssachverhalt!)

> **Bsp.:** *Bei einer Klage mit 500 € Streitwert reagiert der Beklagte nach der Zustellung nicht innerhalb der gesetzten Fristen. Statt ein Versäumnisurteil gemäß § 331 III ZPO zu erlassen, wendet der Richter § 495a ZPO an und erlässt im Verfahren nach billigem Ermessen ein Endurteil unter gleichzeitiger Nichtzulassung der Berufung. Dieses findet der Beklagte zusammen mit der Klageschrift vor, als er Wochen später aus dem Urlaub zurückkehrt.*[424]

7b Ein gewöhnliches Vorgehen scheidet hier aus: Die Berufung ist unzulässig, weil weder die Berufungssumme des § 511 II Nr. 1 ZPO erreicht noch eine Zulassung nach § 511 II Nr. 2 ZPO erfolgt ist.

Berufung und Einspruch unzulässig

Unter normalen Umständen, in jedem Fall bei Streitwerten über 600 €, wäre ein Versäumnisurteil nach § 331 III ZPO ergangen, gegen das der Beklagte hätte Einspruch gemäß § 338 ZPO einlegen können, und diesen hätte er u.U. noch mit einem Wiedereinsetzungsantrag gemäß § 233 ZPO verbinden können. Dieser Weg wurde ihm aber genommen, weil der Richter ausdrücklich und unmissverständlich ein Endurteil erlassen wollte und dies auch getan hat.[425]

Damit wurde dem Beklagten das rechtliche Gehör verweigert, denn der Richter hatte „billiges“ Ermessen i.S.d. § 495a ZPO mit Willkür in Form eines ungebremsten Strebens nach Arbeitsersparnis verwechselt, indem er dem (unbekannter Weise) in Urlaub befindlichen Beklagten jegliche Erwiderungsmöglichkeit faktisch abschnitt. Kausal war dieser Fehler nun z.B. dann, wenn der Beklagte Fakten vorbringen kann, die geeignet sind, die Klageforderung zu Fall zu bringen.[426]

Bei Antragstellung auf § 321a V 3 i.V.m. § 343 ZPO achten

Bei der Antragstellung ist auf § 321a V 3 i.V.m. § 343 ZPO zu achten: Es ist nicht nur die Fortsetzung des Rechtsstreits zu beantragen, sondern zusätzlich ist – insoweit wie beim Einspruch gegen ein Versäumnisurteil – eine (ganze oder teilweise) Aufhebung des angegriffenen Urteils anzustreben.[427]

Zusätzlich ist noch an die Einstellung der Zwangsvollstreckung zu denken (vgl. § 707 I 1 ZPO).[428]

---

424 Dies ist das Grobgerüst des Sachverhalts einer Anwaltsklausur im bayerischen Assessorexamen 2005/II.

425 Da das Urteil nicht seiner Art nach unklar oder zweifelhaft ist, also kein bloßer „Verlautbarungsfehler“ vorliegt, kommt auch die „Meistbegünstigungstheorie“ nicht in Betracht.

426 In der genannten bayerischen Examensklausur war die Klage überdies noch unzulässig (wg. des Schlichtungsrechts in der damals noch gültigen Form, § 15a EGZPO) und überwiegend auch bereits unschlüssig i.S.d. § 331 I 1 ZPO.

427 Siehe dazu etwa Beck`sches Prozessformularbuch, Muster I. N. 5. Unglücklich der bloße Antrag auf Fortsetzung des Verfahrens bei Kroiß/Neurauter, Nr. 13: In der Situation der geschilderten Examensklausur wäre dies definitiv unzureichend, weil der Beklagte bis dahin noch überhaupt keine Anträge gestellt hatte, also nicht einmal eine konkludente Bezugnahme in Betracht kam.

428 Dazu siehe – für den Fall der Berufungseinlegung – unten in Rn. 51.

II. Klärung weiterer Fragen der Zulässigkeit der Berufung

Zulässigkeit der Berufung

Steht fest, dass die Berufung einschlägig ist, so sind die weiteren Zulässigkeitsfragen zu prüfen. *8*

Diese werden – wie unten zu zeigen sein wird – weitgehend nicht Eingang in den zu fertigenden Schriftsatz erhalten, doch sind Ausnahmen denkbar; so etwa dann, wenn wegen Fristversäumung ein Wiedereinsetzungsantrag gemäß § 233 ZPO zu stellen wäre.

1. Beschwer / Beschwerdewert

Beschwer

Die Zulässigkeit der Berufung setzt zunächst einmal voraus, dass der Berufungsführer überhaupt beschwert ist. *9*

Dabei ist für den Kläger die formelle Beschwer entscheidend (Abweichung des Urteils von seinen *Anträgen*), während es für den Beklagten auf die materielle Beschwer ankommt.[429]

Dieses Erfordernis der Beschwer wird in einer Klausur grds. immer gegeben sein. Denkbar ist allerdings u.U. ein *teilweises* Fehlen der Beschwer mit der Folge, das auch nur teilweise eine zulässige Berufung eingelegt werden kann.

Beschwer bei Schmerzensgeldklage

> **Bsp.:** *In erster Instanz hatte der Kläger aufgrund eines Verkehrsunfalls den Ersatz bestimmter materieller Schadenspositionen und zusätzlich ein Schmerzensgeld gefordert. Das Schmerzensgeld hatte er in das Ermessen des Gerichts gestellt, ohne einen Mindest- oder Ungefährbetrag zu nennen.*
>
> *Das Gericht hat die Klage teilweise abgewiesen, da einige der materiellen Schadenspositionen nicht nachweisbar bzw. nicht zurechenbar seien. Es hat den Beklagten zur Zahlung wegen der übrigen materiellen Schäden und zur Zahlung von Schmerzensgeld verurteilt; dabei hat es das Schmerzensgeld aber in einer Höhe festgesetzt, die der Kläger als „unverschämt gering" ansieht.*

Ist nun die Berufung des Klägers vorzubereiten, so ist zu differenzieren: In jedem Fall liegt eine Beschwer im Hinblick auf die teilweise Abweisung der *materiellen* Schadenspositionen vor. Bezüglich des Schmerzensgeldes lässt sich aber keine Beschwer festlegen, wenn in erster Instanz nicht einmal ein Ungefähr- oder Mindestbetrag genannt worden war.[430] Folglich darf der Klausurbearbeiter in der obigen Situation *nur teilweise* Berufung einlegen, nämlich nur hinsichtlich der im Urteil abgewiesenen materiellen Schadenspositionen.

Im Zusammenhang mit der Beschwer ist der Beschwerdewert zu prüfen. Dieser Beschwerdewert (nicht der Streitwert!) muss die Berufungssumme erreichen, er muss also *über* 600 Euro liegen (§ 511 II Nr. 1 ZPO). *9a*

Zulassungsberufung!!

Gemäß § 511 II Nr. 2 ZPO ist die Berufung auch bei einem geringeren Beschwerdewert möglich, wenn diese im Urteil des ersten Rechtszuges ausdrücklich zugelassen worden ist.

429 Vgl. Thomas/Putzo, Vorbem. § 511, Rn. 18, 19.

430 BGH, NJW 1999, 1339; Thomas/Putzo, Vorbem. § 511, Rn. 23; § 253, Rn. 12. Allerdings ist das *gesamte* erstinstanzliche Verhalten des Klägers daraufhin zu untersuchen, ob nicht doch irgendeine „konkludente" Angabe vorliegt, aus der man doch wieder eine Beschwer ableiten kann (vgl. dazu etwa Thomas/Putzo, Vorbem. § 511, Rn. 23 m.w.N.).

Unterschied Beschwerdewert / Beschwer

Der grds. entscheidende Beschwerdewert entspricht der Beschwer, wenn eine *unbeschränkte* Berufung eingelegt wird. Bei einer nur teilweisen Berufung ist er geringer, weil durch den Umfang der Berufungsanträge beschränkt.[431]

Addition auch bei Klage und Widerklage (trotz §§ 2, 5 2.Hs. ZPO)

Dabei kann im Falle der Klagehäufung unproblematisch eine Addition der jeweiligen Beschwerdewerte aus den einzelnen Streitgegenständen erfolgen (§§ 2, 5 1. Hs. ZPO). Nach h.M.[432] erfolgt diese Addition – anders als beim Zuständigkeitsstreitwert – auch im Falle von Klage und Widerklage; die Verweisung von § 2 ZPO auf § 5 2. Hs. ZPO wird insoweit als Redaktionsversehen eingestuft.

Entbehrlich ist die Berufungssumme gemäß § 514 II 2 ZPO im Sonderfall der Berufung gegen ein zweites Versäumnisurteil.

2. Form der Berufungseinlegung (§ 519 ZPO)

Form der Berufungseinlegung

Da die Einlegung des Rechtsmittels gemäß § 519 ZPO anders als in der StPO beim Berufungsgericht zu erfolgen hat, muss *hier* schon der richtige Adressat geprüft werden, also eine „schachtelweise“ Prüfung der Zuständigkeitsvorschriften der §§ 72, 119 GVG vorgenommen werden. 10

hier wenig Klausurprobleme möglich

Hinsichtlich des notwendigen Mindestinhalts können sich – von Telefax-Problemen u.ä. einmal abgesehen[433] – kaum Klausurprobleme stellen.

3. Einlegungsfrist (§ 517 ZPO)

Einlegungsfrist

Zu klären ist weiterhin die Wahrung der einmonatigen Einlegungsfrist gemäß § 517 1. Alt. ZPO, deren Lauf grds. mit wirksamer Zustellung beginnt. 11

a. Behandlung von Zustellungsfehlern

V.a. bei Ersatzzustellung etwaige Zustellungsfehler prüfen

Echte Probleme sind hier nur denkbar, wenn der Aufgabensteller einen Fehler hinsichtlich der Zustellung des Urteils in seinen Fall eingebaut hat. Dabei kommen v.a. Fragen der Ersatzzustellung gemäß §§ 178 ff. ZPO in Betracht. 12

nun hier auch Heilung von Zustellungsfehlern möglich (§ 189 ZPO)

Allerdings ist gemäß § 189 ZPO eine Heilung des Fehlers möglich. Das Schriftstück muss auf irgendeine Weise so in die Hände des Zustellungsadressaten oder seines Vertreters (§§ 170 bis 172 ZPO) gelangen, dass er vom Inhalt Kenntnis nehmen *konnte*; dabei ist eine tatsächliche Kenntnisnahme nicht einmal erforderlich.[434] Dann läuft die Frist des § 517 1. Alt. ZPO *ab dieser Heilung*, also nicht rückwirkend.[435]

Ist keine Heilung gegeben, kommt § 517 2. Alt. ZPO zur Anwendung: Diese Vorschrift besagt, dass bei einem Zustellungsfehler der Frist*beginn* (!) nach fünf Monaten erfolgt. Ab diesem Punkt läuft erst die Monatsfrist, deren Berechnung sich wiederum nach § 222 I, II ZPO, 187 ff. BGB richtet, sodass der Berufungsführer insgesamt *sechs* Monate zur Verfügung hat.

---

431 Vgl. Thomas/Putzo, § 511, Rn. 12.

432 Vgl. Thomas/Putzo, § 511, Rn. 17; BGH, NJW 1994, 3292 = **juris**byhemmer.

433 Vgl. etwa Thomas/Putzo, §§ 129, Rn. 13 ff. (m.w.N.).

434 Vgl. Thomas/Putzo, § 189, Rn. 8.

435 Vgl. Thomas/Putzo, § 189, Rn. 9.

b. Berufungsfrist bei notwendiger Streitgenossenschaft

Vertretungsfiktion infolge notwendiger Streitgenossenschaft (§ 62 ZPO)

13 An dieser Stelle (evtl. aber auch erst bei der *Begründungs*frist; dazu s.u.) könnte in der Klausur die Prüfung der Vertretungsfiktion infolge einer notwendigen Streitgenossenschaft (§ 62 ZPO) von Bedeutung sein.

> ***Bsp.:*** *Der Streitgenosse, auf dessen Seite nun der Klausurbearbeiter als Anwalt agiert, hat die Einlegungsfrist verpasst, doch ein anderer Streitgenosse hat rechtzeitig formgerecht Berufung eingelegt.*

Die Wirkung des § 62 ZPO besteht darin, dass die Fristen für *jeden gesondert* laufen, was sich v.a. bei unterschiedlichen Zustellungsterminen auswirkt. Die Frist wird aber schon durch die rechtzeitige Handlung des einen auch für den anderen gewahrt, da es sich um ein *einheitliches Rechtsmittel* handelt.[436]

Völlig anders wäre dies aber bei der viel häufigeren einfachen Streitgenossenschaft. Bei dieser wäre im genannten Beispiel für den „verspäteten" Streitgenossen ohne erfolgreichen Wiedereinsetzungsantrag nichts mehr zu retten, weil die Wirkung des § 62 ZPO hier nicht gilt, jeder also seine eigene Frist einhalten muss.

c. Berufungsfrist bei Streithelfern

Berufungsfrist bei Streithelfern: Wirkung des § 67 ZPO

14 Ähnliche Klausurkonstellationen wie eben können sich auch bei Vorhandensein eines Streithelfers über die Wirkung des § 67 ZPO ergeben.

Allerdings hat dieser keine eigene Frist: Die Frist würde auch dann gegen diesen zu laufen beginnen, wenn *nur an die unterstützte Partei* ordnungsgemäß zugestellt wurde (vgl. § 317 I 1 ZPO).[437]

Es handelt sich aber wiederum um ein *einheitliches* Rechtsmittel: Mit der fristwahrenden Einlegung der Berufung durch den Streithelfer erlangt der Kläger die Stellung, als hätte er selbst fristgemäß Berufung eingelegt. Eine verspätete Berufung von ihm könnte dann nicht anders behandelt werden, als hätte er *gar nicht* Berufung eingelegt. Folge: Eine Verwerfung des (scheinbar) verspäteten Rechtsmittels ist dann nicht auszusprechen.

Umgekehrt gilt: Bei Fristwahrung durch die Partei selbst kommt es auf den Schriftsatz des Streithelfers (§ 67 ZPO) nicht mehr an, da dieser keine selbständige Stellung im Prozess hat.[438]

4. Begründungsfrist (§ 520 II ZPO)

Begründungsfrist

15 Gem. § 520 II 1 ZPO beträgt die Begründungsfrist nun *zwei* Monate.

Sie beginnt aber – zeitgleich mit der Einlegungsfrist! – bereits mit der wirksamen *Zustellung des Urteils*. Bei Zustellungsfehlern gilt Ähnliches wie oben zur Einlegungsfrist ausgeführt: Entweder erfolgt später eine Heilung, die zum Fristbeginn führt, oder die Zweimonatsfrist beginnt spätestens fünf Monate *nach Urteilsverkündung*.

---

436 Zu Details vgl. etwa Thomas/Putzo, § 62, Rn. 19 u. 23 ff.

437 Siehe Thomas/Putzo, § 67, Rn. 9 (a.E.).

438 Bei BGH, NJW 1993, 2944 hatte § 67 ZPO zur Folge, dass allein die Rücknahme der Revision durch die Hauptpartei grds. ohne jede Folge geblieben wäre, weil zusätzlich der Streithelfer Revision eingelegt hatte (vgl. Thomas/Putzo, § 67, Rn. 10). Allerdings war diese dann wegen ausdrücklichen Widerspruches der Hauptpartei doch unzulässig (Thomas/Putzo, § 67, Rn. 13, Rn. 16).

Unterblieb die Heilung, so hat der Berufungsführer also insgesamt sieben Monate Zeit für die Berufungsbegründung (§ 520 II 1, 2. Hs. ZPO).

III. Prüfung der Erfolgschancen in der Sache selbst / Begründetheit der Berufung

Prüfung der Begründetheit der Berufung

Die Grundregel für die Berufung des Klägers lautet, dass diese dann begründet ist, wenn (bzw. soweit) die Zulässigkeit *und* Begründetheit auf dem Boden der nun relevanten Tatsachen (§ 529 ZPO; dazu gleich) der Klage gegeben ist. Hinsichtlich der Berufung des verurteilten Beklagten ist die Begründetheit dagegen schon dann gegeben, wenn (bzw. soweit) entweder die Zulässigkeit *oder* die Begründetheit der Klage nicht gegeben ist. 16

Besonderheiten gelten in den Sonderfällen des § 538 II ZPO (s.u.).

1. Besonderheiten bezüglich der Zulässigkeit der Klage

nur eingeschränkte Prüfung der Zulässigkeit der Klage (§ 513 II ZPO)

Eingeschränkt ist die Prüfung der Zulässigkeit *der Klage*: Hierbei ist v.a. auf § 513 II ZPO zu achten: Die fehlerhafte *Verneinung* der Unzuständigkeit des Gerichts kann mit der Berufung zwar geltend gemacht werden (siehe § 538 II Nr. 3 ZPO), nicht aber der umgekehrte Fall einer fehlerhaften *Bejahung* der Zuständigkeit! 16a

2. Besonderheiten bezüglich der Begründetheit der Klage

Anders als die Revision ist die Berufung immer noch eine zweite Tatsacheninstanz.

Vortrag neuer Tatsachen nur mit Beschränkungen (§ 531 II ZPO)!

Allerdings ist nach § 529 I Nr. 1 ZPO grds. eine Bindung an die Prozessergebnisse der ersten Instanz gegeben. 17

Gemäß § 529 I Nr. 2 i.V.m. § 531 II ZPO ist das Vorbringen neuer Angriffs- und Verteidigungsmittel eingeschränkt; es wird etwa dann zugelassen, wenn die Nichtgeltendmachung im ersten Rechtszug nicht auf einer „Nachlässigkeit der Partei" beruht.[439]

Neue Angriffs- oder Verteidigungsmittel können hiernach dann vorgebracht werden, wenn die betreffende Tatsache erst nach Schluss der letzten mündlichen Verhandlung *objektiv* eintrat oder die betreffende Tatsache oder das konkrete nachzuschiebende Beweismittel im Zeitpunkt der letzten mündlichen Verhandlung unbekannt war, ohne dass dies auf (leichter) Fahrlässigkeit der Partei oder des Prozessbevollmächtigten (vgl. § 85 II ZPO) beruht.

Klärung des bisherigen Prozessstoffs (nicht „neue" Tatsachen i.S.d. § 529 I Nr. 1 ZPO)

Fraglich ist, wonach sich bestimmt, welche Tatsachen i.S.d. § 529 I Nr. 1 ZPO „neu" sind und welche nicht. Insoweit ist zumindest primär der Tatbestand des erstinstanzlichen Urteils von Bedeutung:[440]

Die allg. anerkannte positive Beweiskraft des Tatbestands geht zum einen dahin, dass was dort wiedergegeben wird, auch tatsächlich vorgetragen wurde, und zum anderen dahin, dass damit geklärt ist, ob es bestritten wurde oder nicht.

---

439 Zu dieser Regelung siehe Thomas/Putzo, § 531, Rn. 12 ff.

440 Aus diesem Grund wurden im Sachverhalt der bislang gestellten bayerischen Originalexamensklausuren zum Thema „anwaltlicher Berufungsbegründungsschriftsatz" nicht die Schriftsätze der ersten Instanz, sondern nur das erstinstanzliche Urteil sowie die Erläuterungen des eigenen Mandanten hierzu (nachträglich eingetretene Umstände u.a.) wiedergegeben.

Die sog. negative Beweiskraft des Tatbestands bedeutet, dass sein Schweigen beweist, dass eine bestimmte Erklärung nicht abgegeben worden ist. Anders als früher ist die Existenz dieser negativen Beweiskraft für die gegenwärtige ZPO umstritten.[441]

Aber: unstreitige *Tatsachen sind stets zu berücksichtigen!*

Nach BGH sind aber *unstreitige* Tatsachen, die erstmals im Berufungsrechtszug vorgetragen werden, *stets* zu berücksichtigen.[442] Daraus kann sich für den Anwalt eine bedeutsame „Vortrags-Nachbesserungsmöglichkeit" ergeben.

> ***Bsp.:*** *Bei erstinstanzlicher Klageabweisung wegen (angeblicher) Missachtung des Vorrangs der Nacherfüllung, kann die Fristsetzung in der Berufungsbegründungschrift und – bei Nichtreaktion des Gegners – die Rücktrittserklärung in einem Folgeschriftsatz erklärt werden; dann sind beide zwangsläufig unstreitig und damit in der Berufung zuzulassen.*[443]

IV. Erweiterungen des Streitgegenstands und Aufrechnung in der Berufung (§ 533 ZPO)

Erweiterungen des Streitgegenstands und Aufrechnung

§ 531 ZPO betrifft nur „Angriffs- oder Verteidigungs*mittel*"; für in zweiter Instanz erst erklärte Klageänderung, Widerklage und Aufrechnung gilt die Sonderregel des § 533 ZPO. *17a*

auch § 533 ZPO beachten

Über § 533 Nr. 2 ZPO, der neben Nr. 1 *kumulativ* zu prüfen ist („und"), kommt es aber auch in diesem Zusammenhang auf § 529 ZPO an. Auch eine sachdienliche Widerklage kann also nur auf „alte" Tatsachen gestützt werden oder auf solche neuen Tatsachen, die gemäß § 529 I Nr. 2 i.V.m. § 531 II ZPO ausnahmsweise noch eingeführt werden können.

> ***Bsp.:*** *Klage eines Verkäufers aus § 433 II BGB gegen den Käufer eines Kfz. Der Käufer (= Mandant der Klausurbearbeiter) wurde in erster Instanz trotz seiner Berufung auf Sachmängel des Wagens zur Zahlung des noch offenen Kaufpreises verurteilt. Er beauftragt erst nach Urteilserlass den Anwalt und möchte nicht nur nach wie vor den Restkaufpreis nicht bezahlen, sondern zusätzlich die bereits geleistete Anzahlung zurück.*[444]

Hier geht es zum einen um eine „normale" Beklagtenberufung, also darum, die Abweisung der Klage auf Kaufpreiszahlung zu erreichen. Zum anderen aber muss eine zweitinstanzliche Widerklage geprüft werden, mit der die Rückzahlung der schon erfolgten Zahlungen (Anspruch aus §§ 346 I, 323, 437 BGB, je nach Situation evtl. auch aus §§ 280 I, III, 281 BGB oder § 311a II 2 BGB) zu beantragen ist.

Da die Widerklage sich grds. auf denselben Sachverhalt stützt wie die bereits erhobene Klage des Gegners, kann man die Voraussetzungen des § 533 ZPO bejahen.

---

441 Bejahend etwa noch BGH, NJW 1984, 2463 = **juris**byhemmer. Ablehnend etwa V. Senat des BGH (NJW 2004, 1876 [1879]; Gaier, NJW 2004, 110 [111 m.w.N.]; vgl. auch Thomas/Putzo, § 314, Rn. 1), wo dies v.a. aus dem Knappheitsgebot des § 313 II ZPO gefolgert wird. Konsequenz dieser Ansicht: Ergeben die Akten, dass sich ein bestimmtes Vorbringen in einem erstinstanzlichem Schriftsatz befindet, nicht aber im Tatbestand, ist es dennoch eine zu berücksichtigende Tatsache i.S.d. § 529 I Nr. 1 ZPO; es ist dann weder ein Tatbestandsberichtigung nötig, noch eine Anwendung von § 531 II 1 Nr. 1 ZPO.

442 BGH NJW 2005, 291 [292]; NJW 2009, 2532 [2533]; vgl. auch Thomas/Putzo § 531, Rn. 1.

443 Vgl. BGH NJW 2009, 2532 [2533] = **juris**byhemmer.

444 Ziemlich genau eine solche Situation fanden die Kandidaten in einer bayerischen Examensklausur vor und hatten dementsprechend eine Widerklage im Rahmen der Berufungsbegründung zu fertigen.

V. Sonderfall: Berufung gegen zweites Versäumnisurteil (§ 514 II ZPO)

eingeschränkte Berufung gegen zweites Versäumnisurteil

Bei einem zweitem Versäumnisurteil gemäß § 345 ZPO besteht gemäß § 514 II ZPO nur eine *eingeschränkte* Berufungsmöglichkeit. 18

Erkennbar ist das Vorliegen eines zweiten Versäumnisurteils an der Überschrift „Versäumnisurteil“ (wobei das Wort „zweites“ vorangestellt werden kann, aber nicht muss) und der Tenorierung gemäß dem Wortlaut des § 345 ZPO: „Der Einspruch wird verworfen.“[445] -

Im Gegensatz dazu würde ein erstes Versäumnisurteil ja eine Sachentscheidung (Verurteilung oder Klageabweisung) enthalten.

Nach dem Gesetzeswortlaut ist hier eine Berufung nur möglich, wenn ein „Fall der Versäumung“ *zu Unrecht* angenommen wurde. Entscheidend ist also, was mit diesem Begriff genau gemeint ist. Dabei sind zwei Fälle von einem zweiten Versäumnisurteil denkbar.

1. Statthaftigkeit der Berufung gegen zweites VU nach Vollstreckungsbescheid (§§ 700 I, 345 ZPO):

Berufung gegen zweites VU nach Vollstreckungsbescheid

> ***Sachverhaltsbsp.:*** *Gegen den eigenen Mandanten erging zunächst ein Mahn-, dann ein Vollstreckungsbescheid. Er legte fristgemäß Einspruch ein, dann wurde mündliche Verhandlung terminiert. In dieser ist er nicht anwesend, und der Richter erlässt zweites VU, indem er den Einspruch verwirft.* 19

drei Varianten für „Fall der Versäumung“ zu Unrecht *angenommen*

Hier liegt deswegen ein zweites Versäumnisurteil vor, weil der Vollstreckungsbescheid gemäß § 700 I ZPO grds. einem (ersten) Versäumnisurteil gleichzustellen ist. In einer solchen Konstellation gibt es drei mögliche Varianten, in denen ein „Fall der Versäumung“ i.d.S. *zu Unrecht* angenommen wurde.

a. Fall 1: gesetzliche Voraussetzungen der Säumnis fehlten

Fall 1: gesetzliche Voraussetzungen der Säumnis fehlten

Unproblematisch ist der Fall in dem eines der kumulativen gesetzlichen Voraussetzungen der Säumnis fehlte.[446] Gemeint sind v.a. die Fälle des § 335 ZPO, wobei der Ladungsfehler (vgl. § 335 I Nr. 2, 329 I 2 ZPO) als besonders relevant erscheint. 20

Ein solcher Fall liegt auch dann vor, wenn der Richter zu Unrecht die Vertretung des Fehlenden durch einen Streithelfer (§ 67 ZPO) oder einen notwendigen Streitgenossen (§ 62 ZPO) verneint hatte, etwa weil er von *einfacher* Streitgenossenschaft (§§ 59, 60 ZPO) ausging oder den Beitritt (§ 66 ZPO) für unzulässig oder unwirksam hielt.

b. Fall 2: unverschuldete Säumnis

Fall 2: unverschuldete Säumnis

Schon immer unproblematisch anerkannt und jetzt auch im Wortlaut von § 514 II ZPO *ausdrücklich* klargestellt ist der Fall, in dem Säumnis i.d.S. eigentlich vorlag, aber unverschuldet war (vgl. auch § 337 S. 1 ZPO). 21

> ***Bsp.:*** *Verkehrsunfall auf dem Weg zum Gericht.*

445 Vom Fall des § 341 ZPO (Einspruch ist verfristet) kann man dies dadurch unterscheiden, dass die Überschrift bei § 341 ZPO „Endurteil“ lauten würde, weil eine etwaige zweite Säumnis nun gerade nicht mehr kausal für das Urteil ist; außerdem würde meist auch „wird *als unzulässig* verworfen“ tenoriert. Ausführlich zu diesen Fragen siehe in Assessor-Basics Zivilurteil, § 11, Rn. 77 und 94 ff.

446 Hierzu vgl. Thomas/Putzo, vor § 330, Rn. 1 bis 5.

Hemmer-Klausur-Tipp

Seien Sie sehr vorsichtig, wenn sich in Ihrem Klausursachverhalt ein solches Geschehen abspielt! Dieses Problem ist nämlich für jeden Bearbeiter im Sachverhalt so deutlich erkennbar und auch so banal einfach zu lösen, dass die Möglichkeit bzw. Wahrscheinlichkeit besteht, dass der Aufgabensteller dies in erster Linie nur zur Vernebelung bzw. Ablenkung eingebaut hat und stattdessen zusätzlich eine der anderen Möglichkeiten des Angriffs (Zustellungsfehler bzw. fehlende Schlüssigkeit) im Raum steht: *Diese andere* Möglichkeit wäre dann gewiss das vom Schwierigkeitsgrad und von der Bedeutung für die Benotung wichtigere Problem!

c. Fall 3 / Erweiternde Auslegung: Unzulässigkeit oder Unschlüssigkeit der Klage

Fall 3 / Erweiternde Auslegung: Unzulässigkeit oder Unschlüssigkeit der Klage

Die – zumindest von der Klausurrelevanz her – sicher bedeutsamste Variante ist die Berufung mit der *Behauptung* der Unzulässigkeit oder Unschlüssigkeit der Klage. Hierbei handelt es sich um eine gesetzzweckkonforme erweiternde Auslegung der Norm.[447] 22

Bedeutung des § 700 VI ZPO

Der *über den Einspruch* gegen einen Vollstreckungsbescheid entscheidende Richter ist verpflichtet, auch beim Nichterscheinen oder Nichtverhandeln sämtliche prozessualen und sachlichen Voraussetzungen eines Versäumnisurteils zu prüfen (§ 700 VI ZPO).

Der Einspruch darf danach nur dann gemäß § 345 ZPO verworfen werden, wenn die allgemeinen Voraussetzungen des § 331 I, II 1. Hs. ZPO vorliegen.

Vermeidung einer Rechtsschutzdivergenz

Dies gilt dann auch für den Berufungsrichter: § 514 II 1 ZPO ist trotz seines Wortlautes dahin gehend zu verstehen, dass er die Überprüfung eines zweiten Versäumnisurteils auf das Vorhandensein *sämtlicher* Umstände ermöglicht, die der Einspruchsrichter zu prüfen gehabt hätte. Die Annahme, dass in der Berufung die Überprüfungspflicht sich nur auf das Nichterscheinen bzw. Nichtverhandeln beschränkt, würde zu einer Rechtsschutzdivergenz führen, die nicht mit den Aussagen der §§ 700 VI, 345 ZPO übereinstimmen würde.

Hemmer-Klausur-Tipp

Haben Sie in der Klausur die Berufung gegen ein zweites VU zu prüfen, können Sie mit großer Wahrscheinlichkeit davon ausgehen, dass bezüglich der Schlüssigkeit der Klage etwas „faul" ist. Liegt keiner der beiden erstgenannten rechtlich banalen Fälle des § 514 II ZPO vor, so macht die Aufgabe andernfalls sogar überhaupt keinen Sinn.
Bei dieser drittgenannten Variante haben Sie examenstypisch die Berufung auf eine umfassende materiellrechtliche Prüfung des Falles zu stützen, nachdem Sie sich zuvor mit den eben genannten Argumenten zum Wortlaut des § 514 II ZPO den Weg dafür geebnet haben.
Anschließend müssen Sie strikt darauf achten, dass Sie in der Subsumtion den Unterschied zwischen *Schlüssigkeits*prüfung und *Begründetheits*prüfung konsequent einhalten.[448] Das ist nach unserer Beobachtung eine ständige Fehlerquelle! Auch können gegenüber einer normalen Berufung nach § 511 ZPO Unterschiede bezüglich der zu stellenden Anträge bestehen (dazu siehe unten).

447 Siehe dazu BGHZ 112, 367 = jurisbyhemmer; Thomas/Putzo, § 514, Rn. 4; Zöller/Heßler, § 514, Rn. 8a.

448 Zu diesem enorm wichtigen Unterschied siehe ausführlich in Assessor-Basics Zivilurteil, § 11, Rn. 16 ff. Siehe dazu das insoweit geradezu „klassische" Klausurbeispiel in Assessor-Basics, Anwaltsklausuren (Klausurentraining), Fall 5.

d. Einordnung der Punkte im Prüfungsschema

Aufbaufragen

23 Bezüglich der Angriffe „fehlende gesetzliche Voraussetzungen der Säumnis“ und „unverschuldete Säumnis“ ist schon *in der Zulässigkeit* ein schlüssiger Vortrag nötig.[449] In der Begründetheit ist dann, gegebenenfalls nach Beweisaufnahme, zu prüfen, ob der Vortrag insoweit *tatsächlich zutreffend* ist.

Anders ist dies im Falle der erweiterten Auslegung: Bezüglich der Klärung, ob die Klage unschlüssig ist, handelt es sich um eine reine Rechtsfrage. Würde man diese schon in der Zulässigkeit prüfen, bliebe für die Begründetheitsprüfung nichts mehr übrig. Daher muss es für die Zulässigkeit dieser Berufung ausreichen, wenn form- und fristgerecht die Unschlüssigkeit *behauptet* wird.

Hemmer-Klausur-Tipp

Gehen Sie in der Anwaltsklausur nicht auf diese Differenzierung ein. Sie wirkt sich dort grds. nicht aus und wird hier nur des Verständnisses wegen dargestellt. Grund: Sie haben eine *perfekte* Berufungsbegründung abzuliefern, sodass Sie in jedem Fall in Ihrem Schriftsatz zu begründen haben, dass, inwieweit und warum die Klage unschlüssig ist. Gelingt Ihnen dies nicht, haben Sie die Ihnen gestellte Aufgabe nicht erfüllt; ob Sie an der Zulässigkeit oder an der Begründetheit gescheitert sind, kann Ihnen ziemlich egal sein, zumal Sie ihren Schriftsatz - wie noch zu zeigen sein wird – ohnehin nicht so aufbauen, wie der Richter sein Urteil aufbauen wird.

2. Statthaftigkeit der Berufung gegen zweites VU nach „echtem“ ersten VU

Berufung gegen zweites VU nach „echtem“ ersten VU

24 **Bsp.:** *Im schriftlichen Vorverfahren erging gemäß § 331 III ZPO ein Versäumnisurteil gegen den Beklagten. Er legte fristgemäß Einspruch ein, dann wurde mündliche Verhandlung terminiert. In dieser ist er nicht anwesend, und der Richter erlässt zweites VU, indem er den Einspruch verwirft.*

In jedem Fall können auch hier die beiden oben zuerst genannten Fälle für einen Angriff herangezogen werden: Ladungsfehler o.Ä. und der Fall der unverschuldeten Säumnis. Fraglich ist aber, ob auch hier die erweiterte Auslegung gilt.

Streitfrage, ob auch hier Schlüssigkeitsprüfung

Die früher wohl h.M.[450] bejahte eine solche Prüfungspflicht. Es wird vorgebracht, dass es nicht Sinn des Gesetzes sein könne, dem Richter vorzuschreiben, sehenden Auges unrichtige Entscheidungen zu erlassen. Vor allem aber sei § 342 ZPO zu beachten: Wenn der Einspruch nach dieser Vorschrift den Prozess in die Lage vor Säumnis zurückversetzt, dann muss praktisch alles noch einmal von vorne beginnen; es muss alles noch einmal überprüft werden.

Ablehnend der BGH

Nach Ansicht des BGH[451] ist die Gesetzmäßigkeit des *ersten* Versäumnisurteils nicht als Voraussetzung für den Erlass eines *zweiten* Versäumnisurteils i.S.d. § 345 ZPO zu prüfen. Der Vergleich mit der Rechtslage beim Vollstreckungsbescheid (VB) ergibt, dass der Gesetzgeber eine derartige Überprüfungspflicht nicht wünscht. Dort ist eine weitere Überprüfung in § 700 VI ZPO angeordnet, was daran liegt, dass eine solche bei Erlass des VB noch nicht stattgefunden hatte (vgl. etwa § 692 I Nr. 2 ZPO).

449 Vgl. Thomas/Putzo, § 514, Rn. 4; Knöringer, § 20 II 4.

450 Vgl. etwa Zöller/Herget, § 345, Rn. 4; BAG, NZA 1994, 1102 (1103) = **juris**byhemmer.

451 Vgl. NJW 1999, 2543.

Vollkommen anders ist jedoch die Situation bei Erlass des ersten VU. Hier zwingt bereits das Gesetz den Richter zur Prüfung der Zulässigkeit und Schlüssigkeit der Klage und etwaiger Erlasshindernisse gemäß §§ 335, 337 ZPO, sodass eine effektive richterliche Kontrolle gewährleistet ist. Auch § 342 ZPO steht nicht entgegen, weil § 345 ZPO gerade lex specialis zu § 342 ZPO sei.

Hemmer-Klausur-Tipp

Konzentrieren Sie sich bei dieser Klausurvariante mehr auf die beiden *anderen* zulässigen Möglichkeiten (Ladungsfehler, fehlendes Verschulden). Materiellrechtliche Fragen können hier erst dann (wieder) von Bedeutung sein, wenn die Berufung mit einem dieser anderen Ansätze erfolgreich ist und deswegen die Verhandlung von vorne beginnt. Diese Variante erscheint daher auch als weniger klausurgeeignet als die erstgenannte.

3. Weitere Zulässigkeitsprüfung

weitere Zulässigkeitsprüfung: kaum Besonderheiten

Im Hinblick auf die weitere Zulässigkeitsprüfung ist hier die Besonderheit zu beachten, dass die Höhe des Beschwerdewerts gemäß § 514 II 2 ZPO unbeachtlich ist. Dieser Sonderfall der Berufung kommt also auch bei geringen Beträgen und ohne Zulassungsentscheidung in Betracht. 25

Im Hinblick auf die übrigen Prüfungsschritte (Form, Frist u.a.) gelten die oben zur „normalen" Berufung gemachten Ausführungen.

4. Begründetheit der Berufung

Begründetheit der Berufung

Die Begründetheit dieses Sonderfalls der Berufung ist (nur) dann gegeben, wenn ein Fall der (schuldhaften) Säumnis i.d.S. tatsächlich nicht vorlag. 26

Geht es darum, dass der Berufungsführer das Fehlen der Voraussetzungen der Säumnis wegen §§ 335, 337 ZPO oder wegen Nichtverschuldens geltend gemacht hat, sind hier nun die Beweise für die entsprechende Behauptung des Berufungsführers zu prüfen.

> ***Bsp.:*** *Hat der Berufungsführer geltend gemacht, er sei wegen eines Verkehrsunfalls an dem Termin verhindert gewesen, so hatte diese Behauptung bereits für die Zulässigkeit ausgereicht. In der Begründetheit geht es nun darum, ob dieser Vorfall wirklich stattfand und kein relevantes Verschulden (vgl. § 85 II ZPO) vorliegt.*

Geht es darum, dass der Berufungsführer fehlende Schlüssigkeit geltend macht, so hat im Falle des vorausgegangenen Vollstreckungsbescheides nun die materiellrechtliche Prüfung anhand der Klageschrift zu erfolgen.

VI. Kostenfragen

hohe Gerichts- und Anwaltsgebühren

Gemäß Nr. 1220 KV zum GKG fällt im Berufungsverfahren grds. der 4fache Gebührensatz an, wenn später keiner der Ermäßigungstatbestände gemäß Nr. 1221 ff. KV zum Zuge kommt. 26a

Völlig anders als früher in der BRAGO sind die im Berufungsverfahren anfallenden Anwaltsgebühren nun im RVG geregelt: Nach Nr. 3200 VV-RVG erhält der Anwalt grds. eine 1,6fache Verfahrensgebühr und bei Wahrnehmung eines Termins zusätzlich noch eine 1,2fache Terminsgebühr.[452]

452 Kommt es später zu einem Vergleich, kann er noch eine 1,3fache Einigungsgebühr nach Nr. 1004 VV-RVG erlangen (vgl. Enders,

Streitwertveränderungen gegenüber erster Instanz denkbar (§ 47 GKG)

Da sich der für das Berufungsverfahren maßgebliche Streitwert gemäß § 47 I 1 GKG grds. nach den Berufungsanträgen richtet, kann er geringer sein als der Streitwert erster Instanz. In Fällen von § 533 ZPO kann er gemäß § 47 II 2 GKG aber durchaus auch einmal höher sein.

Formalia des Berufungsbegründungsschriftsatzes

B. Formalia des Berufungsbegründungsschriftsatzes

Innerhalb der Begründungsfrist hat der Berufungsführer nun eine formell ordnungsgemäße Begründungsschrift gemäß § 520 I, III ZPO anzufertigen und dem Gericht zukommen lassen. 27

Zum notwendigen Inhalt der Berufungsbegründung gehören folgende Elemente:

⇨ Rubrum

⇨ Antragstellung

⇨ Begründung der konkreten Angriffe

⇨ evtl. Angabe des Beschwerdewerts

⇨ evtl. Erklärung zur Einzelrichterzuständigkeit

⇨ Unterschrift

I. Rubrum

Rubrum

Hier ist wiederum zwischen einem vollen Rubrum und einem Kurzrubrum[453] zu unterscheiden. Letzteres kommt dann in Betracht, wenn die Einlegung der Berufung zuvor in einem anderen Schriftsatz erfolgt ist; dieser enthielt dann bereits ein volles Rubrum. 28

Anzugeben ist das Aktenzeichen von erster und zweiter Instanz, sowie erstinstanzliches Gericht. Bei einem vollen Rubrum ist v.a. auch auf die mehrfache Parteibezeichnung zu achten: Bei einer Berufung des Beklagten etwa heißt es „Kläger und Berufungs*beklagter*".

Beachten Sie: In den Anträgen und den weiteren Ausführungen wird dann aber - wie auch im Urteil selbst - des besseren Überblicks wegen nur noch vom "Kläger" und "Beklagten" gesprochen.[454]

II. Berufungsanträge (§ 520 III Nr. 1 ZPO)

Berufungsanträge

Berufungsanträge, die auf den konkreten Fall zugeschnitten sind, gehören gemäß § 520 III Nr. 1 ZPO zum unverzichtbaren Inhalt der Berufungsbegründungsschrift. 29

1. Hauptsacheantrag: ausdrückliche und räumlich abgetrennte Antragstellung

Hauptsacheantrag

Es existiert keine zwingende Regelung bezüglich der Stellung oder der optischen Gestaltung dieser Anträge; theoretisch würde es daher reichen, wenn sich das Ziel des Antragstellers durch Auslegung von Berufung und Berufungsbegründung ergeben würde. 30

Rn. 958 und Rn. 973 ff.).

453 Siehe dazu etwa Kroiß/Neurauter, Muster Nr. 15 und Nr. 16, sowie die Ausführungen zur Klageerwiderung in § 2.

454 Siehe dazu etwa Kroiß/Neurauter, Muster Nr. 16 und Nr. 17.

Um gar nicht erst die Gefahr entstehen zu lassen, dass man insoweit Schwierigkeiten mit dem Berufungsgericht bekommt, wird aber allgemein empfohlen, die Anträge zum einen *ausdrücklich* zu formulieren, zum anderen aber auch optisch bzw. räumlich *abgetrennt vor die eigentliche Begründung* zu ziehen.[455]

Hemmer-Klausur-Tipp

Behandeln Sie diese Empfehlung der ausdrücklichen und räumlich abgetrennten Formulierung als ein unbedingtes „Muss“: Für die gute Note gilt wieder der Maßstab des perfekten Anwalts, der auch nicht das geringste Risiko eingeht.

2. Unterscheidung zwischen Abänderung und Aufhebung

Inhalt der Anträge: Vorwegnahme des angestrebten Tenors

Als Maßstab für den Inhalt der Anträge gilt: Der Inhalt muss dem entsprechen, was der Richter in der Tenorierung zu formulieren hätte. 31

⇨ Dabei ist zu beachten, dass sowohl § 520 III Nr. 1 ZPO, als auch § 528 S. 2 ZPO und § 717 II ZPO von einer „Abänderung“ des Urteils sprechen. Ganz offenkundig soll diese Abänderung *der Regelfall* sein.

Gesetz unterscheidet zwischen „Abänderung“ und „Aufhebung“

⇨ Andererseits gibt es in der gesetzlichen Terminologie auch die „Aufhebung“ (vgl. § 538 II ZPO und § 717 II Nr. 1 ZPO).

Daher gehört es zu den Aufgaben des Berufungsanwalts, bei seiner Antragstellung zwischen den verschiedenen Varianten zu unterscheiden.

Hemmer-Klausur-Tipp

Arbeiten Sie in der Klausur in jedem Fall so, dass der Korrektor klar erkennt, dass sie ihren Antrag aufgrund einer *bewussten Differenzierung* zwischen den beiden Varianten gestellt haben. Soweit es nicht bereits sinnvoll ist, *in der Begründung selbst* hierauf einzugehen, bietet sich eine kurze Erläuterung im (Hilfs)-Gutachten an, um zu zeigen, dass Sie nicht nur „zufällig richtig liegen“.

a. Grundregel: eigene Sachentscheidung mit Abänderung (§ 538 I ZPO und § 528 S. 2 ZPO):

eigene Sachentscheidung mit Abänderung (§ 538 I ZPO und § 528 S. 2 ZPO)

Gemäß § 538 I ZPO hat das Berufungsgericht grds. eine eigene Sachentscheidung zu treffen. 32

Die Aufhebung und Zurückverweisung ist gemäß § 538 II ZPO der Ausnahmefall.[456] Im Regelfall einer eigenen Sachentscheidung durch das Berufungsgericht (§ 538 I ZPO) scheint aufgrund des Wortlauts der §§ 520 III Nr. 1, 528 S. 2, 717 II ZPO nur ein Antrag auf *Abänderung* in Betracht zu kommen.

Dennoch ist das Verhältnis der Begrifflichkeiten in einigen Fällen durchaus umstritten. Dazu soll im Folgenden zwischen verschiedenen Fallgruppen differenziert werden.

455 Vgl. Thomas/Putzo, a.a.O. bzw. etwa die Muster bei Kroiß/Neurauter, Nr. 16 sowie Beck'sches Prozessformularbuch I. O. 2.

456 Zu diesem Sonderfall siehe unten in Rn. 39 ff.

aa. Fall 1: Berufung des Beklagten wegen voller Verurteilung

Fall 1: Berufung des Beklagten wegen voller Verurteilung

Bsp.: *Der Kläger begehrt 10.000 Euro und bekam diese in erster Instanz auch voll zugesprochen. Der Beklagte will weiterhin volle Klageabweisung.* 33

Aufgrund der Tatsache, dass es hier darum geht, das Urteil 1. Instanz *insgesamt* in Frage zu stellen, plädieren hier viele[457] für folgenden doppelten Tenor bzw. Antrag:

Streit um die richtige Formulierung: Aufhebung oder Abänderung?

„1. Das Urteil des AG X vom ... (Datum; Az.) wird aufgehoben.

2. Die Klage wird abgewiesen."

Keinesfalls reicht es also, *alleine* die Aufhebung des Urteils zu beantragen. Dann wäre nur die belastende Entscheidung beseitigt, aber überhaupt keine Entscheidung mehr vorhanden, weder eine für den Berufungsführer positive, noch eine negative.

Eine andere Ansicht[458] räumt dagegen auch insoweit dem Wortlaut des § 528 S. 2 ZPO den Vorrang ein und fordert folgende Tenorierung bzw. Antragstellung:

„Unter Abänderung des Urteils des AG X vom ... (Datum; Az.) wird die Klage abgewiesen."

Hemmer-Klausur-Tipp

Wählen Sie in der Examensklausur - unabhängig von einer Bewertung der Qualität der Argumente – die letztgenannte Variante.
Die andere Möglichkeit könnte beim Korrektor, wenn dieser persönlich die andere Variante vorziehen sollte, den Eindruck entstehen lassen, man habe einfach nur die Formaliensammlung (soweit im Examen zugelassen) bzw. den Kommentar abgeschrieben. Mit der zweiten Variante dagegen demonstriert man in jedem Fall, dass man sich über die Hilfsmittel hinaus *selbst* Gedanken über § 528 S. 2 ZPO gemacht hat. Und auch, wenn der Korrektor selbst in der Praxis die erstgenannte Formulierung verwenden sollte: Negativ werten darf er diese andere Variante schon des Gesetzeswortlautes und der tatsächlichen Verwendung in der Praxis wegen nicht!
Überdies: Bei bloßer *Teil*korrektur muss nach allen Ansichten zwingend mit dem Begriff „Abänderung" gearbeitet werden (s.u.). Wenn Sie *immer* diesen Begriff verwenden, vermeiden Sie daher Leichtsinnsfehler infolge eines Gewöhnungseffektes oder einer Verwechslung der Fälle.

bb. Fall 2: Berufung des Beklagten wegen teilweiser Verurteilung

Fall 2: Berufung des Beklagten wegen teilweiser Verurteilung

Da das erstinstanzliche Urteil in diesem Fall nicht ganz in Frage gestellt wird, sondern die Teilabweisung *zugunsten* (!) des Beklagten gerade unberührt bleiben soll, gibt es überhaupt keine Argumente mehr gegen eine Formulierung mit dem gesetzlichen Begriff „Abänderung".[459] 34

Bsp.: *Der Kläger begehrt 10.000 Euro und bekam in erster Instanz 5000 Euro zugesprochen. Der Beklagte verfolgt nun sein erstinstanzliches Ziel der vollständigen Klageabweisung weiter.*

---

457 Vgl. etwa Kroiß/Neurauter, Muster Nr. 16; Thomas/Putzo, § 511 Vorbem., Rn. 42; Knöringer, § 24 II 2.

458 Doukoff, Rn. 136a (m.w.N.) bezeichnet diese als die h.M. in Rechtsprechung und Literatur.

459 Vgl. auch die Differenzierung bei Knöringer, § 24 II 2 und Thomas/Putzo, § 511 Vorbem., Rn. 42.

Der Antrag lautet dann wie folgt:

„Unter teilweiser Abänderung des Urteils des AG X vom ... (Datum; Az.) wird die Klage abgewiesen."

völlige „Neufassung" des Tenors in komplizierten Fällen möglich

35 In komplizierten Fällen, v.a. bei teilweiser Abänderung in *mehreren* Punkten (Hauptsache, Zinshöhe, Zinsdatum u.a.) ist u.U. eine *völlige Neufassung* des Tenors möglich und aus Gründen der Verständlichkeit angebracht.[460]

Aber auch hierbei muss klargestellt werden, dass es sich nicht um eine gänzliche Aufhebung handelt.

Der Antrag kann dann wie folgt lauten:

"Das Urteil des AG X vom ... (Datum; Az.) wird abgeändert und wie folgt neu gefasst:

... (es folgt nun der Tenor, der korrekterweise schon von der ersten Instanz hätte ausgesprochen werden müssen.)"

Hemmer-Klausur-Tipp

Machen Sie möglichst nur in wirklich komplizierten Fällen von dieser zweiten Variante Gebrauch und erläutern Sie am besten dem Korrektor im (Hilfs)-Gutachten kurz den Hintergrund Ihres Verhaltens.

cc. Fall 3: teilweise Berufung des Beklagten wegen (voller) Verurteilung

Fall 3: teilweise Berufung des Beklagten wegen (voller) Verurteilung

36 Ähnliches gilt, wenn der Klage ganz stattgegeben wurde, der Beklagte sich aber nur gegen einen Teil der Verurteilung wendet, weil er im Übrigen keine aussichtsreichen Angriffspunkte (mehr) sieht.

Bsp.: Der Kläger begehrt 10.000 Euro und bekam in erster Instanz alles zugesprochen. Der Beklagte akzeptiert inzwischen, dass die Klage in Höhe von 5000 Euro begründet ist, verfolgt im Übrigen (weitere 5000 Euro) aber sein Ziel der Klageabweisung weiter.

Der Antrag lautet dann wie folgt:

„Unter teilweiser Abänderung des Urteils des AG X vom ... (Datum; Az.) wird die Klage insoweit abgewiesen, als sie über eine Verurteilung zu 5000 Euro nebst ... hinausgeht."

dd. Fall 4: (volle) Berufung des Klägers wegen voller Klageabweisung

Fall 4: (volle) Berufung des Klägers wegen voller Klageabweisung

37 Hier stellt sich das gleiche Problem wie im ersten Fall. Wiederum wird das erstinstanzliche Urteil völlig in Frage gestellt, doch ist der Wortlaut des § 528 S. 2 ZPO zu beachten.

Möglich wäre daher einerseits der Antrag:

„1. Das Urteil des AG X vom ... (Datum; Az.) wird aufgehoben.

2. Der Beklagte wird verurteilt ... (es folgt Sachantrag wie in 1. Instanz)."

460 Vgl. etwa Thomas/Putzo, § 511 Vorbem., Rn. 42; Knöringer, § 24 II 2.

Orientiert man sich enger am Wortlaut des § 528 S. 2 ZPO, so ist gemäß dem oben Gesagten hier aber folgender Antrag empfehlenswert:

> *„Unter Abänderung des Urteils des AG X vom ... (Datum; Az.) wird der Beklagte verurteilt ... (es folgt Sachantrag wie in 1. Instanz)."*

ee. Fall 5: Berufung des Klägers wegen teilweiser Klageabweisung

Fall 5: Berufung des Klägers wegen teilweiser Klageabweisung

In diesem Fall gibt es nur einen korrekten Antrag: Der Kläger will gar keine vollständige Aufhebung des Urteils erster Instanz. Vielmehr soll dieses Urteil weiterhin gültig sein, soweit es für ihn günstig ist, also eine Verurteilung in 1. Instanz tatsächlich ausgesprochen wurde. 38

Würde er eine volle Aufhebung und eine sich daran anschließende neue „bessere“ Verurteilung bekommen, so würde ihm der zeitlich frühere Vollstreckungstitel genommen werden und ein neuer gewährt werden. Dies hätte u.U. Auswirkung auf den Rang in der Zwangsvollstreckung (vgl. etwa §§ 775, 776 ZPO).[461]

> ***Bsp.:** Der Kläger begehrt 10.000 Euro, bekam in erster Instanz aber nur 5.000 Euro zugesprochen und verfolgt nun sein erstinstanzliches Ziel unbeschränkt weiter.*

Der Antrag lautet dann wie folgt:

> *"Das Urteil des AG X vom ... (Datum; Az.) wird dahin gehend abgeändert, dass der Beklagte verurteilt wird, an den Kläger 10.000 Euro nebst x Prozent Zinsen ab ... zu bezahlen."*

Falsch wäre folgender Antrag:

> *"Das Urteil des AG X vom ... (Datum; Az.) wird aufgehoben, und der Beklagte wird verurteilt, an den Kläger 10.000 Euro nebst x Prozent Zinsen ab ... zu bezahlen."*

b. Anwendungsbereich des § 538 II ZPO / Aufhebung und Zurückverweisung oder Sachentscheidung

aa. Abgrenzung zwischen eigener Sachentscheidung und Zurückverweisung

Aufhebung und Zurückverweisung

Eine Aufhebung und Zurückverweisung gemäß § 538 II 1 ZPO kommt nur unter drei *kumulativen* Voraussetzungen in Betracht: 39

drei kumulative Voraussetzungen

- Vorliegen einer der sieben Ausnahmetatbestände *und*
- Erforderlichkeit einer weiteren Verhandlung (keine Entscheidungsreife) *und*
- Beantragung einer Zurückverweisung durch *eine* der Parteien.

Antrag nun unverzichtbar

Ein Antrag auf Aufhebung und Zurückverweisung braucht nun also schon dann nicht mehr gestellt zu werden, wenn der Berufungsführer gerade eine Entscheidung durch das Berufungsgericht *will*. 40

461 Insoweit handelt es sich um das Parallelproblem zum Einspruch gegen VU, wo aus demselben Grund das VU auch teilweise „aufrechterhalten“ wird (§ 343 ZPO), wenn das VU teilweise korrekt war.

Insoweit hat er jetzt selbst Einfluss auf diese Frage (wenn auch keinen alleinigen, da auch der Gegner die Zurückverweisung beantragen könnte).[462]

Fallgruppen

Die Fallgruppen, in denen eine solche Aufhebung und Zurückverweisung überhaupt in Betracht kommt, zeichnen sich alle dadurch aus, dass das erstinstanzliche Gericht in der Sache selbst gar nicht oder nicht vollständig entschieden hat. Es geht also um die Verhinderung des Verlusts einer vollwertigen Tatsacheninstanz. Relevant für die Klausur ist zum einen § 538 II Nr. 3 ZPO (Berufung des Klägers wegen Klageabweisung als unzulässig) und v.a. § 538 II Nr. 6 ZPO (Berufung des Beklagten gegen zweites VU nach § 514 II ZPO, v.a. über den Aufhänger in § 700 VI ZPO; dazu s.o.).

„Erforderlichkeit einer weiteren Verhandlung"?

Beim Prüfungspunkt „Erforderlichkeit einer weiteren Verhandlung" ist einerseits der Vorteil, dass den Parteien der Instanzenzug voll gewahrt bleibt, gegen den Nachteil, den die Zurückverweisung infolge Verzögerung und Verteuerung bedeutet, abzuwägen. 41

⇨ Eine solche Erforderlichkeit wird in jedem Fall dann zu verneinen sein, wenn der Sachverhalt unstreitig ist und alleine noch über Rechtsfragen gestritten wird. Dann ist der Fall praktisch entscheidungsreif.

⇨ Dasselbe gilt *generell* im Falle der (Unzulässigkeit oder) Unschlüssigkeit der Klage; dann ist ebenfalls keine weitere Verhandlung mehr nötig, weil der Fall entscheidungsreif ist.[463]

Hemmer-Klausur-Tipp

Stellen Sie sich auf das Ziel einer eigenen Sachentscheidung des Berufungsgerichts ein und suchen Sie den Sachverhalt nach den dafür gegebenen Möglichkeiten ab. Mit größter Wahrscheinlichkeit ist diese Möglichkeit in der Klausur gegeben: Der Fall „läuft" dann einfach besser! V.a. eine Klausur mit Berufung gegen ein zweites Versäumnisurteil wird mit größter Wahrscheinlichkeit auf eine zumindest teilweise Unschlüssigkeit der Klage aufbauen; dann spricht alles für die eigene Sachentscheidung des Berufungsgerichts gemäß § 538 I ZPO, weil das Tatsachenvorbringen des Beklagten gar nicht mehr relevant ist, wenn die Klage schon unschlüssig ist.

bb. Konsequenzen für die Anträge

Der Antrag im gesetzlichen Regelfall des § 538 I ZPO lautet: 42

Antrag im gesetzlichen Regelfall des § 538 I ZPO

1. Das Urteil des AG X vom ... (Datum; Az.) wird aufgehoben.

2. Die Klage wird abgewiesen. (Oder: Der Beklagte wird verurteilt, ...)

Sollte ausnahmsweise doch einmal eine Zurückverweisung als geeigneter erscheinen, so ist zu beachten, dass eine Aufhebung *um ihrer selbst willen* ein sinnloses und damit unzulässiges Begehren wäre. Deswegen forderte die Rechtsprechung früher für die Zulässigkeit, dass zusätzlich eine „Sachbitte" vorgetragen sein müsse. Es musste also zumindest hilfsweise eine sachliche Abänderung (Klageabweisung, Verurteilung) begehrt werden.[464]

462 Nur bei § 538 II 1 Nr. 7 kommt es nicht auf einen Antrag an (vgl. § 538 II 3 ZPO).

463 Vgl. etwa Thomas/Putzo, § 538, Rn. 6; Zöller/Heßler, § 538, Rn. 6.

464 Vgl. Zöller/Heßler, § 520, Rn. 28 m.w.N.

Man könnte dies bei einer Beklagtenberufung etwa wie folgt formulieren:

Anträge im Ausnahmefall des § 538 II ZPO

1. Das Urteil des AG X vom ... (Datum; Az.) wird aufgehoben.

2. Das Verfahren wird - zwecks Abweisung der Klage - zur erneuten Verhandlung und Entscheidung an das Amtsgericht X zurückverwiesen."

c. Wichtiger Sonderfall: Anträge bei Berufung nach § 514 II i.V.m. § 700 VI ZPO bei Unschlüssigkeit der Klage

Berufung gegen zweites VU

Besonderheiten gelten, wenn es um den oben beschriebenen, sehr klausurrelevanten Fall der Berufung gegen ein zweites Versäumnisurteil nach Vollstreckungsbescheid bei *Unschlüssigkeit* der Klage (§ 514 II i.V.m. § 700 VI ZPO) geht. 43

Entscheidungsreife bei (beachtlicher; vgl. § 700 VI ZPO) Unschlüssigkeit

In diesem Fall ist – wie bereits gezeigt – die Sache entscheidungsreif, sodass auch dann, wenn der Gegner (Kläger) eine Zurückverweisung beantragt, trotzdem eine eigene Sachentscheidung durch das Berufungsgericht (§ 538 I ZPO) ergehen kann, weil der kumulative Prüfungspunkt „Erforderlichkeit einer weiteren Verhandlung" nicht gegeben ist.

Die Besonderheiten hinsichtlich der Antragstellung ergeben sich aus den vorher ergangenen gerichtlichen Entscheidungen (zweites Versäumnisurteil *und* Vollstreckungsbescheid), die alle für den Berufungsführer (= Beklagten) belastend sind und damit *alle* beseitigt werden müssen. Dann ist folgende Tenorierung bzw. Antragstellung möglich:[465]

Formulierungsbeispiel

Formulierungsbeispiel:

„1. Der Vollstreckungsbescheid des Amtsgerichts Y vom ... (Az.: ...) und das Versäumnisurteil des Amtsgerichts X vom ... (Az.: ...) werden aufgehoben.

2. Die Klage wird abgewiesen."

auch hier streitig

Vertreten wird aber - parallel zum oben in Fall 1 dargestellten Streit um den Begriff der „Abänderung" - auch wieder folgende Tenorierung bzw. Antragstellung, die den Wortlaut von § 528 S. 2 ZPO mit ins Spiel bringt:[466] 44

„Unter Abänderung des Versäumnisurteils des Amtsgerichts X vom ... (Az.: ...) wird der Vollstreckungsbescheid des Amtsgerichts Y vom ... (Az.: ...) aufgehoben und die Klage abgewiesen."

in jedem Fall immer drei Elemente im Antrag!

In jedem Fall enthält der Antrag *drei kumulative* Elemente: 1. Angriff auf das zweite Versäumnisurteil („Abänderung" oder „Aufhebung" desselben), 2. Aufhebung des ersten Versäumnisurteils oder Vollstreckungsbescheides und 3. Klageabweisung.

In beiden Fällen würde natürlich statt des Vollstreckungsbescheides das „echte" erste Versäumnisurteil genannt werden, wenn ein solches dem zweiten Versäumnisurteil vorausgegangen war.

465 Vgl. etwa Knöringer, a.a.O. und das Beispiel in Assessor-Basics, Anwaltsklausuren (Klausurentraining), Fall 5, Rn. 1.

466 Vgl. etwa Doukoff, Rn. 228 (m.w.N.).

Erscheint *ausnahmsweise* eine Zurückverweisung als nicht nur möglich, sondern auch von Berufungsführer selbst gewünscht, so ist folgender Antrag zu stellen. 45

Antrag bei § 538 II 1 ZPO

> *„1. Das Versäumnisurteil des Amtsgerichts X vom ... (Az.: ...) wird aufgehoben.*
>
> *2. Das Verfahren wird zur erneuten Verhandlung und Entscheidung über die begehrte Klageabweisung an das Amtsgericht X zurückverwiesen.*

3. Antrag zu den Kosten

Antrag zu den Kosten

Es gilt das Gleiche wie bei Abfassung von Klageschrift und Klageerwiderung: Der Kostenantrag ist - wie auch sonst - wegen § 308 II ZPO überflüssig, in der Praxis aber dann üblich, wenn er voll zu Lasten des Gegners gehen soll.[467] 46

a. Fall der Entscheidung durch das Berufungsgericht

Stellt man einen ausdrücklichen Antrag zu den Kosten, so ist zu beachten, dass er keinesfalls auf die „Kosten *der Berufung*“ abstellen darf.

Orientierung an Grundnorm des § 91 ZPO (nicht § 97 ZPO)

Diese Formulierung greift nur im Falle des § 97 ZPO ein, also wenn die Berufung nicht erfolgreich ist (§ 97 I ZPO) oder nur aus einem Grund erfolgreich ist, den der Berufungsführer schuldhaft in erster Instanz unterlassen hat vorzubringen (§ 97 II ZPO). Der Fall des § 97 I ZPO kann aber schon deswegen nicht vorliegen, weil man, soweit die Berufung nicht Erfolg versprechend ist, auf diese gerade zu verzichten hat. Der Fall des § 97 II ZPO ist zwar nicht ganz undenkbar, aber eher unwahrscheinlich und wäre dann auch - weil *nachteilig* für den Berufungsführer - gerade nicht in den Schriftsatz aufzunehmen.

Auch in der Berufung geht es um die Grundnorm des § 91 ZPO.[468] Der Antrag lautet daher (hier bei Berufung des Beklagten):

> *„Die Kosten des Rechtsstreits trägt der Kläger.“*

Möglich ist auch:

> *„Die Kosten beider Rechtszüge trägt der Kläger.“*[469]

Da sich die Formulierung „Kosten des Rechtsstreits“ ohnehin auf *alle* Instanzen bezieht, ist die in dieser Formulierung enthaltene Klarstellung genau genommen aber überflüssig.

b. Vorgehen bei nur teilweisem Angriff

Quotelung bei nur teilweisem Angriff

Sieht man in der Klausur nur einen Teilerfolg der Berufung als realistisch[470] an, müssen die Anträge so formuliert werden, dass klar wird, dass nur ein Teilangriff vorliegt und der Rest rechtskräftig werden kann. 47

---

467 Vgl. etwa Kroiß/Neurauter, Muster Nr. 16.

468 Vgl. etwa Thomas/Putzo, § 97, Rn. 8.

469 Vgl. etwa Kroiß/Neurauter, Muster Nr. 16.

470 Bei dieser Frage hat sich der Bearbeiter einer Examensklausur grds. streng an der höchstrichterlichen Rechtsprechung zu orientieren (dazu siehe oben § 1, Rn. 134).

Konsequentermaßen darf keinesfalls beantragt werden, dass der Gegner die Kosten des Rechtsstreits *vollständig* zu tragen habe. Auch darf nicht formuliert werden, dass er die „Kosten der Berufung" vollständig zu tragen habe. Vielmehr hat der Richter die Kosten des Rechtsstreits zu quoteln (§ 92 I ZPO).

Hemmer-Klausur-Tipp

Lassen Sie in einem solchen Fall den Kostenantrag besser ganz weg. Die Zeit, die man zum Ausrechnen der richtigen Quote bräuchte, lässt sich an anderer Stelle der Klausur effektiver ausnutzen. Die Kostenentscheidung spielt schon in einer Urteilsklausur, wo sie immerhin gesetzlich vorgeschrieben ist, oft nur eine verhältnismäßig wenig bedeutsame Nebenrolle. Für die Bewertung eines Berufungsbegründungsschriftsatzes wird dies angesichts von § 308 II ZPO umso mehr gelten!

c. Fall der Aufhebung und Zurückverweisung

Beachte: Keine Kostenentscheidung bei Aufhebung und Zurückverweisung

Im Falle des Vorgehen über Aufhebung und Zurückverweisung (§ 538 II ZPO) unterbleibt im Urteil *des Berufungsgerichts* die Kostenentscheidung; diese wird vielmehr erst von der unteren Instanz in deren neuerlichen Entscheidung nachgeholt.[471] 48

Läuft der Fall also deutlich auf diese Entscheidungsvariante hinaus, etwa weil nach Berufung gegen ein zweites Versäumnisurteil eine umfangreiche Beweisaufnahme nachzuholen ist (s.o.), dann sollten in der Berufungsbegründung also auch keinesfalls Anträge zu den Kosten gestellt werden!

4. Antrag zur Vollstreckbarkeit

Antrag zur Vollstreckbarkeit

Auch insoweit gilt das Gleiche wie bei Abfassung von Klageschrift und Klageerwiderung: Ein Antrag zur vorläufigen Vollstreckbarkeit (§ 708 Nr. 10 ZPO) ist nicht notwendig, aber in der Praxis verbreitet.[472] 49

5. Evtl. noch: Antrag zur Einstellung der Zwangsvollstreckung (§§ 719 I, 707 ZPO)

Antrag zur Einstellung der Zwangsvollstreckung (§§ 719 I, 707 ZPO)

Droht die Zwangsvollstreckung aus dem erstinstanzlichen Urteil durch den Gegner und können durch diese Nachteile eintreten, die nicht durch den Schadensersatzanspruch nach § 717 II ZPO und die zu dessen Absicherung ausgesprochene Sicherheitsleistung kompensiert werden können, so ist es u.U. auch nötig, einen Antrag nach §§ 719 I, 707 ZPO auf vorläufige Einstellung der Zwangsvollstreckung zu stellen. 51

Ein solcher Antrag wird zwar sehr oft durch einen eigenen Schriftsatz eingereicht, damit er bei Gericht nicht übersehen wird, kann aber auch durchaus mit der Berufungsbegründung verbunden werden. Er setzt u.a. eine erfolgversprechende, also eine *bereits begründete* Berufung voraus.

471 Vgl. Thomas/Putzo, § 97, Rn. 9.

472 Da seit 2002 die Revision gegen alle Berufungsurteile denkbar ist, hat der Richter immer für die vorläufige Vollstreckbarkeit zu befinden. Die Frage der Zulassung oder Nichtzulassung der Revision wirkt sich dabei im Rahmen des § 713 ZPO aus (vgl. etwa Thomas/Putzo, § 708, Rn. 11).

„Die Zwangsvollstreckung aus dem Urteil des Amtsgerichts X vom ...., Az. ..., wird einstweilen bis zur Entscheidung über die Berufung ohne Sicherheitsleistung (oder: gegen Sicherheitsleistung in Höhe von ...) eingestellt.“[473]

Hemmer-Klausur-Tipp

Stellen Sie den Antrag auf Einstellung der Zwangsvollstreckung in der Examensklausur als „Begleitantrag“ im Berufungsbegründungsschriftsatz selbst. Nach dem Bearbeitervermerk ist meist nur *ein* Schriftsatz an das Gericht zu fertigen. Überdies müssten Sie bei zwei Schriftsätzen überdies viele Wiederholungen vornehmen, weil Sie nicht einfach – wie der Praktiker – den Textbaustein der Berufungsbegründung am PC kopieren und mit einem modifizierten Antrag versehen können.

III. Darstellung der Berufungsgründe (§ 520 III 2 ZPO)

1. Allgemeines

Darstellung der Berufungsgründe

keine zweite Klageschrift fertigen!

Wer erstmals eine Berufungsbegründung zu fertigen hat, muss sich zunächst einmal über die dabei gestellte Aufgabe klar werden. Zu beobachten ist nämlich Folgendes: Nicht wenige Bearbeiter schreiben, wenn sie eine Berufungsbegründung des Klägers zu fertigen haben, letztlich eine Art „zweite Klageschrift“, und wenn Sie eine Berufungsbegründung des Beklagten zu fertigen haben, schreiben sie eine Art „zweite Klageerwiderung“. Es ist der typische Anfängerfehler, dass der ganze Fall noch einmal vorgetragen wird, so als habe es noch gar keine erste Instanz gegeben. 52

Eine solche Vorgehensweise ist in der Praxis zwar unschädlich, aber überflüssig[474], da der Prozessstoff der ersten Instanz (v.a. über den Tatbestand) *von selbst* in die zweite Instanz gelangt[475] und – wie bereits gezeigt[476] – zumindest weitgehend sogar bindend sind (vgl. § 529 I Nr. 1 ZPO).

Sach- und Rechtsvortrag der ersten Instanz bleibt Prozessstoff

Eine Examensklausur würde *zeitlich* gewiss unlösbar werden, wenn der Bearbeiter den gesamten Sach- und Rechtsvortrag der ersten Instanz noch einmal nachholen würde. Die Aufgabe ist stattdessen: Vortrag der bei den rechtlichen Vorüberlegungen zu dem im Sachverhalt abgedruckten Urteil der ersten Instanz gefundenen *Fehler*. Dabei kann es um rechtliche Fehler gehen, es ist aber auch möglich, dass neuer, nicht präkludierter Tatsachenvortrag beigebracht wird.

wichtig: Ziffern 2 bis 4 von § 520 III 2 ZPO (nicht Ziffer 1) sind Alternativen

Bei den Ziffern 2 bis 4 von § 520 III 2 ZPO handelt es sich grds. um *Alternativen*, nicht um kumulative Voraussetzungen.[477] 53

Bereits der konkrete Vortrag zu *einer* der drei Ziffern reicht für eine zulässige Berufung aus.[478] Vom Berufungsführer kann nichts Unmögliches verlangt werden: Er kann nur diejenigen Angriffe vortragen, die ihm im konkreten Fall möglich sind.

---

473 Vgl. etwa Doukoff, Rn. 137 (m.w.N.).

474 Siehe etwa BGH, NJW 2003, 2532, 2533 a.E. = **juris**byhemmer.

475 Vgl. etwa Gaier, NJW 2004, 110 [111]).

476 Siehe oben § 4, Rn. 16 ff.

477 Der Berufungsantrag nach § 520 III 2 Nr. 1 ZPO ist dagegen – wie oben bereits gezeigt – immer *zusätzlich* notwendig.

478 Vgl. etwa Thomas/Putzo, § 520, Rn. 21; Zöller/Heßler, § 520, Rn. 27; Baumbach/Albers, § 520, Rn. 22 ff; Doukoff, Rn 139. Vgl. auch BGH, NJW 2003, 2531, 2532 = **juris**byhemmer: „§ 520 III 2 Nrn.2 und 3 ZPO sind auf das Prüfungsprogramm des § 513 I i.V.m. § 529 I Nr. 1 ZPO zugeschnitten, § 520 III 2 Nr.4 ZPO auf das des § 513 I i.V.m. § 529 I Nr. 2, 531 II ZPO.“

Begründung dafür

- ⇨ Ist der Richter seinem Tatsachenvortrag gefolgt, hat ihn aber rechtlich anders gewürdigt, kann er zwangsläufig nur mit Rechtsvorbringen (Nr. 2) kontern.

- ⇨ Ist die materiellrechtliche Subsumtion im erstinstanzlichen Urteil korrekt, basiert aber auf einer nach Ansicht des Berufungsführers fehlerhaften Tatsachenfeststellung (Nr. 3), so kann vom ihm neben diesem Vorbringen nicht auch noch verlangt werden, dass er sich lächerlich macht, indem er die Rechtsausführungen des Richters als solche in Frage stellt.

- ⇨ Die in manchen Fällen gegebene Möglichkeit, die Berufung (ggf. *alleine*) auf neuen Vortrag zu stützen (vgl. § 531 II ZPO), zeigt überdies völlig eindeutig, dass die Nr. 4 nur eine *Alternative* darstellt. Wird die Berufung *ausschließlich* auf *neue* Angriffs- oder Verteidigungsmittel gestützt, so bedarf es keiner Auseinandersetzung mit den Gründen des angefochtenen Urteils (§ 520 III 2 Nr. 2 ZPO); dann gilt *nur* § 520 III 2 Nr. 4 ZPO.[479]

dennoch strenge Regeln einzuhalten

Dennoch reicht es nicht, dass der Berufungsführer *irgendetwas* geltend macht, um damit eine zulässige Berufung herbeizuführen. Vielmehr sind bezüglich des Umfanges, des Inhalts und der Formalia des Schriftsatzes eine ganze Reihe von Regeln einzuhalten, bei deren Verletzung unter Umständen die Unzulässigkeit oder zumindest die Beschränkung des Prozessstoffes droht.

2. Umfang der Begründungspflicht

a. Mehrere Streitgegenstände oder selbständig entscheidbare Teile eines Anspruchs

Umfang der Begründungspflicht

Bei mehreren Streitgegenständen oder selbständig entscheidbaren Teilen eines Anspruchs muss für *jeden* Streitgegenstand oder Teil, der angegriffen werden soll, eine Begründung abgeliefert werden. Bei einem Fehler droht allerdings nicht die gesamte Unzulässigkeit, sondern „nur" die Unzulässigkeit dieses Teils.[480] *54*

Hemmer-Klausur-Tipp

Verstehen Sie dies nicht als Aufforderung, *gegen die Rechtsprechung* anzuschreiben. Stellt sich die Berufung gegen ein Urteil mit zwei Streitgegenständen als nur teilweise Erfolg versprechend voraus, so hat der Klausurbearbeiter nur bezüglich *eines* Streitgegenstandes die Berufung „durchzuziehen" und im Übrigen im (Hilfs)-Gutachten oder – je nach Bearbeitervermerk – Mandantenschreiben zu erläutern, warum dies im Übrigen unterbleibt.

b. Berufung gegen einheitlichen Streitgegenstand

Maßstab: „Berufungsbegründung muss im Falle ihrer Richtigkeit geeignet sein, den Entscheidungsgründen die Tragfähigkeit zu nehmen"

Im Falle einer Berufung gegen ein klageabweisendes Urteil, das auf einem einheitlichen Streitgegenstand beruht, muss bezüglich des *Mindestumfanges* genau differenziert werden. Hintergrund ist, dass die Berufungsbegründung im Falle ihrer Richtigkeit geeignet sein muss, den Entscheidungsgründen die Tragfähigkeit zu nehmen.[481] *55*

---

479 BGH, Beschluss vom 27. März 2007; Az.: VIII ZB 123/06: Die erste Instanz hatte eine Räumungsklage als „derzeit unbegründet" abgewiesen, weil die fristlose Kündigung unwirksam und die Kündigungsfrist der wirksam erklärten ordentlichen Kündigung noch nicht abgelaufen sei. Der Kläger konnte nach BGH seine Berufung *alleine* damit begründen, dass *inzwischen* der Eintritt der Fälligkeit des Räumungsanspruchs (§ 546 I BGB) wegen Ablaufes der Kündigungsfrist gegeben sei.

480 Vgl. hierzu Thomas/Putzo, § 520, Rn. 25 (m.w.N.).

481 Vgl. etwa Thomas/Putzo, § 520, Rn. 26; Zöller/Heßler, § 520, Rn. 27.

Umgekehrt: Die Zulässigkeit der Berufung ist dann zweifelhaft, wenn man das Vorbringen des Berufungsführers als richtig unterstellt, das Urteil aber aus einem anderen Grund trotzdem immer noch richtig wäre bzw. sein könnte.

Fall 1: Mehrfachbegründung des Gerichts

Fall 1: Die Klage wurde aus mehreren Gründen abgewiesen, die - wären sie richtig - *jeder für sich* schon zur Abweisung reichen würde.

> ***Bsp.:*** *Bei einer Klage auf Schadensersatz gegen einen Werkunternehmer weist das Gericht die Klage ab, weil es am Nachweis des Verschuldens fehle. Außerdem sei ohnehin Verjährung gegeben.*

Hier ist es erforderlich, sowohl zum Verschulden Stellung zu nehmen (etwa: das Gericht habe die Beweislastverteilung verkannt) und zusätzlich zum Nichteingreifen der Verjährung (etwa: die Verjährung sei gehemmt gewesen). Andernfalls wäre die Berufung insgesamt unzulässig.[482]

Würde der Berufungsführer nur zur Verjährung Stellung nehmen, könnte das Urteil immer noch aus dem anderen Grund richtig sein (und umgekehrt).

Fall 2: alternative Begründungsmöglichkeiten für Unrichtigkeit des Urteils

Fall 2: Die Klageforderung kann sich *alternativ* aufgrund mehrerer Anspruchsgrundlagen ergeben, das Gericht hat die Klage dennoch abgewiesen. *56*

> ***Bsp.:*** *Ein Käufer wurde durch eine nach Ansicht des Käufers und Klägers mangelhafte Sache verletzt, die er unmittelbar beim Hersteller gekauft hatte. Das Gericht weist die Klage ab, weil der Käufer das Verschulden des Verkäufers nicht habe beweisen können.*

Hier kommen vertragliche Ansprüche aus dem Kaufvertrag in Betracht (Mangelfolgeschaden), aber auch solche aus Delikt (Produzentenhaftung gemäß § 823 I BGB) und aus § 1 I ProdHaftG. Dabei existieren Besonderheiten bei der Beweislastverteilung (etwa wegen Produzentenhaftung[483]), und § 1 I ProdHaftG stellt gar eine verschuldensunabhängige Gefährdungshaftung dar.

Für die Zulässigkeit der Berufung würde es aber genügen, wenn diese sich detailliert gegen die Verneinung *nur einer* dieser Anspruchsgrundlagen wendet.[484]

Hemmer-Klausur-Tipp

Zerbrechen Sie sich in der Klausur nicht lange den Kopf, ob es für die Zulässigkeit ausreicht, wenn Sie nur einen Angriff vorbringen. Dass es - wie gezeigt - zur Bejahung der *Zulässigkeit* der Berufung in manchen Fällen nicht unbedingt nötig ist, alle Angriffe aufzufahren, heißt ja nicht, dass es *von Nachteil* wäre, wenn man es trotzdem tut.
Im Gegenteil: Sie demonstrieren wieder einmal den sorgfältigen Anwalt, der nicht nur eine „gerade noch zulässige" Berufung abliefern will, sondern zum Wohle seines Mandanten dem Richter „mundgerecht" alle denkbaren Argumente für die Entscheidung zu dessen Gunsten liefert, sodass sich der Richter daraus nur noch die aus dessen Sicht besten herauszusuchen braucht. Und ist eines davon nicht überzeugend, wird er gleich mit dem nächsten zum Weiterdenken angeregt.

482 Vgl. etwa Thomas/Putzo, § 520, Rn. 31; Zöller/Heßler, § 520, Rn. 27; BGH, NJW 1990, 1184, BGH, NJW 2013, 2584 [Rn. 23] = **juris**byhemmer.

483 Zu den Beweisregeln siehe oben ausführlich in § 1, Rn. 10 ff.

484 Vgl. etwa Thomas/Putzo, § 520, Rn. 26; Zöller/Heßler, § 520, Rn. 27; BGH, NJW 1971, 807 = **juris**byhemmer.

Sind *mehrere* Fehler in dem im Sachverhalt abgedruckten Urteil eingebaut, so erwartet der Korrektor dann auch für eine gute Bewertung der Klausur, dass der Bearbeiter diese alle oder zumindest möglichst viele davon entdeckt. Sie haben also ohnehin *alles* in die Klausur zu packen, was aus Ihrer Sicht zu Unrecht gegen Ihren Mandanten angeführt wurde. Einen einsichtigen Grund, dies nur im (Hilfs)-Gutachten anzusprechen statt es in der Berufungsbegründung selbst vortragen, dürfte es nicht geben.

3. Inhaltliche und stilistische Anforderungen

Inhaltliche und stilistische Anforderungen

Inhaltlich ist für die Berufungsbegründung erforderlich, dass die Ausführungen „auf den zur Entscheidung gestellten Streitfall zugeschnitten" sind. *57*

Sie muss erkennen lassen, aus welchen tatsächlichen und/oder rechtlichen Gründen das angefochtene Urteil - aus Sicht des Berufungsführers - unrichtig ist.[485]

Die Details hängen nun - wie bereits angedeutet - davon ab, ob Sie als Berufungsführer Angriffe auf die Rechtsausführungen des Urteils und/oder neue Tatsachen, Beweismittel, und Beweiseinreden vorbringen können bzw. wollen.

a. Angriff auf die Tatsachengrundlage der erstinstanzlichen Entscheidung (§ 520 III 2 Nr. 3 ZPO)

Angriff auf die Tatsachengrundlage (§ 520 III 2 Nr. 2 ZPO)

Keinesfalls ausreichend ist es, pauschal zu rügen, das erstinstanzliche Gericht sei „aufgrund fehlerhafter Beweiswürdigung von einer falschen Tatsachengrundlage ausgegangen." *58*

doppelte Pflicht zur Präzisierung

Formelhafte Begründungen reichen eben auch insoweit nicht aus. Das Erfordernis, dass die Berufungsbegründung auf den Einzelfall zugeschnitten sein muss, bewirkt hier im Rahmen des § 520 III 2 Nr. 3 ZPO eine *doppelte* Pflicht: Es muss genau dargelegt werden muss, *inwieweit* die Tatsachengrundlage in Frage gestellt wird, und zusätzlich muss angegeben werden, *auf welche Gründe* dies gestützt wird.[486]

> ***Bsp.:*** *Das Gericht hat sich zum Beweis der Tatsache, dass beim Verkaufsgespräch von ihrem Mandanten (dem Verkäufer) eine bestimmte Versprechung gemacht worden sei, auf einen bestimmten Zeugen der Gegenseite gestützt, ohne sich näher mit dessen Glaubwürdigkeit auseinander zu setzen. Sie haben herausgefunden, dass der Zeuge selbst an dem Geschäft mitverdienen würde.*

⇨ Hier haben Sie zunächst anzugeben, welche Aussage welches Zeugen sie in Frage stellen wollen.

⇨ Weiterhin haben Sie anzuführen, aus welchem Grund sie die Zeugenaussage angreifen wollen: Hier Unglaubwürdigkeit wegen eigener wirtschaftlicher Beteiligung.

Wichtiger Sonderfall: Nichterhebung von Beweisen

Ein Sonderfall ist diesem Bereich des Angriffs auf die *tatsächlichen* Grundlagen ist der Fall, dass Sie sich gegen die Nichterhebung von Beweisen, die zu einem für Sie günstigen Ergebnis hätten führen sollen, wenden. *59*

485 Vgl. etwa Baumbach-Albers, § 520, Rn. 23.

486 Vgl. etwa Thomas/Putzo, § 520, Rn. 23; Zöller/Heßler, § 520, Rn. 35; Baumbach-Albers, § 520, Rn. 23.

Bsp.: *Die Vernehmung eines Zeugen, der für eine von Ihnen vorgebrachte Einwendung entscheidend ist, wurde in erster Instanz gemäß § 296 I ZPO als verspätet zurückgewiesen. Es handelt sich aber um einen Fall, in dem nach der BGH-Rechtsprechung eine Zurückweisung wegen der zulässigerweise ausgeübten Prozesstaktik („Flucht in die Säumnis" bzw. „Flucht in die Widerklage")*[487] *nicht hätte zurückgewiesen werden dürfen.*

Geht es um einen Angriff gegen die Nichterhebung von Beweisen, so ist es angesichts einiger dahin gehender Urteile sinnvoll, den Beweisantrag in der Berufungsbegründung zu wiederholen und zusätzlich darzustellen, inwieweit der Beweis ein anderes Prozessergebnis erwarten lässt.[488]

Formulierungsbeispiel

Formulierungsbeispiel: *„Gerügt wird, dass das Amtsgericht infolge fehlerhafter Anwendung des Verfahrensrechts zu dem Ergebnis kam, der verkaufte Wagen sei im Moment der Übergabe an den Kläger mangelfrei gewesen.*

Vielmehr wies der streitgegenständliche Fahrzeug folgende Mängel auf: ... (es folgen Details).

Beweis: Zeuge X, ...

Insoweit hat das Amtsgericht den bereits in erster Instanz mit Einspruchsschrift vom ... gestellten Beweisantrag zu Unrecht zurückgewiesen. Die Voraussetzungen des § 296 I ZPO lagen nicht vor. ... (dies wird nun im Detail rechtlich erläutert)."

b. Angriff auf die Rechtsanwendung der ersten Instanz (§ 520 III 2 Nr. 2 ZPO)

Klausurschwerpunkt: Angriff auf die Rechtsanwendung der ersten Instanz

Den Großteil einer Berufungsbegründungsklausur wird gewiss der Angriff auf eine (teilweise) fehlerhafte Rechtsanwendung des erstinstanzlichen Urteils (§ 520 III 2 Nr. 2 ZPO) darstellen. In der Klausur wird es hier weniger um Verfahrensfehler gehen als vielmehr um das materielle Recht. *Hier* kann der Klausurbearbeiter nun - wie bei jeder anderen Aufgabenstellung auch - den Großteil seiner Punkte einfahren. 60

Für den Stil gilt hier nun zunächst in einem Punkt das Gleiche wie bei allen anderen Schriftsätzen: Reine Formalbegründungen, nichtssagende Redewendungen und blanke Behauptungen reichen natürlich nicht.

Enthält die Berufungsbegründung nur Formulierungen wie „diese rechtliche Würdigung ist falsch" oder „die Beweiswürdigung ist lückenhaft", ohne dass eine Erläuterung angefügt wird, so ist die Berufung bereits unzulässig.

Ihre Aufgabe in der Klausur besteht nun darin klarzustellen, *worin genau* der Fehler des Erstgerichts liegen soll. Haben Sie sich den richtigen Schreibstil für die Fertigung eines Urteils oder einer Klageschrift angeeignet, wird dies für Sie aber kein Problem darstellen, denn genau diesen „Urteilsstil mit Tiefgang"[489] wenden Sie dann auch hier an.

487 Dazu siehe bereits ausführlich oben in § 2, Rn. 25.

488 Vgl. BGHZ 35, 103 (106); BGH, NJW 1994, 1481 = **juris**byhemmer; Doukoff, Rn. 247.

489 Vgl. dazu oben § 1, Rn. 132 ff. Für die bloße *Zulässigkeit* einer Berufungsbegründung sind – anders als für den Erhalt einer guten Klausurbewertung – die Anforderungen auch und gerade auf der Basis der Rechtslage seit 2002 nicht besonders hoch (zu Details vgl. etwa BGH, NJW 2003, 2531, 2532) = **juris**byhemmer.

Dabei subsumieren Sie nicht einfach *im Schriftsatz selbst* den ganzen Fall durch, sondern es werden diejenigen Aspekte vorgebracht, die für das Begehren Ihres Mandanten sprechen.

aa. Berufungsbegründung des Beklagten

Berufungsbegründung des verurteilten Beklagten

Haben Sie die Berufungsbegründung des verurteilten Beklagten (oder des aus einer Widerklage verurteilten Klägers) zu fertigen, so listen Sie - sauber begründet - *kumulativ alle* rechtlichen Aspekte auf, mit denen die Klage *zu Fall gebracht* werden könnte. Im (Hilfs)-Gutachten landen die Tatbestandsmerkmale der klägerischen Anspruchsgrundlage, gegen die sie keine Argumente vorbringen können.[490] 61

> ***Bsp.:*** *Das Gericht hat der Klage auf Rückzahlung des Kaufpreises wegen behaupteter Sachmängel (Rücktritt gemäß §§ 434, 437 Nr. 2, 323 I BGB) stattgegeben. Ihre Prüfung führt zu dem Ergebnis, dass dem aber (nur) § 377 II HGB entgegensteht.*

sofort auf den Urteilsfehler „einschießen"

Hier wäre es verfehlt, zunächst die zu bejahenden Tatbestandsmerkmale (v.a. Vorliegen des Sachmangels i.S.d. § 434 BGB, Fristsetzung i.S.d. § 323 I BGB usw.) zu subsumieren, da Sie damit ja *gegen ihren eigenen Mandanten* anschreiben würden. Stattdessen steuern Sie in der Berufungsbegründung sofort auf diesen Fehler zu und rügen ihn, während die gegebenen Tatbestandsmerkmale im (Hilfs)-Gutachten erörtert werden.

Kausalität des Fehlers des Gerichts als Teil der notwendigen Berufungsbegründung

Allerdings wird es oft angezeigt sein, zusätzlich noch darzulegen, dass das vom erstinstanzlichen Gericht gefundenen Ergebnis sich *auch nicht mit anderen Anspruchsgrundlagen* halten lässt; dies wäre dann ebenfalls noch im Schriftsatz zu begründen. Hier etwa: Ausschluss auch etwaiger vertraglicher Schadensersatzansprüche (§§ 280 I, III, 437 Nr. 3 BGB) durch den § 377 II HGB, sowie Nichteingreifen des § 823 I BGB mangels Eigentumsverletzung (sog. Äquivalenzinteresse).

Grund für dieses Vorgehen: Die Begründetheit der Berufung setzt gemäß § 513 I ZPO voraus, dass das Urteil auf dem Fehler „beruht". Das ist bei Verletzung des materiellen Rechts nur dann der Fall, wenn die Entscheidung *ohne* den Gesetzesverstoß im Ergebnis günstiger ausgefallen wäre.[491]

Durch die Formulierung „und deren Erheblichkeit" nimmt § 520 III 1 Nr. 2 ZPO *auch hierauf* Bezug. Wird nicht auch zur Kausalität der Rechtsverletzung Stellung genommen, so ist daher die gesamte Berufung unzulässig.[492] Diese Kausalität würde aber fehlen, wenn das Urteil aus einem anderen Grunde richtig wäre.

bb. Berufungsbegründung des Klägers

Berufungsbegründung des abgewiesenen Klägers

Haben Sie die Berufungsbegründung des mit seinem Antrag abgewiesenen Klägers (oder des mit einer Widerklage abgewiesenen Beklagten) zu fertigen, so nehmen Sie *kumulativ* zu allen *zu bejahenden* Anspruchsgrundlagen Stellung und nennen alle Argumente, warum die konkrete Begründung der erstinstanzlichen Klageabweisung unzutreffend ist. 62

490 Siehe hierzu etwa den Aufbau der Klausur Nr. 5 in Assessor-Basics, Anwaltsklausuren, Klausurentraining.

491 Vgl. Musielak/Ball § 513, Rn. 5; Doukoff, Rn. 59.

492 Vgl. Doukoff, Rn. 143 (m.w.N.).

Im (Hilfs)-Gutachten erfolgt eine Stellungnahme zu solchen Anspruchsgrundlagen, die einerseits nicht völlig abwegig sind, letztlich aber doch nicht eingreifen oder – etwa wegen Verjährung – undurchsetzbar sind.

Beispiel

Bsp.: *Das erstinstanzliche Gericht hat eine Schadensersatzklage eines Gewerbetreibenden gegen einen Werkunternehmer abgewiesen, da die vertraglichen Ansprüche verjährt seien (vgl. § 634a BGB), hinsichtlich der deliktischen Ansprüche aber der Exkulpationsbeweis des § 831 I 2 BGB gelungen sei.*

Die Berufungsbegründung erläutert hier gegebenenfalls, warum keine Verjährung des vertraglichen Anspruchs gegeben ist. Zusätzlich („überdies“) begründet sie die Berufung gegebenenfalls auch mit Deliktsrecht, insbesondere, indem sie das Nichtvorliegen der recht hohen Anforderungen an den Exkulpationsbeweis darlegt.

Soweit das ProdHG wegen § 1 I 2 ProdHG nicht eingreift, wird dies im (Hilfs)-Gutachten kurz angeschnitten, da die Berufung hierauf nicht gestützt werden kann.

c. Bezugnahme auf erstinstanzliches Vorbringen

möglichst keine Bezugnahmen!

Vorsicht ist bei einer Bezugnahme auf erstinstanzliches Vorbringen oder auf sonstige andere Schriftstücke geboten, denn dies ist weitgehend unzulässig.[493] 63

Hemmer-Klausur-Tipp

Zerbrechen Sie sich besser nicht den Kopf, wann Bezugnahmen zulässig sind und wann nicht; nehmen Sie einfach in der Klausur gar keine vor! Das Problem dürfte sich in einer Examensklausur ohnehin in viel geringerem Maße stellen als in der Praxis. Sie bekommen keine 100seitige Akte mit mehreren umfassenden Gutachten, sondern einen sechs- bis 18seitigen Sachverhalt mit verhältnismäßig wenigen Schriftstücken.
Aber Achtung: Nochmals sei betont, dass dies nicht bedeutet, dass Sie erneut den Tatsachenvortrag von Klageschrift oder Klageerwiderung oder den Tatbestand des erstinstanzlichen Urteils abschreiben!

4. Wichtiger Sonderfall: Darstellung der Berufungsgründe bei Berufung gegen zweites Versäumnisurteil (§ 514 II ZPO):

keinesfalls neuer Tatsachenvortrag o.Ä.!

Die Tatsache, dass es sich hier um einen Sonderfall handelt, bei dem die Angriffsmöglichkeiten gemäß § 514 II ZPO sehr eingeschränkt sind, muss im Anwaltsschriftsatz umgesetzt werden. Hier kann *keinesfalls* neuer Tatsachenvortrag vorgebracht oder die Nichtberücksichtigung eines Beweisangebotes gerügt werden. 64

Darlegung, warum „Fall der schuldhaften Versäumung“ zu Unrecht angenommen

Stattdessen darf sich der Vortrag zur Begründetheit der Berufung nur auf einen einzigen Punkt konzentrieren: Der Darlegung, warum von der ersten Instanz ein „Fall der schuldhaften Versäumung“ *zu Unrecht* angenommen wurde.

Die Berufungsbegründung enthält also folgende Ausführungen:

⇨ Vortrag, warum die gesetzlichen Voraussetzungen der Säumnis fehlen (mit entsprechenden Beweisangeboten) und / oder

493 Vgl. BGH, NJW 1998, 1647; Thomas/Putzo, § 520, Rn. 31 ff; ein detailliertes Eingehen auf verschiedene Fallgruppen findet sich bei Doukoff, Rn. 253 ff.

⇨ Vortrag, warum die Säumnis unverschuldet war (mit Beweisangeboten etwa zum Verkehrsunfall als Hindernis o.Ä.) und / oder

⇨ Darlegung der Unschlüssigkeit (insoweit natürlich ohne Beweisangebote) *und* der Begründung, warum dies hier (gegen den scheinbaren Gesetzeswortlaut; „erweiternde" Auslegung; s.o.) von Bedeutung ist.

Mit dem „und/oder" ist dabei kein Wahlrecht des Berufungsführers gemeint. Vielmehr ist *jeder* Angriff vorzubringen, der nach den Vorgaben des Sachverhaltes juristisch *Erfolg versprechend* ist.

Differenzierung zwischen Versäumnisurteil und Vollstreckungsbescheid genau beachten

Dies wiederum bedeutet, dass der Berufungsführer, der sich an der BGH-Rechtsprechung zu orientieren hat, seinen Angriff nur dann auf die fehlende Schlüssigkeit der Klage stützen darf, wenn dem anzugreifenden zweiten Versäumnisurteil ein Vollstreckungsbescheid vorausgegangen war. 65

War dem anzugreifenden zweiten Versäumnisurteil ein „echtes" erstes Versäumnisurteil (und sei es auch im schriftlichen Vorverfahren) vorausgegangen, so kann er seine Begründung nur die beiden erstgenannten Möglichkeiten stützen.

konkrete Angriffspunkte Herausfiltern

Kann die Berufungsbegründung tatsächlich auf fehlende Schlüssigkeit gestützt werden, so ist wieder zu beachten, dass nicht der gesamte Anspruch des Klägers durchsubsumiert wird. Vielmehr werden nur diejenigen Aspekte, evtl. sogar nur einer herausgegriffen, die dem Begehren des Klägers *entgegenstehen*. Die anderen Tatbestandsmerkmale, die tatsächlich gegeben sind, werden im (Hilfs)-Gutachten subsumiert, da dies Aspekte sind, die für den Beklagten als Berufungsführer *nachteilig* sind und auf die die Berufung *nicht gestützt* wird.[494]

5. Stellungnahme zu den Rechtsfolgen der erfolgreichen Berufung

Stellungnahme zu den Rechtsfolgen der Berufung

Unter Umständen kann es durchaus sinnvoll (nicht zwingend) sein, im Falle des Vorliegens einer der Fälle des § 538 II ZPO am Ende der Berufungsbegründung noch eine kurze Stellungnahme zu den Rechtsfolgen der erfolgreichen Berufung abzugeben. 66

Nach § 538 II ZPO kommt – wie bereits gezeigt – nun eine Zurückverweisung *ohne* einen dahin gehenden Parteiantrag nicht mehr in Betracht. Allerdings ist zu bedenken, dass ein solcher u.U. *vom Gegner* gestellt werden könnte, und sei es nur um eine Verzögerung des Prozesses zu erreichen. Da die Zurückverweisung aber drei *kumulative* Voraussetzungen hat, führt auch eine solche Antragstellung dann nicht zur Zurückverweisung, wenn *keine* „weitere Verhandlung erforderlich" ist.

Ist die Klage also entscheidungsreif, etwa weil die Klage unschlüssig ist, so macht es nach wie vor Sinn, zwecks schneller Entscheidung durch das Berufungsgericht selbst am Ende des Schriftsatzes auf diesen Aspekt hinzuweisen und dem Richter damit die Argumente praktisch „mundgerecht zu servieren."

Hier wie immer gilt: Der beste Anwaltsschriftsatz ist der, bei dem der Richter nur noch zustimmend nicken muss!

494 Siehe hierzu nochmals den Aufbau der Klausur Nr.5 in Assessor-Basics, Anwaltsklausuren, Klausurentraining.

Formulierungsbeispiel

Formulierungsbeispiel:

„Für den Fall, dass der Kläger eine Zurückverweisung gemäß § 538 II 1 Nr... ZPO beantragt, ist abschließend noch darauf hinzuweisen, dass dies nach unserer Ansicht nicht in Betracht kommt, weil die kumulative Voraussetzung der Erforderlichkeit einer weiteren Verhandlung i.S.d. § 538 II 1 ZPO nicht gegeben ist. Da die Klage nämlich – wie oben ausgeführt – bereits unschlüssig ist, ist die Sache entscheidungsreif. Daher ist die Klage unmittelbar abzuweisen."

IV. Rolle des Hilfsgutachtens in der Klausur

Rolle des Hilfsgutachtens

Für das Hilfsgutachten kommen bei diesem Klausurtyp hauptsächlich zwei Einsatzbereiche in Betracht. 67

1. Stellungnahme zur Zulässigkeit der Berufung

Stellungnahme zur Zulässigkeit der Berufung

Zur Zulässigkeit seiner eigenen Berufung nimmt der Berufungsführer im Schriftsatz selbst üblicherweise nicht Stellung, wenn er nicht gerade einen Wiedereinsetzungsantrag in die Berufungsbegründungsfrist zu stellen hat. Andererseits können hier Fragen vorhanden sein, die durchaus eine gewisse Klausurrelevanz besitzen. 68

Dies gilt insbesondere für die Berechnung der Fristen von § 517 ZPO und § 520 II ZPO: Diese sollten im (Hilfs)-Gutachten kurz vorgerechnet werden.

Im Schriftsatz selbst verwenden Sie dann einfach nur oben im Rubrum ein „richtiges" Datum,[495] am besten eines, das zwei oder drei Tage vor Fristablauf liegt; dadurch zeigt man dem Korrektor, dass man sogar so sorgfältig ist, dass es auch bei einem etwaigen Telefaxdefekt, einer Verzögerung der Postzustellung oder ähnlichen Widrigkeiten nicht nötig sein wird, die Justiz mit einem Wiedereinsetzungsantrag „zu belästigen".

evtl. auch Telefaxproblematik kurz „anreißen"

Sollte die Berufung durch Telefax eingelegt worden sein, bietet sich eine kurze Stellungnahme an, warum und unter welchen Voraussetzungen das Telefax bei bestimmenden Schriftsätzen gemäß §§ 129, 130 ZPO genügt.

2. Stellungnahme zu „negativen" materiellrechtlichen Fragen

Stellungnahme zu „negativen" materiellrechtlichen Fragen

Weiterhin enthält das (Hilfs)-Gutachten eine Stellungnahme zu solchen materiellrechtlichen Fragen, auf die die Berufung gerade nicht gestützt werden konnte. 69

⇨ Haben Sie die Berufungsbegründung des Beklagten zu fertigen, so nehmen Sie hier nun zu denjenigen Tatbestandsmerkmalen der klägerischen Anspruchsgrundlage Stellung, gegen die sie keine Argumente vorbringen können. Diese werden hier nun durchsubsumiert.

495 Insoweit kann man sich durchaus an den Regeln orientieren, die für den strafrechtlichen Revisionsbegründungsschriftsatz des Verteidigers gelten, einer Aufgabenstellung die in einigen Bundesländern (v.a. Bayern) seit langem zum Grundhandwerkszeug des Examenskandidaten gehört. Hierzu siehe Mutzbauer, Strafprozessuale Revision, Rn. 385 sowie die Beispielsklausuren in Assessor-Basics, Klausurentraining Strafprozess (Fall 7) und Assessor-Basics, Öffentlich-rechtliche und strafrechtliche Anwaltsklausur (Strafrechtsfall 1).

⇨ Haben Sie die Berufungsbegründung des Klägers zu fertigen, so erfolgt - wie bereits gezeigt - im (Hilfs)-Gutachten eine Stellungnahme zu solchen Anspruchsgrundlagen, die einerseits nicht völlig abwegig sind, letztlich aber doch nicht eingreifen oder - etwa wegen Verjährung - undurchsetzbar sind.

⇨ Konnten Sie die Berufung *ausschließlich* auf einen formellen Grund stützen (etwa: unverschuldete Säumnis im Falle des zweiten Versäumnisurteils) und ist die Klage schlüssig, so legen Sie Letzteres im (Hilfs)-Gutachten kurz dar. Außerdem nehmen Sie Stellung zu der Verteidigung, die ihr Mandant, der Beklagte, *nach* Aufhebung und Zurückverweisung in der dann notwendigen Beweisaufnahme vorbringen möchte (Einwendungen und Einreden; evtl. aber auch bloß Bestreiten bestimmter Punkte der Klägerbehauptungen).

Hemmer-Klausur-Tipp

Wenn Sie diese Situation (die letztgenannte Variante) glauben vorzufinden, so prüfen Sie nochmals genauer, ob nicht doch auch hinsichtlich der Schlüssigkeit etwas faul ist. Eine solche Klausur hätte ihren absoluten Schwerpunkt im (Hilfs)-Gutachten und im Schriftsatz nur verhältnismäßige Banalitäten ohne größere rechtliche Schwierigkeiten. Dass ein solcher Fall als Examensklausur gestellt wird, ist zumindest selten.[496]

V. Angabe des Beschwerdewerts (§ 520 IV Nr. 1 ZPO)

Angabe des Beschwerdewerts

Eine Sollvorschrift ist gemäß § 520 IV Nr. 1 ZPO die Angabe des Beschwerdewerts, die aber nur von Bedeutung ist, wenn es sich nicht ohnehin um einen Antrag auf eine bestimmte Geldsumme handelt. Am einfachsten ist es dann, diese Angabe bereits unmittelbar vor die Anträge aufzunehmen.[497] *70*

Bei einer i.S.d. § 511 II Nr. 2 ZPO ausdrücklich zugelassenen Berufung kommt es hierauf ohnehin nicht an.

VI. Äußerung zur Übertragung auf den Einzelrichter (§ 520 IV Nr. 2 ZPO)

Äußerung zur Übertragung auf den Einzelrichter

§ 520 IV Nr. 2 ZPO fordert als Sollvorschrift noch eine Stellungnahme zur etwaigen Übertragung auf den Einzelrichter. Dies steht im Zusammenhang mit den Einzelrichter-Entscheidungsmöglichkeiten in § 526 ZPO. *71*

496 Nicht falsch verstehen: Dass in einer Anwaltsklausur quantitativ nur etwa 1/3 des Falles im Schriftsatz selbst aufzunehmen ist, ist aber schon denkbar und bereits vorgekommen. Dann sind dort aber üblicherweise echte Probleme zu behandeln.

497 Vgl. etwa Kroiß/Neurauter, Muster Nr. 16.

§ 6 VERTRAGSGESTALTUNG

A. Wesen der Vertragsgestaltung

Wesen der Vertragsgestaltung

Im beruflichen Alltag drängen immer mehr Juristen in das Tätigkeitsfeld der Vertragsgestaltung.[498] In Ausbildung und Examen hingegen empfinden Referendare Aufgabenstellungen gerade aus diesem Bereich oft als besonders unangenehm. 1

Diese Diskrepanz überrascht vor allem bei einem ersten Blick auf das äußere Erscheinungsbild vertragsgestaltender Klausuren. Denn in der Länge des zu bearbeitenden Sachverhalts und der durch den Bearbeitervermerk vorgegebenen konkreten Arbeitsanweisung ähnelt dieser Klausurtyp durchaus dem, was angehende Juristen schon aus Studium und Erstem Examen gewohnt sind. Die Gründe für die in der Ausbildung ausgeprägte, in der beruflichen Praxis allmählich verschwindende Scheu vor kautelarjuristischer Arbeit müssen demnach tiefer liegen.

Zwei Dinge scheinen dabei eine besondere Rolle zu spielen:

Übung fehlt

Zum einen fehlt Referendaren beinahe zwangsläufig die nötige Übung im Gestalten von Verträgen. Bis zum Examen bestehen nur selten ausreichend Gelegenheiten, um das Schreiben kautelarjuristischer Klausuren zu trainieren.

Nun ist allerdings diese stiefmütterliche Behandlung der Vertragsgestaltung in der Zeit bis zum Examen nicht wirklich ein Grund zur Sorge im Examen selbst. Denn hier bedeutet eine außergewöhnliche Themenstellung keineswegs zwingend auch automatisch einen außergewöhnlichen Schwierigkeitsgrad. 2

Hemmer-Klausur-Tipp

Lassen Sie sich durch ungewohnte Aufgabenstellungen nicht aus dem Konzept bringen! Gerade im Zweiten Staatsexamen soll nicht bloß auswendig gelerntes Detailwissen abgeprüft werden. Mindestens ebenso stark gefragt ist die Fähigkeit, unbekannte Problemkreise mittels einer antrainierten juristischen Methodik bearbeiten zu können. Sie sollten daher jede Scheu vor Ihnen vielleicht exotisch erscheinenden Klausuren ablegen. Denken Sie immer daran: Bewegt sich eine Klausur auf ausgetretenen Pfaden, so verzeiht der Korrektor selbst kleinere Fehler nicht. Bei atypischen Aufgabenstellungen wird er es dagegen regelmäßig schon honorieren, wenn sich ein Bearbeiter „durchbeißt" und einige gute Ideen abliefert.

Die besondere Schwierigkeit im Umgang mit kautelarjuristischen Arbeiten ergibt sich aus dem Wesen der Vertragsgestaltung selbst.[499]

andere Arbeitsweise gefordert

Am deutlichsten werden diese Besonderheiten vertragsgestaltender Tätigkeit bei einem Vergleich mit der Arbeitsweise von Richtern:

498 An sich ist der Begriff der Vertragsgestaltung natürlich zu eng, da nicht alle Produkte rechtsgestaltender Tätigkeit Verträge i.S.v. §§ 305, 241 BGB sind. So gestalten Juristen insbesondere auch einseitige Willenserklärungen, Satzungen, Rechtsverordnungen und formelle Gesetze. Richtiger wäre es daher, von Kautelarjurisprudenz zu sprechen. Dennoch soll hier vereinfachend der Begriff der Vertragsgestaltung verwendet werden. Zumindest in der Ausbildung stellt die Vertragsgestaltung nämlich den mit Abstand wichtigsten Ausschnitt kautelarjuristischer Arbeit dar.

499 Vgl. hierzu Zawar, JuS 1992, 134.

Vornehmliche Aufgabe eines Richters ist es, einen Rechtsstreit zu entscheiden. Zu diesem Zweck würdigt er *in der Vergangenheit* liegende Tatsachen nach festen Regeln, subsumiert sie unter bestimmte gesetzliche Vorschriften und fällt auf dieser Grundlage sein Urteil. Der Richter beschäftigt sich also mit bereits abgeschlossenen und daher statischen Lebenssachverhalten, sein Blick ist stets in die Vergangenheit gerichtet.[500]

Ganz anders der vertragsgestaltende Jurist: Seine Aufgabe ist es, 3
Streit zu vermeiden. Dazu muss er einen dauerhaften Interessenausgleich zwischen verschiedenen Beteiligten schaffen. Er kann sich nicht auf den gegenwärtigen Istzustand zurückziehen, sondern muss auch *künftige* Entwicklungen in seine Überlegungen mit einbeziehen. Die seiner Arbeit zugrunde liegenden Sachverhalte sind dynamisch, er gestaltet in die Zukunft hinein. Der Blick des Vertragsjuristen ist also immer in die Zukunft gerichtet.

Perspektivenwechsel erfordert „juristische Phantasie"

Sicherlich klingen diese Feststellungen zunächst banal und doch ist es gerade der geschilderte Perspektivenwechsel, welcher den Übergang von der überprüfenden richterlichen Tätigkeit zur gestaltenden Tätigkeit des Vertragsjuristen zunächst so unangenehm macht. Denn neben verschiedenen nur in der beruflichen Praxis bedeutsamen Fähigkeiten erfordert die geänderte Perspektive vor allem eines, was man gewissermaßen als "juristische Phantasie" bezeichnen könnte.

unverzichtbare Voraussetzung: fundiertes Überblickswissen im jeweiligen Rechtsgebiet

Während der streitentscheidende Jurist unter das Gesetz subsumiert, muss sich der vertragsgestaltende Jurist des Gesetzes als Instrument seiner Vertragsgestaltung bedienen.[501] Die durch die Rechtsordnung vorgegebenen Gestaltungsmittel müssen ihm also gewissermaßen als jederzeit abrufbares Handwerkszeug zur Verfügung stehen. Eine *solche* Beherrschung des Rechts geht meist über die Form der Rechtskenntnis hinaus, die man in Studium und Referendariat erwirbt und die darauf gerichtet ist, bestimmte juristische Einzelprobleme anhand der richtigen Vorschrift bzw. Vorschriftengruppe zu lösen.

Nun lässt sich die für einen guten Kautelarjuristen erforderliche Beherrschung des Rechts sicherlich nicht in kurzer Zeit erwerben. Eine verfeinerte Technik der Vertragsgestaltung erwirbt man wohl nur durch die Erfahrungen einer längeren beruflichen Übung. Mehr als ein gewisses Grundverständnis für die Denkweise des Vertragsjuristen kann in der Ausbildung also von vornherein nicht vermittelt werden.

Trotzdem gibt es aber einige praktische Hinweise, die das Schreiben kautelarjuristischer Klausuren wesentlich erleichtern können:

spezifische Klausurtechniken vorhanden

So existieren zum einen - angesichts der besonderen Arbeitstechnik der praktischen Vertragsgestaltung wenig überraschend - auch für derartige Aufgabenstellungen spezifische Klausurtechniken. Zum anderen haben im Rahmen der Vertragsgestaltung natürlich nicht alle Instrumente die gleiche Bedeutung. Bestimmte Gestaltungsvarianten kehren in Praxis und Examen immer wieder.

---

500 Dieser Aufgabenbeschreibung entspricht auch die Tätigkeit des Prozessanwalts, der dem Richter ja erst den für die Entscheidung notwendigen Tatsachenvortrag liefert.

501 Vgl. Langenfeld, NJW 1996, 2601 (2605), der insoweit von gestalterischer Phantasie spricht.

Zu diesem Standard der Kautelarjurisprudenz gehören aber einige Rechtsfiguren, die in der übrigen Ausbildung eher ein Schattendasein führen. Ein zusammenfassender Überblick über diese Grundmuster der Vertragsgestaltung erscheint daher besonders lohnend!

Hemmer-Klausur-Tipp

Notwendig ist eine klausurorientierte Wissensvermittlung! Die theoretischen Grundlagen der Vertragsgestaltung sind zwar äußerst interessant. In der beruflichen Praxis sollte man sich mit ihnen auch eingehend beschäftigen. In Ihrer Examensvorbereitung zählt für Sie jedoch nur, was in der Klausur konkret verwertet werden kann. Da wir schon seit Jahren Examensklausuren auswerten, können wir Ihnen vermitteln, worauf es im Examen ankommt! Gerade im Bereich der Vertragsgestaltung zeigt sich dabei: Es gibt bestimmte Themenstellungen, die mit schöner Regelmäßigkeit immer wieder Gegenstand von Examensklausuren sind[502] und viele andere Dinge, die zwar praxiswichtig, aber viel zu speziell für ein fünfstündige Klausur sind.

B. Arbeitsweise in der Klausur

Arbeitsweise in der Klausur

Vorgehen in drei Schritten

Der Bearbeitung aller vertragsgestaltenden Klausuren liegt zunächst ein aus drei Schritten bestehendes Schema zugrunde: Als Erstes müssen die Ziele des Mandanten ermittelt, dann der Sachverhalt aufgeklärt und schließlich die ermittelten Wünsche in entsprechende rechtliche Regelungen umgesetzt werden.[503] 4

Mandantenzielermittlung

I. Mandantenzielermittlung

Dabei gilt an dieser Stelle für den ersten Schritt Ähnliches wie bei der Erstellung einer Klageschrift.[504] Denn auch dem Vertragsjuristen bereitet es im beruflichen Alltag oft erhebliche Mühe, im Dialog mit seinen Mandanten deren Wünsche zu ermitteln. Der juristische Laie schildert seine Wünsche eben immer völlig untechnisch und hat meist nur eine Vorstellung davon, was am Ende für ihn "herauskommen" soll. Die geäußerten Vorstellungen bleiben dabei in der beruflichen Praxis des Vertragsjuristen häufig noch dazu sehr vage.

Während der Mandant nämlich den *Prozess*anwalt in der Regel anlässlich eines *ganz konkreten* Ereignisses aufsucht, will er sich bei Notaren oder anderen Vertragsjuristen häufig zunächst nur *ganz allgemein* beraten lassen. Erst im Rahmen eines längeren Gesprächs und aufgrund aktiven Zuhörens ist es dem Rechtsberater in diesen Fällen möglich, die regelungsbedürftigen Ziele des Ratsuchenden festzustellen.

Praxisprobleme in Klausur nur sehr begrenzt darstellbar

In der Klausur sind diese tatsächlichen Schwierigkeiten nur in sehr begrenztem Umfang darstellbar. Wie bei allen anderen Klausurtypen muss dem Bearbeiter auch hier ein *juristisch bereits aufbereiteter* Sachverhalt an die Hand gegeben werden. Dementsprechend müssen die Regelungswünsche des Mandanten im Sachverhalt zumindest andeutungsweise enthalten sein. Die Suche nach den Mandantenzielen ähnelt insoweit durchaus der Suche nach den in Klausuren des *Ersten* Staatsexamens *verborgenen* juristischen Problemen. 5

502 Siehe dazu v.a. die weit in die Vergangenheit zurückreichenden und daher besonders aussagekräftigen Statistiken der Examensthemen auf unserer Website unter Assessorkurs Bayern / Examensanalysen.

503 Vgl. hierzu auch das (weitere) Fallbeispiel Singbartl/Zintl in JuS 2015, 15 ff.

504 Vgl. oben § 1, Rn. 1 ff.

Erschwert wird diese Suche allerdings oft durch Folgendes: Auch in der vertragsgestaltenden Klausur sind natürlich nicht alle Mandantenwünsche gleichermaßen deutlich geschildert. Manche Regelungsziele ergeben sich erst aus einer zunächst unwichtig erscheinenden Randbemerkung. Gelegentlich kann es sogar vorkommen, dass ein Mandant einen entsprechenden Wunsch gar nicht ausdrücklich äußert, sich aber nach den geschilderten tatsächlichen Umständen ein Regelungsbedarf geradezu aufdrängt. In solchen Fällen kann es angezeigt sein, zumindest nebenbei auch auf die sich derartig aufdrängende Regelung einzugehen.

Problem: Widersprüche in den Mandantenwünschen

Ebenfalls gefordert wird vom Klausurbearbeiter manchmal eine Bewertung der unterschiedlichen Wünsche nach ihrer Wichtigkeit für den Mandanten. Widersprechen sich einzelne der geschilderten Mandantenziele, so muss sich der Klausurbearbeiter entscheiden, welchem dieser Ziele er im Interesse des Mandanten den Vorzug zu geben hat und welches Regelungsziel er demgegenüber vernachlässigen wird. 6

Beispielsfall aus dem Erb- und Familienrecht

Bsp.: *Unternehmer U ist in zweiter Ehe mit F verheiratet. Aus seiner ersten, rechtskräftig geschiedenen Ehe hat er drei Kinder, die allerdings den Kontakt zu ihrem Vater schon gleich nach der Scheidung vollständig abgebrochen haben. In einer Besprechung bei Notar N trägt U folgende Wünsche vor: Er selbst als Unternehmer trage ein hohes geschäftliches Risiko. Die F solle aber keinesfalls für seine geschäftlichen Verbindlichkeiten haften müssen. Deswegen passe ja wohl der gesetzliche Güterstand auf ihre Ehe nicht, da dieser doch - wie der Name Zugewinngemeinschaft deutlich zeige - die Ehegatten während der Ehe als eine vermögensmäßige Einheit behandle. Von Freunden habe er gehört, dass man als Unternehmer unbedingt Gütertrennung vereinbaren müsse.*

Weiter sei für ihn von Bedeutung, dass im Falle seines Todes die F möglichst gut abgesichert werde. Diese arbeite derzeit als Angestellte in einer Versicherung. Da sie beide keine Kinder mehr haben wollten, werde die F auch während ihrer Ehe weiterarbeiten, sich dabei aber gewiss „keine goldene Nase verdienen“.

Außerdem sei er der Meinung, dass es die F für den Fall, dass ihre Ehe tatsächlich bis zum Tod bestehen bliebe, wirklich verdient habe, sein gesamtes Vermögen zu erben. Seine Kinder aus erster Ehe hingegen seien unter dem Einfluss seiner geschiedenen ersten Frau völlig missraten und schon jeher hinter seinem Geld her. Ihnen dürfe daher sein Vermögen keinesfalls zufallen. Dies sei zumindest der Stand der Dinge am heutigen Tag.

Da man aber nie wisse, was die Zukunft mit sich bringe, müsse seine Entscheidungsfreiheit im Hinblick auf die Regelungen für den Fall seines Todes vollständig erhalten bleiben. Seine Frau sei mit allem einverstanden.

Oberflächlich betrachtet scheinen die Wünsche des U zunächst auf zweierlei hinauszulaufen, nämlich zum einen auf die ehevertragliche Vereinbarung von Gütertrennung gemäß § 1414 BGB und zum anderen die Errichtung eines Testaments gemäß §§ 1937, 2231 BGB, in welchem die F als Alleinerbin eingesetzt wird. 7

Wertungswidersprüche zwischen familien- und erbrechtlichen Zielen

Diese zuerst stimmig scheinende Lösung enthält jedoch bei genauerer Betrachtung Wertungswidersprüche:

Zwar führt eine testamentarische Einsetzung der F zur Alleinerbin dazu, dass die gesetzliche Erbfolge nicht mehr zum Tragen kommt. Die erstehelichen Kinder des U sind somit als gesetzliche Erben erster Ordnung (§ 1924 I BGB) enterbt.

erbrechtliche Nachteile der Gütertrennung

Nicht ausgeschlossen werden können auf diese Weise allerdings die den enterbten Kindern nach § 2303 I BGB zustehenden Pflichtteilsansprüche. Da der geschilderte Sachverhalt wohl weder für eine Pflichtteilsentziehung nach § 2333 BGB genügt, noch zu erwarten ist, dass die Kinder auf ihre Pflichtteile freiwillig verzichten, liegt es im Interesse des U, diese Pflichtteile wenigstens *möglichst gering* zu halten.

Insoweit ist die Vereinbarung einer Gütertrennung aber kontraproduktiv.[505] Denn während ein in Zugewinngemeinschaft verheirateter Ehegatte gesetzlich gemäß §§ 1931 I, 1371 I BGB je zur Hälfte von seinem Ehepartner und von seinen Verwandten erster Ordnung beerbt wird, ergeben sich bei Vorhandensein von drei Kindern des Erblassers im Fall der Gütertrennung folgende Quoten: Sowohl der überlebende Ehegatte als auch jedes der drei vorhandenen Kinder werden Erben zu 1/4.[506]

Diese Verschiebungen der gesetzlichen Erbquoten wirken sich mittelbar auch auf die Pflichtteilsrechte der Kinder aus. Würde man also im Beispielsfall tatsächlich Gütertrennung vereinbaren, so würde sich die Pflichtteilsquote für jedes Kind des U von je 1/12 auf je 1/8 erhöhen. Die Vereinbarung von Gütertrennung steht somit im Widerspruch zur Absicht des U, seine Kinder möglichst wenig von seinem Vermögen profitieren zu lassen.

Gütertrennung hier u.U. gar „nicht richtig" gewollt

Umgekehrt ist nach dem geschilderten Sachverhalt das Hauptmotiv des U für die Vereinbarung einer Gütertrennung der Wunsch, eine *8*
Mithaftung der F für die geschäftlichen Schulden des U möglichst zu vermeiden. Tatsächlich wird jedoch durch die Vereinbarung von Gütertrennung die rechtliche Position der F im Hinblick auf eine solche Mithaftung gar nicht entscheidend verbessert. Denn der gesetzliche Güterstand trägt zwar die Bezeichnung "Zugewinngemeinschaft", ist aber der Sache nach eine modifizierte Gütertrennung.

Auch im gesetzlichen Güterstand bleiben die Vermögensmassen beider Ehegatten grundsätzlich vollständig getrennt. Außerhalb des Anwendungsbereichs der *güterstandsunabhängigen* Regelung des § 1357 BGB[507] haftet ein Ehegatte also auch im gesetzlichen Güterstand für die Schulden seines Ehepartners nur dann, wenn er durch ausdrückliche Erklärung gegenüber dem Gläubiger vertraglich mitverpflichtet worden ist.

Da U dem Sachverhalt nach weder gegen die Verfügungsverbote der §§ 1365 und 1369 BGB noch gegen die gesetzliche Ausgleichsregelung der §§ 1372 ff. BGB Einwände erhebt (insoweit sollte in der Praxis evtl. noch einmal nachgefragt werden), wird man seinen Wunsch nach Gütertrennung hier also zurückstellen und es grundsätzlich beim gesetzlichen Güterstand belassen können.

---

505 Die Gütertrennung kann auch steuerliche Nachteile haben, da der während einer Ehe tatsächlich erzielte Zugewinn erbschafts- und schenkungssteuerfrei ist (vgl. § 5 ErbStG). Überhaupt ergeben sich in der Praxis viele Gestaltungsprobleme erst daraus, dass die zivilrechtliche und die steuerrechtliche Bewertung eines Sachverhalts unterschiedlich ausfallen.

506 Sind nur ein oder zwei Kinder des Erblassers vorhanden, so gilt § 1931 IV BGB.

507 Vgl. die Stellung im Gesetz im allgemeinen Teil des Familienrechts vor den einzelnen Güterständen.

Testierfreiheit unbedingt bewahren

Tatsächlich geregelt werden muss also nur die Alleinerbeneinsetzung der F. Da sich U seine Testierfreiheit erhalten möchte, kommt dabei ausschließlich eine einseitige, jederzeit frei widerrufliche Verfügung von Todes wegen in Betracht. Die Gestaltung einer wechselbezüglichen Verfügung innerhalb eines gemeinschaftlichen Testaments wäre genauso unrichtig wie die Errichtung eines Erbvertrags.

Vorversterben muss vom Juristen vorausbedacht werden

Obwohl im Sachverhalt kein ausdrücklicher Hinweis darauf enthalten ist, sollte schließlich noch Folgendes bedacht werden: Da zwischen der Errichtung einer Verfügung von Todes wegen und dem Tod des Erblassers häufig eine lange Zeitspanne liegt, muss von einem umsichtigen Berater praktisch immer das Risiko einkalkuliert werden, dass ein eingesetzter Erbe *vor* dem Erblasser verstirbt oder die Erbschaft ausschlägt.[508] In diesen Fällen geht die primär vorgesehene erbrechtliche Regelung ins Leere und es tritt gesetzliche Erbfolge ein, soweit nicht der Erblasser selbst noch eine anderweitige Bestimmung getroffen hat. Im Beispielsfall wäre diese Situation deswegen besonders prekär, weil der U auf diese Weise entgegen seinem ausdrücklichen Willen wieder von seinen Kindern als gesetzlichen Erben beerbt würde.[509] 9

Rat zur Regelung einer Ersatzerbschaft nötig

Um diese Gefahr auszuschließen, sollte dem U also zur Aufnahme einer Ersatzerbenregelung gemäß § 2096 BGB in sein Testament geraten werden.

Hemmer-Klausur-Tipp

Echoprinzip beachten! Wichtig ist auch bei der Bearbeitung kautelarjuristischer Klausuren, dass Sie zu allen im Sachverhalt angegebenen Wünschen des Mandanten Stellung nehmen. Natürlich sind nicht alle Wünsche gleich wichtig. Manche lassen sich mit einem Satz abhandeln, da sie ohnehin genau der gesetzlichen Regelung entsprechen. Oft äußert der Mandant auch einen Wunsch, der mit dem Gesetz nicht zu vereinbaren ist. Auch in diesen Fällen erwartet der Korrektor, dass Sie zu derartigen Wünschen kurz Stellung nehmen. Umgekehrt sollten Sie sich außer in den oben geschilderten Ausnahmefällen unbedingt auf das im Sachverhalt Vorgegebene beschränken. Erfahrungsgemäß müssen Sie in Vertragsgestaltungsklausuren nämlich mit ungefähr 10 - 15 verschiedenen Regelungszielen rechnen! Daher gilt: Von vornherein auf richtige Zeiteinteilung achten!

II. Tatsachenermittlung:

Tatsachenermittlung

Sind auf diese Weise die Ziele des Mandanten ermittelt, so muss in einem zweiten Schritt der Sachverhalt geklärt werden. 10

Die systematische Aufarbeitung des Sachverhalts stellt bei Urteilsklausuren und beim Entwerfen einer Klageschrift meist einen der entscheidenden Schwerpunkte dar. Nur wem es gelingt, aus einer Vielzahl von Informationen das Wesentliche herauszufiltern, die geschilderten Tatsachen in eine logische Ordnung zu bringen und anhand der Regeln über die Darlegungs- und Beweislast richtig zu bewerten, hat hier die Chance, die gestellte Aufgabe gut zu bewältigen.

508 Ebenfalls gedacht werden sollte an die Möglichkeit des Hinzutretens weiterer pflichtteilsberechtigter Erben (§§ 2078, 2079 BGB) und der Veränderung der Vermögensverhältnisse des Erblassers.

509 Nicht einmal die grds. sehr klausurrelevante Auslegungsregel des § 2069 BGB könnte hier helfen. Im Übrigen beachten Sie zur eingeschränkten Einsetzbarkeit von Auslegungsregeln in der Kautelarklausur die Anmerkungen unten in Rn. 17 und 24.

Tatsachenermittlung als einer der Schwerpunkte kautelarjuristischer Tätigkeit

Anders bei kautelarjuristischen Klausuren: Da dem Vertragsjuristen bei der Sachverhaltsermittlung ohnehin keine Regeln über die Darlegungs- und Beweislast zur Verfügung stehen und er sich nicht auf Präklusionsvorschriften zurückziehen kann,[510] stellt sich für ihn auch in der täglichen Arbeit kein Problem der richtigen Ein- und Zuordnung von Tatsachen, sondern ausschließlich ein Problem *der Ermittlung*. Er muss sich immer wieder bemühen, durch die Befragung seiner Mandanten als einzigem ihm zur Verfügung stehenden Erkenntnismittel alle für seinen Vertragsentwurf maßgeblichen tatsächlichen Angaben zu erhalten.

Unterschiede Klausur zur Praxis

Insoweit unterscheidet sich auch an dieser Stelle die Situation in der Klausur wieder von der praktischen Arbeit. In der Klausur müssen die für eine gewünschte Gestaltung erforderlichen Tatsachen nämlich wiederum vollständig bereits im vorgegebenen Sachverhalt enthalten sein. 11

Eine Annäherung an die praktischen Schwierigkeiten der Vertragsgestaltung lässt sich in diesem Bereich nur insoweit erreichen, als man vom Bearbeiter nicht nur verlangt, dass er die geschilderten, in der Vergangenheit liegenden Umstände richtig verarbeitet, sondern auch, dass er zukünftige tatsächliche Entwicklungen erkennt, für die ein zwingendes Regelungsbedürfnis besteht. Natürlich muss auch in diesen Fällen zumindest der Ausgangspunkt der zukünftigen tatsächlichen Entwicklung hinreichend deutlich im Sachverhalt verankert sein.

drei Gruppen von bedeutsamen Umständen

Die für die Vertragsgestaltung bedeutsamen tatsächlichen Umstände lassen sich in drei Gruppen untergliedern: 12

1. Persönliche Verhältnisse:

persönliche Verhältnisse

Mit großer Sorgfalt müssen zunächst die persönlichen Daten der beteiligten Personen ermittelt werden. Wertvolle Informationen sind dabei vor allem das Lebensalter,[511] der Familien- und Güterstand und die gesamten Verwandtschaftsverhältnisse der beteiligten Personen. Die Bedeutung dieser Informationen für Klausuren aus dem Bereich des Erb- und Familienrechts liegt auf der Hand, ist aber auch für die anderen Bereiche der Vertragsgestaltung nicht zu unterschätzen.

> ***Bsp.:*** *Ehemann M will ein in seinem Alleineigentum stehendes Grundstück verkaufen, ohne dass seine Ehefrau F dem zustimmt.*

Bedeutung des Güterstandes

Ob er dies tatsächlich kann, hängt entscheidend davon ab, in welchem Güterstand die Ehegatten verheiratet sind:

⇨ Haben sie Gütertrennung vereinbart, so kann jeder Ehegatte über die ihm gehörenden Gegenstände frei verfügen.

⇨ Wurde demgegenüber Gütergemeinschaft vereinbart, so muss das Grundstück zum Vorbehaltsgut des Ehemannes (§ 1418 BGB) erklärt worden sein, da es ansonsten nicht in seinem Alleineigentum stehen könnte, sondern zwingend ins Gesamtgut der Gütergemeinschaft fallen würde. Über sein Vorbehaltsgut kann M wiederum allein verfügen (§ 1418 III BGB).

---

510 Alle diese Regeln dienen letztlich der Prozessökonomie; der Gesetzgeber nimmt im Interesse eines effektiven Rechtsschutzes in Kauf, dass "unrichtige", d.h. nicht mit dem wahren Sachverhalt übereinstimmende Urteile gefällt werden.

511 Vgl. z.B. §§ 2, 106, 1303, 2229; 1596; 1743, 1746 I S. 2, 1747 II, 1767, 1773 BGB.

⇨ Schwieriger ist die Situation beim gesetzlichen Güterstand: Hier ist nämlich - normale familiäre Vermögensverhältnisse vorausgesetzt - bei einer Veräußerung eines Grundstücks durch einen Ehegatten allein immer an die Vorschrift des § 1365 BGB zu denken, die grundsätzlich eine Zustimmung des anderen Ehegatten erforderlich macht, wenn über das „Vermögen im Ganzen“[512] verfügt wird.

Bedeutung des Berufes

Für die Lösung einer Klausur kann gelegentlich auch der Beruf eines Beteiligten wichtig sein. In erster Linie gilt das für Aufgabenstellungen aus dem Bereich des Schuldrechts, da dort unter dem Gesichtspunkt des Verbraucherschutzes an vertragliche Gestaltungen strengere Maßstäbe anzulegen sind (vgl. § 310 I, III BGB, §§ 475 ff. BGB oder §§ 491 ff. BGB), wenn einer der Vertragspartner Unternehmer, der andere aber Verbraucher ist (§§ 13, 14 BGB). 13

Auslandsbezüge

Besondere Aufmerksamkeit ist schließlich geboten, wenn ein Klausursachverhalt Auslandsbezüge aufweist, sei es, weil einer der Beteiligten eine ausländische Staatsangehörigkeit oder einen ausländischen Wohnsitz aufweist, sei es, weil sich der Vertragsgegenstand im Ausland befindet. Da Internationales Privatrecht nicht zum Kernbestand des Examensstoffes zählt, wird in diesen - ohnehin seltenen - Fällen vom Bearbeiter einer Klausur nicht mehr als eine saubere Subsumtion des Sachverhalts unter die einschlägigen Vorschriften des EGBGB gefordert.

Achtung: u.U. bereits erste juristische Probleme bei der Ermittlung der persönlichen Verhältnisse

Dass aber bereits im Rahmen der Ermittlung der persönlichen Verhältnisse der Beteiligten erste juristische Probleme eingebaut sind, ist keineswegs selten: 14

Eine Rolle spielen dabei immer wieder und vor allem die Vorschriften der §§ 1933, 2077 I, 2268 II und 2279 II BGB, über welche man in das Recht der Ehescheidung gelangt (§§ 1564 ff. BGB).

> **Bsp.:** *Die Mandantin möchte über ihre familien- und erbrechtliche Position nach ihrem kürzlich verstorbenen Ehemann beraten werden. Sie schildert dabei u.a., dass im Todeszeitpunkt das Scheidungsverfahren rechtshängig, aber noch nicht entschieden war. Letztwillige Verfügungen seien nicht vorhanden, ebenso habe ihr verstorbener Mann während der recht kurzen Ehe kaum einen Zugewinn gemacht.*

Hier ist zunächst klarzustellen, dass die Ehe im Moment des Todes noch bestand, also die Voraussetzungen des § 1931 BGB grundsätzlich. vorlagen, weil sich das Scheidungsverfahren, das grundsätzlich erst im Moment der Rechtskraft seine Wirkung entfaltet (§ 1564 BGB), gemäß § 131 FamFG erledigt hat.

Da aber § 1933 BGB eine „scheidungsreife“ Ehe der schon geschiedenen Ehe erbrechtlich unter bestimmten Voraussetzungen gleichstellt, hängt es von eben diesen Voraussetzungen ab, ob ein gesetzliches Erbrecht in Betracht kommt. Erst wenn dies mit einem für die Mandantin positiven Ergebnis geklärt ist, beginnt die eigentliche Gestaltungsaufgabe: Macht es Sinn, die Erbschaft auszuschlagen, um damit den Weg über die sog. „güterrechtliche Lösung“ gemäß § 1371 III BGB zu gehen, oder belässt man es besser bei der gesetzlichen Rechtsfolge der §§ 1931 I, 1371 I BGB („erbrechtliche Lösung“)?

512 Hierzu siehe Palandt/Brudermüller, § 1365, Rn. 3 ff.

Ohne größere Schwierigkeiten verwerten lassen sich an dieser Stelle aber auch das Abstammungsrecht (§ 1592 BGB) mit Problemen der Vaterschaftsanerkennung (§§ 1594 ff. BGB) und der Vaterschaftsfeststellung (§ 1600 d BGB), das Recht der elterlichen Sorge (§§ 1626 ff. BGB), der Vormundschaft (§§ 1773 ff. BGB), Betreuung (§§ 1896 ff. BGB) und Pflegschaft (§§ 1909 ff. BGB) sowie das Adoptionsrecht mit seiner Unterscheidung in Annahme Minderjähriger (§§ 1741 ff. BGB) und Annahme Volljähriger (§§ 1767 ff. BGB).

2. Vermögensrechtliche Verhältnisse

vermögensrechtliche Verhältnisse

Für die Gestaltung rechtlicher Regelungen gleichermaßen bedeutsam sind daneben natürlich die vermögensrechtlichen Verhältnisse der beteiligten Personen. Eine Gestaltung "passt" nur dann, wenn sie auf die richtige vermögensrechtliche Ausgangslage aufbaut. Es muss daher immer danach gefragt werden, wer Eigentümer und wer Besitzer einer Sache ist, wem bestimmte Forderungen zustehen, wer Inhaber eines Gesellschaftsanteils ist, usw. *15*

Schon diese aufgeworfenen Fragestellungen zeigen deutlich, dass hier insbesondere Kenntnisse des Sachenrechts inklusive des Rechts der Abtretung, aber auch die Beherrschung der Grundsätze erbrechtlicher Rechtsnachfolge gefragt sein werden.

Ehe man an die eigentliche *Gestaltungs*aufgabe herangeht, muss man also bereits eine Vorprüfung durchführen, die gewissermaßen aus der Perspektive eines Richters alles *bisher* Geschehene rechtlich beurteilt. Referendaren ist diese Vorgehensweise vor allem aus den Sachenrechts- und Erbrechtsklausuren des Ersten Staatsexamens bekannt.

Hemmer-Klausur-Tipp

Wählen Sie hierfür einen historischen Aufbau! Auf diese Weise stellen Sie am effektivsten sicher, dass Sie alle vermögensrechtlichen Grundlagen für Ihre Vertragsgestaltung richtig ermittelt haben.

Mandantenbehauptungen immer überprüfen!

Vorsicht ist dabei vor allem aus einem Grund veranlasst: Um die Klausur den Schwierigkeiten der Vertragsgestaltung in der Praxis anzunähern, lassen Klausurersteller die Mandanten in ihren Klausursachverhalten immer wieder Rechtsverhältnisse behaupten, die mit der wahren Rechtslage nicht übereinstimmen. Der juristische Laie kennt eben das Recht nicht, glaubt manchmal aber, es zu kennen.

> ***Bsp.:*** *Das sachenrechtliche Abstraktionsprinzip, welches ja eine echte Spezialität des deutschen Rechts darstellt, ist in der Bevölkerung naturgemäß weitgehend unbekannt. So gehen Laien häufig davon aus, dass sie bereits mit Abschluss des notariellen Kaufvertrags und Zahlung des Kaufpreises Eigentümer eines Grundstücks werden und nicht erst mit Auflassung und Grundbucheintragung.*

Hingewiesen sei noch auf eine mögliche weitere Besonderheit kautelarjuristischer Klausuren. Das Lesen von Grundbuch- und Handelsregisterauszügen gehört zum täglichen Brot eines jeden Vertragsjuristen. Dementsprechend sollte auch der Bearbeiter einer Klausur in der Lage sein, einen einfachen Grundbuch- oder Handelsregisterauszug verstehen zu können.[513]

513 Vgl. etwa Klausur 4 im bayerischen Assessorexamen 1982/I/; Baur, Lehrbuch des Sachenrechts, Anhang 1; siehe auch Fall Nr. 4 (zum einstweiliger Rechtsschutz) im Parallelskript Klausurentraining Anwaltsklausur.

3. Vorhandene frühere Vereinbarungen

vorhandene frühere Vereinbarungen

Natürlich beinhaltet an sich bereits die Ermittlung der vermögensrechtlichen Ausgangslage, dass alle von den Beteiligten bislang getroffenen Vereinbarungen dahin gehend unter die Lupe genommen werden, ob und gegebenenfalls welche Auswirkungen sie auf die konkret zur Gestaltung vorgelegten Rechtsverhältnisse haben. 16

Wirksamkeit und Inhalt immer ganz genau prüfen

Dennoch soll dieser Prüfungspunkt eigens hervorgehoben werden, kommt ihm doch auch in den meisten vertragsgestaltenden Klausuren eine ganz besondere Bedeutung zu. In all den Fällen, in denen im Sachverhalt der Wortlaut einer bereits getroffenen Vereinbarung geschildert oder gar das die Vereinbarung beinhaltende Schriftstück selbst abgedruckt ist, muss sich der Klausurbearbeiter ganz intensiv mit dieser Vereinbarung auseinander setzen: Gelegentlich wird sich dabei schon ergeben, dass die Vereinbarung, beispielsweise aufgrund Formmangels, insgesamt unwirksam ist.

Häufiger wird zumindest der tatsächliche Inhalt von dem abweichen, was der Mandant selbst zunächst annimmt.

Spielraum für Neuregelung vorhanden?

In allen Fällen jedoch ist sorgfältig darauf zu achten, dass die in Auftrag gegebene neue Gestaltung sich innerhalb des Spielraums hält, den die schon bisher vorhandenen Vereinbarungen noch lassen. 17

Beispiel

> **Bsp.:** *Witwer W bringt zu einem Besprechungstermin ein mit dem Wort „Erbvertrag" überschriebenes Schriftstück mit, in welchem seine vor drei Wochen verstorbene Ehefrau F und er ihren letzten Willen niedergelegt haben. Dieses Schriftstück ist von W eigenhändig geschrieben und unterschrieben, von F ebenfalls unterschrieben. Es beinhaltet eine wechselseitige Alleinerbeneinsetzung der Ehegatten untereinander. Nach dem Tod des längerlebenden Ehegatten soll das gemeinsame Kind K Alleinerbe werden. Da W sich über K, das nicht einmal zur Beerdigung der F erschienen ist, sehr geärgert hat, möchte er die im "Erbvertrag" enthaltenen Verfügungen für den Fall seines Todes abändern.*

Problem: Bindung über Umdeutung des „Erbvertrages" denkbar

Zwar wäre das vorgelegte Dokument als Erbvertrag formunwirksam, da ein Erbvertrag gemäß § 2276 BGB zwingend der notariellen Beurkundung bedarf. In Betracht kommt allerdings eine Umdeutung des nichtigen Erbvertrags in ein gemeinschaftliches Testament (§ 140 BGB).[514] W und F waren im Zeitpunkt der Errichtung des Schriftstücks verheiratet, für das gemeinschaftliche Testament genügt gem. § 2267 BGB die gewählte Form der eigenhändigen Errichtung.

möglicher Ausweg

Beinhaltet dieses gemeinschaftliche Testament *wechselbezügliche* Verfügungen (§ 2270 BGB), so ist die Abänderungsbefugnis des überlebenden Ehegatten mit dem Tod des erstverstorbenen Ehegatten weitgehend eingeschränkt. Da im Testament eine Abänderungsbefugnis nicht ausdrücklich vorbehalten wurde und auch kein Anfechtungsgrund i.S.v. §§ 2281, 2078, 2079 BGB vorliegt, bleibt W nur die Möglichkeit der Ausschlagung der Erbeneinsetzung gemäß § 2271 II BGB, um wieder völlige Testierfreiheit zu erlangen. Ohne Ausschlagung ist er an die im Schriftstück enthaltene Erbeinsetzung des K gebunden.

Bei der Überprüfung bereits vorhandener bisheriger Vereinbarungen wird auch der Vertragsjurist wie ein kontrollierender Richter tätig. Er muss sich daher auch dessen Arbeitsmethoden bedienen: So spielt in diesem Bereich vertragsgestaltender Klausuren die Auslegung eine große Rolle. Ganz besonders gilt das vor allem für die Auslegungsregeln des Erbrechts.[515]

---

514 Palandt/Weidlich, § 2276, Rn. 14.

515 Vgl. z.B. §§ 2087, 2066, 2069 BGB.

Hemmer-Klausur-Tipp

Seien Sie beim Umgang mit Auslegungsregeln sehr vorsichtig! In Kautelarklausuren müssen Sie differenzieren: Bei der Überprüfung bereits vorhandener Urkunden kommen die allgemeinen Auslegungsregeln auch im Rahmen vertragsgestaltender Klausuren zum Zuge. Demgegenüber stellt es eine echte kautelarjuristische „Todsünde" dar, sich im Rahmen der *eigenen* Gestaltung auf derartige Auslegungsregeln zu stützen.[516]

III. Rechtliche Umsetzung

rechtliche Umsetzung

Naturgemäß liegt der eigentliche Schwerpunkt einer kautelarjuristischen Klausur erst bei der Umsetzung der ermittelten Mandantenziele in rechtliche Regelungen. 18

Allgemeingültige Hinweise lassen sich an dieser Stelle freilich nur wenige geben. Denn zum einen unterscheiden sich die Anforderungsprofile der Aufgabenstellungen schon sehr deutlich nach den drei Grundformen von Klausuren aus dem Bereich der Vertragsgestaltung[517], zum anderen kommt es in diesem Punkt der Klausurbearbeitung vor allem auf ausreichende *Rechtskenntnisse* in den einzelnen Rechtsgebieten an.

Hemmer-Klausur-Tipp

Setzen Sie in der Examensvorbereitung die richtigen Schwerpunkte und berücksichtigen Sie Folgendes: Die Note des Klausurbearbeiters hängt bei Kautelarklausuren noch mehr als bei anderen Klausurtypen von seinen *materiellrechtlichen* Kenntnissen ab. Auch wenn die hier darzustellende Methode perfekt verinnerlicht wurde, so hängt diese doch ohne fundierte Rechtskenntnisse letztlich völlig in der Luft.
Zur Lösung von *einzelnen Spezialfragen* kann bzw. muss zwar der Kommentar herangezogen werden. Sie werden aber im Sachverhalt einer Kautelarklausur viel weniger „an die Hand genommen" und zu den Problemen hingeführt als etwa in einer Richterklausur. Ohne ein solides *Überblickswissen* kann man bei diesem Klausurtyp deswegen oft gar nicht bemerken, wo die Probleme wirklich liegen oder wo möglicherweise im Gesetz und im Palandt die Lösung *zu suchen* sein könnte.
Der Referendar, der monatelang mit prozessualen Fragen und Urteilsformalia mehr oder weniger zugeschüttet wird, sollte hier frühzeitig durch permanentes Wiederholen und Vertiefen des materiellen Rechts gegensteuern. Dies gilt insbesondere für die „klassischen" Klausurthemen in diesem Bereich, also v.a. dem Erbrecht, Gesellschaftsrecht, Kreditsicherungsrecht und dem Recht der Vermögensübertragungen.

Von allgemeiner Bedeutung ist freilich Folgendes:

1. Bedeutung des Bearbeitervermerks

Bedeutung des Bearbeitervermerks

Natürlich muss auch in einer kautelarjuristischen Klausur der Bearbeitervermerk stets mit besonderer Sorgfalt durchgelesen werden. 19

Besondere Bedeutung erhält der Bearbeitervermerk in den kautelarjuristischen Klausuren freilich deswegen, weil erst durch ihn konkret vorgegeben wird, *in welcher Weise* die geforderte rechtliche Umsetzung erfolgen soll.

Verlangt sein können dabei vorbereitende und/oder überprüfende Gutachten, erläuternde Mandantenschreiben oder die Fertigung eigener Entwürfe.

516 Dazu siehe nochmals unten, Rn. 24.

517 Vgl. hierzu nachfolgend C (Rn. 32 ff.).

2. Einordnung in Rechtsgebiete

Einordnung in Rechtsgebiete

Sind alle beschriebenen Vorarbeiten beendet, dann beginnt die eigentliche juristische Gestaltungsarbeit mit dem Versuch, die ermittelten Wünsche des Mandanten in bestimmte Rechtsgebiete einzuordnen und die dort einschlägigen gesetzlichen Regelungen festzustellen. Relativ einfach gelingt dies bei den typischen, vom Gesetz ausdrücklich normierten Rechtsinstituten. 20

Probleme bei „atypischen" Gestaltungswünschen

Schwieriger ist die Situation demgegenüber bei *atypischen* Gestaltungswünschen, für die es kein direkt vorgegebenes gesetzliches Modell gibt. Hier bleibt letztlich nichts anderes, als möglichst alle in der gewünschten Regelung auftauchenden gesetzlichen Vertragstypen auf ihre konkrete Verwertbarkeit abzuklopfen oder zumindest auf dasjenige gesetzlich geregelte Rechtsinstitut zurückzugreifen, welches der angestrebten Regelung vom Erscheinungsbild her am nächsten kommt.[518]

Beispiel Leasingvertrag

Bsp.: *Unternehmer U möchte für seine Software-Beratungs-Firma einen Firmenwagen leasen. Er kommt zu Rechtsanwalt R und bittet um den Entwurf eines entsprechenden Leasingvertrags.*

Der Leasingvertrag ist - vielleicht neben dem Factoringvertrag - das klassische Beispiel dafür, wie ein zunächst *atypischer* Vertrag allmählich zu einem im Wirtschaftsverkehr *üblichen* und am Ende sogar *verkehrstypischen* Vertrag werden kann.

Die rechtliche Behandlung des Leasingvertrags und seiner verschiedenen Untergruppen ist daher mittlerweile weitgehend geklärt. Qualifizieren lässt er sich am besten als atypischer Mietvertrag mit kaufrechtlicher Gefahrtragungsregelung. Auszugehen ist also stets vom Mietrecht als gesetzlichem Grundmodell (wobei bei Verbraucherverträgen auch § 506 BGB zu beachten ist).

Nur dort, wo das Mietrecht aufgrund der speziellen Interessenlage des jeweiligen Leasingvertrages nicht zu sachgerechten Lösungen führt, muss ergänzend auf Gedanken aus dem Kaufrecht zurückgegriffen werden. Dies gilt beispielsweise bei der Frage, ob der Leasingnehmer auch bei einer von ihm nicht zu vertretenden, insbesondere zufälligen Verschlechterung bzw. der Vernichtung des Leasinggegenstandes weiter zur Zahlung der Leasingraten verpflichtet bleibt.

Entgegen der gesetzlichen Regelung des Mietrechts (siehe etwa § 543 II Nr. 1 BGB) wird das bei einem Leasingvertrag, der dem Leasingnehmer die langjährige Nutzung einer Sache ermöglicht, aufgrund seiner Nähe zum Kaufvertrag zu bejahen sein. Entsprechende Klauseln, die praktisch in allen Leasingverträgen enthalten sind, werden daher grundsätzlich auch als mit § 307 II BGB vereinbar angesehen.[519]

3. Ermittlung des Regelungsbedarfs

Mietrecht mit Modifikationen

Nach Ermittlung der gesetzlichen Grundlage lassen sich zunächst ohne größere Schwierigkeiten diejenigen Mandantenziele abarbeiten, die genau einer gesetzlichen Regelung entsprechen. Im Hinblick auf solche Ziele besteht kein Regelungsbedarf, es genügt daher auch in der Klausur ein klarstellender Hinweis. 21

518 Zu den atypischen Verträgen ausführlich Palandt/Grüneberg, Einf. vor § 305, Rn. 11 ff.

519 Zu den Einzelheiten des Leasingvertrages Palandt/Weidenkaff, Einf v § 535, Rn. 37 ff.

Ermittlung des Regelungsbedarfs

Die in der Praxis gelegentlich zu beobachtende Unsitte, in Verträge ganze Passagen aus dem Gesetzestext zu übernehmen, sollte in Klausuren regelmäßig schon aus Zeitgründen vermieden werden.[520]

(erst recht nicht mit potentiellen Fehlerquellen)

Noch gefährlicher ist es meist, den ganzen Inhalt einer gesetzlichen Regelung mit eigenen Worten zu umschreiben, da auf diese Weise fast zwangsläufig unnötige Zweifelsfragen über die Auslegung des Vertragstextes aufgeworfen werden.[521]

Ein guter Vertragsentwurf wird sich demgegenüber auf diejenigen Punkte konzentrieren, bei denen echter Regelungsbedarf besteht, weil ein Regelungswunsch des Mandanten zumindest teilweise vom gesetzlichen Vorbild abweicht.

Beispiel aus dem Gesellschaftsrecht

Bsp.: *A, B und C wollen eine OHG gründen. Als sie mit ihrem Rechts-* 22
anwalt R die Einzelheiten des abzuschließenden Gesellschaftsvertrages durchgehen, kommt auch die Frage zur Sprache, was im Falle des Todes eines von ihnen mit der Gesellschaft passieren soll.

Nach ausführlicher Diskussion einigen sich die drei Gesellschafter darauf, dass das Versterben eines von ihnen zwar nicht zur Auflösung der Gesellschaft führen dürfe, andererseits aber auch keinesfalls die Erben der Verstorbenen in die Gesellschaft eintreten sollten. Die Gesellschaft beruhe nämlich ausschließlich auf dem besonderen persönlichen Vertrauen zwischen ihnen, irgendwelche dritte Personen seien als Gesellschafter daher unerwünscht. Geeignete Unternehmensnachfolger seien nicht vorhanden.

gesetzliche Rechtsfolge des Gesellschaftertodes klären

Nach diesen von A, B und C geäußerten Vorstellungen braucht im Beispielsfall nicht auf die schwierigen Probleme von Eintritts- und Nachfolgeklauseln im Rahmen von Personengesellschaftsverträgen eingegangen werden.[522]

Die Gesellschafter wünschen nämlich *ausschließlich die Fortsetzung* der Gesellschaft mit den verbliebenen Gesellschaftern.

zunächst kein Regelungsbedarf; Fortsetzung automatisch

Gemäß § 131 III Nr. 1 HGB stellt die gewünschte Fortsetzung der Gesellschaft bereits den vom Gesetz vorgesehenen Normalfall dar. Infolge des Ausscheidens des verstorbenen Gesellschafters wächst dann sein Geschäftsanteil entsprechend § 105 III HGB i.V.m. § 738 BGB *automatisch* den übrigen Gesellschaftern an, welche die Gesellschaft im Übrigen unverändert fortsetzen.

Insoweit ist also die Aufnahme einer entsprechenden Regelung in den Gesellschaftsvertrag *nicht erforderlich*.

Regelungsbedarf aber bezüglich der Frage etwaiger Abfindungen: abbedingen?

Nachgedacht werden müsste beim Entwurf eines Gesellschaftsvertrags aber jedenfalls darüber, welche Abfindung die übrigen Gesellschafter im Falle des Ausscheidens eines Gesellschafters durch Tod für seinen Geschäftsanteil an die Erben zahlen sollen.

---

520 Zur Klarstellung: Dieser Hinweis bezieht sich selbstverständlich nicht auf den Wortlaut der §§ 308, 309 BGB. Deren Inhalt gilt ja gerade nicht von selbst. Vielmehr wird dort nur die Grenze dessen aufgezeigt, was gerade noch zulässig ist, *wenn* eine entsprechende Regelung getroffen wurde. Bezüglich der §§ 308, 309 BGB kann umgekehrt gerade die Wiedergabe des Gesetzestextes oft die günstigste Variante sein. Vgl. hierzu etwa auch die Klausur Nr. 8 im Parallelskript Klausurentraining Anwaltsklausur.

521 Davon zu unterscheiden ist die bloße Umschreibung einzelner Fachbegriffe, die zur besseren Verdeutlichung einer getroffenen Regelung vor allem dann sinnvoll sein kann, wenn sich die Regelung an juristische Laien richtet; vgl. hierzu unten Ziffer 7.

522 Die besonderen Probleme in diesem Bereich ergeben sich aus der haftungsrechtlichen Kollision zwischen Erbrecht und Gesellschaftsrecht, die es notwendig macht, Geschäftsanteile an Personengesellschaften nicht im Weg der Gesamtrechtsnachfolge, sondern im Wege einer Sondererbfolge übergehen zu lassen. Voraussetzung hierfür ist allerdings zunächst, dass der Geschäftsanteil durch eine entsprechende Regelung im Gesellschaftsvertrag überhaupt vererblich gestellt worden ist. Zu den Einzelheiten vgl. Palandt/Weidlich, § 1922, Rn. 15 ff.

Gegeneinander abzuwägen sind dabei zwei Dinge: Auf der einen Seite das Interesse des verstorbenen Gesellschafters, dass der Wert seines Geschäftsanteils möglichst angemessen vergütet wird, auf der anderen Seite das Interesse der anderen Gesellschafter, dass ihnen durch die zu zahlende Abfindung nicht zu viel liquides Vermögen entzogen wird, welches damit automatisch auch der Gesellschaft fehlen würde.

4. Ermittlung der Regelungsmöglichkeiten

Ermittlung der Regelungsmöglichkeiten

Ist ein solcher Regelungsbedarf festgestellt, muss in einem weiteren Schritt nach den zur Verfügung stehenden Regelungsmöglichkeiten gefragt werden. 23

gesetzliche Regelung dispositiv?

Raum zum Gestalten hat der Vertragsjurist nämlich nur, wenn die vorgefundene gesetzliche Regelung dispositiv ist. Das zwingende Recht bildet die Grenze jeder zulässigen Gestaltung.

neuen § 475 BGB beachten

Dabei ist ganz besonders auf § 475 BGB (Grenzen der Vertragsfreiheit bei Verbrauchsgüterkäufen) hinzuweisen.

außerdem beachten: §§ 134, 138 BGB, §§ 307 ff. BGB

Gleichfalls zu beachten sind daneben natürlich auch die in §§ 134, 138 BGB begründeten allgemeinen Grenzen der Gestaltungsfreiheit und gegebenenfalls auch die Vorschriften der §§ 307 bis 309 BGB. Wünsche des Mandanten, die jenseits dieser Grenzen liegen, können nicht umgesetzt werden. 23a

Auch insoweit bedarf es in der Klausur dann zunächst nur einer entsprechenden Klarstellung, dass dies nicht regelbar ist. Zusätzlich wäre dann aber zu überlegen, ob es eine Alternativregelung gibt, bei der der Wunsch des Mandanten auf andere Art und Weise ganz oder wenigstens teilweise verwirklicht werden kann.

Beispiel aus dem Familienrecht

> ***Bsp.:*** *Die Ehegatten M und F wollen sich scheiden lassen. Um sich im Rahmen des Scheidungsverfahrens Anwaltsgebühren zu sparen, soll die Scheidung einvernehmlich und nur mit einem Anwalt durchgeführt werden.*[523] *Zuvor soll eine Scheidungsvereinbarung bei dem Notar N beurkundet werden.*
>
> *Im Rahmen der Vorbesprechung erklären M und F Folgendes. „Wir haben keine Kinder mehr, unser einziges Kind ist vor drei Jahren verstorben. Ich, M, arbeite derzeit als Buchhalter. Ich, F, finde seit dem Tod unseres Kindes infolge der erziehungsbedingten jahrelangen Pause und psychischer Probleme keine Stelle mehr und bin auch im Übrigen vermögenslos. Da wir bereits seit 6 Monaten keine gemeinsame Wohnung mehr haben, ist unser gemeinsamer Hausrat bereits vollständig verteilt. Wir wollen, dass alle Unterhaltsansprüche, die wir möglicherweise wechselseitig haben, vollständig ausgeschlossen werden. Wir haben bereits in einem früheren Ehevertrag Gütertrennung vereinbart."*

Differenzierung beim Unterhaltsverzicht

Im Hinblick auf den angestrebten Unterhaltsverzicht ist zumindest im Ansatz zu differenzieren: 23b

Trennungsunterhalt unverzichtbar

Der bis zur Rechtskraft der Scheidung geschuldete Trennungsunterhalt ist gemäß §§ 1361 IV, 1360a III, 1614 BGB von vornherein unverzichtbar.

Scheidungsunterhalt grds. verzichtbar

Demgegenüber lässt § 1585c BGB für den nach der Rechtskraft der Scheidung geschuldeten nachehelichen Unterhalt Vereinbarungen ausdrücklich zu.

523 Vgl. hierzu nach § 134 I i.V.m. § 114 IV Nr. 3 FamFG.

Auch ein *vollständiger* Verzicht auf nachehelichen Unterhalt ist nach dieser Regelung also nicht unmöglich.

Grenze: § 138 I BGB

Zu beachten ist jedoch die Grenze des § 138 I BGB: Ein solcher Unterhaltsverzicht ist nämlich nach der Rechtsprechung u.a. dann sittenwidrig, wenn die Ehegatten damit *auf der Ehe beruhende* Familienlasten objektiv zum Nachteil der Sozialhilfe geregelt haben.[524] Hauptbeispiel: Die Sozialhilfebedürftigkeit beruht auf langjährigerer Kinderbetreuung und dem damit verbunden Verlust des Anschlusses im gelernten Beruf.

Diese Situation liegt im Beispielsfall nahe, da die F erwerbsunfähig und vermögenslos ist, dies auch zumindest teilweise mit ihrer Rolle in der Ehe zu tun hat, und sie infolge der früher vereinbarten Gütertrennung von M auch keinen Zugewinnausgleich erhält. Insoweit erscheint hier die Vereinbarung eines vollständigen Verzichts auf nachehelichen Unterhalt als nicht zulässig.[525]

Nun beginnt gegebenenfalls die Suche nach einer Alternativregelung, die rechtlich machbar ist und den Mandantenwünschen zumindest näher kommt als die gesetzliche Regelung. Im konkreten Beispielsfall könnte man u.U. an eine Vereinbarung *über die Höhe* des Unterhalts denken, wobei die Details dann von den genauen Sachverhaltsangaben abhängen.

5. Auswahl der richtigen Gestaltung

Auswahl der richtigen Gestaltung

Erst dort, wo sowohl ein Regelungsbedarf als auch Regelungsmöglichkeiten bestehen, werden schließlich die besonderen juristischen Fähigkeiten des Vertragsjuristen gefordert. 24

Nur dort muss er mit den ihm zur Verfügung stehenden Gestaltungsinstrumenten für seinen Mandanten eine Regelung schaffen, die den Anforderungen an eine gute Gestaltung entspricht.

Gestaltung v.a. nach drei Kriterien

Drei Kriterien sind dabei besonders zu berücksichtigen:

a. Übereinstimmung mit dem Regelungswunsch

Übereinstimmung mit dem Regelungswunsch

Zunächst muss die gewählte Gestaltung das vom Mandanten vorgegebene Ziel möglichst genau verwirklichen. Da den Mandanten als juristischen Laien die rechtlichen Einzelheiten meist wenig interessieren, wird für ihn in der Regel entscheidend sein, dass die wirtschaftlichen Folgen der von seinem Berater gewählten Gestaltung den eigenen Vorstellungen entsprechen.

---

524 Vgl. BGH NJW 2007, 904 [906 m.w.N.] = **juris**byhemmer. Allerdings ist nach BGH (a.a.O.) ein Unterhaltsverzicht nicht schon alleine deshalb sittenwidrig, weil er bewirkt, dass ein Ehegatte im Scheidungsfall auf Sozialhilfe angewiesen bleibt, während er ohne den Unterhaltsverzicht von seinem geschiedenen Ehegatten Unterhalt beanspruchen und deshalb Sozialhilfe nicht mehr in Anspruch nehmen könnte. Denn eine Pflicht von Eheschließenden zur *Begünstigung* des Sozialhilfeträgers für den Scheidungsfall kennt das geltende Recht nicht. Ist also z.B. bei Abschluss eines Ehevertrags vor Eheschließung der Verzichtende aus Gründen, die nichts mit der Ehe (Kinderbetreuung o.ä.) zu tun haben, bereits dauerhaft erwerbsunfähig und sozialhilfebedürftig, so wird es i.d.R. an der Sittenwidrigkeit fehlen.

525 Vgl. dazu Palandt/Brudermüller, § 1408, Rn. 7 ff. Überdies kann sich die Sittenwidrigkeit aus der Ausnutzung der Notlage der Mutter ergeben (vgl. BVerfG, FamRZ 2001, 343 = **juris**byhemmer = Life&Law 2001, 293). Der BGH hat umfassende Kriterien aufgestellt, anhand derer zu prüfen ist, ob ein Eingriff in die gesetzlichen Regelungen des Scheidungsfolgenrechts im jeweiligen Einzelfall hingenommen werden können (grundlegend: BGH, NJW 2004, 930 ff. = **juris**byhemmer). Tendenziell wird heutzutage viel schneller die Sittenwidrigkeit bejaht als früher. Über die sog. Ausübungskontrolle, eine nach BGH sekundär zu prüfende Korrektur wirksamer, also der primären Überprüfung nach § 138 BGB standhaltender, Verträge nach § 242 BGB wegen *späterer* Veränderungen der Situation, sind sogar noch viel weitergehende Eingriffe in solche Verträge möglich als früher.

b. Klarheit und Eindeutigkeit

Klarheit und Eindeutigkeit

Weiter muss die entworfene Regelung möglichst klar und eindeutig sein. Der vorsorgende Jurist soll schließlich Streit vermeiden und nicht selbst durch unpräzise Formulierungen Unsicherheit und Streit über die Auslegung der getroffenen Vereinbarungen verursachen.

Hemmer-Klausur-Tipp

Orientieren sie sich für die Klausur an folgender Grundregel: Der Vertragsjurist hat seine Regelungen so zu formulieren, dass möglichst keine Auslegungsspielräume mehr verbleiben. Ist die Formulierung so gewählt, dass es später u.U. doch des Rückgriffs auf eine Auslegungsregel bedarf, so liegt regelmäßig schon *allein hierin* ein „Kunstfehler" der Vertragsgestaltung!

c. Sicherheit

Sicherheit

Vor allem aber muss die gefundene rechtliche Umsetzung sicher sein. Eine theoretisch noch so brillante Gestaltung nützt nicht das Geringste, wenn ihr in der Praxis die Anerkennung versagt wird. 25

strenge Orientierung an der Rechtsprechung

Der Vertragsjurist *muss* sich daher im Interesse seines Mandanten noch mehr als der Prozessjurist stets nach den von der Rechtsprechung aufgestellten Grundsätzen richten.[526]

Diese Maxime hat auch für Klausuren unmittelbare Auswirkungen: Eine Abweichung von den Lösungen der höchstrichterlichen Rechtsprechung wird in kautelarjuristischen Klausuren fast immer als Fehler gewertet.

Gebot des sichersten Weges!

In einer weiteren Konsequenz aus dem Gebot des sichersten Weges muss der Vertragsjurist schließlich in den Fällen, in denen sich für eine gewünschte Regelung verschiedene Gestaltungsvarianten finden lassen, grundsätzlich stets die für den Mandanten sicherste Variante wählen. 26

Beispiel

***Bsp.:** Der 55-jährige Witwer W hat zwei Kinder. Während er sich mit seiner Tochter T blendend versteht, hat er zu seinem Sohn S keinerlei Kontakt mehr. W, der Eigentümer mehrerer Immobilien ist, möchte nun frühzeitig anfangen, sein Vermögen auf die T zu übertragen, um dem S den Zugriff darauf zu erschweren. Der S soll später einmal nur den Pflichtteil erhalten, welcher zugleich möglichst gering ausfallen soll. Als Erstes soll die T daher von W eines der Häuser geschenkt erhalten, welches von W vermietet ist.*

Allerdings will W zugleich den aus der Vermietung erzielten Mietertrag von monatlich 1.500 € bis zu seinem Tod selbst behalten dürfen. Er möchte sich daher einen Nießbrauch an dem verschenkten Hausgrundstück zurückbehalten.

„Schenkung gegen Vorbehaltsnießbrauch"?

Zu denken wäre bei der Lösung zunächst natürlich an die Überlassung des Hausgrundstücks nach §§ 516, 518 BGB im Weg vorweggenommener Erbfolge unter gleichzeitiger Einräumung eines Nießbrauchs an dem überlassenen Haus zugunsten des W (§§ 1030 ff. BGB). Der Nießbrauch ermöglicht es nämlich dem W, trotz Verlustes des Eigentums weiterhin sämtliche Nutzungen aus dem betroffenen Grundstück selbst zu ziehen.

526 In der Praxis wird vom Vertragsjuristen andererseits in manchen Fällen sogar verlangt, dass er bei seinen Gestaltungen auch künftige, jedoch deutlich *vorhersehbare* Änderungen der Rechtsprechung berücksichtigt.

Berücksichtigt man freilich die Auswirkungen dieser Gestaltung auf die den S betreffende rechtliche Situation, so ergibt sich Folgendes: Mit Vollzug des Eigentumswechsels fällt das überlassene Grundstück nicht mehr in den Nachlass des W. Bei der Berechnung des dem S zustehenden Pflichtteilsanspruchs, welcher ja auf den Wert der Hälfte des gesetzlichen Erbteils gerichtet ist, scheint dieses Grundstück daher zunächst keine Rolle mehr zu spielen.

Problem: Fristen des § 2325 III BGB

Allerdings besteht nach § 2325 BGB im Hinblick auf Schenkungen der Pflichtteilsergänzungsanspruch: Der Wert eines Geschenks[527] muss bei der Berechnung des Pflichtteilsanspruchs praktisch noch mit berücksichtigt werden. Diese Ergänzung entfällt nach § 2325 III 1 BGB in Stufen (sog. „Abschmelzung") und nach § 2325 III 2 BGB erst vollständig, wenn zur Zeit des Erbfalls zehn Jahre seit der Leistung des verschenkten Gegenstandes verstrichen sind.

Probleme bereitet dabei der Begriff der „Leistung" des Gegenstandes: Diese ist für den Fristbeginn entscheidend und soll erst dann vorliegen, wenn der Gegenstand *endgültig* aus dem *Vermögen* des Schenkers weggegeben und für ihn ein *spürbares Vermögensopfer* eingetreten ist. Der Schenker muss also nicht nur das Eigentum aufgeben, sondern auch den Genuss der Sache; erforderlich ist eine „*wirtschaftliche* Ausgliederung" aus dem eigenen Vermögen. Letzteres ist aber beim vollständigen Vorbehalt eines Nießbrauchs gerade nicht der Fall.[528]

Im Ergebnis bedeutet dies, dass bei der vorgesehenen Lösung „Schenkung gegen Vorbehaltsnießbrauch" die Fristen von § 2325 III 1, 2 BGB nicht zu laufen beginnen.

(hier) besserer Weg: Leibrente gesichert durch Reallast

Ein effektiveres Ergebnis lässt sich demgegenüber möglicherweise auf einem anderen Weg erreichen, der hier oft gewählt wird/wurde: 27

Geht es dem W nur darum, jeden Monat einen Geldbetrag in Höhe von 1.500 € zur freien Verfügung zu haben, so könnte man vom Vorbehalt eines Nießbrauchs absehen und stattdessen auf die Vereinbarung einer Leibrente ausweichen.

Die T würde in diesem Fall das Grundstück *zur freien Verfügung* erhalten. Nach zumindest h.M. sollen die Fristen des § 2325 III BGB dann zu laufen beginnen.[529]

Im Gegenzug wäre T verpflichtet, dem W aus ihrem eigenen Vermögen monatlich einen Geldbetrag in Höhe von 1.500 € zu bezahlen (§§ 759 ff. BGB). Abgesichert werden könnte die Verpflichtung zur Leibrentenzahlung durch Eintragung einer entsprechenden Reallast gemäß §§ 1105 ff. BGB im Grundbuch.[530]

527 Maßgeblich ist dabei nach § 2325 II BGB das sog. Niederstwertprinzip: Bei nicht verbrauchbaren Sachen entscheidet an sich der Wert im Zeitpunkt des Erbfalls. War jedoch der Wert im Zeitpunkt der Schenkung geringer, dann wird nur dieser geringere Wert in Ansatz gebracht.

528 BGH, NJW 1994, 1791 = **juris**byhemmer.

529 Ganz unstreitig ist dies allerdings nicht (mehr) und hängt nach h.M. von der Detailausgestaltung der Leibrentenpflicht ab (vgl. Palandt/Weidlich, § 2225; Rn. 26 m.w.N.).

530 Auch die genauere Ausgestaltung von Leibrente und Reallast bereitet natürlich weitere Probleme: So muss die Frage nach einer Absicherung gegen die Geldentwertung durch Aufnahme einer Wertsicherungsklausel bedacht werden. Nicht selten wird auch aus steuerlichen Gründen gewünscht, dass statt einer betragsmäßig festgelegten Leibrente eine in der Höhe flexible dauernde Last vorgesehen wird.

6. Form der Umsetzung

Ist anhand all dieser Kriterien erst einmal der Inhalt der zu entwerfenden Regelungen ermittelt, muss regelmäßig als weiterer Schritt eine Entscheidung darüber getroffen werden, in welcher Form diese Umsetzung zu erfolgen hat. 28

Zwang zu bestimmter Form prüfen

Beachtet werden müssen dabei natürlich in erster Linie die gesetzlichen Formzwänge. Eine besondere Bedeutung haben unter den gesetzlichen Formzwängen vor allem die Vorschriften, die notarielle Beurkundung verlangen, wie insbesondere die §§ 311b I, 518, 925, 1410, 2033, 2231 Nr. 1, 2232, 2276, 2301 BGB. Daneben sind aber auch die Vorschriften zu berücksichtigen, die entweder eine vollständige eigenhändige Errichtung erfordern, wie §§ 2247, 2267 BGB, oder aber zumindest einfache Schriftform, wie insbesondere §§ 492, 550, 761, 766, 780 ff., 793 ff., 1154 BGB.

außerdem evtl. Zweckmäßigkeit einer bestimmten Form prüfen

Soweit für die konkret zu entwerfende Vereinbarung entweder gar keine Form vorgeschrieben ist oder mehrere verschiedene Formen zur Verfügung stehen, ist gelegentlich noch die Überlegung gefordert, welche der verschiedenen möglichen Formen im konkreten Fall *besonders zweckmäßig* sein könnte. 29

> **Bsp.:** *Großgrundbesitzerin G möchte ein Testament errichten und holt sich daher bei Notar Dr. N Rat ein. Da sie unnötige Kosten vermeiden möchte, stellt sie als Erstes die Frage, ob ihr Testament wirklich der notariellen Beurkundung bedarf. Was wird ihr Dr. N antworten?*

Für die Errichtung von Testamenten stehen dem Erblasser - von Notfällen abgesehen - zwei verschiedene Formen zur Verfügung, nämlich das eigenhändige (§ 2247 BGB) und das öffentliche Testament (§ 2232 BGB). Beide Formen sind dabei an sich völlig gleichwertig.

Zunächst scheint daher vieles für das eigenhändige Testament zu sprechen, da es unbürokratisch und ohne Kosten errichtet werden kann, während für die Beurkundung eines öffentlichen Testamentes natürlich Notargebühren anfallen.

größere Rechtssicherheit bei notariellem Testament

Andererseits hat das eigenhändige Testament auch einige gewichtige Nachteile: Zwar lässt sich die Gefahr einer Fälschung, des Verlustes oder der Unterdrückung noch dadurch vermeiden, dass das eigenhändige Testament in die besondere amtliche Verwahrung beim Amtsgericht gegeben wird (§§ 2248, 2258 a und b BGB).

Nicht zu unterschätzen ist aber das Risiko, dass das von einem Laien ohne juristische Beratung formulierte Testament durch unpräzise Ausdrucksweise erhebliche Unsicherheiten schafft und damit Anlass zu Streitereien zwischen den Erben gibt.

Dieses Risiko nimmt naturgemäß je mehr zu, je komplizierter der letzte Wille des Erblassers ist.

Klarheit schafft hier ein notarielles Testament: Denn der Notar sorgt nicht nur wie ein Rechtsanwalt auch für die notwendige Beratung, sondern schafft darüber hinaus noch eine Urkunde mit *besonderer Beweiskraft*. Insbesondere hat diese Urkunde nach § 28 BeurkG auch die Wahrnehmungen des Notars über die erforderliche Geschäftsfähigkeit des Erblassers zu enthalten, sodass den übergangenen Erben der sonst übliche Einwand der fehlenden Testierfähigkeit des Erblassers erheblich erschwert wird.

Kostennachteile bestehen u.U. nur scheinbar

Demgegenüber spielt schließlich bei einem Nachlass, der auch Grundbesitz beinhaltet, der Kostenfaktor meist keine entscheidende Rolle. Da nämlich ein öffentliches Testament im Grundbuchverkehr den ansonsten erforderlichen Erbschein ersetzt (§ 35 GBO), erspart man sich durch die Errichtung eines öffentlichen Testamentes die Gebühren für das Erbscheinsverfahren.[531] In diesem Bereich besteht kostenmäßig der Hauptunterschied also lediglich in der Person des Kostenschuldners. Während nämlich die Notargebühren für die Testamentserrichtung noch der Erblasser zu zahlen hat, würden die Gebühren für das Erbscheinsverfahren erst den Erben zur Last fallen.[532]

7. Stil der Umsetzung

Stil der Umsetzung

Rolle beachten

Besondere Pluspunkte kann sich der Bearbeiter einer Klausur schließlich noch dadurch erwerben, dass er bei der Ausarbeitung seiner Lösung darauf achtet, *aus welcher Perspektive* die Gestaltungsaufgabe gestellt ist. 30

Einseitigkeit erlaubt oder Ausgewogenheit gewünscht?

Während nämlich der beratende Rechtsanwalt ebenso wie der Unternehmensjurist bei der Erstellung von Verträgen zunächst *einseitig* die Interessen seines Mandanten bzw. Unternehmens im Auge haben darf, ja muss, ist der Notar als neutrale und unabhängige Amtsperson kraft Gesetzes verpflichtet, nur *ausgewogene* Verträge zu erstellen und dafür Sorge zu tragen, dass unerfahrene und ungewandte Beteiligte nicht benachteiligt werden.[533] Während also der Anwalt im Interesse seines Mandanten durchaus bis an die äußerste Grenze zulässiger Gestaltung gehen darf, ist bei notarieller Tätigkeit eher "vornehme Zurückhaltung" angezeigt.

weiter von Bedeutung: geschäftliche bzw. juristische Erfahrung des Auftraggebers?

Zumindest bei den mandantenbezogenen Aufgabenstellungen, bei denen ein Mandantenanschreiben oder sogar der Vertragsentwurf selbst zu verfassen sind, spielt es natürlich auch eine entscheidende Rolle, für wen der Entwurf bestimmt ist. 31

Handelt es sich bei dem Empfänger um eine geschäftlich und juristisch *unerfahrene* Person, wird es sich empfehlen, Regelungen möglichst leicht verständlich zu formulieren und sich nicht hinter juristischen Fachbegriffen zu verschanzen. In derartigen Fällen ist es daher sinnvoll, vom Gesetz verwendete Fachbegriffe mit leicht verständlichen Worten zu umschreiben.

Allerdings ist dabei Vorsicht geboten: Die „Übersetzung" der juristischen Fachsprache in eine Laiensprache darf keinesfalls dazu führen, dass die Klarheit und Eindeutigkeit der entworfenen Regelungen darunter leidet.

Hemmer-Klausur-Tipp

Demonstrieren Sie an mehreren Stellen des Falles dem Korrektor Ihr Bemühen um dieses Verständlichmachen der Fachsprache! Im Zweiten Staatsexamen soll auch das Verständnis für praxisgerechtes Arbeiten abgeprüft werden. Selbstverständlich ist das in Klausuren nur in sehr begrenztem Umfang möglich. Umso mehr wird es von den Korrektoren honoriert, wenn Sie an diesen wenigen Stellen Ihr praktisches Verständnis aufzeigen!

---

531 Auch in anderem Zusammenhang kann ein Erbschein entbehrlich werden. Beispielsweise kann die meist von Banken für das Umschreiben von Konten aufgestellte Forderung, einen Erbschein vorzulegen, unberechtigt sein, wenn ein öffentliches Testament vorliegt (vgl. BGH, NJW 2005, 2779 = **juris**byhemmer mit Besprechung in Life&Law 2006, 100 ff).

532 Hierzu auch Palandt/Weidlich, § 2231; Rn. 2.

533 § 17 IIa BeurkG.

C. Drei verschiedene Klausurtypen

drei verschiedene Klausurtypen

Insgesamt lassen sich wohl drei Grundformen von vertragsgestaltenden Klausuren unterscheiden, die alle ein eigenständiges Anforderungsprofil haben.[534] 32

Allerdings ist dies keine starre Einteilung. Zum einen ist innerhalb der Gruppen nicht jedes „Strickmuster" völlig gleich, zum anderen gibt es Mischformen, bei denen die Aufgabensteller etwa zwei verschiedene Typen innerhalb einer Klausur kombinieren.

Überdies wechseln die Prüfungsämter auch in der formalen Aufgabe: In manchen Kautelarklausuren ist kein Gutachten zur Vorgehensweise zu erstellen, sondern dieses ist in Form eines Mandantenschreibens zu erstellen.[535]

I. Vorbereitendes Gutachten

vorbereitendes Gutachten

Die statistisch gesehen häufigste Klausurform dürfte dabei die bloße Erstellung eines vorbereitenden Gutachtens sein. Sie ist dadurch gekennzeichnet, dass im vorgelegten Sachverhalt einige ins Unreine gesprochene Wünsche der beteiligten Personen geschildert werden und der Bearbeitervermerk die ausdrückliche Arbeitsanweisung enthält, die gewünschten Regelungen im Rahmen eines Gutachtens vorzubereiten. 33

Klausurschwerpunkt eindeutig im theoretischen Teil

Schon die Formulierung des Bearbeitervermerks zeigt dabei die Nähe dieses Klausurtyps zu den Aufgabenstellungen aus dem Ersten Staatsexamen. Aber auch die an den Bearbeiter gestellten Anforderungen ähneln denen des Ersten Juristischen Staatsexamens: Im Vergleich zu den beiden anderen Typen kautelarjuristischer Arbeiten liegt hier nämlich der Klausurschwerpunkt ganz regelmäßig eindeutig im *theoretischen* Teil.

meist einfache Sachverhaltsanalyse

Während die Sachverhaltsanalyse also verhältnismäßig einfach ist und die Ausformulierung überwiegend in reinem Gutachtenstil zu erfolgen hat, sind in der Lösung relativ viele juristische Probleme zu behandeln, die im Vergleich zu anderen kautelarjuristischen Klausurformen manchmal sogar einen *überdurchschnittlichen* Schwierigkeitsgrad aufweisen können.

Vorsicht: hier oft enormer Umfang

Für die Bearbeitung derartiger Klausuren gelten die bereits erteilten allgemeinen Hinweise uneingeschränkt. Entscheidende Bedeutung wird dabei vor allem die richtige Zeiteinteilung haben: Nur wer Unproblematisches *kurz und prägnant* abhandelt, wird eine Chance haben, wirklich alle im Sachverhalt angesprochenen Probleme in seiner Lösung darzustellen.

Trotz dieser möglichen Probleme mit der Bearbeitungszeit dürfte es sich aber bei diesem ersten und häufigsten Klausurtyp wohl zugleich um den einfachsten handeln.

534 Siehe hierzu die völlig unterschiedlich konzipierten Beispielsklausuren im Parallelskript Klausurentraining Anwaltsklausuren.

535 Dazu siehe genauer unten in Rn. 39.

II. Überprüfendes Gutachten

überprüfendes Gutachten

Klausursachverhalt enthält (u.a.) ausformulierten Vertragsentwurf

Zusätzliche Probleme ergeben sich nämlich schon in den Fällen, in 34
denen zwar ebenfalls die Erstellung eines Gutachtens gefordert wird, der Klausursachverhalt aber nicht bloß mündlich geäußerte Wünsche des Mandanten enthält, sondern zusätzlich bereits fertig ausformulierte Vertragsentwürfe.

sorgfältige Überprüfung des vorgelegten Entwurfs

Hier besteht der erste Schritt der Klausurbearbeitung naturgemäß in einer sorgfältigen Überprüfung der vorgelegten Entwürfe. Dazu muss der Text des Entwurfs Paragraph für Paragraph, Satz für Satz, ja gelegentlich sogar Wort für Wort analysiert werden. Da das Lesen und Überprüfen von vertraglichen Regelungen in Studium und Referendarzeit nicht alltägliche Übung ist, kann schon dieser erste Schritt erhebliche Mühe bereiten.

Zweckmäßigerweise wird man bei der Analyse des Vertragstextes die vorgefundenen Regeln zunächst dahin gehend zu unterscheiden haben, ob sie für das konkrete Rechtsverhältnis von Bedeutung sind und daher dem Grunde nach im Vertrag stehen bleiben müssen oder ob sie als überflüssig gestrichen werden können.

Lücken im Entwurf suchen

Wirklich schwierig zu beantworten ist die sich anschließende zweite Frage, an welchen Stellen der überprüfte Entwurf noch Lücken enthält, die geschlossen werden müssen.

Im Übrigen ist natürlich stets zu unterscheiden, *von wem* der vorgelegte Vertragstext entworfen wurde:

1. Eigener Entwurf des Mandanten

eigener Entwurf des Mandanten

Ist ein Entwurf zu kontrollieren, den der Mandant selbst entworfen 35
hat, so wird es regelmäßig in erster Linie darum gehen, diesen Vertragsentwurf auf seine Vereinbarkeit mit den Interessen dieses Mandanten abzuklopfen.

- ⇨ Dabei sind nicht nur diejenigen Regelungen durch neue zu ersetzen, die wegen Verstoßes gegen gesetzliche Vorschriften unwirksam sind.
- ⇨ Es dürfen vielmehr auch alle anderen vorgesehenen Regelungen nur insoweit aufrechterhalten werden, als sie den Wünschen des Mandanten völlig entsprechen. Soweit das nicht der Fall ist, müssen im Gutachten neue Regelungen vorbereitet werden, die diese Interessen noch besser zur Geltung bringen.
- ⇨ Neue Regelungen sind schließlich dort zu finden, wo der bisherige Entwurf lückenhaft ist. Als Leitfaden dienen dabei stets die vom Mandanten geäußerten Wünsche. Diese Wünsche gilt es im Rahmen des rechtlich Zulässigen möglichst optimal zu verwirklichen.

2. Entwurf durch den Vertragspartner des Mandanten

Entwurf des Vertragspartners

Wird demgegenüber ein Entwurf vorgelegt, den der Vertragspartner des Mandanten erstellt hat, so spielen nicht selten zusätzlich *taktische* Erwägungen eine Rolle[536]: Selbstverständlich muss auch in diesem Fall der Wille des eigenen Mandanten die Richtschnur für die zu entwerfenden Vereinbarungen sein. 36

hier auch noch auf tatsächliche Durchsetzbarkeit achten

Sobald jedoch bisher vorgeschlagene Regelungen durch neue ersetzt werden sollen, muss an dieser Stelle neben der rechtlichen Zulässigkeit der neuen Regelung zugleich auch ganz besonders auf ihre tatsächliche *Durchsetzbarkeit* geachtet werden.

Es macht eben regelmäßig keinen Sinn, Vereinbarungen zu entwerfen, die zwar dem Willen des eigenen Mandanten perfekt entsprechen, aber dem aus den bisher vorgeschlagenen Formulierungen erkennbaren Willen seines Vertragspartners so zuwiderlaufen, dass dieser evtl. die Unterschrift verweigern wird.

> **Bsp.:** *Der Mandant ist extrem daran interessiert, eine bestimmte Person, einen Computerfachmann, als Arbeitnehmer zu gewinnen. Der Bewerber hat seine Vorstellungen handschriftlich fixiert und dabei u.a. eine Fünf-Tage-Woche und 30 Tage Urlaub eingetragen. Der Mandant will nun einen perfekten Arbeitsvertrag ausgearbeitet haben.*

Hier verhält es sich nun so, dass es durchaus möglich wäre, einen geringeren Urlaub in den Vertrag zu schreiben, da der gesetzliche Mindesturlaub bei Fünf-Tage-Woche nur 20 Tage beträgt (vgl. § 3 I i.V.m. II BUrlG). Unwirksam wäre wegen § 13 BUrlG also nur eine Vereinbarung, die unter *diese* Schwelle gehen würde. Dennoch kann man in einer solchen Situation regelmäßig nicht einfach diese unterste Grenze nehmen: Geht man nämlich derart krass weg von dem, was der Gegner ausdrücklich wünscht, wird es zunehmend unwahrscheinlicher, dass man diesen überhaupt zum Vertragsschluss bringen wird.

Es muss daher oft ein Kompromiss zwischen dem juristisch Möglichen und dem faktisch Realisierbaren gemacht werden.

auch Konsequenzen der Unwirksamkeit bedenken

Schließlich gilt es hier immer die Konsequenzen zu bedenken, die sich aus der Unwirksamkeit einer der im Entwurf enthaltenen Regelungen ergibt. Ist nämlich die an die Stelle einer unwirksamen Bestimmung tretende gesetzliche Rechtslage für den eigenen Mandanten günstiger als jede erst noch auszuhandelnde vertragliche Kompromisslösung, so kann es ausnahmsweise sinnvoll sein, die als unwirksam erkannte Regelung im Vertragsentwurf stehen zu lassen. 37

> **Bsp.:** *Ein Verkäufer hat in seinen Allgemeinen Geschäftsbedingungen die Schönheits- und Kleinreparaturen einschränkungslos dem Mieter auferlegt. Der Mieter legt diesen Vertragsentwurf zwecks Überprüfung seinem Anwalt vor.*

536 Dies gilt allerdings aus den in II.7 aufgeführten Gründen nur für Klausuren aus Anwaltssicht. Ein Notar als neutraler und unparteiischer Berater muss eben immer die Interessen beider Parteien im Auge haben und sie zu einem angemessenen Ausgleich bringen.

Gegner „ins Messer laufen lassen"?

Ausgangspunkt der Überlegungen ist hier, dass die Schönheits- und Kleinreparaturen dem Mieter *nur in engen Grenzen* auferlegt werden dürfen; andernfalls verstößt die Regelung gegen § 307 II BGB.[537]

Folge der Unwirksamkeit dieser Klausel ist nach § 306 I, II BGB und dem Verbot der geltungserhaltenden Reduktion, dass wieder die gesetzliche Regelung gilt, nach der solche Maßnahmen *vollständig* vom Vermieter vorzunehmen sind (vgl. § 535 I 2 BGB). Dies kann u.U. gerade die für den Mieter, also den eigenen Mandanten, günstigste Lösung darstellen.

nur bei eindeutigen Verstößen

Dabei ist jedoch Vorsicht geboten: Ein solches taktisches Verhalten demonstriert zwar praktisches Verständnis, kommt aber letztlich wohl nur dort in Betracht, wo wirklich ein eindeutiger, leicht feststellbarer Verstoß vorliegt und deshalb eine für die eigene Partei günstige dispositive Regelung zur Anwendung gelangt. In jedem Fall bedarf ein solches Vorgehen stets einer ausführlichen Begründung.

III. Formulierung eines eigenen Entwurfs

Formulierung eines eigenen Entwurfs

Die mit Abstand anspruchsvollste Aufgabenstellung aus dem Bereich der Vertragsgestaltung ist schließlich diejenige, die vom Bearbeiter die Formulierung eines eigenen Entwurfs verlangt.[538] Hier kommen wiederum zwei Varianten vor: 38

„Erstentwurf" und „Zweitentwurf"

- ⇨ Zum einen gibt es eine Aufgabenstellung, die der gerade unter II. geschilderten sehr ähnelt, also im Sachverhalt bereits einen konkreten Vertragstext vorgibt. Zusätzlich zur bloßen Überprüfungsaufgabe wird dann aber noch die Neu- bzw. Umformulierung des Ausgangsvertrages verlangt („Zweitentwurf").[539]
- ⇨ Zum anderen kann es aber auch sein, dass die Aufgabe in der *erstmaligen* Formulierung des Vertrages besteht („Erstentwurf"). Bei dieser Aufgabenstellung wird der Bearbeiter wesentlich mehr „alleine gelassen", weil ihm nicht die Möglichkeit gegeben ist, erst einmal die Vorgaben des Sachverhaltes in der geschilderten Art und Weise abzuarbeiten.

Das Formulieren guter juristischer Texte ist auch in der Praxis durchaus sehr schwierig, obwohl dort wohl immer Formularbücher oder elektronische Formularsammlungen verwendet werden, um den Formulierungsaufwand gering zu halten und möglichst präzise Texte zu schaffen.

Kommentare wie Formularbücher verwenden

Derartige Hilfsmittel stehen im Examen natürlich nicht zur Verfügung. Trotzdem besteht auch hier kein Anlass zu übermäßiger Sorge: Denn zum einen wird das juristische Niveau in solchen Klausuren regelmäßig *relativ niedrig* sein. Zum anderen können auch das als Hilfsmittel immer zugelassene Gesetz und etwa zulässige Kommentare *als Formularbücher* gute Dienste leisten.

Formulierungen eng an Gesetzeswortlaut anlehnen

Man sollte sich dementsprechend mit seinen eigenen Formulierungen so nah als möglich an die Sprache der einschlägigen oder zumindest ähnlichen gesetzlichen Regelungen anlehnen und die dort vorgegebenen Begriffe übernehmen.

537 Hierzu auch Palandt/Weidenkaff, § 535; Rn. 43.

538 Diese Aufgabenstellung ist freilich bislang eher selten Examensgegenstand.

539 So das „Strickmuster" von Fall Nr. 7 im Parallelskript Klausurentraining Anwaltsklausur.

klare und knappe Sprache!

Auch sollte man um möglichst klare und knappe Formulierungen bemüht sein. Wichtig erscheint es dabei, allzu komplizierte Satzgebilde zu vermeiden und stattdessen möglichst viele Hauptsätze zu formulieren.

Gegenprobe: „Selbstsubsumtion“

Soweit es zeitlich schließlich noch möglich ist, sollte sich der Bearbeiter zwingen, den Klausursachverhalt unter die selbst formulierten Bestimmungen zu subsumieren, um aus der ihm vertrauteren Richterperspektive die Richtigkeit der gefundenen Formulierungen überprüfen zu können.

regelmäßig Zusatzaufgabe: Erläuterung des Entwurfes

In aller Regel wird der Bearbeiter im Übrigen nicht bloß den Vertragsentwurf selbst formulieren, sondern *darüber hinaus* auch noch ein erläuterndes Gutachten fertigen müssen. In diesen Fällen ist unbedingt auf die richtige Gewichtung zu achten: Schwerpunkt dieses Klausurtyps ist eben die Formulierungsaufgabe, sodass es zu erheblichen Punktabzügen führt, wenn man zwar ein ausführliches Gutachten anfertigt, für die Erstellung des Vertragsentwurfs selbst dann aber nicht mehr ausreichend Zeit hat.

Hemmer-Klausur-Tipp

Gehen Sie unangenehme Aufgabenstellungen offensiv an! Psychologisch ist es natürlich verständlich, dass man sich in Ausbildung und Examen vor unbekannten oder ungewohnten Problemstellungen „zu drücken" versucht. Der Korrektor aber hat dafür in der Regel kein Verständnis. Bemühen Sie sich also von vornherein, auch diese unangenehmen Aufgabenstellungen zu trainieren! Nehmen Sie sich in der Klausur für den atypischen Teil ausreichend Zeit, denn hier trennt sich in der Regel die Spreu vom Weizen. Wer in diesem Bereich gute Ansätze zu bieten hat, wird vom Korrektor schnell belohnt.

Mandantenbegleitschreiben als Ersatz für Hilfsgutachten

Eine immer wieder einmal geforderte Variante zum Erläuterungsgutachten ist das Mandantenbegleitschreiben. Dieses kann in stilistischer Hinsicht eine zusätzliche interessante Aufgabe enthalten. Unterscheiden müssen Sie hier nämlich - wohl sogar noch mehr als bei der Vertragsformulierung selbst - *an wen* sich das Schreiben richtet: 39

Gibt der Mandant im Sachverhalt z.B. vor, dass er die juristische Sprache aufgrund seiner Ausbildung weitgehend verstehe (er ist z.B. selbst Jurist, seit Jahren aber nur noch im Management tätig und deswegen „nicht mehr ganz auf dem Stand“), so brauchen Sie ihren Stil im Vergleich zu sonstigen Aufgabenstellungen kaum verändern.

Ganz anders und wohl viel schwieriger aber bei einer erkennbar juristisch völlig *unkundigen* Person, und dies umso mehr, wenn noch - wie in Klausuren schon geschehen - *ausdrücklich* eine einfache und verständliche Erläuterung erbeten wird. Da sie nämlich in jedem Fall auch eine für den Korrektor in juristischer Hinsicht auf ihren Gehalt hin bewertbare Arbeit liefern sollen, wird von Ihnen letztlich ein Spagat zwischen materiellrechtlicher Präzision bzw. Tiefgang einerseits und verständlicher Sprache andererseits verlangt. Sogar Selbstverständlichkeiten wie das Abstraktionsprinzip können dann eigentlich nicht vorausgesetzt werden. - Eine Aufgabe, die gewiss nur mit entsprechender *Übung* bewältigt werden kann!

Anmerkung: Genau betrachtet, geht es hier manchmal um die „Quadratur des Kreises". So mussten z.B. einmal die Bearbeiter im bayerischen Assessorexamen die Unterschiede zwischen Erbeinsetzung auf einen Bruchteil mit Teilungsanordnung einerseits und Vorausvermächtnis andererseits (und weitere schwierige erbrechtliche Probleme) lösen und wurden ausdrücklich aufgefordert, die Lösung in einer solchen einfachen und verständlichen Erläuterung darzulegen!
Haben Sie schon irgendwann einmal versucht, einem juristischen Laien klarzumachen, dass man nicht einfach - weil sprachlich schöner - „Begründung" statt „Begründetheit" schreiben kann? Oder haben Sie schon einmal mit einem Lehrer oder Journalisten diskutiert, der ihren Schriftsatz mit dem Vorschlag zurückschickte, den Begriff „Berufung" der sprachlichen Abwechslung wegen wenigstens ein paarmal im Text durch „Revision", „Widerspruch" oder „Beschwerde" zu ersetzen? Dann werden Sie zweifellos wissen, welche Anstrengung der Gebrauch einer laienverständlichen Sprache für den Juristen sein kann.
Doch keine Panik: Bei Lichte betrachtet, verlangt im Examen niemand von Ihnen, dass juristische Laien Ihr Schreiben *wirklich* verstehen müssen. Korrigiert werden Sie doch gerade nicht von einem Laien, sondern von einem Juristen, der dieselbe Sprache spricht und schreibt wie Sie. Der Maßstab wird daher regelmäßig nicht das sein, was der Laie wirklich versteht, sondern das, was der Jurist als Korrektor *glaubt*, dass der Laie verstehe. - Im Regelfall wohl ein gewaltiger Unterschied!

Die erste Zahl bezeichnet den Fall, die zweite die jeweilige Randnummer.

A

B

hemmer/wüst
Verlagsgesellschaft mbH
Mergentheimer Str. 44 / 97082 Würzburg
Tel.: 09 31 /7 97 82 38 / Fax: 09 31/7 97 82 40
Internet: www.hemmer-shop.de

REIHE INTELLIGENTES LERNEN

ISBN 978-3-86193

Grundwissen für Anfangssemester

Nr.	ISBN	Titel	Auflage/Jahr/Euro
GW10	(-344-1)	BGB-AT Theorieband zu den wicht. Fällen	7.A/14 · 9,90
GW11	(-276-5)	SchuldR-AT Theorieband zu den wicht. Fällen	6.A/14 · 9,90
GW12	(-257-4)	SchuldR-BT I Theorieband zu den wicht. Fällen	6.A/13 · 9,90
GW13	(-194-2)	SchuldR-BT II Theoriebd. zu den wicht. Fällen	5.A/13 · 9,90
GW14	(-357-1)	Sachenrecht I Theorieband zu den wicht. Fällen	6.A/15 · 9,90
GW15	(-256-7)	Sachenrecht II Theorieband zu den wicht. Fällen	5.A/14 · 9,90
GW20	(-294-9)	Strafrecht AT Theorieband zu den wicht. Fällen	6.A/14 · 9,90
GW21	(-301-4)	Strafrecht BT Theorieband zu den wicht. Fällen	5.A/14 · 9,90
GW30	(-308-3)	StaatsR Theorieband zu den wicht. Fällen	6.A/14 · 9,90
GW31	(-269-7)	VerwaltungsR Theorieband zu den wicht. Fällen	6.A/14 · 9,90

Die wichtigsten Fälle

Nr.	ISBN	Titel	Auflage/Jahr/Euro
DF0	(-198-0)	Sonderband: Der Streit- und Meinungsstand im neuen Schuldrecht	5.A/13 · 14,80
DF1	(-354-0)	76 Fälle - BGB AT	8.A/14 · 12,80
DF2	(-386-1)	55 Fälle - Schuldrecht AT	9.A/15 · 12,80
DF3	(-273-4)	51 Fälle - Schuldrecht BT - Kauf/WerkV	8.A/14 · 12,80
DF4	(-351-9)	42 Fälle - GoA/Bereicherungsrecht	8.A/14 · 12,80
DF5	(-345-8)	45 Fälle - Deliktsrecht	7.A/14 · 12,80
DF6	(-304-5)	44 Fälle - Verwaltungsrecht	8.A/14 · 12,80
DF25	(-238-3)	30 Fälle - Verwaltungsrecht BT Bayern	3.A/13 · 12,80
DF7	(-253-6)	32 Fälle - Staatsrecht	9.A/13 · 12,80
DF8	(-362-5)	34 Fälle - Strafrecht AT	9.A/15 · 12,80
DF9	(-350-2)	44 Fälle Strafrecht BT I - Vermögensd.	9.A/14 · 12,80
DF10	(-377-9)	44 Fälle Strafrecht BT II - Nicht-Vermögensd.	8.A/15 · 12,80
DF11	(-263-5)	50 Fälle - Sachenrecht I	7.A/13 · 12,80
DF12	(-328-1)	43 Fälle - Sachenrecht II - ImmobiliarSR	8.A/14 · 12,80
DF13	(-346-5)	40 Fälle - ZPO I - Erkenntnisverfahren	7.A/14 · 12,80
DF14	(-283-3)	25 Fälle - ZPO II - ZwangsvollstreckungsV	6.A/14 · 12,80
DF15	(-233-8)	35 Fälle - Handelsrecht	6.A/13 · 12,80
DF16	(-307-6)	36 Fälle - Erbrecht	6.A/14 · 12,80
DF17	(-274-1)	26 Fälle - Familienrecht	7.A/14 · 12,80
DF18	(-174-4)	32 Fälle - Gesellschaftsrecht	5.A/12 · 12,80
DF19	(-341-0)	39 Fälle - Arbeitsrecht	6.A/14 · 12,80
DF20	(-339-7)	35 Fälle - Strafprozessrecht	5.A/14 · 12,80
DF21	(-237-6)	23 Fälle - Europarecht	4.A/13 · 12,80
DF22	(-280-2)	10 Fälle - Musterkl. Examen ZivilR	6.A/14 · 14,80
DF23	(-079-2)	10 Fälle - Musterkl. Examen StrafR	5.A/11 · 14,80
DF24	(-175-1)	8 Fälle - Musterkl. Examen SteuerR	7.A/12 · 14,80

Skripten Basics (110)

Nr.	ISBN	Titel	Auflage/Jahr/Euro
BI/1	(-165-2)	Zivilrecht I - BGB AT u.vertragl. SchuldV	9.A/12 · 16,90
BI/2	(-251-2)	Zivilrecht II - Sachenrecht/gesetzl. SV	7.A/13 · 16,90
BI/3	(-277-2)	Zivilrecht III - FamilienR/ErbR	7.A/14 · 16,90
BI/4	(-364-9)	Zivilrecht IV - ZivilprozessR	8.A/15 · 16,90
BI/5	(-309-0)	Zivilrecht V - Handels-/GesellschR	7.A/14 · 16,90
BI/6	(-258-1)	Zivilrecht VI - ArbeitsR	5.A/13 · 16,90
BII	(-122-5)	Strafrecht	6.A/12 · 16,90
BIII/1	(-268-0)	Öffentliches Recht I -VerfassR/StaatsHR	6.A/14 · 16,90
BIII/2	(-111-9)	Öffentliches Recht II - VerwaltungsR	6.A/12 · 16,90
BIV	(-140-9)	Steuerrecht - EstG & AO	8.A/12 · 16,90
BV	(-314-4)	Europarecht	8.A/14 · 16,90

ISBN 978-3-86193

Skripten Zivilrecht (120)

Nr.	ISBN	Titel	Auflage/Jahr/Euro
1	(-284-0)	BGB-AT I, Ensteh.d.Primäranspruchs	13.A/14 · 19,90
2	(-296-3)	BGB-AT II, Scheitern des Primäranspr.	13.A/14 · 19,90
3	(-343-4)	BGB-AT III, Erlösch.d. Primäranspruchs	13.A/14 · 19,90
4	(-278-9)	Schadensersatzrecht I	8.A/14 · 19,90
5	(-109-6)	Schadensersatzrecht II	6.A/12 · 19,90
6	(-293-2)	Schadensersatzrecht III (§§ 249 ff.)	11.A/14 · 19,90
7	(-342-7)	Verbraucherschutzrecht	4.A/14 · 19,90
51	(-279-6)	Schuldrecht AT	9.A/14 · 19,90
52	(-359-5)	Schuldrecht BT I	9.A/15 · 19,90
53	(-260-4)	Schuldrecht BT II	8.A/13 · 19,90
8	(-318-2)	Bereicherungsrecht	14.A/14 · 19,90
9	(-321-2)	Deliktsrecht I	12.A/14 · 19,90
10	(-203-1)	Deliktsrecht II	9.A/13 · 19,90
11	(-265-9)	Sachenrecht I	12.A/14 · 19,90
12	(-264-2)	Sachenrecht II	10.A/14 · 19,90
12A	(-378-6)	Sachenrecht III	12.A/15 · 19,90
13	(-333-5)	Kreditsicherungsrecht	11.A/14 · 19,90
14	(-259-8)	Familienrecht	12.A/13 · 19,90
15	(-266-6)	Erbrecht	12.A/14 · 19,90
16	(-313-7)	Zivilprozessrecht I	12.A/14 · 19,90
17	(-317-5)	Zivilprozessrecht II	11.A/14 · 19,90
18	(-255-0)	Arbeitsrecht	14.A/13 · 19,90
19A	(-155-3)	Handelsrecht	10.A/12 · 19,90
19B	(-360-1)	Gesellschaftsrecht	13.A/15 · 19,90
31	(-128-7)	Herausgabeansprüche	6.A/12 · 19,90
32	(-254-3)	Rückgriffsansprüche	7.A/13 · 19,90

Skripten Strafrecht (120)

Nr.	ISBN	Titel	Auflage/Jahr/Euro
20	(-295-6)	Strafrecht AT I	12.A/14 · 19,90
21	(-385-4)	Strafrecht AT II	12.A/15 · 19,90
22	(-355-7)	Strafrecht BT I	12.A/14 · 19,90
23	(-224-6)	Strafrecht BT II	11.A/13 · 19,90
30	(-374-8)	Strafprozessordnung	11.A/15 · 19,90

Skripten Öffentliches Recht (120/130)

Nr.	ISBN	Titel	Auflage/Jahr/Euro
24	(-285-7)	Verwaltungsrecht I	12.A/14 · 19,90
25	(-380-9)	Verwaltungsrecht II	12.A/15 · 19,90
26	(-347-2)	Verwaltungsrecht III	12.A/14 · 19,90
27	(-300-7)	Staatsrecht I	11.A/14 · 19,90
28	(-287-1)	Staatsrecht II	9.A/14 · 19,90
29	(-240-6)	Europarecht	11.A/13 · 19,90
40	(-335-9)	Staatshaftungsrecht	4.A/14 · 19,90
33	(-369-4)	Baurecht/Bayern	11.A/15 · 19,90
33	(-086-0)	Baurecht/Nordrhein-Westfalen	8.A/11 · 19,90
33	(-143-0)	Baurecht/Baden-Württembg.	3.A/12 · 19,90
33	(-331-1)	Baurecht/Hessen	2.A/14 · 19,90
33	(-847-0)	Baurecht/Saarland	1.A/08 · 19,90
34	(-327-4)	Polizei- u. Sicherheitsrecht/Bayern	10.A/14 · 19,90
34	(-097-6)	Polizei- u. Ordnungsrecht/NRW	5.A/12 · 19,90
34	(-023-5)	Polizeirecht/Baden-Württembg.	3.A/11 · 19,90
34	(-005-1)	Polizei- u. Ordnungsrecht/Hessen	1.A/10 · 19,90
34	(-028-0)	Polizei- u. Ordnungsrecht/Rheinl.-Pfalz	1.A/11 · 19,90
34	(-877-7)	Polizei- u. Sicherheitsrecht/Saarland	1.A/09 · 19,90
35	(-371-7)	Kommunalrecht/Bayern	10.A/15 · 19,90
35	(-076-1)	Kommunalrecht/NRW	8.A/11 · 19,90
35	(-261-1)	Kommunalrecht/Baden-Württembg.	4.A/13 · 19,90

REIHE INTELLIGENTES LERNEN

hemmer/wüst Verlagsgesellschaft mbH
Mergentheimer Str. 44 / 97082 Würzburg
Tel.: 09 31 /7 97 82 38 / Fax: 09 31/7 97 82 40
Internet: www.hemmer-shop.de

ISBN 978-3-86193 — Auflage/Jahr/Euro

Lexikon/Definitionen

Nr.	ISBN	Titel	Auflage/Jahr/Euro
D1	(-288-8)	Definitionen Strafrecht - schnell gemerkt	4.A/14 · 19,90
D2	(-065-5)	Legal terms für Juristen - Fachwörterbuch Englisch - Deutsch	1.A/11 · 19,90

Skripten Schwerpunkt (120)

Nr.	ISBN	Titel	Auflage/Jahr/Euro
P1	(-239-0)	Kriminologie	6.A/13 · 21,90
P2	(-245-1)	Völkerrecht	8.A/13 · 21,90
P4	(-349-6)	Kapitalgesellschaftsrecht	5.A/14 · 21,90
P7	(-243-7)	Rechtsgeschichte I	3.A/13 · 21,90
P8	(-119-5)	Rechtsgeschichte II	2.A/12 · 21,90
P11	(-085-3)	Rechts- und Staatsphilosophie sowie Rechtssoziologie	2.A/11 · 21,90
P12	(-183-6)	Insolvenzrecht	3.A/12 · 21,90
P13	(-805-0)	Wasser- und ImmissionsschutzR	1.A/08 · 21,90

Skripten Steuerrecht (120)

Nr.	ISBN	Titel	Auflage/Jahr/Euro
42	(-173-7)	Abgabenordnung	8.A/12 · 21,90
43	(-267-3)	Einkommensteuerrecht	8.A/14 · 21,90

Skripten für BWL´er, WiWi & Steuerberater

Nr.	ISBN	Titel	Auflage/Jahr/Euro
W1	(-061-7)	PrivatR f. BWL'er, WiWi & Steuerberat	7.A/11 · 19,90
W2	(-102-7)	Ö-Recht f. BWL'er, WiWi & Steuerberat	4.A/12 · 19,90
W3	(-480-9)	Musterkl. für's Vordiplom PrivatR	2.A/04 · 19,90
W4	(-197-6)	Musterkl. für's Vordiplom Ö-R	1.A/00 · 19,90
WF1	(-250-5)	Die 74 wicht. Fälle (BGB AT, SchuldR AT/BT)	4.A/13 · 19,90
WF2	(-247-5)	Die 44 wicht. Fälle (GoA, BerR, GesR, ...)	2.A/13 · 19,90

Skripten Fachbegriffe & Erläuterungen

Nr.	ISBN	Titel	Auflage/Jahr/Euro
G1	(-146-1)	Mikroökonomie & Makroökonomie	1.A/12 · 19,90
G2	(-147-8)	Buchführung/Jahresabschl./Rechnungsw.	1.A/12 · 19,90
G6	(-151-5)	HandelsR/GesellschaftsR/WirtschaftsR	1.A/12 · 19,90
G7	(-152-2)	Öffentl. Recht/EuropaR/VölkerR	1.A/12 · 19,90

Basics Karteikarten

Nr.	ISBN	Titel	Auflage/Jahr/Euro
BK1	(-329-8)	Basics - Zivilrecht	6.A/14 · 16,90
BK2	(-914-9)	Basics - Strafrecht	3.A/09 · 16,90
BK3	(-320-5)	Basics - Öffentliches Recht	4.A/14 · 16,90

Karteikarten Zivilrecht

Nr.	ISBN	Titel	Auflage/Jahr/Euro
KK1	(-262-8)	BGB-AT I	8.A/13 · 16,90
KK2	(-305-2)	BGB-AT II	7.A/14 · 16,90
KK3	(-340-3)	Schuldrecht AT I	9.A/14 · 16,90
KK4	(-271-0)	Schuldrecht AT II	7.A/14 · 16,90
KK5	(-252-9)	Schuldrecht BT I (Kauf-u.WerkVR)	7.A/13 · 16,90
KK6	(-201-7)	Schuldrecht BT II	6.A/13 · 16,90
KK7	(-202-4)	Arbeitsrecht	4.A/13 · 16,90
KK8	(-117-1)	Bereicherungsrecht	6.A/12 · 16,90
KK9	(-306-9)	Deliktsrecht	6.A/14 · 16,90
KK11	(-286-4)	Sachenrecht I	8.A/14 · 16,90
KK12	(-244-4)	Sachenrecht II	7.A/13 · 16,90
KK13	(-947-7)	Kreditsicherungsrecht	3.A/10 · 16,90
KK14	(-336-6)	Familienrecht	4.A/14 · 16,90
KK15	(-188-1)	Erbrecht	4.A/13 · 16,90
KK16	(-225-3)	ZPO I	6.A/13 · 16,90
KK17	(-168-3)	ZPO II	5.A/12 · 16,90
KK18	(-358-8)	Handelsrecht	5.A/14 · 16,90
KK19	(-095-2)	Gesellschaftsrecht	5.A/11 · 16,90

ISBN 978-3-86193 — Auflage/Jahr/Euro

Die Shorties (Minikarteikarten) inkl. Box

Nr.	ISBN	Titel	Auflage/Jahr/Euro
SH1	(-373-1)	**Box 1:** BGB AT, Schuldrecht AT	8.A/15 · 24,90
SH2/I	(-326-7)	**Box 2/1:** vertragliches Schuldrecht	5.A/14 · 24,90
SH2/II	(-316-8)	**Box 2/2:** gesetzliches Schuldrecht	5.A/14 · 24,90
SH3	(-249-9)	**Box 3:** Sachenrecht, ErbR, FamR	6.A/13 · 24,90
SH4	(-368-7)	**Box 4:** ZPO I/II, GesellschaftsR, HGB	6.A/15 · 24,90
SH5	(-319-9)	**Box 5:** Strafrecht	8.A/14 · 24,90
SH6	(-382-3)	**Box 6:** Grundrecht, StaatsOrgR, BauR, u.a.	7.A/15 · 24,90

Karteikarten Strafrecht

Nr.	ISBN	Titel	Auflage/Jahr/Euro
KK20	(-324-3)	Strafrecht AT I	8.A/14 · 16,90
KK21	(-376-2)	Strafrecht-AT II	8.A/15 · 16,90
KK22	(-275-8)	Strafrecht-BT I	8.A/14 · 16,90
KK23	(-167-6)	Strafrecht-BT II	7.A/13 · 16,90
KK24	(-186-7)	StPO	5.A/12 · 16,90

Karteikarten Öffentliches Recht

Nr.	ISBN	Titel	Auflage/Jahr/Euro
KK25	(-315-1)	Verwaltungsrecht I	8.A/14 · 16,90
KK26	(-348-9)	Verwaltungsrecht II	6.A/14 · 16,90
KK27	(-352-6)	Verwaltungsrecht III	6.A/14 · 16,90
KK28	(-389-2)	Staats- u. Verfassungsrecht	9.A/15 · 16,90
KK29	(-161-4)	Europarecht	3.A/12 · 16,90

Überblickskarteikarten

Nr.	ISBN	Titel	Auflage/Jahr/Euro
ÜK I	(-337-3)	BGB im Überblick I	11.A/14 · 30,00
ÜK II	(-282-6)	BGB im Überblick II (Nebengebiete)	7.A/14 · 30,00
ÜK III	(-312-0)	StrafR im Überblick	8.A/14 · 30,00
ÜK IV	(-325-0)	Öffentl.-R im Überblick	9.A/14 · 19,90
ÜK V	(-289-5)	Öffentl.-R im Überblick II Bayern	7.A/14 · 19,90
ÜK VI	(-787-9)	Öffentl.-R im Überblick II NRW	2.A/08 · 19,90
ÜK VII	(-242-0)	Europarecht	5.A/13 · 19,90

Assessor-Basics/Theoriebände (410)

Nr.	ISBN	Titel	Auflage/Jahr/Euro
A IV	(-229-1)	Die zivilrechtl. Anwaltsklausur/Teil 1	10.A/13 · 19,90
A VII	(-372-4)	Das Zivilurteil	11.A/15 · 19,90
A VIII	(-270-3)	Die Strafrechtskl. im Assessorexamen	7.A/14 · 19,90
A IX	(-104-1)	Die Assessorklausur Öffentl. Recht	5.A/12 · 19,90

Assessor-Basics/Klausurentraining

Nr.	ISBN	Titel	Auflage/Jahr/Euro
A I	(-281-9)	Zivilurteile	16.A/14 · 19,90
A II	(-298-7)	Arbeitsrecht	14.A/14 · 19,90
A III	(-191-1)	Strafrecht	11.A/13 · 19,90
A V	(-226-0)	Zivilrechtl. Anwaltsklausuren/Teil 2	10.A/13 · 19,90
A VI	(-009-9)	Öff.rechtl. u. strafrechtl.Anwaltskl.	5.A/10 · 19,90

Assessorkarteikarten

Nr.	ISBN	Titel	Auflage/Jahr/Euro
AK I	(-353-3)	Zivilprozessrecht im Überblick	6.A/14 · 19,90
AK II	(-272-7)	Strafprozessrecht im Überblick	7.A/14 · 19,90
AK III	(-384-7)	Öffentliches Recht im Überblick	5.A/15 · 19,90
AK IV	(-195-9)	Familien- und Erbrecht im Überblick	2.A/13 · 19,90

REIHE INTELLIGENTES LERNEN

hemmer/wüst
Verlagsgesellschaft mbH
Mergentheimer Str. 44 / 97082 Würzburg
Tel.: 09 31 /7 97 82 38 / Fax: 09 31/7 97 82 40
Internet: www.hemmer-shop.de

Sonderartikel

		Euro
	Lernkarteikartenbox (28.01)	
LB ______	Die praktische Lernbox für die Karteikarten	1,99
S 810 ______	Din A4, 80 Blatt 10er Pack	17,50
S1 ______	**Der Referendar (70.01)** 24 Monate zwischen Genie und Wahnsinn (Format A6)	9,80
S2 ______	**Der Rechtsanwalt (70.02)** Meine größten Rein-) Fälle (Format A6)	9,80
S3 ______	**Der Jurist (70.03)** Ein Lehrbuch für Leader (Format A6)	9,80
S5 ______	**Coach dich! (70.05)** Psychologischer Ratgeber	19,80
S6 ______	**Lebendiges Reden (70.06)** Psychologischer Ratgeber inkl. Audio-CD	21,80
S7 ______	**NLP für Einsteiger (71.01)** Psychologischer Ratgeber	12,80
S8 ______	**Prüfungen als Herausforderung (70.08)** Psychologischer Ratgeber	14,80
______	**Wiederholungsmappe (75.01)** Intelligentes Lernen inkl. Handbuch und Kurzskript	9,90
______	**Ordner hemmer.group (88.20)** Ringbuchmappe für Einlagen, DIN A4	2,50
(100.201) ______	**AudioCards auf CD: BGB AT I - III** Das Frage-Antwort-System der hemmer-Skripten zum Hören	59,95

(-200-0) ______	**Die wahren Paradiese** - 15 traumhafte Gärten Gebunden (Hardcover) mit Schutzumschlag, 208 Seiten (275 x 255 mm)	39,80

Dieses Buch begleitet Sie durch 15 wunderschöne Gärten in Deutschland und Österreich. Die beschreibenden Texte wurden von den Gartenbesitzern selbst verfasst. So individuell wie die Gartengeschichten sind auch die gezeigten Gärten. Vom eleganten Landhausgarten und überbordende Rosengärten bis hin zum verwunschenen Waldgarten - den Leser erwartet eine lustvolle grüne Reiseroute.

Life&Law

		Euro
______	Einzelheft der Life&LAW	6,80
AboLL ______	Abonnement der Life&LAW Life&Law 3 Monate kostenfrei, danach erhalten Sie die Life&Law zum Preis von	5,80
LLJ ______	Life&LAW Jahrgangsband 1999 - 2013	
______	bitte Jahrgang eintragen	je 50,00
LLJ14 ______	Life&LAW Jahrgangsband 2014	80,00
LLE ______	Einband für Life&LAW Jahrgang	je 6,00

Die AnwaltsBasics

Herausgeber: hemmerVerlag für Anwälte GmbH

978-3-9813969-0-4 ______	**Die AnwaltsBasics Erbrecht** 1. Auflage, November 2010, 429 S.	39,90
978-3-9813969-5-9 ______	**Die AnwaltsBasics Mediation** erweiterte 2. Auflage, November 2013, 237 S.	23,90
978-3-9813969-4-2 ______	**Die AnwaltsBasics Mietrecht** 1. Auflage, November 2013, 401 S.	39,90

Endsumme:

Lieferung erfolgt in aktueller Auflage

Kundennummer D

Prüfen Sie in Ruhe zuhause!
Alle Produkte dürfen innerhalb von 14 Tagen an den Verlag (Originalzustand) zurückgeschickt werden. Es wird ein uneingeschränktes gesetzliches Rückgaberecht gewährt. Hinweis: Der Besteller trägt bei einem Bestellwert bis 40 Euro die Kosten der Rücksendung. Über 40 Euro Bestellwert trägt er ebenfalls die Kosten, wenn zum Zeitpunkt der Rückgabe noch keine (An-) Zahlung geleistet wurde.

Die Lieferung erfolgt (ausschließlich innerhalb Deutschlands) versandkostenfrei an Ihre angegebene Adresse.
Ich weiß, dass meine Bestellung nur bearbeitet wird, wenn ich zum Einzug ermächtige. Bestellungen auf Rechnung können nicht berücksichtigt werden.
Bei fehlerhaften oder unleserlichen Angaben, sowie einer Rücklastschrift aufgrund Nichtdeckung meines Kontos wird der branchenübliche Schaden in Rechnung gestellt. Der Kunde ist berechtigt, diesem Pauschalbetrag den Nachweis entgegenzuhalten, dass nur ein geringerer Schaden entstanden ist. Die Lieferung erfolgt unter Eigentumsvorbehalt.

Name: ______________ Vorname: ______________

Adresse: ______________

Telefon: ______________ e-mail-adresse: ______________

Buchen Sie die Endsumme von meinem Konto ab:

Konto-Nr.: ______________ Bankleitzahl: ______________

Bank: ______________ BIC: ______________

IBAN: | | | | | | | | | | | | | | | | | | | | | | |

Ort, Datum: ______________ Unterschrift: ______________